세무사
1차 대비

제2판

세법학개론
세무사
기출문제

노희양 편저

도서출판
어울림
www.aubook.co.kr

[세법학개론 기출문제 분석(1)] 세목별 출제문항

구분	2021년	2020년	2019년	2018년	2017년	2016년	2015년	2014년	2013년	2012년	2011년	2010년	비율
국세기본법	4	4	4	4	5	5	5	4	4	4	5	4	11%
국세징수법	4	4	4	4	3	3	3	4	4	4	4	4	9%
법인세법	10	10	10	10	10	10	10	10	9	10	10	10	25%
소득세법	10	10	10	10	10	10	10	10	9	10	10	9	25%
부가가치세법	8	8	8	8	8	8	8	8	9	8	8	9	20%
국제조세조정에 관한법률	2	2	2	2	2	2	2	2	3	2	2	2	5%
조세범처벌법	2	2	2	2	2	2	2	2	2	2	1	2	5%
합계	40	40	40	40	40	40	40	40	40	40	40	40	100%

[세법학개론 기출문제 분석(2)] 계산형 문제 VS 서술형 문제

구분	2021년	2020년	2019년	2018년	2017년	2016년	2015년	2014년	2013년	2012년	2011년	2010년	비율
계산형 문제	13	14	13	13	12	14	13	12	14	14	12	14	36%
서술형 문제	27	26	27	27	28	26	27	28	26	26	28	26	64%
합계	40	40	40	40	40	40	40	40	40	40	40	40	100%

목 차

세무사시험 기출문제

2021~2010
기출문제

1. 〈국세기본법〉「국세기본법」상 서류의 송달에 관한 설명으로 옳은 것은? (다툼이 있으면 판례에 따름)

① 세무공무원이 납세자를 방문해 서류를 교부하려고 하였으나 수취인이 부재중인 것으로 확인되어 납부기한까지 송달이 곤란하다고 인정되는 경우에는 공시송달을 할 수 있다.
② 납세의무자, 그 종업원 또는 동거인으로서 사리를 판별할 수 있는 사람이 부재하는 경우에는 송달할 장소에 서류를 둘 수 있다.
③ 집배원이 아파트경비원에게 서류를 교부하는 방식의 송달은 적법한 송달이라고 볼 수 없다.
④ 납부고지서의 우편송달은 등기우편으로만 하여야 한다.
⑤ 「국세기본법」은 서류를 등기우편으로 송달하였으나 수취인이 부재중인 것으로 확인되어 반송됨으로써 납부기한 내에 송달이 곤란하다고 인정되는 경우에는 공시송달을 할 수 있다고 규정하고 있다.

2. 〈국세기본법, 소득세법〉(주)A는 제3기 사업연도(2015.1.1.~12.31.)의 매출기록을 조작하는 방식으로 매출을 일부 누락하여 법인세를 신고·납부하였다. 그 사실을 알게 된 과세관청은 2022.2.2. (주)A에게 법인세 부과처분을 함과 동시에 익금에 산입한 금액의 사외유출 귀속처가 불분명하다고 보아 대표이사인 甲에게 상여로 소득처분함을 내용으로 하는 소득금액변동통지를 하였다. 이에 관한 설명으로 옳지 않은 것은? (다툼이 있으면 판례에 따름)

① 소득처분 관련 甲의 소득세 납세의무의 성립시기는 2015년이 끝나는 때이다.
② 甲이 사외유출된 금액이 자신에게 귀속되지 아니하였다는 점만을 입증하였다면 소득세 납세의무를 면할 수 없다.
③ (주)A에 대한 소득금액변동통지는 행정소송의 대상이 될 수 있는 "처분"에 해당한다.
④ 甲이 스스로 부정행위를 하지 아니하였고 2015년 과세기간 귀속 소득의 소득세 신고를 법정신고기한까지 한 경우라면, 甲에 대한 소득세 부과제척기간의 만료일은 2021.5.31. 이다.
⑤ 甲에 대한 소득세 부과제척기간이 도과하였다면 (주)A에 대한 소득금액변동통지는 위법하다.

3. 〈국세기본법〉「국세기본법」상 국세의 우선에 관한 설명으로 옳은 것은? (다툼이 있으면 판례에 따름)

① 납세의무자의 재산양도일이 국세채권의 법정기일 이후인 경우 양수인은 물적납세의무를 부담한다.

② 「국세징수법」에 따라 양도담보권자에게 납부고지가 있은 후 납세자가 양도에 의하여 실질적으로 담보된 채무를 불이행하여 해당 재산이 양도담보권자에게 확정적으로 귀속되고 양도담보권이 소멸하는 경우에는 납부고지 당시의 양도담보재산이 계속하여 양도담보재산으로서 존속하는 것으로 본다(납부지연가산세는 감안하지 아니함).

③ 현행법은 「주택임대차보호법」에 따라 대항요건과 확정일자를 갖춘 임차권 관련 보증금채권(소액임대차보증금 아님)에 대한 특칙을 두고 있지 아니하므로 국세채권이 위 보증금채권에 우선한다.

④ 납세의무자를 채무자로 하는 임금채권, 국세채권(법정기일 2022.3.), 근저당권부 채권(설정일 2022.2.)이 있는 경우 국세채권은 임금채권에 우선한다.

⑤ 납세의무자를 채무자로 하는 국세채권(법정기일 2022.1., 압류 2022.5.) 100원, 근저당권부 채권(근저당권설정일 2022.2.) 100원, 지방세채권(법정기일 2022.3., 압류 2022.3.) 100원이 있는 경우 압류재산 매각대금 150원의 배분은 국세채권 100원, 근저당권부 채권 50원의 순으로 하여야 한다.

4. 〈국세기본법〉 과세관청은 2021.3.2. (주)A에 대하여 매출누락을 이유로 제5기 사업연도(2019.1.1.~12.31.)의 법인세 금 20억원의 부과처분을 하였다. 그에 대하여 (주)A는 행정심판을 제기하지 아니하였다. 한편, 과세관청은 같은 과세기간에 대하여, 2022.4.4. 업무무관가지급금 인정이자 익금산입을 이유로 금 10억원의 증액경정 처분을 하였다가, 당해 인정이자계산 상의 오류를 발견함에 따라 2022.5.6. 금 3억원의 감액경정 처분을 하였다. (주)A는 2022.6.4. 조세심판원에 심판청구를 제기하여 2021.3.2.자 과세처분 사유인 매출누락 사실이 없음을 주장하였다. 그와 관련한 조세심판원의 결정에 대한 설명으로 옳은 것은? (다툼이 있으면 판례에 따름)

① 2021.3.2.자 과세처분은 심판청구기간이 도과하여 불가쟁력이 발생하였으므로 심판청구 각하결정

② (주)A의 주장이 맞다고 하더라도 금 20억원의 세액은 "당초 확정된 세액"에 해당하므로 심판의 이익이 없어 심판청구 각하결정

③ 과세처분 취소결정이 필요한 경우 취소 대상으로 특정하여야 할 처분은 2021.3.2.자 과세처분이다.

④ (주)A의 주장이 맞다면 27억원의 부과처분 중 20억원을 넘는 부분의 부과처분 취소결정

⑤ (주)A의 주장이 맞다면 27억원의 부과처분 중 7억원을 넘는 부분의 부과처분 취소결정

5. 〈국세징수법〉 「국세징수법」상 납세증명서 등 제도에 관한 설명으로 옳지 않은 것은?

① 담보대출을 하고자 하는 은행이 납세의무자로부터 대출일 현재의 납세증명서를 전달받더라도 은행에 우선하는 국세채권의 존재를 확인할 수 없는 경우가 있다.
② 체납된 국세와 관련하여 심판청구가 계속 중인 경우에는 체납자의 인적사항 및 체납액 등을 공개할 수 없다.
③ 미납국세의 열람 대상에는 아직 체납상태에 이르지 아니한 국세채권도 일부 포함되어 있다.
④ 국세청장은 체납자 재산의 압류 및 담보 제공 등으로 출국금지 사유가 없어진 경우 즉시 법무부장관에게 출국금지의 해제를 요청하여야 한다.
⑤ 「주택임대차보호법」에 따른 주거용 건물을 임차하여 사용하려는 자는 건물 소유자의 동의 없이 국세 또는 체납액의 열람을 세무서장에게 신청할 수 있다.

6. 〈국세징수법〉 「국세징수법」상 납부고지 등 징수에 관한 설명으로 옳은 것은? (다툼이 있으면 판례에 따름)

① 체납액의 징수는 강제징수비, 가산세, 가산세를 제외한 국세의 순으로 한다.
② 독촉장을 발급하는 경우 독촉을 하는 날부터 30일 이내의 범위에서 기한을 정하여 발급한다.
③ 제2차 납세의무자로부터 국세를 징수하고자 하는 경우 납부통지서를 발급하여야 한다.
④ 하나의 납부고지서로 여러 종류의 가산세를 함께 부과하는 경우에는 그 가산세 종류별로 세액과 산출근거 등을 구분하여 기재하여야 한다.
⑤ 국세를 포탈하려는 행위가 있다고 인정된다는 사유만으로는 납부기한 전 징수를 할 수 없다.

7. 〈국세징수법〉 「국세징수법」상 강제징수절차에 관한 설명으로 옳지 않은 것은?

① 관할 세무서장은 압류한 재산에 대한 제3자의 소유권 주장 및 반환을 구하는 청구가 부당하다고 인정하는 경우 그 재산에 대한 강제징수를 정지하지 아니할 수 있다.
② 「국세징수법」은 세무공무원이 재산을 압류한 경우 체납자는 압류한 재산에 관하여 양도 등 처분을 할 수 없다고 규정하고 있다.
③ 체납자는 관할 세무서장이 가치가 현저하게 줄어들 우려가 있다고 인정하여 제한할 경우를 제외하고는 압류된 자동차를 사용할 수 있다.
④ 세무공무원은 체납자와 그 배우자의 공유재산으로서 양자가 공동 점유하고 있는 동산을 압류할 수 있다.
⑤ 계속적 거래관계에서 발생하는 급료채권에 대한 압류의 효력은 체납액을 한도로 하여 압류 후에 발생할 급료채권에도 미친다.

8. 〈국세징수법〉「국세징수법」상 교부청구, 참가압류 및 공매에 관한 설명으로 옳지 않은 것은?

① 관할 세무서장은 다른 관할 세무서장의 국세 체납자에 대한 강제징수가 시작된 경우 그 관할 세무서장에게 교부청구를 하여야 한다.

② 관할 세무서장의 선행압류기관에 대한 참가압류통지서 송달은 강제징수 시작 등 경우의 해당 기관에 대한 교부청구를 갈음한다.

③ 참가압류를 한 후에 선행압류기관이 압류한 부동산에 대한 압류를 해제한 경우 참가압류는 선행압류의 등기가 완료된 때로 소급하여 압류의 효력을 갖는다.

④ 원칙적으로 행정소송이 계속 중인 국세의 체납으로 압류한 재산은 그 소(訴)에 대한 판결이 확정되기 전에는 공매할 수 없다.

⑤ 세무공무원은 제3자의 명의로도 압류재산을 매수하지 못한다.

9. 〈조세범처벌법〉「조세범처벌법」에 관한 설명으로 옳은 것은? (단, 다른 법률은 고려하지 아니하며 다툼이 있으면 판례에 따름)

① 「조세범처벌법」상 "조세"란 관세를 제외한 국세를 말한다.

② 납세의무자의 위임을 받아, 대여받은 세무사 명의로, 납세의무자를 대리하여 세무신고를 하는 자가 조세의 부과를 면하게 하기 위하여 타인의 조세에 관하여 거짓으로 신고를 하였을 때에는 성실신고 방해행위죄로 처벌할 수 없다.

③ 조세의 원천징수의무자가 정당한 사유 없이 그 세금을 징수하지 아니한 행위는 징수한 세금을 정당한 사유 없이 납부하지 아니한 행위에 비하여 법정형량이 크다.

④ 개인의 사용인이 「조세범처벌법」에서 규정하는 범칙행위를 하면, 그 개인에게도 사용인에게 과한 형과 같은 형을 과한다.

⑤ 「조세범처벌법」에 따른 범칙행위에 대한 공소제기는 세무서장 등의 고발을 요하지 아니한다.

10. 〈조세범처벌법〉「조세범처벌법」상 조세포탈 등 죄의 요건인 "사기나 그 밖의 부정한 행위"란 (   )에 해당하는 행위로서 조세의 부과와 징수를 불가능하게 하거나 현저히 곤란하게 하는 적극적 행위를 말한다. 다음 중 (   )에 들어갈 수 있는 행위의 개수는? (단, 제시된 행위 이외의 다른 행위는 없으며 다툼이 있으면 판례에 따름)

○ 고의 없이 장부를 작성하지 아니하는 행위
○ 거짓 문서의 수취
○ 허위의 신고행위
○ 기록의 파기
○ 위계에 의한 행위
○ 납세신고를 하지 아니하는 행위

① 1개   ② 2개   ③ 3개
④ 4개   ⑤ 5개

11. 〈소득세법〉「소득세법」상 결손금 또는 이월결손금에 관한 설명으로 옳은 것은?
① 사업소득금액을 계산할 때 발생한 결손금은 이자소득금액 · 배당소득금액 · 근로소득금액 · 연금소득금액 · 기타소득금액에서 순서대로 공제한다.
② 부동산임대업(주거용 건물 임대업 포함)에서 발생한 결손금은 종합소득 과세표준을 계산할 때 공제하지 않는다.
③ 부동산임대업을 제외한 일반업종 사업소득에서 발생한 결손금은 부동산임대업에서 발생한 소득금액이 있는 경우에도 그 부동산임대업의 소득금액에서 공제하지 않는다.
④ 소득금액을 추계신고하는 경우에는 이월결손금 공제규정을 적용하지 않는다. 다만, 천재지변으로 장부가 멸실되어 추계신고를 하는 경우라면 이월결손금 공제규정을 적용한다.
⑤ 해당 과세기간 중 발생한 결손금과 이월결손금이 모두 존재하는 경우에는 이월결손금을 먼저 소득금액에서 공제한다.

12. 〈소득세법〉「소득세법」상 부당행위계산 부인에 관한 설명으로 옳지 않은 것은?
① 필요경비의 크기에 대하여 입증을 요구하지 않는 소득인 근로소득과 연금소득은 부당행위계산 부인의 대상이 되는 소득으로 규정되어 있지 않다.
② 배당소득과 이자소득은 필요경비가 인정되지 않는 소득이다. 따라서 배당소득과 이자소득 전체는 부당행위계산 부인의 대상이 되는 소득으로 규정되어 있지 않다.
③ 과세표준의 계산과정이 세법의 규정대로 이루어지는 퇴직소득은 부당행위계산 부인의 대상이 되는 소득으로 규정되어 있지 않다.
④ 직계존비속에게 주택을 무상으로 사용하게 하고 직계존비속이 그 주택에 실제로 거주하는 경우는 부당행위계산 부인의 대상에서 제외된다.
⑤ 제조업 영위 개인사업자가 여유자금을 인출하여 부친에게 무상으로 대여한 경우에는 부당행위계산 부인의 대상이 되지 않으나 부친으로부터 높은 이자율(시가의 2배)로 사업자금을 차입하여 그 이자를 필요경비에 산입한 경우에는 부당행위계산 부인의 대상이 된다.

13. 〈소득세법〉 사업자인 甲의 다음 자료를 이용하여 계산한 초과인출금의 지급이자 필요경비 불산입액은? (단, 계산결과는 원 단위 미만에서 절사하고 주어진 자료 이외의 사항은 고려하지 않음)

1. 월차 결산에 따른 자산과 부채의 현황은 다음과 같다.

구 분	사업용 자산	사업용 부채	세법상 충당금(부채에 포함됨)
6월	150,000,000원	200,000,000원	20,000,000원
7월	140,000,000원	160,000,000원	20,000,000원

2. 지급이자와 관련된 자료는 다음과 같다.

이자율	지급이자	차입금 적수
연 20 %	400,000원*	730,000,000원
연 12 %	1,200,000원	3,650,000,000원

* 이 금액 중 50 %는 채권자 불분명 사채의 이자이다.

① 313,823원   ② 328,767원   ③ 375,890원
④ 776,986원   ⑤ 856,986원

14. 〈소득세법〉 거주자 甲의 2022년도 종합소득에 관한 자료가 다음과 같을 경우 분리과세 주택임대소득에 대한 사업소득금액은?

1. 甲이 임대하고 있는 주택은 「소득세법 시행령」제122조의2에 의한 등록임대주택이 아니다.
2. 甲의 주택임대와 관련된 자료는 다음과 같다.

구 분	A주택	B주택
임대료 수입	10,000,000원	-
간주임대료	4,000,000원	4,000,000원
합 계	14,000,000원	4,000,000원

3. 甲의 종합소득금액은 상기의 주택임대소득을 제외하고 2천만원을 넘지 않는다.

① 3,200,000원   ② 5,000,000원   ③ 5,200,000원
④ 7,000,000원   ⑤ 9,000,000원

15. 〈소득세법〉 다음은 2022년도 거주자 甲의 금융소득에 관한 자료이다. 종합과세할 배당 소득금액은? (단, 원천징수는 적법하게 이루어졌으며 제시된 금액은 원천징수 전의 금액이다. 주어진 자료 외의 사항은 고려하지 않음)

> ○ 내국법인 A가 이익잉여금을 자본전입함에 따라 지급받은 무상주의 액면가액 5,000,000원
> ○ 내국법인 B가 주식발행초과금을 자본전입함에 따라 지급받은 무상주의 액면가액 6,000,000원 (자기주식에 배정되지 못하여 재배정함에 따라 지분율이 증가된 금액 2,000,000원 포함)
> ○ 「소득세법 시행령」 제26조의2제1항에 의한 집합투자기구(사모집합투자기구가 아님)로부터 받은 이익금 5,000,000원(증권시장에 상장된 제조업 영위 내국법인 주식의 매매차익 2,000,000원 포함)
> ○ 국내은행으로부터 받은 이자 12,000,000원

① 8,220,000원
② 10,220,000원
③ 10,550,000원
④ 12,220,000원
⑤ 22,220,000원

16. 〈소득세법〉 2022년도 거주자 甲의 기타소득과 관련된 자료는 다음과 같다. 종합과세할 기타소득금액은? (단, 원천징수는 적법하게 이루어졌으며 제시된 금액은 원천징수 전의 금액이다. 주어진 자료 외의 사항은 고려하지 않음)

> ○ 주택입주 지체상금 수령액: 3,000,000원
> ○ 「공익사업을 위한 토지 등의 취득 및 보상에 관한 법률」에 따른 공익사업과 관련하여 지상권을 대여함으로써 받은 금액: 15,000,000원
> ○ 과세대상이 되는 서화를 반복적으로 판매함으로써 얻은 소득: 200,000,000원(단, 이와 관련하여 사업장을 갖추거나 사업자등록을 하지는 않았으며, 서화의 보유기간은 10년 미만이다.)
> ○ 위 소득과 관련하여 확인된 필요경비는 없다.

① 3,600,000원
② 4,200,000원
③ 6,600,000원
④ 7,200,000원
⑤ 36,600,000원

17. 〈소득세법〉 근로소득에 관한 설명으로 옳지 않은 것은?

① 대기업의 종업원이 주택의 구입에 소요되는 자금을 무상으로 대여받음으로써 얻는 이익은 근로소득에 포함된다.
② 공무원이 공무수행과 관련하여 국가로부터 받는 상금과 사기업체 종업원이 법에 따라 받는 직무발명보상금은 연 500만원까지 비과세한다.
③ 일용근로자가 아닌 근로자의 경우 총급여액에서 공제하는 근로소득공제는 연간 2,000만원을 한도로 한다.
④ 법인세법에 따라 처분된 인정상여의 귀속시기는 그 법인의 결산확정일이 아닌 근로자가 해당 사업연도 중 근로를 제공한 날로 한다.
⑤ 근로를 제공하고 받은 대가라 하더라도 독립된 지위에서 근로를 제공하였다면 그 대가는 근로소득으로 보지 않는다.

18. 〈소득세법〉 연금소득에 관한 설명으로 옳은 것은?

① 공적연금의 경우 2002.1.1.(과세기준일) 이후부터 과세로 전환되었으므로 연금수령액 중 과세연금액은 '과세기준일 이후 기여금 납입월수'가 '총 기여금 납입월수'에서 차지하는 비율에 따라서 분할하여 계산한다.

② 연금계좌에서 인출하는 금액이 연금수령요건을 충족한 경우 퇴직연금계좌 인출액이든 연금저축계좌 인출액이든 연금소득공제를 적용한다.

③ 사망할 때까지 연금수령하는 종신계약에 따라 받는 연금소득의 경우 3%의 원천징수세율을 적용한다.

④ 연금계좌에서 일부 금액이 인출되는 경우 인출순서는 이연퇴직소득 → 과세제외금액 → 연금계좌세액공제를 받은 납입액과 운용수익 순서로 인출되는 것으로 한다.

⑤ 이연퇴직소득을 연금수령하는 경우로서 실제수령연차가 10년을 초과하는 경우 원천징수세율은 연금외수령 원천징수세율의 60%가 된다.

19. 〈소득세법〉 양도소득세의 과세대상이 아닌 것은?

① 지상권의 양도로 발생하는 소득
② 지역권의 양도로 발생하는 소득
③ 등기된 부동산임차권의 양도로 발생하는 소득
④ 한국토지주택공사 발행 주택상환사채의 양도로 발생하는 소득
⑤ 가액을 별도로 평가하지 않고 토지·건물과 함께 양도하는 이축권(개발제한구역 내의 건축물을 법에 따른 취락지구 등으로 이축할 수 있는 권리)의 양도로 발생하는 소득

20. 〈소득세법〉「소득세법」 제16조제1항제10호에서 규정하는 직장공제회 초과반환금에 관한 설명으로 옳지 않은 것은?

① 소득세법령이 정하는 직장공제회 초과반환금은 이자소득에 해당한다.

② 과세대상이 되는 초과반환금에는 반환금에서 납입공제료를 뺀 금액인 "납입금 초과이익"만이 아니라 반환금 분할지급시 발생하는 "반환금 추가이익"도 포함된다.

③ 직장공제회 초과반환금은 종합소득 과세표준에 합산하지 않는다.

④ "납입금 초과이익"에 대한 산출세액은 「소득세법」에서 규정하는 방식(연분연승 방식)에 따른다.

⑤ "반환금 추가이익"에 대한 산출세액은 해당 추가이익에 금융소득에 대한 원천징수세율인 14%의 세율을 적용하여 계산한다.

21. 〈법인세법〉 제조업을 영위하는 영리내국법인 (주)A(중소기업 및 회생계획을 이행중인 기업은 아님)의 다음 자료에 따른 제22기 사업연도(2022.1.1.~12.31.) 법인세 과세표준은? (단, 전기 이전의 모든 세무조정은 적절하게 이루어졌으며, 주어진 자료 이외에는 고려하지 않는다. 또한 수입배당금액에 대한 익금불산입 규정은 적용하지 않음)

> (1) 제22기 사업연도 포괄손익계산서상 당기순이익은 300,000,000원이다.
> (2) 제22기 말 재무상태표에는 2021.1.1.에 (주)A의 대표이사로부터 현금을 지불하고 취득한 건물(취득가액: 400,000,000원)이 계상되어 있으며, (주)A는 동 건물에 대하여 정액법(매기 상각률: 0.05)에 따른 감가상각비를 제22기 포괄손익계산서에 비용으로 계상하였다. 동 건물의 취득 당시 시가는 350,000,000원, 신고내용연수는 20년이며 감가상각방법은 신고하지 않았다.
> (3) (주)A의 경영에 대해 사실상 영향력을 행사하고 있다고 인정되는 자의 배우자인 甲에게 (주)A의 업무와 관련 없이 대여한 5,000,000원이 회수불능하게 됨에 따라 전액 대손처리하고, 이를 제22기 포괄손익계산서에 비용으로 계상하였다. 단, (주)A는 동 대여금에 대해서 「법인세법」상 시가를 초과하는 이자를 수령하고 있다.
> (4) (주)A는 (주)B가 발행한 주식 20,000주(주당 액면가액 5,000원)를 1주당 6,000원에 취득하여 보유하고 있었는데, 제22기 중 (주)B는 발행주식의 10%를 1주당 10,000원의 현금을 지급하고 일괄 매입하여 소각하였다. (주)A는 (주)B로부터 수취한 20,000,000원에 대하여 아무런 회계처리를 하지 않고 보유주식수만 감소시켰다.
> (5) (주)A는 제21기에 「법인세법」상 결손금 200,000,000원이 발생하였으며, 자산수증이익 및 채무면제이익으로 충당된 결손금은 없다.

① 102,700,000원   ② 110,500,000원   ③ 115,500,000원
④ 126,200,000원   ⑤ 137,700,000원

22. 〈법인세법〉 제조업을 영위하는 영리내국법인 (주)A(중소기업 아님)의 제21기 사업연도(2022.1.1.~12.31.) 법인세 차감납부세액 계산과 관련하여 다음 ㉠, ㉡, ㉢의 합계액은? (단, 다음에 제시되는 각 상황은 상호 독립적이라고 가정하고, 주어진 자료 이외에는 고려하지 않는다. 또한 (주)A의 소득 중에 법인세가 부과되지 아니하거나 비과세 또는 면제되는 소득은 없음)

> (1) (주)A는 제21기 중 「법인세법」상 토지 등 양도소득에 대한 법인세 과세대상에 해당하는 조합원입주권을 특수관계가 없는 자에게 양도하고, 150,000,000원의 양도소득이 발생하였다. 이로 인해 (주)A의 제21기 법인세 차감납부세액이 ㉠원 증가되었다.
> (2) (주)A는 「법인세법」에 따른 장부의 비치·기장의무를 이행하지 않았기 때문에 장부의 기록·보관 불성실가산세 ㉡원을 제21기 사업연도 법인세액에 더하여 납부하였다. (주)A의 제21기 산출세액은 30,000,000원, 수입금액은 100억원 이다.
> (3) (주)A의 제21기 각 사업연도 소득금액에는 (주)B(제조업)에게 일시적으로 자금을 대여하고 국내에서 수취한 이자수익 5,000,000원이 포함되어 있다. 동 이자수익에 대한 법인세 원천징수가 적법하게 이행된 경우, (주)A의 차감납부세액 계산시 기납부세액으로 공제될 수 있는 금액은 ㉢원이다.

① 22,750,000원   ② 23,250,000원   ③ 32,250,000원
④ 37,750,000원   ⑤ 38,250,000원

23. 〈법인세법〉 제조업을 영위하는 영리내국법인 (주)A(중소기업 아님)의 제21기 사업연도 (2022.1.1.~9.30.) 법인세 세무조정 결과, 포괄손익계산서에 계상된 접대비 59,000,000원(문화접대비는 없음) 중에서 5,400,000원이 「법인세법」상 한도금액을 초과하여 손금에 산입하지 않았다. (주)A의 제21기 사업연도 수입금액이 200억원인 경우, 이 중에서 특수관계인과의 거래에서 발생한 수입금액은? (단, 제21기에 특수관계인과의 거래에서 발생한 수입금액은 100억원 미만이며, 모든 접대비는 신용카드를 사용하여 업무상 적법하게 지출하였음)

① 30억원   ② 40억원   ③ 50억원
④ 60억원   ⑤ 70억원

24. 〈법인세법〉 제조업을 영위하는 영리내국법인 (주)A(중소기업 아님)의 제21기 사업연도 (2022.1.1.~12.31.) 지급이자에 대한 세무조정 결과, 「법인세법」상 「자본금과 적립금 조정명세서(乙)」의 기말잔액에 영향을 미친 금액은? (단, 당기의 모든 세무조정은 적절하게 이루어졌으며, 주어진 자료 이외에는 고려하지 않음)

구 분	지급이자 금액	연이자율	비 고
지급이자 A	3,000,000원	6 %	채권자와의 금전거래사실 및 거래내용이 불분명한 차입금에서 발생함
지급이자 B	?	?	사업용 유형자산 건설에만 전액 소요된 특정차입금에 대한 지급이자임
지급이자 C	9,600,000원	12 %	
지급이자 D	?	?	지급이자 D에 대한 차입금은 60,000,000원임
합 계	26,600,000원		

(1) 제21기 포괄손익계산서상 지급이자 내역

(2) 2022.1.1.에 대표이사에게 업무와 관련 없이 70,000,000원을 대여하였고, 제 21기말까지 상환되지 않았다. 또한 업무무관자산 등에 대한 지급이자 세무조정 결과, 포괄손익계산서상 지급이자 중에서 동 가지급금과 관련하여 손금불산입된 금액은 9,300,000원이다.

(3) (주)A의 제21기 말 현재 차입금 총액 252,500,000원은 모두 전기 이전에 차입하였으며, 제21기 중 신규로 차입하거나 상환된 차입금은 없다.

① 4,000,000원   ② 5,000,000원   ③ 6,000,000원
④ 7,000,000원   ⑤ 8,000,000원

25. 〈법인세법〉 영리내국법인 (주)A의 포괄손익계산서 세금과공과 계정에는 다음의 금액이 포함되어 있다. 「소득금액조정합계표」 작성시 '익금산입 및 손금불산입'에 포함되어야 할 금액의 합계는?

○ 사계약상의 의무불이행으로 인하여 부담한 지체상금(구상권 행사 불가능): 1,000,000원
○ 업무와 관련하여 발생한 교통사고 벌과금: 1,500,000원
○ 전기요금의 납부지연으로 인한 연체가산금: 3,500,000원
○ 「국민건강보험법」에 따라 징수하는 연체금: 4,000,000원
○ 국유지 사용료의 납부지연으로 인한 연체료: 5,500,000원
○ 외국의 법률에 따라 국외에서 납부한 벌금: 6,000,000원

① 7,500,000원
② 9,000,000원
③ 11,500,000원
④ 13,000,000원
⑤ 15,500,000원

26. 〈법인세법〉 「법인세법」상 합병시 피합병법인에 대한 과세와 관련하여 적격합병이 갖추어야 할 「법인세법」 제44조제2항제4호의 요건 중에는 다음의 내용이 포함된다.

합병등기일 1개월 전 당시 피합병법인에 종사하는 대통령령으로 정하는 근로자 중 합병법인이 승계한 근로자의 비율이 80% 이상이고, 합병등기일이 속하는 사업연도종료일까지 그 비율을 유지할 것

위의 내용에서 밑줄로 표시된 대통령령으로 정하는 근로자란 「근로기준법」에 따라 근로계약을 체결한내국인 근로자를 말하지만 특정한 일부 근로자는 제외되는데, 이 경우 제외되는 근로자에 해당하지 않는 것은?

① 근로계약의 연속된 갱신으로 인하여 합병등기일 1개월 전 당시 그 근로계약의 총 기간이 1년 이상인 근로자
② 법인 이사회의 구성원에 해당하는 임원
③ 합병등기일이 속하는 사업연도의 종료일 이전에「고용상 연령차별금지 및 고령자고용촉진에 관한 법률」에 따른 정년이 도래하여 퇴직이 예정된 근로자
④ 「소득세법」에 따른 일용근로자
⑤ 합병등기일이 속하는 사업연도의 종료일 이전에 사망한 근로자

27. 〈법인세법〉「법인세법」상 지주회사 수입배당금액의 익금불산입 특례와 관련하여, 지주회사가 해당 법령으로 정하는 요건을 갖춘 자회사로부터 받은 수입배당금액 중 자회사별로 수입배당금액에 다음 표의 구분에 따른 익금불산입률을 곱한 금액의 합계액은 각 사업연도의 소득금액을 계산할 때 익금에 산입하지 아니한다. 지주회사에게 배당금을 지급하는 해당 자회사가 주권상장법인일 경우,「법인세법」제18조의3제1항제1호에 규정된 다음 표의 (   )중 어느 하나에 들어갈 내용이 아닌 것은? (단, 지주회사가 각 사업연도에 지급한 차입금의 이자는 없으며, 「법인세법」 제18조의3제2항의 각 호에는 해당되지 않음)

자회사의 구분	자회사에 대한 출자비율	익금불산입률
가. 주권상장법인	( )퍼센트 이상	( )퍼센트
	( )퍼센트 이상 ( )퍼센트 미만	( )퍼센트
	( )퍼센트 미만	( )퍼센트

① 30   ② 50   ③ 80

④ 90   ⑤ 100

28. 〈법인세법〉 내국법인이 각 사업연도에 여러 종류의 기부금을 지출했을 경우, 해당 기부금의 「법인세법」상 손금산입한도액을 산출하는 계산식이 다른 하나는?
① 국방헌금과 국군장병 위문금품의 가액
② 천재지변으로 생기는 이재민을 위한 구호금품의 가액
③ 「사회복지사업법」에 따른 사회복지법인의 고유목적사업비로 지출하는 기부금
④ 「사립학교법」에 따른 사립학교(병원은 제외)에 연구비로 지출하는 기부금
⑤ 「국립대학병원 설치법」에 따른 국립대학병원에 교육비로 지출하는 기부금

29. 〈법인세법〉 법인의 설립시 「법인세법」상 재고자산 평가방법을 적법하게 신고한 법인이 그 평가방법을 변경하고자 하는 경우, 해당 평가방법 변경에 대한 신고기한으로 옳은 것은?
① 평가방법을 변경한 사업연도의 최초 재고자산 매입일
② 평가방법을 변경한 이후 최초 손익발생일
③ 변경할 평가방법을 적용하고자 하는 사업연도의 종료일
④ 변경할 평가방법을 적용하고자 하는 사업연도의 종료일 이전 3월이 되는 날
⑤ 변경할 평가방법을 적용하고자 하는 사업연도의 법인세과세표준의 신고기한

30. 〈법인세법〉「법인세법」상 외국납부세액공제와 관련하여, (   )에 들어갈 내용으로 옳은 것은? (단, 2021.1.1. 이후 개시하는 사업연도에 발생한 외국법인세액만 있는 경우로 가정함)

> 내국법인의 각 사업연도의 소득에 대한 과세표준에 국외원천소득이 포함되어 있는 경우로서 법령에 따라 외국법인세액을 해당 사업연도의 산출세액에서 공제하고자 할 때, 그 국외원천소득에 대하여 외국정부에 납부하였거나 납부할 외국법인세액이 해당 사업연도의 공제한도금액을 초과하는 경우 그 초과하는 금액은 해당 사업연도의 다음 사업연도 개시일부터 (   ) 이내에 끝나는 각 사업연도로 이월하여 그 이월된 사업연도의 공제한도금액 내에서 공제받을 수 있다.

① 10년   ② 12년   ③ 15년
④ 17년   ⑤ 20년

31. 〈부가가치세법〉「부가가치세법」상 사업장에 관한 설명으로 옳지 않은 것은?

① 기획재정부령으로 정하는 이동통신역무를 제공하는 전기통신사업의 사업장은 사업자가 법인인 경우에는 그 법인의 본점소재지이다.
② 사업자가 사업장을 설치하지 아니하고 사업자등록도 하지 아니한 경우에는 과세표준 및 세액을 결정하거나 경정할 당시의 사업자의 주소 또는 거소를 사업장으로 한다.
③ 운수업의 사업장은 개인의 명의로 등록된 차량을 다른 개인이 운용하는 경우 그 등록된 개인이 업무를 총괄하는 장소이다.
④ 무인자동판매기를 통하여 재화·용역을 공급하는 사업의 경우에는 사업에 관한 업무를 총괄하는 장소 외의 장소를 추가로 사업장으로 등록할 수 있다.
⑤ 사업자가 자기의 사업과 관련하여 생산하거나 취득한 재화를 직접 판매하기 위하여 특별히 판매시설을 갖춘 장소는 사업장으로 본다.

32. 〈부가가치세법〉「부가가치세법」상 재화의 공급에 해당하지 않는 것은?

① 공동사업자 구성원이 각각 독립적으로 사업을 영위하기 위하여 공동사업의 사업용 유형자산인 건축물을 분할등기 하는 경우 해당 건축물의 이전
② 사업자간에 상품·제품 등의 재화를 차용하여 사용하거나 소비하고 동종 또는 이종의 재화를 반환하는 소비대차의 경우의 해당 재화의 차용 또는 반환
③ 사업자가 폐업할 시 자기생산·취득재화(매입세액공제 받음) 중 남아 있는 재화
④ 재화의 인도 대가로서 다른 재화를 인도받거나 용역을 제공받는 교환계약에 따른 재화의 인도·양도
⑤ 출자자가 자기의 출자지분을 타인에게 양도·상속·증여하거나 법인 또는 공동사업자가 출자지분을 현금으로 반환하는 경우

33. 〈부가가치세법〉 자동차용 배터리 소재 제조업을 영위하는 일반과세자인 (주)세무의 2022년 제1기 예정신고기간 자료이다. (주)세무의 2022년 제1기 예정신고기간의 부가가치세 과세표준금액은? (단, 다음 자료의 금액에는 부가가치세가 포함되어 있지 않음)

> (1) 1월 30일: 재화의 공급으로 인하여 거래처로부터 매출할인과 에누리액 200,000원 차감 후, 연체이자 100,000원을 포함한 현금 5,000,000원을 받았다.
> (2) 2월 15일: 미국의 U사와 신용장(L/C)방식에 의한 수출계약을 하고 2월 15일에 선적하였으며, 수출계약금액은 $5,000이다. 2월 10일에 선수금 $2,000를 수령하여 2월 12일에 2,000,000원으로 환가하였으며, 나머지 금액인 $3,000은 2월 15일에 수령하여 2월 20일에 환가하였다.(기준환율 2월 10일 1,100원/$; 2월 15일 1,200원/$; 2월 20일 1,300원/$)
> (3) 3월 5일: 시가 4,000,000원의 제품을 판매하여 현금 3,800,000원과 자기적립마일리지 200,000원으로 결제 받았다.
> (4) 사업을 위하여 대가를 받지 않고 거래처 A사에게 제품(시가 1,000,000원, 원가 500,000원)을 견본품으로 제공하였다.

① 14,000,000원 ② 14,300,000원 ③ 14,500,000원
④ 14,800,000원 ⑤ 15,300,000원

34. 〈부가가치세법〉 일반과세자인 (주)세무는 건물, 기계장치 및 토지를 69,480,000원(부가가치세 제외)에 일괄양도 하였으며, 건물, 기계장치 및 토지 각각의 실거래가액은 불분명하다. 인도시점에 매각대금을 전액 수령하였고, 각 자산의 관련 자료는 다음과 같으며, 감정평가가액은 불분명하다. 이 경우 (주)세무의 건물에 대한 부가가치세 과세표준금액은?

구 분	건 물	기계장치	토 지
취득가액	55,000,000원	11,000,000원	15,000,000원
장부가액	33,000,000원	9,900,000원	15,000,000원
기준시가	22,000,000원	-	14,000,000원

① 35,200,000원 ② 36,000,000원 ③ 36,800,000원
④ 38,600,000원 ⑤ 39,600,000원

35. 〈부가가치세법〉「부가가치세법」상 면세대상에 관한 설명으로 옳은 것은?
① 「항공사업법」에 따른 항공기에 의한 여객운송 용역은 면세한다.
② 면세되는 도서·신문·잡지 등의 인쇄·제본 등을 위탁받아 인쇄·제본 등의 용역을 제공하는 것에 대하여는 면세한다.
③ 피부과의원에 부설된 피부관리실에서 제공하는 피부관리용역은 면세한다.
④ 우리나라에서 생산되어 식용으로 제공되지 아니하는 관상용의 새에 대하여는 면세하지 아니한다.
⑤ 김치를 거래단위로서 포장하여 최종소비자에게 그 포장의 상태로 직접 공급하는 것에 대하여는 면세하지 아니한다.

36. 〈부가가치세법〉 「부가가치세법」상 신고와 납부에 관한 설명으로 옳지 않은 것은?

① 예정신고를 하는 사업자가 예정신고와 함께 매출·매입처별 세금계산서합계표를 제출하지 못하는 경우 해당 예정신고기간이 속하는 과세기간의 확정신고를 할 때 함께 제출할 수 있다.

② 재화를 수입하는 자(납세의무자)가 재화의 수입에 대하여 「관세법」에 따라 관세를 세관장에게 신고하고 납부하는 경우에는 재화의 수입에 대한 부가가치세를 함께 신고납부해야 한다.

③ 개인사업자의 경우 관할세무서장은 제1기 예정신고기간분 예정고지세액에 대해서 4월 1일부터 4월 25일까지의 기간 이내에 납부고지서를 발부해야 한다.

④ 간이과세자에서 해당 과세기간 개시일 현재 일반과세자로 변경된 경우에는 「부가가치세법」 제48조제3항에 의한 예정고지세액을 징수하지 않는다.

⑤ 개인사업자의 경우 각 예정신고기간분에 대해 조기환급을 받으려는 자는 예정신고 할 수 있다.

37. 〈부가가치세법〉 과세사업과 면세사업을 겸영하고 있는 (주)세무는 다음의 재화(기계장치, 건물, 원재료)를 취득하여 면세사업에만 사용하였다. (주)세무가 면세사업에만 사용하던 아래의 모든 재화를 2022.4.5.부터 과세사업과 면세사업에 공통사용 하는 경우, 2022년 제1기 부가가치세 확정신고시 매입세액으로 공제할 수 있는 금액은? (단, 취득당시 면세사업과 관련한 매입세액을 불공제 하였음)

구 분	취득일자	취득가액(부가가치세 불포함)
기계장치	2021.7.5.	40,000,000원
건 물	2019.4.15.	300,000,000원
원재료	2021.9.9.	100,000,000원

또한, (주)세무의 공급가액은 다음과 같다.

과세기간	과세사업	면세사업	합 계
2022년 제1기(1.1.~3.31.)	15억원	5억원	20억원
2022년 제1기(4.1.~6.30.)	15억원	15억원	30억원

① 12,000,000원　　　　② 14,400,000원　　　　③ 15,750,000원

④ 18,900,000원　　　　⑤ 24,000,000원

38. 〈부가가치세법〉 통조림판매(과세)와 과일판매(면세)를 겸영하고 있는 (주)세무는 2020.10.1. 공통사용하는 사업용 건물을 110,000,000원(부가가치세 포함)에 매입하였다. 각 과세기간의 수입금액이 다음과 같을 때 2022년 제1기의 납부 및 환급세액 재계산으로 인하여 가산하거나 차감할 세액은? (단, 통조림판매부문과 과일판매부문의 건물사용면적은 구분되지 않음)

과세기간	과일공급가액	통조림공급가액(부가가치세 제외)	합 계
2020년 제2기	40,000,000원	60,000,000원	100,000,000원
2021년 제1기	50,000,000원	50,000,000원	100,000,000원
2021년 제2기	54,000,000원	46,000,000원	100,000,000원
2022년 제1기	47,000,000원	53,000,000원	100,000,000원

① 없음
② 340,000원 납부세액에서 가산
③ 595,000원 납부세액에서 가산
④ 630,000원 납부세액에서 차감
⑤ 700,000원 납부세액에서 차감

39. 〈국제조세조정에 관한 법률〉 「국제조세조정에 관한 법률」상 국제거래의 유형 중 「소득세법」 및 「법인세법」에 따른 부당행위계산 부인규정을 적용하지 않는 경우는?

① 자산을 무상으로 이전(현저히 저렴한 대가를 받고 이전하는 경우는 제외)하거나 채무를 면제하는 경우
② 출연금을 대신 부담한 경우
③ 자산을 시가보다 높은 가액으로 매입 또는 현물출자를 받은 경우
④ 수익이 없는 자산을 매입하였거나 현물출자를 받는 경우
⑤ 법인의 감자에 있어서 주주 등의 소유주식 등의 비율에 의하지 아니하고 일부 주주 등의 주식 등을 소각하는 자본거래로 인하여 주주 등(소액주주 등은 제외)인 법인이 특수관계인인 다른 주주 등에게 현저한 이익(5억원 이상)을 분여한 경우

40. 〈국제조세조정에 관한 법률〉「국제조세조정에 관한 법률」상 해외금융계좌의 신고에 관한 사항으로 옳지 않은 것은?

① 계좌신고의무자가 해외금융계좌 수정신고 및 기한 후 신고를 한 경우(단, 과세당국이 과태료를 부과할 것을 미리 알고 신고한 경우는 제외)에는 해외금융계좌 신고의무 위반 금액 출처의 소명에 관한 규정을 적용하지 않는다.

② 해외금융회사에 1개의 해외금융계좌를 보유한 거주자 및 내국법인 중에서 해당연도의 매월 말일 중 어느 하루의 해외금융계좌잔액이 5억원을 초과하는 자는 해외금융계좌정보를 다음연도 6월 1일부터 30일까지 납세지 관할 세무서장에게 신고하여야 한다.

③ 해외금융계좌 신고시 거주자 및 내국법인의 판정은 신고대상 연도의 종료일을 기준으로 한다.

④ 해외금융계좌 중 실지명의에 의하지 아니한 계좌 등 그 계좌의 명의자와 실질적 소유자가 다른 경우에 해외금융계좌 신고의무자를 실질적 소유자로 본다.

⑤ 계좌신고의무자가 국가, 지방자치단체 및 「공공기관의 운영에 관한 법률」에 따른 공공기관에 해당하는 경우 해외금융계좌의 신고의무를 면제한다.

1	2	3	4	5	6	7	8	9	10
⑤	④	②	④	⑤	④	①	③	①	③
11	12	13	14	15	16	17	18	19	20
④	②	③	④	②	③	②	⑤	②	⑤
21	22	23	24	25	26	27	28	29	30
④	⑤	①	②	③	①	②	③	④	①
31	32	33	34	35	36	37	38	39	40
④	⑤	②	①	⑤	③	②	①	③	④

1. ⑤
① 납세자를 방문해 서류를 교부하려고 하였으나 → 2회 이상 납세자를 방문[처음 방문한 날과 마지막 방문한 날 사이의 기간이 3일(기간을 계산할 때 공휴일 및 토요일은 산입하지 않는다)이상이어야 한다]해 서류를 교부하려고 하였으나
② 사리를 판별할 수 있는 사람이 부재하는 경우에는 → 사리를 판별할 수 있는 사람이 정당한 사유 없이 서류 수령을 거부할 때에는
③ 교부송달 또는 우편송달의 방법으로 서류송달시 집배원이 사리판별이 가능한 아파트경비원에게 서류를 교부하는 방식의 보충송달은 적법한 송달에 해당한다.
④ 납부고지서의 우편송달은 원칙적으로 등기우편으로 하여야 하나, 다음의 납부고지서로서 50만원 미만에 해당하는 납부고지서는 일반우편으로 송달할 수 있다.

> ㄱ. 소득세법상 중간예납세액의 납부고지서, 부가가치세법상 예정고지세액의 납부고지서
> ㄴ. 신고납부세목에 해당하는 국세에 대한 과세표준 신고서를 법정신고한까지 제출하였으나 과세표준 신고액에 상당하는 세액의 전부 또는 일부를 납부하지 아니하여 발급하는 납부고지서

2. ④
① (O) : 소득세의 납세의무는 과세기간이 끝나는 때 성립하므로 2015년 과세기간의 소득세의 납세의무는 2015년이 끝나는 때 성립한다.
② (O) : 甲이 사외유출된 금액이 자신에게 귀속되지 아니하였다는 점만을 입증한 경우에도 대표자에게 관리책임의 성격을 지게 하는 것이므로 甲은 소득세 납세의무를 면할 수 없다.
③ (O) : (주)A에 대한 소득금액변동통지는 (주)A가 원천징수의무자로서의 납세의무를 부담하게 되므로 행정소송의 대상이 될 수 있는 "처분"에 해당한다.
④ (X) : 갑의 부정행위와 무관하게 (주)A가 부정행위로 법인세를 포탈하였으므로 2015년 과세기간 귀속 소득의 소득세 부과제척기간의 기산일은 2016년 5월 31일의 다음 날이며, 부과제척기간의 만료일은 2026년 5월 31일에 해당한다.

참고

> 부정행위로 포탈하거나 환급·공제받은 국세가 법인세인 경우에 국세부과 제척기간은 해당 법인세와 관련하여 소득처분된 금액에 대한 소득세 또는 법인세에 대해서는 10년(역외거래에서 발생한 부정행위인 경우에는 15년)으로 한다.

③ (O) : 甲에 대한 소득세 부과제척기간이 도과하였다면 소득세 납세의무가 소멸한 경우이므로 甲의 소득세 원천징수의무를 지는 (주) A에 대한 소득금액변동통지는 위법하다.

3. ②

① 납세자가 국세 및 강제징수비를 체납한 경우에 그 납세자에게 양도담보재산이 있을 때에는 납세의무자의 재산양도일이 국세채권이 법정기일 이후인 경우로서 그 납세자의 다른 재산에 대하여 강제징수를 하여도 징수할 금액에 미치지 못하는 경우에만 양수인은 물적납세의무를 부담한다.

③ 법정기일 전에 주택임대차보호법 또는 상가건물 임대차보호법에 따라 대항요건과 확정일자를 갖춘 임차권이 설정된 재산을 매각하여 그 매각금액에서 국세를 징수하는 경우 그 권리에 의하여 임대차보증금 반환채권이 국세채권에 우선하는 특칙을 두고 있다.

④ 납세의무자를 채무자로 하는 임금채권, 국세채권(법정기일 2022년 3월), 근저당권 채권(근저당권 설정일 2022년 2월)이 있는 경우 근로기준법을 존중하여 임금채권을 국세채권에 우선하여 배정한다.

> **참고** 우선순위(1)
>
> 피담보채권 → 임금채권 → 국세채권

⑤ 납세의무자를 채무자로 하는 국세채권(법정기일 2022년 1월, 압류 2022년 5월) 100원, 근저당권 채권(근저당권 설정일 2022년 2월) 100원, 지방세채권(법정기일 2022년 3월, 압류 2022년 3월) 100원이 있는 경우 압류재산 매각대금 150원의 배분은 지방세채권 100원, 근저당권 채권 50원의 순으로 한다.

> **참고** 우선순위(2)
>
> 1. 조세 채권과 근저당권 채권 간 : 국세채권 법정기일 → 근저당권 설정일 → 지방세채권 법정기일
> 2. 조세채권 상호 간 : 압류 지방세채권(2022년 3월) → 압류 국세채권(2022년 5월)

4. ④

①, ② 조세불복대상은 당초 처분의 하자행위를 포함하여 불복을 제기할 수 있는데 2021년 3월 2일자 과세처분에 대하여 2022년 6월 4일에 제기한 심판청구는 해당 당초처분이 있음을 안 날부터 90일이 지나 심판청구기간이 도과하였으나 증액경정 처분이 있음을 안 날부터는 90일 이내이므로 적법하며, 금 20억원의 세액은 당초 확정된 세액이나 증액경정처분에 대해서는 증액된 세액의 한도 내로 청구세액의 제한을 적용받아 취소를 구할 수 있다.

③ 과세처분 취소결정이 필요한 경우 취소 대상으로 특정하여야 할 처분은 2022년 4월 4일자 과세처분이다.

⑤ (주)A의 주장이 맞다면 증액된 세액의 한도 내에서(27억원의 부과처분 중 20억원을 초과하는 부분) 부과처분 취소결정을 한다.

5. ⑤

① (O) : 재산자체에 부과된 국세가 있는 경우에는 은행이 납세의무자로부터 대출일 현재의 납세증명서를 전달받더라도 은행에 우선하는 국세채권의 존재를 확인할 수 없는 경우가 있다.

② (O) : 조세쟁송 중인 경우에는 체납자의 인적사항 및 체납액 등을 공개할 수 없다.

③ (O) : 신고를 하였으나 미납한 국세는 아직 체납상태에 이르지 아니한 국세채권이지만 미납국세의 열람 대상에 해당한다.

④ (O) : 국세청장은 체납자 재산의 압류 및 담보 제공 등으로 출국금지 사유가 없어진 경우 즉시 법무부장관에게 출국금지의 해제를 요청하여야 한다. 즉, 출국금지의 해제를 요청할 수 있는 사유가 아님에 주의한다.

⑤ (X) : 건물 소유자의 동의 없이 국세 또는 체납액의 열람을 세무서장에게 → 건물 소유자의 동의를 받아 그 자가 납부하지 아니한 국세 또는 체납액의 열람을 임차할 건물 소재지의 관할 세무서장에게

6. ④

① 체납액의 징수는 강제징수비, 국세(가산세 제외), 가산세의 순으로 한다.

② 독촉장을 발급하는 경우 독촉을 하는 날부터 20일 이내의 범위에서 기한을 정하여 발급한다.

③ 제2차 납세의무자로부터 국세를 징수하고자 하는 경우 납부고지서를 발급하여야 한다.

⑤ 국세를 포탈하려는 행위가 있다고 인정되는 경우 납부기한 전 징수를 할 수 있다.

7. ①

① (X) : 관할 세무서장은 통지를 받은 제3자가 통지를 받은 날부터 15일 이내에 그 재산에 대하여 체납자를 상대로 소유권에 관한 소송을 제기한 사실을 증명하지 아니하면 즉시 강제징수를 계속하여야 하나 소유권 주장 및 반환 청구가 부당하다는 통지를 받은 제3자가 체납자를 상대로 소유권에 관한 소송을 제기하는 경우에는 그 재산에 대한 강제징수를 정지하여야 한다.

> **참고**　제3자의 소유권 주장
>
> ㉠ 관할 세무서장은 제3자의 소유권 주장 및 반환 청구가 부당하다고 인정되면 즉시 그 뜻을 제3자에게 통지하여야 한다.
>
> ㉡ 관할 세무서장은 통지를 받은 제3자가 체납자를 상대로 소유권에 관한 소송을 제기하여 승소판결을 받고 그 사실을 증명한 경우 압류를 즉시 해제하여야 한다.

② (O) : 압류재산에는 처분제한의 효력이 발생한다.

③ (O) : 부동산 등 압류재산은 동산과 다르게 원칙적으로 압류재산을 사용·수익할 수 있다.

④ (O) : 체납자의 배우자와 공동 점유하고 있는 동산을 압류한 과세관청과의 법적다툼을 방지하고자 세무공무원은 체납자와 그 배우자의 공유재산으로서 양자가 공동 점유하고 있는 동산을 압류할 수 있다.

⑤ (O) : 계속적 거래관계에서 발생하는 급료채권에 대한 압류의 효력은 체납액을 한도로 하여 압류 후에 발생할 급료채권 및 증액급료채권에도 미친다.

8. ③

선행압류의 등기가 완료된 때로 → 참가압류의 등기 또는 등록이 완료된 때로

9. ①

② 성실신고 방해행위 죄로 처벌할 수 없다. → 성실신고 방해행위 죄로 처벌할 수 있다.

③ 법정형량이 크다. → 법정형량이 작다.

> **참고**　원천징수불성실범에 대한 처벌
>
> ㉠ 원천징수의무자가 정당한 사유 없이 그 세금을 징수하지 아니한 행위 : 1천만원 이하의 벌금
>
> ㉡ 원천징수의무자가 원천징수한 세금을 정당한 사유 없이 납부하지 아니한 행위 : 2년 이하의 징역 또는 2천만원 이하의 벌금

④ 사용인에게 과한 형과 같은 형을 → 해당 조문의 벌금형을

⑤ 고발을 요하지 아니한다. → 고발을 요한다.

10. ③

구분	내용
사기나 그 밖의 부정한 행위 O	⊙ 거짓문서의 수취 ⓒ 기록의 파기 ⓒ 위계에 의한 행위
사기나 그 밖의 부정한 행위 X	⊙ 고의 없이 장부를 작성하지 아니하는 행위 ⓒ 허위의 신고행위 ⓒ 납세신고를 하지 아니하는 행위

11. ④

① 이자소득금액 · 배당소득금액 · 근로소득금액 · 연금소득금액 · 기타소득금액에서 → 근로소득금액·연금
소득금액·기타소득금액·이자소득금액·배당소득금액에서

② 주거용 건물 임대업 포함 → 주거용 건물 임대업 제외

③ 그 부동산임대업의 소득금액에서 공제하지 않는다. → 그 부동산임대업의 소득금액에서 공제한다.

⑤ 이월결손금을 먼저 → 결손금을 먼저

12. ②

배당소득 중 출자공동사업자의 배당소득은 부당행위계산 부인의 대상이 되는 소득에 해당한다.

13. ③

구분	내용
초과인출금*) 적수	① 6월 : [(200,000,000(사업용 부채) - 20,000,000(충당금)) - 150,000,000(사업용 자산)] x 30일 = 900,000,000 ② 7월 : [(160,000,000(사업용 부채) - 20,000,000(충당금)) - 140,000,000(사업용 자산)] x 31일 = 0 ③ 합계 = ① + ② = 900,000,000
초과인출금 관련이자	① 20% : 400,000 x (1 - 50%) = 200,000원 ② 12% : 1,200,000(지급이자) x $\frac{535,000,000(초과인출금적수)}{3,650,000,000(차입금적수)}$ 　　= 175,890원

*) 초과인출금이란 사업용 자산의 합계액이 부채(충당금 및 준비금 제외)의 합계액에 미달하는 경우 그 미달액을 말한다.

필요경비불산입 순서	이자율	지급이자	차입금 적수	초과인출금 적수
1순위	20%	200,000원	365,000,000원	365,000,000원
2순위	12%	1,200,000원	3,650,000,000원	535,000,000원
합계		1,400,000원	4,015,000,000원	900,000,000원

14. ④

주택임대 사업소득금액 = 총수입금액 x (1 - 필요경비율) - 2,000,000원
　　　　　　　　　　 = 18,000,000 x (1 - 50%) - 2,000,000 = 7,000,000원

15. ②

(1) 금융소득의 구분

구분	금액	비고
내국법인 A 무상주	5,000,000원(이익잉여금)	O 배당소득
내국법인 B 무상주	2,000,000원(주식발행초과금*)	X 배당소득
집합투자기구로부터의 이익	3,000,000원(상장주식의 매매차익 제외)	X 배당소득
국내은행 이자	12,000,000원	이자소득

*) 자기주식 미배정으로 재배정함에 따라 지분비율이 증가한 금액 2,000,000원만 의제배당에 해당한다.

(2) 종합과세 되는 배당소득금액 = 5,000,000(배당소득, X) + 3,000,000(배당소득, O) + 2,000,000 (배당소득, O)*) x 1.11 = 10,220,000원

*) g-u이 적용되지 않는 원천징수세율이 적용되는 20,000,000원은 12,000,000원(이자소득), 5,000,000원(X배당소득), 3,000,000(O배당소득)으로 구성되므로 O배당소득 중 2000,000원만 g-u이 적용된다.

16. ③

구분	계산내역	기타소득금액
주택입주지체상금	3,000,000 x (1 - 80%)	600,000원
공익사업관련 지상권 대여	15,000,000 x (1 - 60%)	6,000,000원
서화·골동품 판매	무조건 분리과세	-
종합과세되는 기타소득금액		6,600,000원

17. ②

공무원이 공무수행과 관련하여 국가로부터 받는 상금은 연 240만원까지 비과세하나, 사기업체 종업원이 관련법에 따라 받는 직무발명보상금은 연 500만원까지 비과세한다.

18. ⑤

① '과세기준일 이후 기여금 납입월수'가 '총 기여금 납입월수'에서 차지하는 비율에 따라서 → 국민연금 및 연계노령연금은 '과세기준일 이후 납입기간 환산소득누계액'이 '총 납입기간 환산소득누계액'에서 차지하는 비율로 그 밖의 공적연금은 '과세기준일 이후 기여금 납입월수'가 '총 기여금 납입월수'에서 차지하는 비율에 따라서

② 분리과세 연금소득에는 연금소득공제를 적용하지 아니한다.

③ 3%의 → 4%의

④ 이연퇴직소득, 과세제외금액, 연금계좌세액공제를 받은 납입액과 운용수익 순서로 → 과세제외금액, 이연퇴직소득, 연금계좌세액공제를 받은 납입액과 운용수익 순서로

19. ②

지상권의 양도로 발생하는 소득은 양도소득에 해당하나 지역권은 양도가 불가능한 권리이며 소득세법상 미열거 소득에 해당한다.

20. ⑤

반환금 추가이익에 대한 산출세액은 해당 추가이익에 납입금 초과이익 산출세액을 납입금 초과이익으로 나눈 비율을 적용하여 계산한다.

21. ④

구분	세무조정	금액	
각 사업연도 소득금액	익금산입·손금불산입	① 부당행위계산부인	50,000,000원
		② 건물 감액분 감가상각비	2,500,000원 ^{주1)}
		③ 업무무관 가지급금 대손금	5,000,000원
		④ (B)로부터 현금수취 회계처리누락	20,000,000원
		⑤ 가산조정 합계액	77,500,000원
	손금산입·익금불산입	① 건물 감액	50,000,000원
		② 소멸주식의 가액	12,000,000원 ^{주2)}
		③ 차감조정 합계액	62,000,000원
	각 사업연도 소득금액	300,000,000(당기순이익) + 77,500,000(가산조정) − 62,000,000(차감조정) = 315,500,000원	
과세표준		315,500,000(각 사업연도 소득금액) − 189,300,000(이월결손금) ^{주3)} = 126,200,000원	

주1) 건물 감액분 감가상각비 부인

$$= 20,000,000(감가상각비 : 400,000,000 \times 0.05) \times \frac{50,000,000(건물감액금액)}{400,000,000(건물취득가액)}$$

$$= 2,500,000원$$

주2) 소멸주식의 가액 : 20,000주 × 10%(감자비율) × 6,000원(B주식 취득가) = 12,000,000원

주3) 이월결손금 공제 : MIN[200,000,000(이월결손금), 315,500,000(각 사업연도소득금액) × 60% *)]
= 189,300,000원

* 중소기업 및 회생계획을 이행중인 기업이 아니므로 60%를 적용

22. ⑤

구분	계산내역	금액
토지등 양도소득에 대한 법인세	150,000,000(조합원입주권 양도) × 20%^{*)}	30,000,000원
장부의 기록·보관 불성실가산세	MAX[①, ②] = 7,000,000 ① 30,000,000 × 20% = 6,000,000 ② 100억원 × $\frac{7}{10,000}$ = 7,000,000	7,000,000원
원천징수세액(기납부세액)	5,000,000(비영업대금이익) × 25%	1,250,000원
합계액		38,250,000원

*) 등기된 주택·별장 및 조합원입주권·분양권에는 20%의 세율을, 미등기 주택·별장에는 40%의 세율을 적용한다.

23. ①

구분	계산	금액
접대비 해당액		59,000,000원
접대비 한도액	59,000,000(접대비 해당액) - 5,400,000(접대비 한도초과액)	53,600,000원
특수관계인 수입금액(X)	12,000,000 x $\frac{9}{12}$ *) + 100억원 x 0.3% + (100억원 - X) x 0.2% + X x 0.2% x 10%	X = 30억원

*) 사업연도가 9개월인 법인에 해당

24. ②

구분	지급이자 금액	세무조정
지급이자 A	3,000,000원	(손금불산입) 채권자불분명 사채이자 3,000,000(상여나 기타사외유출)
지급이자 B	X	(손금불산입) 건설자금이자 X (유보)
지급이자 C	9,600,000원	(손금불산입) 업무무관 가지급금 관련이자 9,300,000(기타사외유출)
지급이자 D	Y	
합계액	26,600,000원	

(1) (9,600,000+Y) x $\frac{70,000,000(업무무관 가지급금)}{60,000,000(D차입금) + (9,600,000 \div 12\% : C차입금)}$ = 9,300,000원

(2) Y = 9,000,000원

(3) X = 5,000,000원[= 26,600,000(총 지급이자) - 3,000,000(A 지급이자) - 9,600,000(C 지급이자) - 9,000,000(D 지급이자)]

25. ③

구분	금액	세무조정
지체상금	-	없음
교통사고벌과금	1,500,000원	손금불산입(기타사외유출)
전기요금 연체가산금	-	없음
국민건강보험법에 따라 징수하는 연체금	4,000,000원	손금불산입(기타사외유출)
국유지 사용료의 납부지연으로 인한 연체료	-	없음
국외에서 납부한 벌금	6,000,000원	손금불산입(기타사외유출)
합계액	11,500,000원	

26. ①

고용승계의 대상 근로자는 근로기준법에 따라 근로계약을 체결한 내국인 근로자를 말하며, 다음의 어느 하나에 해당하는 근로자는 제외한다.

① 임원
② 합병등기일이 속하는 사업연도의 종료일 이전에 고용상 연령차별금지 및 고령자고용촉진에 관한 법률에 따른 정년이 도래하여 퇴직이 예정된 근로자
③ 합병등기일이 속하는 사업연도의 종료일 이전에 사망한 근로자 또는 질병·부상 등 사유로 퇴직한 근로자
④ 일용근로자
⑤ 근로계약기간이 6개월 미만인 근로자. 다만, 근로계약의 연속된 갱신으로 인하여 합병등기일 1개월 전 당시 그 근로계약의 총 기간이 1년 이상인 근로자는 제외한다.
⑥ 금고 이상의 형을 선고받는 등 기획재정부령으로 정하는 근로자의 중대한 귀책사유로 퇴직한 근로자

27. ②

자회사의 구분	자회사에 대한 출자비율	익금불산입률
주권상장법인	40퍼센트 이상	100퍼센트
	30퍼센트 이상 40퍼센트 미만	90퍼센트
	20퍼센트 이상 30퍼센트 미만	80퍼센트

28. ③

    (1) 법정기부금(50%한도 적용 기부금) : ①, ②, ④, ⑤

    (2) 지정기부금(10% 또는 20%한도 적용 기부금) : ③

29. ④

    재고자산 평가방법을 변경하고자 하는 법인은 변경할 평가방법을 적용하고자 하는 사업연도의 종료일 이전 3월이 되는 날까지 재고자산 등 평가방법 변경신고서를 납세지 관할 세무서장에게 제출하여야 한다.

30. ①

    외국정부에 납부하였거나 납부할 외국법인세액이 해당 사업연도의 공제한도금액을 초과하는 경우 그 초과하는 금액은 해당 사업연도의 다음 사업연도 개시일부터 10년 이내에 끝나는 각 사업연도로 이월하여 그 이월된 사업연도의 공제한도금액 내에서 공제받을 수 있다.

31. ④

    추가로 사업장으로 등록할 수 있다. → 추가로 사업장으로 등록할 수 없다.

    참고   특수한 경우의 운수업 사업장

구분	사업장
법인 명의로 등록된 차량을 개인이 운용하는 경우	법인의 등기부상 소재지
개인 명의로 등록된 차량을 다른 개인이 운용하는 경우	등록된 개인의 업무총괄장소

32. ⑤

    법인 또는 공동사업자가 출자지분을 현물로 반환하는 것은 재화의 공급에 해당하나, 출자자가 자기의 출자지분을 타인에게 양도하거나 법인 또는 공동사업자가 출자지분을 현금으로 반환하는 것은 재화의 공급에 해당하지 아니한다.

33. ②

    2022년 제1기 예정신고기간의 부가가치세 과세표준 계산

구분	계산내역	금액
1월 30일 재화의 공급	5,000,000 - 100,000(연체이자 수령액)	4,900,000원
2월 15일 수출분	① 공급시기 전 환가액($2,000) 　: 2,000,000원(그 환가액) ② 공급시기 후 환가액 : $3,000 x 1,200원(공급시기의 기준환율) = 3,600,000원	5,600,000원
3월 5일 제품 판매	자기적립마일리지결제액은 불포함	3,800,000원
견본품 제공	재화의 공급에 해당하지 아니함	-
예정신고기간의 과세표준		14,300,000원

34. ①

구분	장부가액(1차 안분)	기준시가(2차 안분)
건물	$69,480,000 \times \dfrac{48,000,000(건물과 토지의 장부가액)}{57,900,000(총장부가액)}$	$\times \dfrac{22,000,000(건물의 기준시가)}{36,000,000(건물과 토지의 기준시가)} = $ 35,200,000원
기계장치	$69,480,000 \times \dfrac{9,900,000(기계장치 장부가액)}{57,900,000(총장부가액)}$ $=11,880,000원$	
과세표준	35,200,000(건물분) + 1,800,000(기계장치분) = 47,000,000원	

35. ⑤

① 면세한다. → 면세하지 아니한다.
② 면세한다. → 면세하지 아니한다.
③ 면세한다. → 면세하지 아니한다.
④ 면세하지 아니한다. → 면세한다.

36. ③

개인사업자의 경우 관할세무서장은 제1기 예정신고기간분 예정고지세액에 대해서는 4월 1일부터 4월 10일까지(제2기 예정신고기간분은 10월 1일부터 10월 10일까지)의 기간 이내에 납부고지서를 발부해야 한다.

37. ②

일부과세전용에 대한 매입세액공제액

구분	계산	금액
기계장치	40,000,000(취득가액) x 10% x (1-25% x 1) x 60%[*]	1,800,000원
건물	300,000,000(취득가액) x 10% x (1-5% x 6) x 60%[*]	12,600,000원
원재료	감가상각자산이 아니므로 제외함	-
합계		14,400,000원

[*] 해당 과세기간의 과세공급가액 비율(과세전용율) : $\dfrac{15억원 + 15억원(과세공급가액)}{20억원 + 30억원(총공급가액)} = 60\%$

38. ①

(1) 면세공급가액비율

2020년 제2기	2021년 제1기	2021년 제2기	2022년 제1기
40%	50%	54%	47%

(2) 재계산 여부 : 2021년 제1기와 2021년 제2기의 면세비율이 4% 증가하여 재계산을 하지 않은 경우이므로 2022년 제1기와 2021년 제1기의 면세비율이 3% 감소하여 면세비율이 5% 이상 증감한 경우에 해당하지 않아 납부세액 및 환급세액 재계산을 하지 아니한다.

39. ③

자산을 시가보다 높은 가액으로 매입 또는 현물출자를 받은 경우는 법인세법에 따른 부당행위계산의 부인규정을 적용하지 않고 국제조세조정에 관한 법률 규정을 적용한다.

구분		내용
원칙	국제조세조정에 관한 법률 〉 부당행위계산의 부인	① 고가매입·저가양도
		② 금전·자산 대차거래
특례	국제조세조정에 관한 법률 〈 부당행위계산의 부인	① 자산증여·채무면제
		② 무수익자산의 매입·현물출자
		③ 출연금 대신부담
		④ 불공정 자본거래

40. ④

해외금융계좌 중 실지명의에 의하지 아니한 계좌 등 그 계좌의 명의자와 실질적 소유자가 다른 경우에 그 명의자와 실질적 소유자가 해당 해외금융계좌를 각각 보유한 것으로 본다.

세법학개론 2020

1. 〈국세기본법〉 국세기본법상 제2차 납세의무에 관한 설명으로 옳은 것은?

① 청산인의 제2차 납세의무의 한도는 그가 받은 보수의 총액이며, 잔여재산을 분배받은 자의 제2차 납세의무의 한도는 그가 받은 재산의 가액으로 한다.

② 사업이 양도·양수된 경우에 양도일 이전에 양도인의 납세의무가 확정된 그 사업에 관한 국세 및 강제징수비를 양도인의 재산으로 충당하여도 부족할 때에는 사업의 양수인은 그 부족한 금액에 대하여 제2차 납세의무를 진다. 이때 사업의 양수인은 양도인과 특수관계인인 자에 한한다.

③ 법인의 재산으로 그 법인에 부과되거나 그 법인이 납부할 국세 및 강제징수비에 충당하여도 부족한 경우에는 그 국세의 납세의무 확정일 현재 무한책임사원 또는 과점주주는 그 부족한 금액에 대하여 제2차 납세의무를 진다.

④ 법인의 주주 1인과 그의 자녀가 그 법인의 주주명부상 발행주식 총수의 100분의 50을 초과하는 경우 그들은 출자자의 제2차 납세의무를 부담하는 과점주주에 해당한다.

⑤ 정부가 국세의 납부기간 만료일 현재 법인의 과점주주인 출자자의 소유주식을 재공매하거나 수의계약으로 매각하려 하여도 매수희망자가 없는 경우 그 법인은 그 출자자가 납부할 국세 및 강제징수비에 대한 제2차 납세의무를 부담하지 아니한다.

2. 〈국세기본법〉 국세기본법상 관할 세무서장에게 신청 후 승인을 받은 '법인으로 보는 단체'에 관한 설명으로 옳은 것을 모두 고른 것은?

ㄱ. 공익을 목적으로 출연된 기본재산이 있는 재단으로서 등기되지 아니한 것을 요건으로 한다.

ㄴ. 주무관청의 허가를 받아 설립된 단체로서 등기되지 아니할 것을 요건으로 한다.

ㄷ. 단체의 수익을 구성원에게 분배할 것을 요건으로 한다.

ㄹ. 단체 자신의 계산과 명의로 수익과 재산을 독립적으로 소유·관리할 것을 요건으로 한다.

ㅁ. 관할 세무서장의 승인을 받은 날이 속하는 과세기간과 그 과세기간이 끝난 날부터 3년이 되는 날이 속하는 과세기간까지는 원칙적으로 소득세법에 따른 거주자 또는 비거주자로 변경할 수 없다.

ㅂ. 단체의 조직과 운영에 관한 규정을 가지고 대표자나 관리인을 선임하고 있을 것을 요건으로 한다.

① ㄱ, ㄷ, ㅁ   ② ㄹ, ㅁ, ㅂ   ③ ㄱ, ㄴ, ㄷ, ㅂ

④ ㄱ, ㄴ, ㄹ, ㅂ   ⑤ ㄴ, ㄷ, ㄹ, ㅁ

3. 〈국세기본법〉 국세기본법상 국세부과의 제척기간에 관한 설명으로 옳은 것은?

① 원칙적인 부과제척기간이 지났더라도 행정소송법에 따른 소송에 대한 판결이 확정된 경우 지방국세청장 또는 세무서장은 그 확정된 날부터 1년이 지나기 전까지 경정이나 그 밖에 필요한 처분을 할 수 있다.

② 과세표준과 세액을 신고하는 국세(신고하는 종합부동산세는 제외)의 제척기간 기산일은 해당 국세의 과세표준 신고기한(예정신고기한 포함)의 다음 날로 한다.

③ 조세쟁송에 대한 결정 또는 판결에서 명의대여 사실이 확인되는 겨우 그 결정 또는 판결이 확정된 날부터 2년이 지나기 전까지는 명의자에 대한 부과처분을 취소하고 실제로 사업을 경영한 자에게 경정이나 그 밖에 필요한 처분을 할 수 있다.

④ 원칙적인 부과제척기간이 끝난 날이 속하는 과세기간 이후의 과세기간에 법인세법에 따라 이월결손금을 공제하는 경우 그 결손금이 발생한 과세기간의 법인세의 부과제척기간은 이월결손금을 공제한 과세기간의 법정신고기한으로부터 2년으로 한다.

⑤ 부담부증여에 따라 증여세와 함께 양도소득세가 과세되는 때에 납세자가 법정신고기한까지 소득세 과세표준 신고서를 제출하지 아니한 경우 그 양도소득세의 부과제척기간은 7년으로 한다.

4. 〈국세기본법〉 국세기본법상 재조사 금지에 관한 설명으로 옳은 것은? (단, 다툼이 있으면 판례에 따름)

① 2개 이상의 과세기간과 관련하여 잘못이 있는 경우 같은 세목 및 같은 과세기간에 대하여 재조사를 할 수 없다.

② 국세환급금의 결정을 위한 확인조사를 하는 경우 같은 세목 및 같은 과세기간에 대하여 재조사를 할 수 없다.

③ 세무공무원의 조사행위가 국세청의 사무처리 규정에 따라 실시한 사업장 현지확인 이더라도 재조사가 금지되는 세무조사에 해당할 수 있다.

④ 재조사의 허용사유인 '조세탈루의 혐의를 인정할 만한 명백한 자료가 있는 경우'란 조세의 탈루사실이 확인될 상당한 정도의 개연성이 있는 경우를 말하며 객관성과 합리성이 뒷받침되는 자료는 필요하지 않다.

⑤ 서울지방국세청이 실시한 세무조사에서 작성하거나 취득한 과세자료의 처리를 위해 종로세무서는 같은 세목 및 같은 과세기간에 대하여 재조사를 할 수 있다.

5. 〈국세징수법〉 국세징수법상 압류를 즉시 해제하여야 하는 경우를 모두 고른 것은?

> ㄱ. 압류와 관계되는 체납액의 일부가 충당된 경우
> ㄴ. 제3자가 체납자를 상대로 소유권에 관한 소송을 제기하여 승소 판결을 받고 그 사실을 증명한 경우
> ㄷ. 여러 재산을 한꺼번에 공매하는 경우로서 일부 재산의 공매대금으로 체납액 전부를 징수한 경우
> ㄹ. 체납자가 압류할 수 있는 다른 재산을 제공하여 그 재산을 압류한 경우
> ㅁ. 압류 후 재산가격이 변동하여 체납액 전액을 현저히 초과한 경우
> ㅂ. 압류한 재산에 대하여 제3자가 매각 5일 전까지 소유자로 확인할 만한 증거서류를 제출하고 그 소유권 주장이 상당한 이유가 있다고 인정하는 경우

① ㄱ, ㄹ, ㅁ   ② ㄴ, ㄷ, ㅂ   ③ ㄷ, ㄹ, ㅂ
④ ㄱ, ㄴ, ㄹ, ㅁ   ⑤ ㄴ, ㄷ, ㅁ, ㅂ

6. 〈국세징수법〉 국세징수법상 납부고지의 유예에 관한 설명으로 옳지 않은 것은?

① 납세자가 재난 또는 도난으로 재산에 심한 손실을 입은 경우 납부고지의 유예사유에 해당한다.
② 납세자와 함께 사는 어머니가 질병이나 중상해로 6개월 이상의 치료가 필요한 경우 납부고지의 유예사유에 해당한다.
③ 납세자가 납부고지 예정인 국세의 납부하여야 할 기한의 만료일 10일 전까지 납부고지의 유예신청을 하였으나 관할 세무서장이 신청일부터 10일 이내에 승인 여부를 통지하지 아니한 경우에는 신청일부터 10일이 되는 날에 신청을 승인한 것으로 본다.
④ 관할 세무서장은 납부고지의 유예를 한 후 국세를 분할납부하여야 하는 각 기한까지 분할납부하여야 할 금액을 납부하지 아니한 경우 그 납부고지의 유예를 취소하고 유예와 관계되는 국세를 한꺼번에 징수할 수 있다.
⑤ 관할 세무서장은 납부고지를 유예한 경우 그 유예기간 동안 「국세기본법」에 따른 납부지연가산세 및 원천징수 등 납부지연가산세를 부과한다.

7. 〈국세징수법〉 국세징수법상 납세증명서에 관한 설명으로 옳은 것은?

① 납세증명서는 독촉장에서 정하는 기한의 연장에 관계된 금액, 압류·매각의 유예액, 납부고지의 유예액, 「채무자 회생 및 파산에 관한 법률」에 따른 징수유예액 또는 강제징수에 따라 압류된 재산의 환가유예에 관련된 체납액, 「부가가치세법」에 따라 물적납세의무를 부담하는 수탁자가 그 물적납세의무와 관련하여 체납한 부가가치세 또는 강제징수비, 「종합부동산세법」에 따라 물적납세의무를 부담하는 수탁자가 그 물적납세의무와 관련하여 체납한 종합부동산세 또는 강제징수비를 포함하여 발급일 현재 납세자가 체납액이 없다는 사실을 증명한다.

② 국세에 대한 납부의무가 있는 외국인이 출국하거나 내국인이 해외이주 목적으로 해외이주법에 따라 외교부장관에게 해외이주신고를 하는 경우에는 납세증명서를 제출하여야 한다.

③ 국세 강제징수에 따른 채권 압류로 세무서장이 국가로부터 대금을 지급받는 경우에도 납세증명서를 제출하여야 한다.

④ 국가로부터 대금을 지급받는 경우로서 채권양도에 의하여 대금을 지급받는 자가 원래의 계약자 외의 자인 경우에는 해당 채권의 양도인뿐만 아니라 양수인의 납세증명서를 함께 제출하여야 한다.

⑤ 발급일 현재 해당 신청인에게 납부고지된 국세가 있는 경우를 포함하여 납세증명서 유효기간은 그 증명서를 발급한 날부터 30일 간으로 한다.

8. 〈국세징수법〉 국세징수법상 국세의 징수절차에 관한 설명으로 옳지 않은 것은?

① 관할 세무서장은 납세자로부터 국세를 징수하려는 경우 국세의 과세기간, 세목, 세액, 산출 근거, 납부하여야 할 기한(납부고지를 하는 날부터 30일 이내의 범위로 정한다) 및 납부장소를 적은 납부고지서를 납세자에게 발급하여야 한다.

② 납세자가 지방세의 체납으로 강제징수 또는 체납처분을 받을 때에는 세무서장은 납부기한 전이라도 그 납세자의 납세의무가 이미 확정된 국세를 징수할 수 있다.

③ 관할 세무서장은 양도담보권자에게 납부고지서를 발급하는 경우 납세자에게 그 사실을 통지하여야 하고, 양도담보권자로부터 납세자의 체납액을 징수하는 경우 양도담보권자의 주소 또는 거소를 관할하는 세무서장에게도 그 사실을 통지하여야 한다.

④ 세법에 따라 기간을 정하여 납부고지를 유예한 경우 그 유예기간이 끝난 날에 납부고지서를 발급하여야 한다.

⑤ 관할 세무서장은 납세자의 체납액을 제2차 납세의무자로부터 징수하는 경우 징수하려는 체납액의 과세기간, 세목, 세액, 산출 근거, 납부하여야 할 기한(납부고지를 하는 날부터 30일 이내의 범위로 정한다), 납부장소, 제2차 납세의무자로부터 징수할 금액, 그 산출 근거, 그 밖에 필요한 사항을 적은 납부고지서를 제2차 납세의무자에게 발급하여야 한다.

9. 〈조세범처벌법〉 조세범처벌법상 조세범처벌에 관한 설명으로 옳은 것은?

① 원천징수의무자가 원천징수를 하지 아니하였을 경우보다 원천징수한 세금을 납부하지 아니하였을 경우의 법정 형량이 더 크다.

② 개인의 사용인이 그 개인의 업무에 관하여 조세범처벌법에서 규정하는 범칙행위를 하여 징역형을 과한 경우 그 개인에게도 징역형을 과할 수 있다.

③ 조세범처벌법에 따른 범칙행위에 대해서는 국세청장, 지방국세청장 또는 세무서장의 고발이 없더라도 포탈세액이 5억원 이상인 경우 검사는 공소를 제기할 수 있다.

④ 조세의 회피 또는 강제집행의 면탈을 목적으로 타인의 성명을 사용하여 사업자등록을 하는 경우 공소시효는 10년이 지나면 완성된다.

⑤ 납세의무자의 재산을 점유하는 자가 체납처분의 집행을 면탈하게 할 목적으로 그 재산을 은닉하였을 때에는 1년 이하의 징역 또는 1천만원 이하의 벌금에 처한다.

10. 〈조세범처벌법〉 조세범처벌법상 징역형과 벌금형을 병과할 수 있는 경우가 아닌 것은?

① 사기나 그 밖의 부정한 행위로써 1억원 미만의 조세의 환급을 받은 경우

② 재화 또는 용역을 공급받지 아니하고 부가가치세법에 따른 매출·매입처별 세금계산서합계표를 거짓으로 기재하여 제출한 경우

③ 국제조세조정에 관한 법률에 따른 해외금융계좌정보의 신고의무자로서 정당한 사유 없이 신고기한 내에 신고하지 아니한 금액이 50억원을 초과한 경우

④ 납세의무자를 대리하여 세무신고를 하는 자가 조세의 부과 또는 징수를 면하게 하기 위하여 타인의 조세에 관하여 거짓으로 신고한 경우

⑤ 재화 또는 용역을 공급하지 아니하고 소득세법 및 법인세법에 따른 매출·매입처별 계산서합계표를 거짓으로 기재하여 제출한 경우

11. 〈소득세법〉 내국법인 (주)A에 근무하는 거주자의 소득세법령상 근로소득에 관한 설명으로 옳지 않은 것은?

① 거주자 갑(일용근로자 아님)의 근로소득금액을 계산할 때 총급여액에서 공제되는 근로소득공제액의 한도는 2천만원이다.

② 법인세법에 따라 상여로 처분된 금액은 근로소득으로 한다.

③ 일용근로자 을의 근로소득은 종합소득 과세표준을 계산할 때 합산하지 아니한다.

④ 산업재해보상보험법에 따라 수급권자가 받는 휴업급여는 비과세소득이지만, 고용보험법에 따라 받는 육아휴직급여는 과세대상 근로소득이다.

⑤ 퇴직함으로써 받는 소득으로서 퇴직소득에 속하지 아니하는 소득은 근로소득으로 한다.

12. 〈소득세법〉 소득세법상 거주자의 연금소득에 관한 설명으로 옳지 않은 것은?

① 산업재해보상보험법에 따라 받는 각종 연금은 비과세소득이다.
② 공적연금소득의 수입시기는 공적연금 관련법에 따라 연금을 지급받기로 한 날로 한다.
③ 연금계좌의 운용실적에 따라 증가된 금액을 연금계좌에서 연금외수령한 소득은 그 소득의 성격에 따라 이자소득 또는 배당소득으로 본다.
④ 연금소득금액은 소득세법에 정한 총연금액에서 연금소득공제를 적용한 금액으로 한다.
⑤ 공적연금소득을 지급하는 자가 연금소득이 일부 또는 전부를 지연하여 지급하면서 지연지급에 따른 이자를 함께 지급하는 경우 해당 이자는 공적연금소득으로 본다.

13. 〈소득세법〉 소득세법상 비과세소득에 해당하는 것을 모두 고른 것은? (단, 거주자의 2022년 귀속 소득이며, 조림기간, 전통주 및 민박은 소득세법령에 정한 해당 요건을 충족하고 각 내용은 상호 독립적임)

ㄱ. 밭을 작물 생산에 이용하게 함으로써 발생한 소득금액 5천 5백만원
ㄴ. 한국표준산업분류에 다른 연근해 어업에서 발생한 소득금액 5천만원
ㄷ. 조림기간 5년 이상인 임지의 임목의 양도로 발생한 소득금액 5백만원
ㄹ. 수도권정비계획법에 따른 수도권 지역에서 전통주를 제조함으로써 발생한 소득금액 1천 3백만원
ㅁ. 농민이 부업으로 민박을 운영하면서 발생한 소득금액 2천만원

① ㄱ, ㄷ, ㅁ   ② ㄴ, ㄷ, ㄹ   ③ ㄱ, ㄴ, ㄷ, ㅁ
④ ㄱ, ㄴ, ㄹ, ㅁ   ⑤ ㄴ, ㄷ, ㄹ, ㅁ

14. 〈소득세법〉 소득세법상 거주자의 주택임대소득의 과세에 관한 설명으로 옳지 않은 것은? (단, 소득세법령에 정한 해당 요건을 모두 충족하며, 공동소유 및 공동사업자인 경우는 고려하지 않음)

① 해당 과세기간에 주거용 건물 임대업에서 발생한 총수입금액의 합계액이 2천만원 이하인 자의 주택임대소득은 주택임대소득에 대한 세액 계산의 특례가 적용된다.
② 1개의 주택을 소유하는 자(부부 합산 제외)의 주택임대소득은 소득세를 과세하지 아니하지만, 과세기간종료일 또는 해당 주택의 양도일 현재 기준시가가 9억원을 초과하는 주택 및 국외에 소재하는 주택의 임대소득은 제외한다.
③ 주택을 대여하고 보증금 등을 받은 경우에는 3주택 이상을 소유하고 해당 주택의 보증금 등의 합계액이 3억원을 초과하는 경우에는 총수입금액 계산의 특례가 적용된다.
④ 임차 또는 전세받은 주택을 전대하거나 전전세하는 경우에는 당해 임차 또는 전세받은 주택을 임차인 또는 전세받은 자의 주택으로 계산한다.
⑤ 등록임대주택의 임대사업에서 발생한 사업소득금액은 총수입금액에서 필요경비(총수입금액의 100분의 60)를 차감한 금액으로 하되, 분리과세 주택임대소득을 제외한 해당 과세기간의 종합소득금액이 2천만원 이하인 경우에는 추가로 200만원을 차감한 금액으로 한다.

15. 〈소득세법〉 영리내국법인 (주)A의 대표이사이 거주자 갑은 2022년 12월 31일에 (주)A를 퇴사하였다. 갑이 사용자 부담금을 기초로 하여 현실적인 퇴직을 원인으로 지급받은 소득이 180,000,000원일 경우 다음 자료에 의한 갑의 소득세법상 퇴직소득금액은? (단, 임원, 총급여 및 근무기간은 소득세법령의 요건을 충족하며, 비과세소득은 없음)

(1) 근무기간 : 2016.1.1 ~ 2022.12.31(대표이사로 근무함)
(2) 기간별로 산정한 갑의 총급여의 연평균 환산액

기간	해당 기간 동안 총급여의 연평균 환산액
2016.1.1 ~ 2022.12.31	89,000,000원
2017.1.1 ~ 2019.12.31	90,000,000원
2018.1.1 ~ 2020.12.31	100,000,000원
2020.1.1 ~ 2022.12.31	110,000,000원

① 100,000,000원 ② 140,000,000원 ③ 174,000,000원
④ 178,000,000원 ⑤ 180,000,000원

16. 〈소득세법〉 다음은 거주자 갑이 국내에서 지급받은 2022년 귀속 금융소득 관련 자료이다. 소득세법상 2022년 귀속 금융소득에 대하여 원천징수되는 소득세액은? (단, 갑은 출자공동사업자가 아니며 금융소득은 소득세법령에 따른 실지명의가 확인된 것이고 이자소득 또는 배당소득 원천징수시기에 대한 특례, 원천징수의 배제, 집합투자기구 및 특정금전신탁 등의 원천징수 특례는 고려하지 않음)

구분	금액	비고
공익신탁의 이익	5,000,000원	공익신탁법에 따른 공익신탁임
회사채의 이자	10,000,000원	내국법인이 2021년에 발행한 회사채(만기 10년)임
보증금 및 경락대금에서 발생한 이자소득	10,000,000원	민사집행법에 따라 법원에 납부한 보증금 및 경락대금임
정기예금의 이자	10,000,000원	국내은행으로부터 지급받음
비영업대금의 이익	5,000,000원	개인간 금전대차거래로서 차입자로부터 직접 지급받은 이자임
내국법인으로부터 받은 현금배당	10,000,000원	
합계	50,000,000원	

① 6,300,000원 ② 6,850,000원 ③ 7,000,000원
④ 7,200,000원 ⑤ 8,600,000원

17. 〈소득세법〉 2022년 6월 1일 거주자 갑은 국내소재 주택(1세대 1주택으로 등기자산임)을 13억원에 양도하였다. 양도시점에 양도비용은 10,000,000원이 발생하였다. 해당 주택의 취득당시 기준시가는 2억원이며 양도당시 기준시가는 5억원이다. 취득당시 실지거래가액, 매매사례가액과 감정가액은 확인되지 않는다. 갑이 해당 주택의 취득당시 소유권 확보를 위하여 직접 소요된 소송비용 등은 20,000,000원이고 자본적 지출액은 10,000,000원이며, 모두 소득세법령이 정한 필요경비의 요건을 충족한다. 갑의 해당 주택의 보유 및 거주기간은 각각 11년 1개월인 경우 해당 주택의 양도소득금액은? (단, 장기보유특별공제액의 적용요건을 충족하고, 양도소득의 필요경비 계산특례 및 부당행위계산의 대상이 아니며, 주어진 자료 외의 사항은 고려하지 않음)

① 11,907,692원
② 20,790,000원
③ 54,648,000원
④ 100,850,000원
⑤ 118,800,000원

18. 〈소득세법〉 소득세법상 거주자의 소득금액계산의 특례와 납세의무의 범위에 관한 설명으로 옳지 않은 것은? (단, 출자공동사업자, 연금외수령, 사업자, 주된 공동사업자 및 손익분배비율은 소득세법령의 요건을 충족하며, 비거주자 등과의 거래에 대한 소득금액계산의 특례는 고려하지 않음)

① 부당행위계산의 부인규정이 적용되는 종합소득은 출자공동사업자의 손익분배비율에 해당하는 배당소득, 사업소득 또는 기타소득이 해당된다.

② 사업소득이 발생하는 사업을 공동으로 경영하고 그 손익을 분배하는 공동사업(경영에 참여하지 아니하고 출자만 하는 출자공동사업자가 있는 공동사업을 포함)의 경우에는 해당 사업을 경영하는 장소인 공동사업장을 1거주자로 보아 공동사업장별로 그 소득금액을 계산한다.

③ 연금계좌의 가입자가 사망하였으나 그 배우자가 연금외수령 없이 해당 연금계좌를 상속으로 승계하는 경우에는 해당 연금계좌에 있는 피상속인의 소득금액은 상속인의 소득금액으로 보아 소득세를 계산한다.

④ 사업자가 비치·기록한 장부에 의하여 해당 과세기간의 사업소득금액을 계산할 때 발생한 결손금(주거용 건물 임대업 외의 부동산임대업에서 발생한 금액 제외)은 그 과세기간의 종합소득 과세표준을 계산할 때 근로소득금액·연금소득금액·이자소득금액·기타소득금액·배당소득금액에서 순서대로 공제한다.

⑤ 주된 공동사업자에게 합산과세 되는 경우 그 합산과세 되는 소득금액에 대해서는 주된 공동사업자의 특수관계인은 손익분배비율에 해당하는 그의 소득금액을 한도로 주된 공동사업자와 연대하여 납세의무를 진다.

19. 〈소득세법〉 다음은 거주자 갑의 2022년 귀속 소득 관련 자료이다. 소득세법상 종합소득에 합산되는 소득금액에 대하여 원천징수되는 소득세액은? (단, 모두 국내에서 지급받은 것으로 일시적·우발적으로 발생하였으며, 필요경비는 확인되지 않고 주어진 자료 외의 사항은 고려하지 않음)

> (1) 계약의 위약으로 인하여 받은 위약금 중 주택입주지체상금(계약금이 위약금으로 대체되지 않음) : 10,000,000원
> (2) 영업권을 기계장치와 함께 양도함에 따라 받은 대가 : 5,000,000원
> (3) 공익사업을 위한 토지 등의 취득 및 보상에 관한 법률에 따른 공익사업과 관련하여 지상권을 설정함으로써 발생하는 소득 : 3,000,000원
> (4) 부동산매매계약의 해약으로 계약금이 위약금으로 대체된 금액 : 12,000,000원

① 640,000원   ② 1,040,000원   ③ 1,440,000원
④ 2,640,000원   ⑤ 3,202,000원

20. 〈소득세법〉 다음은 소득세법상 근로소득이 있는 거주자 갑이 지출한 2022년 교육비 자료이다. 이 자료에 의해 계산한 교육비세액공제액은? (단, 갑은 일용근로자가 아니며, 가족 모두 기본공제대상자이고 학자금 대출을 받지 아니함)

> (1) 갑의 2022년 귀속 총급여액 : 100,000,000원임
> (2) 본인 : 대학원(4학기 교육과정) 수업료 10,000,000원을 지출하였으며, 이 중에 회사에서 3,000,000원의 학자금(소득세 비과세)을 지원받음
> (3) 배우자 : 대학원(4학기 교육과정) 수업료 7,000,000원을 지출함
> (4) 아들(15세 중학생) : 초·중등교육법에 따른 학교에서 실시하는 방과 후 학교 수업료 1,500,000원 및 교복구입비용 700,000원을 지출함
> (5) 딸(5세) : 유아교육법에 따른 유치원 수업료 2,200,000원 및 특별활동비 1,800,000원을 지출함

① 1,630,000원   ② 1,750,000원   ③ 1,800,000원
④ 1,950,000원   ⑤ 2,105,000원

21. 〈법인세법〉 법인세법상 영리내국법인이 보유하는 자산에 대한 평가손실을 허용하지 않는 경우는?

① 보험업법이나 그 밖의 법률에 따른 유형자산의 평가로 장부가액을 감액한 경우
② 주권상장법인이 발행한 주식으로서 주식의 발행법인이 부도가 발생한 경우
③ 유형자산으로서 천재지변·화재 등의 사유로 파손되거나 멸실된 경우
④ 재고자산으로서 파손·부패 등의 사유로 정상가격으로 판매할 수 없는 경우
⑤ 주권상장법인이 발행한 주식으로서 그 주식의 발행법인이 기업구조조정촉진법에 따른 부실징후기업이 된 경우

22. 〈법인세법〉 법인세법상 소득처분에 관한 설명으로 옳지 않은 것은?

① 소득처분은 각 사업연도 소득에 대한 법인세 납세의무가 있는 영리법인뿐만 아니라 비영리내국법인과 비영리외국법인에 대하여도 적용된다.

② 사외유출된 금액의 귀속자가 법인으로써 그 분여된 이익이 내국법인 또는 외국법인의 국내사업장의 각 사업연도의 소득을 구성하는 경우 기타사외유출로 처분한다.

③ 내국법인이 국세기본법상 수정신고기한 내에 매출누락, 가공경비 등 부당하게 사외유출된 금액을 회수하고 세무조정으로 익금에 산입하여 신고하는 경우 기타사외유출로 처분한다.

④ 법령으로 정하는 채권자가 불분명한 사채의 이자(동 이자에 대한 원천징수세액은 제외)는 대표자에 대한 상여로 처분하고 익금에 산입한 이자·할인액 또는 차익에 대한 원천징수세액에 상당하는 금액은 기타사외유출로 처분한다.

⑤ 사외유출된 금액의 귀속이 불분명하여 대표자(법령이 정하는 대표자로 함)에게 귀속된 것으로 처분한 경우 당해 법인이 그 처분에 따른 소득세 등을 대납하고 이를 손비로 계상하거나 그 대표자와의 특수관계가 소멸될 때까지 회수하지 아니함에 따라 익금에 산입한 금액은 기타사외유출로 처분한다.

23. 〈법인세법〉 법인세법상 영리내국법인의 지급이자 손금불산입에 관한 설명으로 옳지 않은 것은?

① 지급이자의 손금불산입 규정이 동시에 적용되는 경우 부인 순서는 채권자가 불분명한 사채의 이자, 지급받은 자가 불분명한 채권·증권의 이자·할인액 또는 차익, 건설자금에 충당한 차입금의 이자, 업무무관자산 등에 대한 지급이자의 순으로 부인한다.

② 건설자금이자와 관련하여 특정차입금의 일부를 운영자금에 전용한 경우에는 그 부분에 상당하는 지급이자는 이를 손금으로 한다.

③ 업무무관자산 등에 대한 지급이자 부인시 직원에 대한 월정급여액의 범위에서의 일시적인 급료의 가불금은 업무무관가지급금의 범위에서 제외된다.

④ 지급이자가 손금부인 되는 지급받은 자가 불분명한 채권·증권의 이자·할인액 또는 차익이란 당해 채권 또는 증권의 발행법인이 직접 지급하는 경우 그 지급사실이 객관적으로 인정되지 아니하는 이자·할인액 또는 차익을 말한다.

⑤ 지급이자가 손금부인 되는 채권자가 불분명한 사채의 이자에는 거래일 현재 주민등록표에 의하여 그 거주사실 등이 확인된 채권자가 차입금을 변제받은 후 소재불명이 된 경우의 차입금에 대한 이자도 포함된다.

24. 〈법인세법〉 법인세법상 손금으로 인정하는 대손금에는 해당 사유가 발생한 날이 속하는 사업연도의 손금으로 산입하는 것과 해당 사유가 발생하여 손비로 계상한 날이 속하는 사업연도의 손금으로 산입하는 것의 2가지로 분류된다. 이 분류를 적용할 경우 다음 중 성격이 다른 하나는? (단, 영리내국법인을 가정함)

① 민사집행법에 따라 채무자의 재산에 대한 경매가 취소된 압류채권
② 민사소송법에 따른 화해에 따라 회수불능으로 확정된 채권
③ 중소기업의 외상매출금으로서 부도발생일부터 6개월 이상 지난 어음상의 채권(부도발생일 이전의 것으로서 해당 법인이 채무자의 재산에 대하여 저당권을 설정하고 있지 않음)
④ 중소기업의 외상매출금으로서 회수기일이 2년 이상 지난 것(단, 특수관계인과의 거래로 인하여 발생한 외상매출금은 제외함)
⑤ 회수기일이 6개월 이상 지난 채권 중 채권가액이 30만원 이하(채무자별 채권가액의 합계액을 기준으로 함)인 채권

25. 〈법인세법〉 법인세법상 영리내국법인의 합병 및 분할 등에 관한 설명으로 옳지 않은 것은? (단, 조세특례제한법은 고려하지 않음)

① 적격합병의 경우 피합병법인이 합병법인으로부터 받은 양도가액을 피합병법인의 합병등기일 현재의 순자산 장부가액으로 보아 양도손익이 없는 것으로 할 수 있다.
② 적격합병의 경우 합병법인이 승계한 피합병법인의 결손금은 피합병법인으로부터 승계받은 사업에서 발생한 소득금액의 범위에서 합병법인의 각 사업연도의 과세표준을 계산할 때 공제한다.
③ 적격합병의 경우 합병법인은 피합병법인의 자산을 장부가액으로 양도받은 것으로 한다. 이 경우 장부가액과 시가와의 차액을 법령으로 정하는 바에 따라 자산별로 계상하여야 한다.
④ 합병시 피합병법인의 대손충당금 관련 세무조정사항의 승계는 적격합병의 요건을 갖추고, 대손충당금에 대응하는 채권이 합병법인에게 함께 승계되는 경우에만 가능하다.
⑤ 합병법인이 합병등기일이 속하는 사업연도의 종료일까지 피합병법인으로부터 승계받은 사업을 계속 영위하는 것도 적격합병의 요건 중 하나이다.

26. 〈법인세법〉 다음은 영리내국법인 (주)한국의 제3기 사업연도(2022.1.1 ~ 12.31.)의 기말 재고자산 평가와 관련한 자료이다. 제3기말 세무상 재고자산평가액은? (단, 주어진 자료 이외에는 고려하지 않음)

구분	장부상 평가액	후입선출법	총평균법	선입선출법
제품	10,000,000원	7,000,000원	8,700,000원	10,000,000원
재공품	5,000,000원	4,500,000원	4,800,000원	5,000,000원
원재료	3,000,000원	2,700,000원	3,000,000원	3,500,000원
저장품	1,500,000원	1,000,000원	1,200,000원	1,400,000원

(1) 법인설립일이 속하는 사업연도의 법인세 과세표준신고기한까지 관할 세무서장에게 제품, 재공품, 저장품에 대한 평가방법을 모두 총평균법으로 신고했으나, 원재료에 대한 평가방법은 신고하지 않았다.
(2) 2022년 10월 5일에 제품 평가방법을 총평균법에서 선입선출법으로 변경신고하였다.
(3) 저장품은 총평균법으로 평가하였으나 계산착오로 300,000원이 과대 계상되었다.

① 19,500,000원   ② 19,700,000원   ③ 19,900,000원
④ 20,000,000원   ⑤ 20,700,000원

27. 〈법인세법〉 다음은 (주)서울의 당기 제7기 사업연도(2022.1.1 ~ 12.31.)의 기부금 관련 자료이다. 제7기의 각 사업연도 소득금액은? (단, (주)서울은 중소기업이며 사업연도 종료일 현재 사회적 기업 육성법에 따른 사회적 기업이 아님)

(1) 조정 후 소득금액 : 97,000,000원
    조정후 소득금액은 전기 이전 기부금 한도초과액의 이월손금산입과 당기 기부금 관련 세무조정만을 제외한 모든 세무조정이 이루어진 상태이다.
(2) 손익계산서에 계상된 기부금 내역
    ① 천재지변으로 생기는 이재민을 위한 구호금품의 가액 : 13,000,000원
    ② 사립학교법에 따른 사립학교가 운영하는 병원에 시설비로 지출하는 기부금 : 5,000,000원
    ③ 법령에 정한 종교단체에 지출한 기부금 : 10,000,000원
    ④ 새마을금고에 지출한 기부금 : 3,000,000원
(3) 제6기에 발생한 세무상 미공제 이월결손금 : 7,000,000원
(4) 제2기에 발생한 법정기부금 한도초과액 미사용 이월잔액 2,000,000원이 있다.
(5) 제3기에 발생한 지정기부금 한도초과액 미사용 이월잔액 3,000,000원이 있다.

① 92,000,000원   ② 95,000,000원   ③ 97,900,000원
④ 98,200,000원   ⑤ 99,120,000원

28. 〈법인세법〉 다음은 영리내국법인 (주)백두의 제20기 사업연도(2022.1.1 ~ 12.31.) 세무조정 관련 자료이다. 세부담 최소화를 가정할 경우 제20기의 법인세 과세표준금액은? (단, (주)백두는 조세특례제한법상 중소기업이 아니며 회생계획을 이행 중인 기업 등 대통령령으로 정하는 법인에 해당하지 않고 주어진 자료 이외에는 고려하지 않음)

(1) 세무조정 내역 : 매입채무에 대한 채무면제이익 10,000,000원이 영업외수익으로 당기순이익에 포함되어 있으며, 이와 관련된 세무조정은 포함되지 않음	
손익계산서상 당기순이익	10,000,000원
익금산입·손금불산입	(+) 17,000,000원
손금산입·익금불산입	(-) 12,000,000원
합계	(=) 15,000,000원

(2) 과거 사업연도에 공제되지 않은 세무상 이월결손금 내역

제8기 사업연도 (2010.1.1 ~ 2010.12.31)	5,000,000원
제18기 사업연도 (2020.1.1 ~ 2020.12.31)	5,000,000원
제19기 사업연도 (2021.1.1 ~ 2021.12.31)	5,000,000원
합계	15,000,000원

① 0원   ② 2,000,000원   ③ 4,000,000원
④ 5,000,000원   ⑤ 10,000,000원

29. 〈법인세법〉 제조업을 영위하는 영리내국법인 (주)한라(중소기업이 아님)의 제20기 사업연도(2022.1.1 ~ 6.30)의 기업회계기준에 따라 계산한 매출액은 150억원(세무상 수입금액 : 160억원)이며, 매출액 중 법인세법상 특수관계인과의 거래에서 발생한 매출액 30억원(세무상 수입금액 : 40억원)이 포함되어 있다. 제20기 손익계산서상 접대비는 판매비와 관리비에 40,000,000원이 계상되어 있으며 접대비 중 700,000원은 증거자료가 누락되어 있고, 300,000원은 영수증(현금영수증 등 법정 증거자료가 아님)을 수취하였다. 제20기 손익계산서상 판매비와 관리비 항목에서 다음과 같은 사항을 파악하였다.

(1) 접대비 관련 부가가치세 매입세액 1,000,000원(공급가액 10,000,000원은 접대비에 포함되어 있음)이 제20기 손익계산서의 판매비와 관리비 항목의 세금과공과 계정에 계상되어 있다.
(2) 판매비와 관리비 항목의 복리시설비에는 종업원이 조직한 법인인 단체에 지출한 금액 3,000,000원이 포함되어 있다.

접대비는 모두 국내에서 지출되었으며 문화접대비는 없고 주어진 자료 이외에는 고려하지 않는다고 가정한다면 (주)한라의 제20기 사업연도의 접대비 관련 세무조정으로 옳은 것은?

① 손금불산입 3,100,000원 (기타사외유출) ② 손금불산입 3,400,000원 (기타사외유출)

③ 손금불산입 1,000,000원 (대표자상여) ④ 손금불산입 700,000원 (대표자상여)

　 손금불산입 2,400,000원 (기타사외유출) 　 손금불산입 2,400,000원 (기타사외유출)

⑤ 손금불산입 700,000원 (대표자상여)

　 손금불산입 2,700,000원 (기타사외유출)

30. 〈법인세법〉 다음은 영리내국법인 (주)H의 제10기 사업연도(2022.1.1 ~ 12.31.)의 기계장치 K의 감가상각비 세무조정과 관련된 자료이다. (주)H가 제10기 귀속 법인세 부담을 최소화 하려고 한다면 제10기 기계장치 K의 감가상각에 대한 세무조정으로 옳은 것은? (단, (주)H의 제9기 이전의 모든 세무조정은 적정하게 이루어졌고, 한국채택국제회계기준을 적용하지 않으며, 조세특례제한법은 고려하지 않음)

> (1) 제9기말 재무상태표상 기계장치K의 취득가액은 1억원이고, 감가상각누계액은 60,000,000원이며 제10기 손익계산서상 계상되어 있는 기계장치K의 감가상각비는 15,000,000원이다.
>
> (2) 제10기 손익계산서상 판매비와 관리비 중 수선비 7,500,000원은 기계장치K의 용도를 변경하기 위한 개조비용으로서 자본적 지출에 해당한다.
>
> (3) 제9기말 세무상 기계장치K의 상각부인누계액은 4,500,000원이다.
>
> (4) (주)H는 감가상각방법과 내용연수를 신고하지 않았으며, 다른 감가상각자산은 없다. 법인세법상 기계장치K의 기준내용연수와 상각률은 다음과 같다.

법인세법상 기계장치 K의 기준내용연수		5년
내용연수	정액법 상각률	정률법 상각률
4년	0.250	0.528
5년	0.200	0.451
6년	0.166	0.394

① 손금산입 952,000원 (△유보)

② 손금산입 1,052,000원 (△유보)

③ 손금불산입 4,500,000원 (유보)

④ 손금산입 5,720,000원 (△유보)

⑤ 손금불산입 6,422,500원 (유보)

31. 〈부가가치세법〉 다음은 반도체용 기계장치 및 소재 제조업을 영위하는 일반과세자인 (주)A의 2022년 제2기 과세기간(2022.7.1. ~ 12.31.)에 대한 자료이다. (주)A의 2022년 제2기 과세기간의 부가가치세 과세표준금액은? (단, 다음 자료의 금액에는 부가가치세가 포함되지 않음)

> (1) 8월 20일 : 미국에 있는 거래처 B사에 (주)A의 제품을 직수출하기 위해 선적하였다. 해당 제품의 총공급가액은 $10,000로 선적일의 기준환율은 1,000원/$이다. 대금지급조건은 다음과 같다.
>   ① 계약금 $1,000 : 2022년 8월 20일 지급 (기준환율 1,000원/$)
>   ② 중도금 $5,000 : 2022년 12월 20일 지급 (기준환율 1,000원/$)
>   ③ 잔 금 $4,000 : 2023년 9월 30일 지급
> (2) 11월 10일 : (주)A의 제품을 거래처 C사에 판매장려 목적으로 무상 제공하였다. 해당 제품의 제조원가(적법하게 매입세액공제 받았음)는 1,000,000원이고 시가는 2,000,000원이다.
> (3) 12월 15일 : (주)A는 D사의 해약으로 인하여 제품의 공급 없이 받은 손해배상금 3,000,000원을 수령하였다.
> (4) 12월 20일 : (주)A는 국내에서 수출물품의 원자재(공급가액 4,000,000원)를 수출업자인 E사에 공급하였는데 그 구매확인서가 2023년 1월 31일에 발급되었다.

① 7,000,000원   ② 8,000,000원   ③ 11,000,000원
④ 12,000,000원   ⑤ 16,000,000원

32. 〈부가가치세법〉 과세사업(신발제조업)을 영위하던 일반과세자인 갑은 2022년 6월 20일에 해당 사업을 폐업하였다. 폐업 시점에 남아있는 재화의 현황이 다음과 같은 경우 부가가치세 과세표준금액은? (단, 건물과 원재료의 취득가액은 매입세액공제를 받은 금액이며, 주어진 자료 이외에는 고려하지 않음)

폐업시점에 남은 재화	취득일	취득가액	시가
토지(주1)	2017.1.1.	100,000,000원	200,000,000원
건물(주1)	2020.2.10.	100,000,000원	150,000,000원
차량(주2)	2021.7.2	60,000,000원	50,000,000원
원재료	2021.12.1.	70,000,000원	80,000,000원

(주1) 건물과 토지는 신발 제조를 위한 건물 및 그 부속토지임
(주2) 차량은 개별소비세법에 따른 자동차로서 취득시 매입세액을 공제받지 아니하였음

① 150,000,000원   ② 160,000,000원   ③ 205,000,000원
④ 210,000,000원   ⑤ 260,000,000원

33. 〈부가가치세법〉 부가가치세법상 세금계산서에 관한 설명으로 옳은 것은?

① 법인사업자와 직전 연도의 사업장별 재화 및 용역의 공급가액(면세공급가액 포함)의 합계액이 1억원 이상인 개인사업자는 세금계산서를 발급하려면 전자세금계산서를 발급하여야 한다.

② 계약의 해제로 재화 또는 용역이 공급되지 아니한 경우 수정세금계산서의 작성일은 처음 세금계산서 작성일로 적고, 비고란에 계약해제일을 덧붙여 적은 후 붉은색 글씨로 쓰거나 음의 표시를 하여 발급할 수 있다.

③ 처음 공급한 재화가 환입된 경우에는 재화가 환입된 날을 작성일로 적고 비고란에 처음 세금계산서 작성일을 덧붙여 적은 후 붉은색 글씨로 쓰거나 음의 표시를 하여 발급할 수 있다.

④ 전자세금계산서 발급명세 전송기한이 지난 후 재화 또는 용역의 공급시기가 속하는 과세기간에 대한 확정신고기한까지 국세청장에게 전자세금계산서 발급명세를 전송하는 경우 그 공급가액의 0.5%를 납부세액에 더하거나 환급세액에서 뺀다.

⑤ 매입자발행세금계산서를 발행하려는 자는 거래건당 공급가액이 100만원 이상인 거래에 한하여 해당 재화 또는 용역의 공급시기가 속하는 과세기간의 종료일부터 6개월 이내에 신청인 관할 세무서장에게 거래사실의 확인을 신청하여야 한다.

34. 〈부가가치세법〉 부가가치세법상 부가가치세가 과세되는 경우는 모두 몇 개인가?

(1) 사업자가 자기생산·취득재화를 고객에게 증여하는 경우로서 자기적립마일리지 등으로만 전부를 결제 받고 공급하는 경우
(2) 도시 및 주거환경정비법 등에 따른 수용절차에서 수용대상 재화의 소유자가 수용된 재화에 대한 대가를 받는 경우
(3) 사업자가 자기생산·취득재화를 경조사와 관련된 재화 및 설날, 추석, 창립기념일 및 생일 등과 관련된 각각의 재화로서 사용인 1명당 연간 10만원 이하의 재화를 제공하는 경우
(4) 사업자가 자기의 과세사업과 관련하여 취득한 재화(내국신용장에 의해 공급받아 영세율을 적용받음)를 자기의 면세사업을 위하여 직접 사용하는 경우
(5) 사업자가 자기생산·취득재화를 매입세액이 불공제되는 개별소비세법에 따른 자동차로 사용·소비하거나 그 자동차의 유지를 위하여 사용·소비하는 경우

① 1개　　　　　　② 2개　　　　　　③ 3개
④ 4개　　　　　　⑤ 5개

35. 〈부가가치세법〉 외국법인 A로부터 용역을 공급받는 자인 B의 대리납부에 관한 설명으로 옳은 것을 모두 고른 것은? (단, 각 지문은 상호 독립적이며, 대리납부에 관한 특례 규정은 고려하지 않음)

> ㄱ. 국내사업장이 없는 A로부터 용역의 공급을 받는 B는 공급받는 용역(매입세액공제 대상임)을 과세사업에 사용한 경우에는 대리납부의무가 있다.
> ㄴ. 국내사업장이 있는 A로부터 부가가치세 과세대상 용역을 공급받는 면세사업을 영위하는 사업자 B는 대리납부의무가 있다.
> ㄷ. 국내사업장이 없는 A로부터 부가가치세법상 매입세액이 공제되지 아니하는 용역을 공급받는 과세사업자 B는 대리납부의무가 있다.
> ㄹ. 대리납부 적용 요건을 충족하는 용역을 공급받는 사업자 B는 용역의 공급시기에 관계없이 그 대가를 지급하는 때에 부가가치세액을 징수한다.

① ㄱ, ㄴ   ② ㄱ, ㄷ   ③ ㄴ, ㄷ
④ ㄴ, ㄹ   ⑤ ㄴ, ㄷ, ㄹ

36. 〈부가가치세법〉 다음 자료에 의하여 수산물(고등어) 도매업과 통조림 제조업을 겸영하고 있는 (주)대한(조세특례제한법상 중소기업이 아님)의 2022년 제1기 과세기간의 의제매입세액공제액은? (단, 제시된 금액은 부가가치세를 포함하지 않는 금액이며, 의제매입세액공제를 받기 위한 요건은 충족하였고 원 단위 미만은 절사함)

(1) 2021년 제2기와 2022년 제1기 과세기간의 공급가액(국내매출)은 다음과 같다.

구분	2021년 제2기	2022년 제1기
수산물 도매업	20,000,000원	50,000,000원
통조림 제조업	180,000,000원	200,000,000원

(2) 2022년 제1기분 수산물 매입명세
　① 국내수산물 매입액 : 80,000,000원(매입부대비용 6,000,000원을 포함함)
　② 국외수산물 수입액 : 30,000,000원(관세의 과세가격은 28,000,000원이며 관세는 2,000,000원임)

(3) 2022년 제1기분 수산물 사용명세(2022년 1월 1일 현재 수산물 기초재고는 없음)

수산물 판매분	3,000kg
통조림 제조 사용분	9,000kg
기말재고	3,000kg
합계	15,000kg

① 1,520,000원   ② 1,560,000원   ③ 1,568,627원
④ 1,600,000원   ⑤ 1,657,154원

37. 〈부가가치세법〉부가가치세법상 재화의 수출에 포함되지 않는 것은?

① 내국신용장 또는 구매확인서에 의하여 금지금을 공급하는 것
② 원료를 대가 없이 국외의 수탁가공 사업자에게 반출하여 가공한 재화를 양도하는 경우에 그 원료의 반출
③ 수출대금은 국내에서 영수하지만 국내에서 통관되지 아니한 수출물품 등을 외국에서 인도하거나 제공하는 수출
④ 관세법에 따른 수입신고 수리 전의 물품으로서 보세구역에 보관하는 물품의 외국으로의 반출
⑤ 물품 등을 무환으로 수출하여 해당 물품이 판매된 범위에서 대금을 결제하는 계약에 의한 수출

38. 〈부가가치세법〉과세사업과 면세사업을 겸영하는 일반과세자 갑이 두 사업에 공통으로 사용되는 차량운반구(화물운반용 트럭)를 매각하였다. 다음 자료에 의하여 차량운반구의 매각과 관련된 부가가치세 과세표준금액은?

(1) 2022년 제1기와 제2기 과세기간의 공급가액 내역

구분	제1기	제2기
과세사업	50,000,000원	80,000,000원
면세사업	150,000,000원	120,000,000원

(2) 차량운반구의 취득일은 2021년 7월 30일이고 취득가액은 30,000,000원이다. (단, 취득가액은 매입세액을 공제받은 가액임)
(3) 차량운반구의 매각일은 2022년 8월 8일이고 매각금액은 22,000,000원(부가가치세가 포함되지 않음)이다.

① 3,750,000원　　　　② 4,000,000원　　　　③ 5,000,000원
④ 5,500,000원　　　　⑤ 8,800,000원

39. 〈국제조세조정에 관한 법률〉 국제조세조정에 관한 법률상 국외지배주주 등에게 지급하는 이자에 대한 과세조정에 관한 설명으로 옳은 것을 모두 고른 것은? (단, 국외지배주주, 국외특수관계인, 순이자비용 및 금융상품은 법령의 요건을 충족함)

> ㄱ. 내국법인의 차입금 중 국외지배주주로부터 차입한 금액이 그 국외지배주주가 출자한 출자금액의 2배(금융업은 6배)를 초과하는 경우에는 그 초과분에 대한 지급이자 및 할인료는 그 내국법인의 손금에 산입하지 아니한다.
> ㄴ. 내국법인이 국외특수관계인으로부터 차입한 금액에 대한 순이자비용이 조정소득금액의 100분의 30을 초과하는 경우 그 초과하는 금액은 손금에 산입하지 아니한다.
> ㄷ. 내국법인이 국외특수관계인과 자본 및 부채의 성격을 동시에 갖고 있는 금융상품 거래에 따라 지급한 이자 및 할인료 중 적정기간 내에 그 거래상대방이 소재한 국가에서 과세되지 아니한 금액에 해당하는 금액은 해당 사업연도의 소득금액을 계산할 때 내국법인의 손금에 산입하지 아니한다.
> ㄹ. 위 ㄱ, ㄴ, ㄷ에 따라 손금에 산입하지 아니한 금액에 대한 소득처분은 동일하다.
> ㅁ. 위 ㄱ, ㄴ이 동시에 적용되는 경우에는 ㄱ.이 ㄴ.보다 우선하여 적용된다.

① ㄱ, ㄴ, ㄷ
② ㄱ, ㄴ, ㄹ
③ ㄱ, ㄴ, ㄷ, ㄹ
④ ㄱ, ㄴ, ㄷ, ㅁ
⑤ ㄱ, ㄴ, ㄷ, ㄹ, ㅁ

40. 〈국제조세조정에 관한 법률〉 국제조세조정에 관한 법률상 이전가격세제에 관한 설명으로 옳지 않은 것은?

① 거주자는 일정 기간의 과세연도에 대하여 정상가격 산출방법을 적용하려는 경우에는 정상가격 산출방법을 적용하려는 일정 기간의 과세연도 중 최초의 과세연도 개시일의 전날까지 국세청장에게 승인 신청을 할 수 있다.
② 이전가격세제 등에 따른 과세조정을 적용할 때 익금에 산입되는 금액이 국외특수관계인(내국법인이 출자한 법인)으로부터 내국법인에게 반환된 것임이 확인되지 않을 경우에는 그 금액은 국외특수관계인에 대한 배당으로 처분한다.
③ 납세지 관할 세무서장은 납세의무자가 법령이 정한 부득이한 사유로 국제거래명세서를 정해진 기한까지 제출할 수 없는 경우로서 납세의무자의 신청을 받은 경우에는 1년의 범위에서 그 제출기한의 연장을 승인할 수 있다.
④ 국세청장은 신청인이 일방적 사전승인을 신청하는 경우에는 신청일부터 2년 이내에 사전승인 여부를 결정하여야 한다.
⑤ 국외특수관계인과의 거래에 대한 과세조정에 따라 내국법인이 아닌 거주자의 소득금액을 조정한 결과 감액되는 소득금액 중 국외특수관계인에게 반환되지 않은 금액은 그 거주자의 소득금액으로 보지 아니한다.

1	2	3	4	5	6	7	8	9	10
⑤	②	①	③	②	⑤	④	④	①	④
11	12	13	14	15	16	17	18	19	20
④	③	④	⑤	③	②	①	④	②	③
21	22	23	24	25	26	27	28	29	30
①	③	⑤	①	④	②	③	②	⑤	①
31	32	33	34	35	36	37	38	39	40
⑤	②	③	②	⑤	①	①	④	①	②

1. ⑤

① 청산인의 제2차 납세의무의 한도는 그가 분배한 가액을 한도로 하며, 잔여재산을 분배받은 자의 제2차 납세의무의 한도는 그가 받은 재산의 가액으로 한다.

② 사업의 양수인이란 사업장별로 그 사업에 관한 모든 권리(미수금에 관한 것은 제외한다)와 모든 의무(미지급금에 관한 것은 제외)를 포괄적으로 승계한 자로서 다음의 어느 하나에 해당하는 자를 말한다.

> a. 양도인과 특수관계인
> b. 양도인의 조세회피를 목적으로 사업을 양수한 자

그러므로 양도인과 특수관계가 없더라도 양도인의 조세회피를 목적으로 사업을 양수한 자도 제2차 납세의무를 질 수 있다.

③ 납세의무 확정일 현재 → 납세의무 성립일 현재

④ 과점주주는 주주 1인과 그의 특수관계인으로서 그들의 소유주식합계(의결권 없는 주식 제외)가 해당 법인의 발행주식총수(의결권 없는 주식 제외)의 50%를 초과하면서 그 법인의 경영에 대하여 지배적인 영향력을 행사하는 자들을 말하므로 주주 1인과 그의 자녀의 지분율 합계가 50%를 초과하는 것만으로는 과점주주로서의 제2차 납세의무를 부담하지 아니한다.

⑤ 국세의 납부기간 만료일 현재 법인의 과점주주인 출자자의 재산(그 법인의 발행주식 또는 출자지분은 제외)으로 그 출자자가 납부할 국세 및 강제징수비에 충당하여도 부족한 경우에 한하여 그 부족한 금액에 대하여 제2차 납세의무를 진다. 그러므로 정부가 국세의 납부기간 만료일 현재 법인의 과점주주인 출자자의 소유주식을 재공매하거나 수의계약으로 매각하려 하여도 매수희망자가 없는 경우라도 "그 출자자의 재산(그 법인의 발행주식 또는 출자지분은 제외)으로 그 출자자가 납부할 국세 및 강제징수비에 충당하여도 부족하지 않은 경우에는" 그 법인은 그 출자자가 납부할 국세 및 강제징수비에 대한 제2차 납세의무를 부담하지 아니한다.

2. ②

구분	내용
ㄱ, ㄴ	당연 의제법인에 대한 설명에 해당한다.
ㄷ	당연 의제법인 및 신청승인 의제법인은 단체의 수익을 구성원에게 분배하지 아니할 것을 요건으로 하여야 한다.
ㄹ, ㅁ, ㅂ	신청승인 의제법인에 대한 설명에 해당한다.

3. ①

② 해당 국세의 과세표준 신고기한(예정신고기한 포함)의 다음 날로 → 해당 국세의 과세표준 신고기한 (확정신고기한을 의미함)의 다음 날로

③ 결정 또는 판결이 확정된 날부터 2년이 → 결정 또는 판결이 확정된 날부터 1년이

④ 법정신고기한으로부터 2년으로 → 법정신고기한으로부터 1년으로

⑤ 부과제척기간은 7년으로 → 부과제척기간은 15년으로

4. ③

① 재조사를 할 수 없다. → 재조사를 할 수 있다.

② 재조사를 할 수 없다. → 재조사를 할 수 있다.

③ 현지확인도 납세자의 권리를 제한하는 형태로 질문조사권을 행사한다면 세무조사에 해당한다.

④ '조세탈루의 혐의를 인정할 만한 명백한 자료가 있는 경우'라 함은 조세의 탈루사실이 확인될 상당한 정도의 개연성이 객관성과 합리성이 뒷받침되는 자료에 의하여 인정되는 경우로 엄격히 제한되어야 한다.

⑤ 과세관청 외의 기관이 직무상 목적을 위하여 작성하거나 취득하여 과세관청에 제공한 자료의 처리를 위해 조사하는 경우 같은 세목 및 같은 과세기간에 대하여 재조사를 할 수 있다.

5. ②

구분	내용
ㄱ, ㄹ, ㅁ	압류를 해제할 수 있다.
ㄴ, ㄷ, ㅂ	압류를 해제하여야 한다.

6. ⑤

부과한다. → 부과하지 않는다.

7. ④

① 납세증명서는 발급일 현재 다음의 금액을 제외하고는 다른 체납액이 없다는 사실을 증명하는 문서를 말하며, 지정납부기한이 연장된 경우 그 사실도 기재되어야 한다.

> 1. 독촉장에서 정하는 기한의 연장에 관계된 금액 또는 납부고지의 유예액
> 2. 압류·매각의 유예액
> 3. 「조세특례제한법」에 따른 체납액 징수특례액
> 4. 「채무자 회생 및 파산에 관한 법률」에 따른 징수유예액 또는 강제징수에 따라 압류된 재산의 환가유예에 관련된 체납액
> 5. 「부가가치세법」에 따라 물적납세의무를 부담하는 수탁자가 그 물적납세의무와 관련하여 체납한 부가가치세 또는 강제징수비
> 6. 「종합부동산세법」에 따라 물적납세의무를 부담하는 수탁자가 그 물적납세의무와 관련하여 체납한 종합부동산세 또는 강제징수비

② 내국인이 해외이주 목적으로 해외이주법에 따라 외교부장관에게 해외이주신고를 하는 경우에는 납세증명서를 제출하여야 하나, 국세에 대한 납부의무가 있는 외국인이 출국하는 경우 납세증명서를 제출해야하는 것은 아니다.

③ 국세 강제징수에 따른 채권 압류로 세무서장(세무공무원)이 국가로부터 대금을 지급받는 경우에는 납세증명서 제출의무가 면제된다.

⑤ 납세증명서의 유효기간은 그 증명서를 발급한 날부터 30일간으로 한다. 다만, 발급일 현재 해당 신청인에게 납부고지된 국세가 있는 경우에는 해당 국세의 지정납부기한까지로 할 수 있다.

8. ④

납부고지서는 징수결정 즉시 발급하여야 한다. 다만, 납부고지를 유예한 경우에는 유예기간이 끝난 날의 다음 날에 발급한다.

9. ①

② 양벌규정에 있어 법인 및 개인사업자에게 적용하는 책임벌은 벌금형만 적용되며, 징역형은 적용되지 아니한다.

③ 조세범처벌법에 따른 범칙행위에 대해서 국세청장, 지방국세청장 또는 세무서장의 고발이 없으면 검사는 공소를 제기할 수 없다.

④ 조세범칙행위의 공소시효는 7년이 지나면 완성된다. 다만, 양벌규정에 따른 행위자가 특정범죄가중처벌 등에 관한 법률의 적용을 받는 경우에는 법인에 대한 공소시효는 10년이 지나면 완성된다.

⑤ 1년 이하의 징역 또는 1천만원 이하의 벌금에 → 3년 이하의 징역 또는 3천만원 이하의 벌금에

10. ④

다음의 죄를 범한 자에 대해서는 정상에 따라 징역형과 벌금형을 병과할 수 있다.

① 조세포탈범

② 재화 또는 용역을 공급하지 않거나 공급받지 않고 다음의 행위를 한 자

    ㉠ 세금계산서(계산서)를 발급하거나 발급받은 행위

    ㉡ 매출·매입처별 세금계산서(계산서)합계표를 거짓으로 기재하여 정부에 제출한 행위

③ 해외금융계좌정보의 비밀유지 의무 등의 위반

④ 해외금융계좌 신고의무 불이행

11. ④

산업재해보상보험법에 따라 수급권자가 받는 휴업급여 및 고용보험법에 따라 받는 육아휴직 급여는 비과세 근로소득이다.

12. ③

연금계좌의 운용실적에 따라 증가된 금액을 연금계좌에서 연금외수령한 소득은 기타소득에 해당한다.

13. ③

수도권 지역에서 전통주를 제조함으로써 발생한 소득금액 1천 3백만원은 전액 소득세 과세대상에 해당한다. 참고로, 수도권 밖의 읍·면 지역에서 전통주를 제조함으로써 발생하는 소득으로서 소득금액의 합계액이 연 1천 2백만원 이하에 해당하면 비과세 사업소득에 해당한다.

14. ⑤

등록 임대주택의 임대사업에서 발생한 사업소득금액은 총수입금액에서 필요경비(총수입금액의 100분의 60)를 차감한 금액으로 하되, 분리과세 주택임대소득을 제외한 해당 과세기간의 종합소득금액이 2천만원 이하인 경우에는 추가로 400만원을 차감한 금액으로 한다.

15. ③

구분	내역	금액
(1) 퇴직급여		180,000,000원
(2) 임원퇴직소득 한도 : ① + ② = 174,000,000	① 2019년말 이전 : $90,000,000 \times \dfrac{1}{10} \times \dfrac{48개월}{12} \times 3$배	108,000,000원
	② 2020년 이후 : $110,000,000 \times \dfrac{1}{10} \times \dfrac{36개월}{12} \times 2$배	66,000,000원
(3) 퇴직급여 중 퇴직소득금액 : MIN[(1), (2)]		174,000,000원

*1) 90,000,000원 : 2019년 이전 3년간(2017년~2019년)의 연평균 총급여액
*2) 110,000,000원 : 2020년 이후 퇴직전 3년간(2020년~2022년)의 연평균 총급여액
*3) 48개월 : 2019년 말까지의 근무기간(2016년~2019년)
*4) 36개월 : 2020년 이후의 근무기간(2020년~2022년)

16. ②

구분	금액	원천징수세율	원천징수세액
공익신탁의 이익	비과세	-	-
회사채의 이자	10,000,000	14%	1,400,000원
보증금 및 경락대금이자*)	10,000,000	14%	1,400,000원
정기예금의 이자	10,000,000	14%	1,400,000원
비영업대금의 이익	5,000,000	25%	1,250,000원
내국법인 현금배당	10,000,000	14%	1,400,000원
합계액			6,850,000원

*) 분리과세 대상이나 원천징수대상 금융소득에 해당하므로 포함됨에 주의한다.

17. ①

구분	내역	금액
고가주택의 양도차익	[1,300,000,000(양도가액) - 520,000,000(환산취득가액*주1) - 6,000,000(필요경비 개산공제)*주2)] x $\dfrac{13억 원 - 12억 원}{13억 원}$	59,538,461원
양도소득금액	59,538,461(양도차익) - 47,630,769(장기보유특별공제*주3)	11,907,692원

*주1) $1,300,000,000 \times \dfrac{2억 원(취득당시 기준시가)}{5억 원(양도당시 기준시가)} = 520,000,000원$

*주2) 필요경비개산공제액 : 200,000,000(취득당시 기준시가) x 3% = 6,000,000원
*주3) 59,538,461 x 80%(10년 이상 보유 및 10년 이상 거주) = 47,630,769원

18. ④

사업자가 비치·기록한 장부에 의하여 해당 과세기간의 사업소득금액을 계산할 때 발생한 결손금(주거용 건물 임대업 외의 부동산임대업에서 발생한 금액 제외)은 그 과세기간의 종합소득과세표준을 계산할 때 근로소득금액·연금소득금액·기타소득금액·이자소득금액·배당소득금액에서 순서대로 공제한다.

19. ②

구분		금액
종합과세대상 기타소득금액	주택입주지체상금	10,000,000 x (1-80%) = 2,000,000원
	영업권 양도대가	5,000,000 x (1-60%) = 2,000,000원
	공익사업 관련 지상권 설정대가	3,000,000 x (1-60%) = 1,200,000원
	계약금이 위약금으로 대체된 금액	원천징수대상이 아님 = 12,000,000원
종합소득금액에 대한 원천징수세액		(2,000,000 +2,000,000 +1,200,000) x 20% = 1,040,000원

20. ③

구분	내역	금액
본인교육비	소득세 또는 증여세가 비과세되는 장학금 또는 학자금에 해당하는 교육비 제외	10,000,000 - 3,000,000 = 7,000,000원
배우자교육비	배우자의 대학원 수업료 제외	0원
아들교육비	1,500,000 + 500,000(교복구입비는 50만원 한도) = 2,000,000	MIN[2,000,000, 한도 : 3,000,000] = 2,000,000원
딸교육비	취학전 아동의 교육비는 300만원 한도	MIN[4,000,000, 한도 : 3,000,000] = 3,000,000원
교육비세액공제액	(7,000,000 + 2,000,000 + 3,000,000) x 15%	1,800,000원

21. ①

보험업법이나 그 밖의 법률에 따른 유형자산 및 무형자산의 평가증은 인정하나, 평가감은 인정하지 아니한다.

* 주식평가차손 실현사유 중 부도 등의 경우

구분	평가액
① 부도가 발생한 경우 ② 회생계획인가의 결정을 받은 경우 ③ 부실징후기업이 된 경우	사업연도 종료일 현재의 시가. 단, 보유주식 총액을 시가로 평가한 가액이 1,000원 이하인 경우에는 1,000원

22. ③

내국법인이 국세기본법상 수정신고기한 내에 매출누락, 가공경비 등 부당하게 사외유출된 금액을 회수하고 세무조정으로 익금에 산입하여 신고하는 경우에는 유보로 소득처분한다.

23. ⑤

지급이자가 손금부인 되는 채권자가 불분명한 사채의 이자에는 거래일 현재 주민등록표에 의하여 그 거주사실 등이 확인된 채권자가 차입금을 변제받은 후 소재불명이 된 경우의 차입금에 대한 이자를 제외한다.

24. ①

구분		손익귀속시기
①	신고조정사항	해당 대손사유가 발생한 날
②, ③, ④, ⑤	결산조정사항	해당 대손사유가 발생하여 손비로 계상한 날

25. ④

대손충당금 · 퇴직급여충당금에 관련된 세무조정사항은 적격합병여부와 관계없이 승계할 수 있다.

26. ②

구분	내역	세법상 평가방법	평가금액
제품	임의변경	MAX[8,700,000(총평균법), 10,000,000(선입선출법)]	10,000,000원
재공품	임의변경	MAX[4,800,000(총평균법), 5,000,000(선입선출법)]	5,000,000원
원재료	무신고[1]	선입선출법	3,500,000원
저장품	계산착오[2]	총평균법	1,200,000원
합계액			19,700,000원

27. ③

(1) 기부금 구분 및 기준소득금액 계산

구분	내용
기부금 구분	① 법정기부금 : 13,000,000(천재지변 이재민 구호금품) + 5,000,000(사립학교 병원 시설비) = 18,000,000
	② 지정기부금 : 10,000,000(종교단체)
차가감소득금액	97,000,000(조정후 소득금액) + 3,000,000(비지정기부금 : 새마을 금고) = 100,000,000원
기준소득금액	100,000,000(차가감소득금액) + 18,000,000(법정기부금) + 10,000,000(지정기부금) = 128,000,000원
이월결손금 (중소기업)	7,000,000원
법정기부금 한도	(기준소득금액 − 이월결손금) × 50% = (128,000,000 − 7,000,000) × 50% = 60,500,000원

(2) 기부금 한도시부인

	구분	세무조정
법정기부금 세무조정	① 당기이전분 법정기부금 손금산입	(손금산입) 2,000,000원(기타)
	② 당기분 법정기부금 한도 : 60,500,000 − 2,000,000 = 58,500,000	세무조정 없음 (18,000,000원 손금인정)
지정기부금 한도	(기준소득금액 − 이월결손금 − 법정기부금 전기이전분 및 당기분 손금산입액) × 10% = (128,000,000 − 7,000,000 − 2,000,000 − 18,000,000) × 10% = 10,100,000	
지정기부금 세무조정	① 당기이전분 지정기부금 손금산입	(손금산입) 3,000,000원(기타)
	② 당기분 지정기부금 한도 : 10,100,000 − 3,000,000 = 7,100,000	(손금불산입) 2,900,000원 (기타사외유출)
	③ 당기분 지정기부금 한도초과액 = 10,000,000 − 7,100,000 = 2,900,000	

(3) 각 사업연도소득금액

차가감소득금액	100,000,000원
법정기부금 이월손금산입	(2,000,000)원
지정기부금 이월손금산입	(3,000,000)원
지정기부금 한도초과액	2,900,000원
각사업연도 소득금액	= 97,900,000원

28. ②

구분	내역	금액
각사업연도소득금액	15,000,000 - 10,000,000(이월결손금 보전에 충당하는 채무면제이익 ^{주1)})	5,000,000원
이월결손금	MIN[5,000,000원^{*주2)}, 한도 : 3,000,000원 (5,000,000^{*주2)} x 60%^{*주3)})]	(-)3,000,000원
과세표준		(=)2,000,000원

* 주1) 세부담 최소화를 가정하므로 채무면제이익을 이월결손금 보전에 충당하고 익금불산입 세무조정을 한다.
* 주2) 채무면제이익을 이월결손금 보전에 충당한 경우 해당 이월결손금은 과세표준 계산시 공제되는 이월결손금에서 제외되므로 이월결손금 총액 15,000,000원 중 채무면제이익으로 이월결손금 보전에 충당한 10,0000,000원을 차감한 후 남은 금액인 5,000,000원을 기준으로 하여 계산한다.
* 주3) 조세특례제한법상 중소기업이 아니며 회생계획을 이행 중인 기업 등에 해당하지 않으므로 60%를 적용한다.

29. ⑤

구분	내역	금액
접대비 해당액	40,000,000(손익계산서상 접대비) - 700,000(증거자료 누락분) - 300,000(영수증 수취분) + 1,000,000(부가가치세 매입세액) + 3,000,000(법인인 종업원 단체에 지출한 복리시설비)	43,000,000원
세법상 한도액^{*)}	$12,000,000 \times \dfrac{6}{12}$ +100억원(일반수입금액) x 0.3% + 20억원 (일반수입금액) x 0.2% + 30억원(특정수입금액) x 0.2% x 10%	40,600,000원
한도초과액	43,000,000 - 40,600,000	2,400,000원
세무조정	(1) (손금불산입) 증거자료 누락분 700,000원(대표자 상여) (2) (손금불산입) 적격증거자료 미수취분 300,000원(기타사외유출) (3) (손금불산입) 접대비한도초과액 2,400,000원(기타사외유출)	

*) 수입금액은 기업회계기준에 따라 계산한 매출액을 사용한다.

30. ①

구분	내역	금액
감가상각비 해당액	15,000,000 + 7,500,000(당기 즉시상각의제)	22,500,000원
상각범위액	[100,000,000(취득가액) - 60,000,000(전기말 감가상각누계액) + 7,500,000(당기즉시상각의제) +4,500,000(전기말 상각부인액)] x 0.451	23,452,000원
시인부족액		△952,000원
세무조정	(손금산입) 전기이전 상각부인액 952,000원(△유보)^{*)}	

*) 당기에 시인부족액이 발생한 경우 전기말 상각부인누계액 4,500,000원은 당기의 시인부족액 범위 내에서 손금에 산입한다.

31. ⑤

구분	내역	금액
직수출	$10,000 x 1,000원(장기할부조건 수출재화의 공급시기는 선적일)	10,000,000원
판매장려물품	시가	2,000,000원
손해배상금	과세표준에 포함되지 아니함	-
원자재 공급	영세율 적용대상이 아닌 10%세율 적용분으로 과세표준에 포함	4,000,000원
과세표준		16,000,000원

32. ②

구분	내역	금액
토지	면세	-
건물	간주시가 : 100,000,000 x (1 - 5% x 4)	80,000,000원
차량	매입세액불공제분	-
원재료	시가	80,000,000원
합계액		160,000,000원

33. ③

① 1억원 이상인 개인사업자는 → 3억원(2022.7.1이후부터는 2억원)이상인 개인사업자는

② 수정세금계산서의 작성일은 처음 세금계산서 작성일로 적고, 비고란에 계약해제일을 → 수정세금계산서의 작성일은 계약해제일로 적고 , 비고란에 처음 세금계산서 작성일을

④ 그 공급가액의 0.5%를 → 그 공급가액의 0.3%를

⑤ 거래건당 공급가액이 100만원 이상인 거래에 → 거래건당 공급대가가 10만원 이상인 거래에

34. ②

① 사업자가 자기생산·취득재화를 고객에게 증여하는 경우로서 자기적립마일리지 등으로만 전부를 결제받고 공급하는 경우 → 사업상 증여 x

② 도시 및 주거환경정비법등에 따른 수용절차에서 수용대상 재화의 소유자가 수용된 재화에 대한 대가를 받는 경우 → 재화의 공급 x

③ 개인적 공급 x : 다음의 어느 하나에 해당하는 재화를 제공하는 경우는 개인적 공급으로 보지 아니한다. 이 경우 다음 경우별로 각각 사용인 1명당 연간 10만원을 한도로 하며, 10만원을 초과하는 경우 해당 초과액에 대해서는 재화의 공급으로 본다.

> 가. 경조사와 관련된 재화
> 나. 설날·추석, 창립기념일 및 생일 등과 관련된 재화

④ 사업자가 자기의 과세사업과 관련하여 취득한 재화(내국신용장에 의해 공급받아 영세율을 적용받음)를 자기의 면세사업을 위하여 직접 사용하는 경우 → 면세전용(과세대상 ○)

⑤ 사업자가 자기생산·취득재화를 매입세액이 불공제 되는 개별소비세법에 따른 자동차로 사용·소비하거나 그 자동차의 유지를 위하여 사용·소비하는 경우 → 비영업용 승용차전용(과세대상 ○)

35. ⑤

국내사업장이 없는 A로부터 용역의 공급을 받는 B는 공급받는 용역(매입세액공제 대상임)을 과세사업에 사용한 경우에는 대리납부의무가 없다. → 용역 및 권리의 대리납부의무는 비사업자, 면세사업자, 매입세액이 공제되지 아니하는 용역 등을 공급받는 과세사업자에게만 적용된다.

36. ①

구분	내역	금액
의제매입세액 MIN[①, ②]	① $(102,000,000^{*주}) \times \dfrac{9,000kg(통조림\ 제조사용분)}{15,000kg(수산물\ 합계)}$ $+ 102,000,000 \times \dfrac{3,000kg(기말재고)}{15,000kg(수산물\ 합계)} \times \dfrac{2}{102}$	1,520,000원
	② 한도 : 200,000,000(과세표준) $\times$ 40% $\times \dfrac{2}{102}$	1,568,627원

*주) [80,000,000(국내수산물) – 6,000,000(매입부대비용)] + 28,000,000(국외수산물 : 관세의 과세가격) = 102,000,000원

37. ①

① (X) : 내국신용장 또는 구매확인서에 의해 금지금을 공급하는 것은 영세율 배제
② (O) : 위탁가공을 위한 원료반출수출
③ (O) : 외국인도수출
④ (O) : 수입신고 수리 전 보세구역반출수출
⑤ (O) :

38. ④

공통사용재화의 공급 =

$₩22,000,000(공통공급가액) \times \dfrac{50,000,000(직전과세기간인\ 22년\ 제1기\ 과세공급가액)}{200,000,000(직전과세기간인\ 22년\ 제1기\ 총공급가액)} = ₩5,500,000원$

39. ①

(O) : ㄱ, ㄴ, ㄷ
(X) : ㄹ, ㅁ

구분		소득처분
ㄱ	배당으로 간주된 이자의 손금불산입	① 국외지배주주로부터 차입한 금액에 대한 이자 : 배당 ② 국외지배주주의 특수관계인으로부터 차입한 금액이나 국외지배주주의 지급보증에 의해 제3자로부터 차입한 금액에 대한 이자 : 기타사외유출
ㄴ	소득대비 과다이자비용의 손금불산입	기타사외유출
ㄷ	혼성금융상품 거래에 따라 발생하는 이자비용의 손금불산입	기타사외유출
ㄹ	위 ㄱ, ㄴ, ㄷ에 따라 손금에 산입하지 아니한 금액의 소득처분은 동일하지 않다.	
ㅁ	위 ㄱ 및 ㄴ이 동시에 적용되는 경우에는 그 중 손금에 산입하지 아니한 금액이 크게 계산되는 것 하나만을 적용하며 그 금액이 같은 경우에는 ㄱ을 적용한다.	

40. ②

국외특수관계인이 내국법인이 출자한 법인인 경우 유보로 처분한다.

1. 〈국세기본법〉「국세기본법」상 납세의무 성립시기에 관한 내용으로 옳은 것을 모두 고른 것은?

> ㄱ. 원천징수하는 소득세·법인세 : 과세기간이 끝나는 때
> ㄴ. 증권거래세 : 해당 매매거래가 확정되는 때
> ㄷ. 수입재화에 대한 부가가치세 : 세관장에게 수입신고를 하는 때
> ㄹ. 수시부과하여 징수하는 국세 : 수시부과세액 납부일

① ㄱ, ㄴ   ② ㄱ, ㄷ   ③ ㄴ, ㄷ
④ ㄴ, ㄹ   ⑤ ㄷ, ㄹ

2. 〈국세기본법〉「국세기본법」상 납세자의 권리 중 장부 등의 보관 금지에 관한 설명으로 옳은 것은?

① 세무공무원은 「조세범처벌절차법」에 따른 조세범칙조사를 제외하고는 세무조사의 목적으로 납세자의 장부 등을 세무관서에 보관할 수 없다.

② 세무공무원은 납세자에 대한 구체적인 탈세 제보가 있는 경우에는 조사 목적에 필요한 최소한의 범위에서 납세자, 소지자 또는 보관자 등 정당한 권한이 있는 자가 임의로 제출한 장부 등을 납세자의 동의 없이 세무관서에 일시 보관할 수 있다.

③ 납세자등은 조사목적이나 조사범위와 관련이 없는 등의 사유로 일시 보관에 동의하지 아니하는 장부등에 대해서는 세무공무원에게 일시 보관할 장부 등에서 제외할 것을 요청할 수 있다. 이 경우 세무공무원은 어떠한 사유로도 해당 장부 등을 일시 보관할 수 없다.

④ 세무공무원은 법령에 따라 일시 보관하고 있는 장부 등에 대하여 납세자가 반환을 요청한 날부터 14일 이내에 반환하여야 하나, 조사목적 달성을 위해 필요한 경우에는 납세자보호위원회의 심의를 거쳐 한 차례만 14일 이내의 범위에서 보관기간을 연장할 수 있다.

⑤ 세무공무원은 법령에 따라 일시 보관하고 있는 장부 등의 반환을 납세자가 요청한 경우로서 세무조사에 지장이 없다고 판단될 때에는 요청한 장부 등을 7일 이내에 반환하여야 한다.

3. 〈국세기본법〉「국세기본법」상 세법 등과의 관계에 대한 다음 설명으로 옳은 것은?

① 국세에 관하여 국세기본법에 별도의 규정이 있는 경우를 제외하고는 세법에서 정하는 바에 따른다.

② 「관세법」과 「수출용 원재료에 대한 관세 등 환급에 관한 특례법」에서 세관장이 부과·징수하는 국세에 관하여 국세기본법에 대한 특례규정을 두고 있는 경우에는 국세기본법에서 정하는 바에 따른다.

③ 국세기본법 또는 세법에 따른 처분으로서 위법 또는 부당한 처분을 받거나 필요한 처분을 받지 못한 처분에 대해서는 「행정심판법」의 규정을 적용한다.

④ 위법한 처분에 대한 행정소송은 「행정소송법」에도 불구하고 국세기본법에 따른 심사청구 또는 심판청구와 그에 대한 결정을 거치지 아니하면 제기할 수 없다.

⑤ 심사청구 또는 심판청구에 대한 재조사 결정에 따른 처분청의 처분에 대한 행정소송은 심사청구 또는 심판청구를 거치지 아니하고 제기할 수 없다.

4. 〈국세기본법〉「국세기본법」상 국세우선과 관련한 법정기일로 옳지 않은 것은?

① 중간예납하는 법인세, 예정신고납부하는 부가가치세 및 양도소득과세표준을 예정신고하는 소득세의 경우 신고한 해당 세액에 대해서는 그 신고일

② 양도담보재산에서 국세를 징수하는 경우에는 법령에 따른 납부고지서의 발송일

③ 원천징수의무자나 납세조합으로부터 징수하는 국세와 인지세의 경우에는 그 납세의무의 확정일

④ 국세징수법상 납부기한 전 징수 규정에 따라 납세자의 재산을 압류한 경우에 그 압류와 관련하여 확정된 세액에 대해서는 그 납세의무의 확정일

⑤ 부가가치세법에 따른 신탁관련 수탁자의 물적납세의무 규정에 따라 신탁재산에서 부가가치세 등을 징수하는 경우에는 법령에 따른 납부고지서의 발송일

5. 〈국세징수법〉 다음 중 국세징수법상 교부청구 사유에 해당하지 않는 것은?

① 「어음법」 및 「수표법」에 따른 어음교환소에서 거래정지처분을 받은 경우

② 국세, 지방세 또는 공과금의 체납으로 체납자에 대한 강제징수 또는 체납처분이 시작된 경우

③ 체납자에 대하여 「민사집행법」에 따른 강제집행 및 담보권 실행 등을 위한 경매가 시작된 경우

④ 체납자가 「채무자 회생 및 파산에 관한 법률」에 따른 파산선고를 받은 경우

⑤ 체납자인 법인이 해산한 경우

6. 〈국세징수법〉 국세징수법상 압류의 해제에 관한 설명으로 옳지 않은 것은?

① 세무서장은 제3자가 체납자를 상대로 소유권에 관한 소송을 제기하여 승소 판결을 받고 그 사실을 증명한 경우에는 그 압류를 즉시 해제하여야 한다.

② 압류 또는 압류해제의 등기 또는 등록에 관하여는 등록면허세를 면제한다.

③ 세무서장은 재산의 압류를 해제하였을 때에는 그 사실을 그 재산의 압류통지를 한 권리자, 제3채무자 또는 제3자에게 통지하여야 한다.

④ 세무서장이 보관 중인 재산을 반환할 때에는 영수증을 받아야 하나, 압류조서에 영수 사실을 적고 서명날인하게 함으로써 갈음할 수 있다.

⑤ 세무서장은 체납자가 압류할 수 있는 다른 재산을 제공하여 그 재산을 압류한 경우에는 압류를 즉시 해제하여야 한다.

7. 〈국세징수법〉 국세징수법상 강제징수 중 압류에 관한 설명으로 옳지 않은 것은?

① 세무공무원이 질권이 설정된 재산을 압류하려는 경우에는 그 질권자에게 문서로써 해당 질물의 인도를 요구하여야 한다. 이 경우 질권의 설정시기가 법정기일 전이면 질물의 인도를 요구할 수 없다.

② 세무서장은 국세를 징수하기 위하여 필요한 재산 외의 재산을 압류할 수 없다.

③ 주택임대차보호법 제8조 및 같은 법 시행령의 규정에 따라 우선변제를 받을 수 있는 금액은 압류할 수 없다.

④ 급료·임금·봉급·세비·퇴직연금, 그 밖에 이와 유사한 채권의 압류는 체납액을 한도로 하여 압류 후에 수입할 금액에 미친다.

⑤ 체납자 또는 제3자가 압류재산의 사용 또는 수익을 하는 경우에는 그 재산으로부터 생기는 천연과실(그 재산의 매각으로 인하여 권리를 이전할 때까지 수취되지 아니한 천연과실은 제외한다)에 대하여는 압류의 효력이 미치지 아니한다.

8. 〈국세징수법〉 다음은 국세징수법상 체납자료의 제공에 관한 설명이다. (   )에 들어갈 내용으로 옳은 것은?

> 세무서장은 국세징수 또는 공익목적을 위하여 필요한 경우로서 「신용정보의 이용 및 보호에 관한 법률」에 따른 신용정보회사 또는 같은 신용정보집중기관, 그 밖에 대통령령으로 정하는 자가 다음의 어느 하나에 해당하는 체납자의 인적사항 및 체납액에 관한 체납자료를 요구한 경우에는 이를 제공할 수 있다.
> 1. 체납발생일부터 (ㄱ)년이 지나고 체납액이 (ㄴ)만원 이상인 자
> 2. 1년에 (ㄷ)회 이상 체납하고 체납액이 (ㄹ)만원 이상인 자

	ㄱ	ㄴ	ㄷ	ㄹ
①	1	500	2	500
②	1	500	3	500
③	1	1,000	2	1,000
④	2	500	3	500
⑤	2	1,000	2	1,000

9. 〈조세범처벌법〉 조세범처벌법 제3조는 사기나 그 밖의 부정한 행위를 아래와 같이 말하고 있는데, (   )에 들어갈 내용으로 옳지 않은 것은?

> 사기나 그 밖의 부정한 행위란 (   ) 행위로서 조세의 부과와 징수를 불가능하게 하거나 현저히 곤란하게 하는 적극적 행위를 말한다.

① 장부와 기록의 파기
② 재산의 은닉
③ 거짓 증빙 또는 거짓 문서의 작성 및 수취
④ 계산서, 세금계산서 또는 계산서합계표, 세금계산서합계표의 조작
⑤ 소득, 거래 등에 대한 귀속연도의 착오

10. 〈조세범처벌법〉 조세범처벌법상 징역형과 벌금형을 병과할 수 있는 것은?

① 재화 또는 용역을 공급하지 아니하거나 공급받지 아니하고 부가가치세법에 따른 세금계산서를 발급하거나 발급받은 행위
② 납세의무자를 대리하여 세무신고를 하는 자가 조세의 부과 또는 징수를 면하게 하기 위하여 타인의 조세에 관하여 거짓으로 신고를 하였을 때
③ 조세의 원천징수의무자가 정당한 사유 없이 그 세금을 징수하지 아니하였을 때
④ 타인이 근로장려금을 거짓으로 신청할 수 있도록 근로를 제공받지 아니하고 근로소득원천징수영수증을 거짓으로 기재하여 타인에게 발급한 행위
⑤ 조세의 회피 또는 강제집행의 면탈을 목적으로 타인의 성명을 사용하여 사업자등록을 하거나 타인 명의의 사업자등록을 이용하여 사업을 영위하는 행위

11. 〈소득세법〉 거주자 갑의 2022년 국내에서 발생한 이자소득 및 배당소득과 관련한 자료는 다음과 같다. 갑의 2022년의 종합소득 과세표준을 계산할 때 합산되는 금액은 얼마인가? (단, 자료에 언급된 것 이외에는 모두 적법하게 원천징수되었고, 모든 금액은 원천징수세액을 차감하기 전의 금액이다. 주어진 자료 이외에는 고려하지 않음)

> (1) 을에게서 받은 비영업대금의 이익 : 13,000,000원(원천징수 되지 아니함)
> (2) 주권상장법인 (주)A로부터 받은 현금배당금 : 5,000,000원
> (3) 비상장 내국법인인 (주)B가 자기주식소각이익을 2022.5.1. 자본전입 결의하고, 그에 따라 2022.7.1. 갑에게 무상주를 교부하였음. 세법상 수입시기 현재 갑이 교부받은 무상주의 액면가액은 3,000,000원이고, 시가는 6,000,000원임. 주식소각일은 2019.1.5.이며, 소각 당시 자기주식의 시가는 취득가액을 초과함.

① 18,000,000원
② 21,110,000원
③ 21,550,000원
④ 21,880,000원
⑤ 24,000,000원

12. 〈소득세법〉 다음은 식기류 도매업을 영위하고 있는 계속사업자인 A의 2022.1.1 ~ 12.31.의 자료이다. A가 ㉠ 개인(복식부기의무자임)일 경우의 기부금의 필요경비 불산입액과, ㉡ 법인(사업연도는 역년과 같고, 중소기업이나 사회적 기업은 아님)일 경우의 기부금의 손금불산입액을 계산하면 각각 얼마인가? (단, A에게는 다른 소득은 없으며 기부는 A가 직접 하였고 모든 증빙을 갖추었다고 가정한다. 주어진 자료 이외에는 고려하지 않음)

(1) 기준소득금액(이월결손금 차감 전이며, 기부금을 필요경비 또는 손금으로 산입하기 전의 금액)
   : 170,000,000원
(2) 종교단체 기부금 : 5,000,000원
(3) 실비로 이용가능한 아동복지법에 따른 아동복지시설(특수관계인 아님)에 대한 금전 외 자산 기부금 : 장부가액 20,000,000원, 시가 35,000,000원
(4) 장애인유료복지시설에 대한 기부금 : 30,000,000원
(5) 직전 과세기간(2021.1.1. ~12.31.)에 발생한 이월결손금 : 20,000,000원

① ㉠ 25,000,000원 ㉡ 30,000,000원 ② ㉠ 25,000,000원 ㉡ 40,000,000원
③ ㉠ 25,000,000원 ㉡ 55,000,000원 ④ ㉠ 30,000,000원 ㉡ 39,200,000원
⑤ ㉠ 30,000,000원 ㉡ 55,000,000원

13. 〈소득세법〉 거주자 갑은 2022.6.30. 국내에 보유하고 있는 건물과 토지를, 건물은 300,000천원, 토지는 200,000천원으로 하여 특수관계인이 아닌 을에게 일괄 양도하였다. 이 경우 건물의 양도차익은 얼마인가?

(1) 실지거래가액 및 감정평가가액(아래 기재된 가액 이외의 매매사례가액, 감정평가가액 등은 없다고 가정함) (단위 : 천원)

구분	건물	토지	비고
계약서상 양도금액	300,000	200,000	
취득시 취득가액	120,000	180,000	2019.1.1. 취득
양도시 감정평가가액	150,000	250,000	

(2) 건물은 정액법(내용연수 10년, 잔존가치 없음)으로 월할 상각하여 사업소득금액 계산시 필요경비에 산입하였다.
(3) 갑은 취득시 건물과 토지 모두를 자신의 명의로 등기하였으며, 기준시가는 다음과 같다.
(단위 : 천원)

구분	건물	토지	비고
양도시점	120,000	200,000	
취득시점	80,000	120,000	

(4) 양도시 양도계약서 작성비용 : 4,000천원
(5) 건물 취득일에 완료한 외벽의 도색 비용 : 5,000천원

① 104,750천원   ② 105,500천원   ③ 108,000천원
④ 164,250천원   ⑤ 220,500천원

14. 〈소득세법〉 다음 자료를 이용하여 거주자 갑의 2022년도 종합소득공제액을 계산하면 얼마인가? (단, 소득공제의 종합한도나 조세특례제한법상의 소득공제는 고려하지 아니하고, 주어진 자료 이외에 종합소득공제의 배제 사유는 없음)

(1) 본인 및 가족현황(소득현황란에 기재된 소득 이외의 소득은 없음)				
구분	연령	소득현황		비고
본인	51세	총급여액 60,000,000원		무주택자이고 부녀자 아님
배우자	47세	총급여액 4,000,000원의 근로소득		별거중임
부친	80세	사업소득금액 10,000,000원		
모친	75세	작물재배업에서 발생하는 소득 15,000,000원		2022.2.8. 사망
장녀	21세	소득금액 합계액 2,000,000원		장애인
장남	18세	소득 없음		장애인

 * 가족들은 모두 갑과 생계를 같이 한다.

(2) 기타 갑이 지출하였거나 갑이 근무하고 있는 회사가 부담한 사항은 다음과 같다.

  가. 국민건강보험법에 따른 국민건강보험료 3,600,000원(본인 부담분 1,800,000원, 회사 부담분 1,800,000원)

  나. 고용보험법에 따른 고용보험료 1,000,000원(본인 부담분 500,000원, 회사 부담분 500,000원)

  다. 생명보험 보험료 1,000,000원

① 11,300,000원 ② 12,300,000원 ③ 12,348,000원
④ 13,600,000원 ⑤ 14,800,000원

15. 〈소득세법〉다음은 거주자 갑이 2022년 (주)A에 근무하면서 지급받은 급여 등에 관련된 자료이다. 거주가 갑의 2022년 총급여액은? (단, 주어진 자료 이외에는 고려하지 않음)

> (1) 연간 급여 합계액(30,000,000원)
> (2) 연간 상여 합계액(10,000,000원)
> (3) 상여 소득처분금액(2,000,000원) : (주)A는 2022.3.20.에 2021.1.1. ~ 12.31.기간의 법인세를 신고하면서 익금산입한 금액 중 2,000,000원을 갑을 귀속자로 하는 상여로 소득처분하였다.
> (4) 연간 급여 및 상여 외의 갑의 주식매수선택권 행사로 인한 이익(10,000,000원) : 주식매수선택권은 (주)A의 100% 모회사인 (주)B 발행 주식을 대상으로 한 것으로서, 2022.5.5.행사하였다. (주)A 및 (주)B는 모두 벤처기업이 아니다.
> (5) 연간 급여 외의 식대(2,400,000원) : (주)A는 구내식당을 운영하고 있지 아니하여 식대를 월 200,000원씩 금전으로 지급하고 있다.

① 41,200,000원   ② 48,800,000원   ③ 51,200,000원
④ 53,200,000원   ⑤ 54,400,000원

16. 〈소득세법〉소득세법상 납세의무자 및 과세소득의 범위에 관한 설명으로 옳지 않은 것은?

① 과세기간 종료일 10년 전부터 국내에 주소나 거소를 둔 기간의 합계가 5년 이하인 외국인 거주자에게는 과세대상 소득 중 국외에서 발생한 소득의 경우 국내에서 지급되거나 국내로 송금된 소득에 대해서만 과세한다.
② 소득세법상 거주자란 국내에 주소를 두거나 183일 이상의 거소를 둔 개인을 말한다.
③ 국세기본법에 따른 법인 아닌 단체 중 법인으로 보는 단체 외의 법인 아닌 단체가 구성원간 이익의 분배방법이나 분배비율이 정하여져 있지 않거나 확인되지 않는 경우에는 해당 단체를 1거주자 또는 1비거주자로 보아 과세한다.
④ 내국법인이 발행주식총수 100%를 간접출자한 해외현지법인에 파견된 당해 내국법인의 직원이, 생계를 같이 하는 가족이나 자산상태로 보아 파견기간 종료 후 재입국할 것으로 인정되는 경우라면, 외국의 국적 취득과는 관계없이 거주자로 본다.
⑤ 국내에 거소를 둔 기간은 입국하는 날부터 출국하는 날까지로 한다.

17. 〈소득세법〉 법인의 대표자(등기임원)인 대주주가 법인이 보유하던 자산을 횡령하면서 그 사실을 감추기 위하여 매출을 일부 누락시켰으나, 이후 과세관청이 그 관련 법인세 등 부과처분을 한 사안과 관련하여 옳지 않은 것은?

① 해당 사안과 관련하여 법인에게 소득금액변동통지서를 통지한 경우 통지하였다는 사실을 대표자에게 알려야 하며, 당해 내용에는 소득금액 변동내용이 포함되어 있어야 한다.

② 해당 사안의 경우 대표자에 대한 상여로 소득처분하는 것이 일반적이다.

③ 법인 소재지가 분명하고 송달할 수 있는 경우라면, 소득처분 되는 배당·상여 및 기타소득은 법인소득금액의 결정 또는 경정일로부터 15일 내에 소득금액변동통지서에 의하여 당해 법인에게 통지하여야 한다.

④ 소득세법은 횡령에 의하여 취득하는 금품을 기타소득으로 명시하여 규정하고 있지 않다.

⑤ 해당 사안의 경우 법인은 소득금액변동통지서를 받은 날 소득을 지급한 것으로 보아, 소득세를 원천징수하여야 한다.

18. 〈소득세법〉 소득세법상 비과세소득이 아닌 것은?

① 사업소득 중 전통주의 제조에서 발생하는 소득으로서 연 1,500만원 이하의 금액

② 사업소득 중 조림기간 5년 이상인 임지의 임목의 벌채 또는 양도로 발생하는 소득으로서 연 600만원 이하의 금액

③ 공익신탁법에 따른 공익신탁의 이익

④ 기타소득 중 서화·골동품을 박물관 또는 미술관에 양도함으로써 발생하는 소득

⑤ 고용보험법에 따라 받는 실업급여

19. 〈소득세법〉 소득세법상 기타소득에 관한 설명으로 옳지 않은 것은?

① 법령에 기타소득으로 열거된 항목이라 하더라도 사업소득으로 과세하는 것이 가능한 경우가 있을 수 있다.

② 10년 이상 보유한 서화의 양도로 발생하는 소득이 기타소득으로 구분되는 경우, 최소한 당해 거주자가 받은 금액의 100분의 90에 상당하는 금액을 필요경비로 인정받을 수 있다.

③ 정신적 피해를 보전하기 위하여 받는 배상금은 기타소득으로 과세되지 아니한다.

④ 퇴직 전에 부여받은 주식매수선택권을 퇴직 후에 행사함으로써 얻은 이익은 기타소득에 해당한다.

⑤ 특정한 소득이 기타소득의 어느 항목에 해당하는지 여부는 세액에 영향이 없다.

20. 〈소득세법〉 소득세법상 거주자의 양도소득에 대한 납세의무와 관련하여 양도에 관한 설명으로 옳지 않은 것은?

① 법원의 파산선고에 의한 부동산의 처분은 양도로 보지 아니한다.

② 이혼으로 인하여 혼인 중에 형성된 부부공동재산을 민법에 따라 재산분할하는 경우에는 양도로 보지 아니한다.

③ 공동사업을 경영할 것을 약정하는 계약에 따라 토지나 건물을 해당 공동사업체에 현물출자하는 경우 그 공동사업체에 유상으로 양도된 것으로 본다.

④ 도시개발법에 따른 환지처분으로 지번이 변경되는 경우는 양도로 보지 아니한다.

⑤ 양도담보계약에 따라 소유권을 이전하는 경우라 하더라도 법정요건을 갖춘 경우에는 양도로 보지 아니하나, 채무불이행으로 인하여 담보 자산을 변제에 충당한 때에는 양도한 것으로 본다.

21. 〈법인세법〉 법인세법상 익금과 손금의 귀속시기에 관한 설명으로 옳지 않은 것은?

① 내국법인의 각 사업연도의 익금과 손금의 귀속사업연도는 그 익금과 손금이 확정된 날이 속하는 사업연도로 한다.

② 금융보험업을 영위하는 법인의 수입보험료(원천징수대상 아님)로서 해당 법인이 결산을 확정할 때 이미 경과한 기간에 대응하는 보험료상당액을 해당 사업연도에 수익으로 계상한 경우에는 그 계상한 사업연도의 익금으로 한다.

③ 제조업을 영위하는 법인이 원천징수대상인 이자에 대하여 결산상 미수이자를 계상한 경우에는 그 계상한 사업연도의 익금에 산입되지 않는다.

④ 중소기업이 아닌 법인이 장기할부조건으로 자산을 판매하고 인도기준으로 회계처리한 경우, 그 장기할부조건에 따라 각 사업연도에 회수하였거나 회수할 금액과 이에 대응하는 비용을 신고조정에 의하여 해당 사업연도의 익금과 손금에 산입할 수 있다.

⑤ 계약의 목적물을 인도하지 아니하고 목적물의 가액 변동에 따른 차액을 금전으로 정산하는 파생상품의 거래로 인한 손익은 그 거래에서 정하는 대금결제일이 속하는 사업연도의 익금과 손금으로 한다.

22. 〈법인세법〉 비상장 영리내국법인인 (주)A와 (주)B의 자료를 이용하여 보통주 소각으로 인한 (주)A의 의제배당금액을 계산하면 얼마인가? (단, 주식취득과 소각은 적법하였고, (주)B는 과거 합병사실이 없다. 주어진 자료 이외에는 고려하지 않음)

(1) (주)A는 제19기(2022.1.1 ~ 12.31.) 초 현재 (주)B의 보통주 600주(1주당 액면가액 1,000원)를 보유하고 있으며, 보통주 관련 거래는 다음과 같다.
   ○ (주)A는 2019.4.4. (주)B의 보통주 400주를 1주당 시가인 1,500원에 취득하였음
   ○ (주)A는 2020.5.2. (주)B가 주식발행초과금(출자전환으로 인한 채무면제이익이 아님)을 자본에 전입함에 따라 보통주 200주를 무상으로 취득하였음
   ○ (주) A는 2020.7.1. (주)B가 법인세가 이미 과세된 자기주식처분이익을 자본에 전입함에 따라 보통주 400주를 무상으로 취득하였음
   ○ (주)A는 2020.9.15. 보유중인 (주)B의 보통주 400주를 유상으로 처분하였음

(2) (주)B는 2022.3.31. 보통주를 1주당 1,500원에 소각하였으며, 이로 인해 (주)A가 보유한 (주)B의 보통주 400주가 소각되었다.

① 200,000원
② 250,000원
③ 400,000원
④ 450,000원
⑤ 600,000원

23. 〈법인세법〉 법인세법상 접대비에 관한 설명으로 옳지 않은 것은?

① 주주 또는 출자자나 임원 또는 직원이 부담하여야 할 성질의 접대비를 법인이 지출한 것은 접대비로 보지 않는다.
② 법인이 그 직원이 조직한 조합 또는 단체에 복리시설비를 지출한 경우 해당 조합이나 단체가 법인인 때에는 이를 접대비로 보며, 해당 조합이나 단체가 법인이 아닌 때에는 그 법인의 경리의 일부로 본다.
③ 법인이 접대비를 금전 외의 자산으로 제공한 경우 해당 자산의 가액은 제공한 때의 장부가액과 시가 중 큰 금액으로 산정한다.
④ 내국법인이 한 차례의 접대에 지출한 접대비 중 3만원(경조금은 10만원)을 초과하는 접대비로서 증명서류를 수취하지 않은 것은 전액 손금불산입 하고 소득귀속자에 관계없이 기타사외유출로 처분한다.
⑤ 재화 또는 용역을 공급하는 신용카드 등의 가맹점이 아닌 다른 가맹점의 명의로 작성된 매출전표 등을 발급받은 경우 해당 지출액은 신용카드 등을 사용하여 지출한 접대비로 보지 않는다.

24. 〈법인세법〉 내국법인 (주)A가 유형자산과 관련하여 행하는 활동에 관한 설명으로 옳지 않은 것은?

① 시험기기 1,000,000원과 가스기기 1,500,000원을 한 거래처에서 구입하면서 2,500,000원을 지급하고 비용으로 처리하는 경우 세법상 모두 손금으로 인정된다.

② 개인용 컴퓨터 2,000,000원과 전기기구 2,500,000원을 한 거래처에서 구입하면서 4,500,000원을 지급하고 비용으로 처리하는 경우 세법상 모두 손금으로 인정된다.

③ 시설개체 또는 기술의 낙후로 인하여 생산설비의 일부를 폐기한 경우 당해 자산의 장부가액을 폐기일이 속하는 사업연도의 손금에 산입할 수 있다.

④ 2년 전에 업무용 승용차의 타이어를 교체한 후 2022년 4월 1일 다시 전체적으로 타이어를 교체하기 위하여 지출한 600,000원은 수익적 지출에 해당된다.

⑤ 재무상태표상 직전사업연도 장부금액이 90,000,000원인 기계장치에 대한 자본적 지출액 7,000,000원을 비용으로 처리할 경우 7,000,000원은 (주)A가 감가상각한 금액으로 의제하여 시부인한다.

25. 〈법인세법〉 법인세법상 부당행위계산의 부인에 관한 설명으로 옳지 않은 것은?

① 내국법인의 행위 또는 소득금액의 계산이 특수관계인과의 거래로 인하여 그 법인의 소득에 대한 조세의 부담을 부당하게 감소시킨 것으로 인정되는 경우에는 그 법인의 행위 또는 소득금액의 계산과 관계없이 그 법인의 각 사업연도의 소득금액을 계산한다.

② 부당행위계산에 있어서의 시가란 건전한 사회통념 및 상관행과 특수관계인이 아닌 자 간의 정상적 거래에서 적용되거나 적용될 것으로 판단되는 가격을 말한다.

③ 토지의 시가가 불분명한 경우로 감정평가 및 감정평가사에 관한 법률에 의한 감정평가업자가 감정한 가액이 2 이상인 경우에는 그 감정한 가액의 평균액을 적용한다.

④ 특수관계인에 대한 금전 대여의 경우 대여기간이 5년을 초과하는 대여금이 있으면 해당 대여금에 한정하여 가중평균차입이자율을 시가로 한다.

⑤ 특수관계인에게 자산을 무상 또는 시가보다 낮은 가액으로 양도하는 경우에는 시가와 거래가액의 차액이 3억원 이상이거나 시가의 100분의 5에 상당하는 금액 이상인 경우에 한하여 부당행위계산의 부인규정을 적용한다.

26. 〈법인세법〉 법인세법상 연결납세제도에 관한 설명으로 옳지 않은 것을 모두 고른 것은?

> ㄱ. 내국법인인 완전모법인과 그 다른 내국법인인 완전자법인은 완전모법인의 납세지 관할 지방국세청장의 승인을 받아 연결납세방식을 적용할 수 있다.
>
> ㄴ. 연결납세방식을 적용받으려는 내국법인과 해당 내국법인의 완전자법인은 최초의 사업연도 개시일부터 20일 이내에 연결납세방식 적용신청서를 해당 내국법인의 납세지 관할세무서장을 경유하여 관할지방국세청장에게 제출하여야 한다.
>
> ㄷ. 같은 사업연도에 2 이상의 연결법인에서 발생한 결손금이 있는 경우에는 연결법인 간 균등하게 배분하여 결손금 공제를 할 수 있다.
>
> ㄹ. 연결납세방식의 적용 승인이 취소된 연결법인은 취소된 날이 속하는 사업연도와 그 다음 사업연도의 개시일부터 4년 이내에 끝나는 사업연도까지는 연결납세방식의 적용 당시와 동일한 법인을 연결모법인으로 하여 연결납세방식을 적용받을 수 없다.
>
> ㅁ. 각 연결사업연도의 기간이 6개월을 초과하는 연결모법인은 해당 연결사업연도 개시일부터 6개월간을 중간예납기간으로 하여 연결중간예납세액을 중간예납기간이 지난 날부터 2개월 이내에 납세지 관할 세무서등에 납부하여야 한다.

① ㄱ, ㄴ   ② ㄴ, ㄷ   ③ ㄹ, ㅁ
④ ㄴ, ㄷ, ㄹ   ⑤ ㄷ, ㄹ, ㅁ

27. 〈법인세법〉 다음은 주권상장 내국법인 (주)A의 제19기(2022.1.1.~12.31.)자료이다. 관련된 세무조정을 소득처분별로 합계한 것으로 옳은 것은? (단, 한국채택 국제회계기준에 따른 회계처리는 적정하였으며, 주어진 자료 이외에는 고려하지 않음)

> (1) (주)A는 2022년 초 (주)B의 주식을 20,000원에 취득하여 기타포괄손익인식 금융자산으로 분류하였고, 제19기 말 공정가치인 25,000원으로 평가하여 다음과 같이 회계처리하였다.
>   (차) 기타포괄손익인식 금융자산 5,000원   (대) 금융자산평가이익   5,000원
>
> (2) (주)A는 2022.11.1. (주)C의 회사채(액면 10,000원)를 만기보유목적으로 8,000원에 취득하였고, 제19기 말에 다음과 같이 회계처리하였다.
>   (차) 상각후원가측정 금융자산   200원   (대) 이자수익   200원

① 세무조정 없음
② 익금산입·손금불산입 5,000원(유보)
  손금산입·익금불산입 5,200원(△유보)
③ 익금산입·손금불산입 5,000원(유보)
  손금산입·익금불산입   200원(△유보)
④ 익금산입·손금불산입 10,000원(기타)
  손금산입·익금불산입   200원(△유보)
⑤ 익금산입·손금불산입 5,000원(기타)
  손금산입·익금불산입 5,200원(△유보)

28. 〈법인세법〉 다음은 제조업을 영위하는 영리내국법인 (주)A의 대손충당금에 관한 자료이다. 다음 자료를 이용하여 제19기(2022.1.1.~12.31.) 세무조정시 각 사업연도소득금액에 미치는 영향금액은 얼마인가? (단, 전기 이전의 모든 세무조정은 적정하였고, 주어진 자료 이외에는 고려하지 않음)

(1) 대손충당금 변동

가. 회사계상 대손충당금 내역

기초잔액	당기 상계액(감소)	당기 설정액(증가)	기말잔액
20,000원	10,000원	16,000원	26,000원

나. 당기 상계액 10,000원 중 4,000원은 거래처의 파산으로 회수불가능하다고 판단한 매출채권금액이며, 나머지 6,000원은 세법상 대손요건을 충족하지 않았지만 회사가 미수금에 대해 조기에 회수불능으로 판단하여 처리하였다.

다. 대손충당금 기초잔액 20,000원 중 대손충당금 한도초과액은 3,000원이다.

구분	당기말	전기말
매출채권	260,000원	160,000원
미수금	100,000원	40,000원
선급금	40,000원	
구상채권	6,000원	

(2) 회사계상 기말 자산내역 중 일부

가. 전기 말 채권 중 대손부인된 채권은 없음

나. 미수금은 비품 처분과 관련된 것임

다. 자회사의 채무보증으로 인하여 발생한 구상채권임

① 14,760원 ② 14,880원 ③ 20,880원
④ 21,050원 ⑤ 21,120원

29. 〈법인세법〉 다음은 제조업을 영위하는 영리내국법인 (주)A의 제19기(2022.1.1.~12.31.) 감가상각과 관련된 자료이다. 관련된 세무조정과 소득처분으로 옳은 것은? (단, 전기 이전의 모든 세무조정은 적정하였으며, 주어진 자료 이외에는 고려하지 않음)

> (1) 기계장치 취득가액 : 50,000,000원
> (2) 기계장치 취득일 : 2020.1.1.
> (3) 감가상각방법 및 상각률 : 정률법(상각률 : 0.45)
> (4) 감가상각비 장부상 계상금액
>   O 2020년 : 25,000,000원
>   O 2021년 : 10,000,000원
>   O 2022년 : 6,500,000원

① 세무조정 없음
② 손금산입·익금불산입 125,000원(△유보)
③ 익금산입·손금불산입 306,250원(유보)
④ 손금산입·익금불산입 306,250원(△유보)
⑤ 손금산입·익금불산입 250,000원(△유보)

30. 〈법인세법〉 (주)A는 (주)B를 흡수합병하고 2022.3.10. 합병등기를 하였다. 두 법인은 모두 영리내국법인으로 사업연도는 제19기(2022.1.1.~12.31.)이다. 다음의 자료를 이용하여 ㉠ 비적격합병이라 가정할 때의 (주)B의 양도손익에서 ㉡ 적격합병이라 가정할 때의 (주)B의 양도손익을 차감하면 얼마인가? (단, 전기 이전의 세무조정은 적정하였으며, 주어진 자료 이외에는 고려하지 않음)

> (1) 합병등기일 현재 (주)B의 재무상태표는 다음과 같다.
>
> | 재무상태표 | | | |
> |---|---|---|---|
> | 건물 | 150,000원 | 부채 | 100,000원 |
> | | | 자본금 | 30,000원 |
> | | | 자본잉여금 | 15,000원 |
> | | | 이익잉여금 | 5,000원 |
> | | 150,000원 | | 150,000원 |
>
> (2) 합병등기일 현재 (주)B의 건물의 시가는 250,000원이었고, (주)A는 (주)B의 구주주에게 현금 15,000원과 주식(액면가액 75,000원, 시가 135,000원)을 교부하고, 다음과 같이 회계처리하였다.
>
> | (차) 건물 | 250,000원 | (대) 부채 | 100,000원 |
> |---|---|---|---|
> | | | 자본금 | 75,000원 |
> | | | 주식발행초과금 | 60,000원 |
> | | | 현금 | 15,000원 |

① 0원   ② 50,000원   ③ 100,000원
④ 150,000원   ⑤ 200,000원

31. 〈부가가치세법〉 2022년도에 발생한 다음 자료를 이용하여 (주)A(제조 및 수출 영위)의 2022년 제1기 과세기간(2022.1.1.~6.30.)의 부가가치세 과세표준을 계산하면 얼마인가? (단, 금액은 특별한 언급이 없는 한 부가가치세가 포함되지 않은 금액이며, 영세율 적용대상 거래의 경우 적용요건을 충족하고 있고, 주어진 자료 이외에는 고려하지 않음)

> (1) 1월 1일 국내거래처에 AA제품을 20,000,000원에 장기할부로 매출하고 대금회수는 매년말 10,000,000원씩 2년 동안 회수하기로 하였다. 회사는 현재가치로 매출 17,355,400원과 현재가치할인차금 2,644,600원을 인식하였다. 1월 1일부터 6월 30일까지의 현재가치할인차금 상각액은 867,770원이다. 부가가치세법상 공급시기에 세금계산서는 발행된다.
> (2) 2월 2일 국내거래처에 그 동안 실적에 따라 장려금 300,000원과 BB제품(원가 1,000,000원, 시가 1,500,000원)을 장려품으로 지급하였다.
> (3) 2021년 8월 10일에 국내거래처에 대하여 발생했던 매출채권을 2022년 3월 3일에 조기에 전액 회수하면서 매출채권의 10%에 해당하는 200,000원에 대해 매출할인을 실시하였다.
> (4) 4월 4일 미국거래처에 CC제품을 수출하고 대금 $1,000는 4월 10일에 수령하였으며 환전은 4월 12일에 하였다. 일자별 1달러당 환율은 다음과 같다.
>
> | 구분 | 4월 4일 | 4월 10일 | 4월 12일 |
> |---|---|---|---|
> | 기준환율 | 1,000원 | 1,010원 | 1,020원 |

① 1,800,000원   ② 2,000,000원   ③ 2,300,000원
④ 2,320,000원   ⑤ 2,500,000원

32. 〈부가가치세법〉 문구 소매업과 의류 제조업을 겸영하고 있는 간이과세자인 갑의 2022년 과세기간(2022.1.1.~12.31.)의 거래내역이다. 신고서를 서면으로 제출할 경우 차가감납부세액(지방소비세 포함)은 얼마인가? (단, 모두 국내거래이며, 주어진 자료 이외에는 고려하지 않음)

> (1) 공급내역
>   ① 소매업분 : 공급대가 20,000,000원
>   ② 제조업분 : 공급대가 30,000,000원
>   ③ 비품 : 공급대가 10,000,000원(업종별 실지귀속을 구분할 수 없음)
> (2) 매입내역
>   ① 소매업분 : 공급가액 15,000,000원, 매입세액 1,500,000원
>   ② 제조업분 : 공급가액 5,000,000원, 매입세액 500,000원
>   ③ 업종별 실지 귀속을 구분할 수 없는 매입분 : 공급가액 3,000,000원, 매입세액 300,000원
> (3) 업종별 부가가치율
>   ① 소매업 : 10%
>   ② 제조업 : 20%
> (4) 세금계산서는 적법하게 수취하였다.

① 548,000원   ② 620,500원   ③ 662,000원
④ 833,500원   ⑤ 948,500원

33. 〈부가가치세법〉 다음 자료에 의하여 제조업을 영위하는 일반과세자인 갑의 2022년 제1기 과세기간(2022.1.1.~6.30.)의 과세표준은 얼마인가? (단, 모두 국내거래이고, 금액에는 부가가치세가 포함되지 않았으며, 아래의 자료를 제외한 세무상 처리는 모두 적정하였음)

거래일자	거래내용	금액
4.11.	A제품을 을에게 외상으로 공급함(대금은 2022.7.10.에 수령함)	10,000,000원
5.20.	대가를 받지 않고 병에게 A제품을 견본품으로 제공함	시가 100,000원 원가 60,000원
6.17.	A제품을 직원의 생일축하선물로 제공함	시가 150,000원 원가 80,000원
6.26.	일주일 안으로 서면이나 구두로 매입동의 여부를 알려주기로 하고 시제품을 정에게 인도함(2022.7.1. 상대방이 구두로 매입의사를 밝힘)	700,000원
6.27.	A제품을 무에게 공급하기로 계약을 체결하였으나 무가 일방적으로 이를 해제함에 따라 위약금으로 받은 금액	200,000원

① 10,000,000원 ② 10,080,000원 ③ 10,050,000원
④ 10,150,000원 ⑤ 10,990,000원

34. 〈부가가치세법〉 부가가치세법상 환급에 관한 설명으로 옳지 않은 것은?

① 조기환급의 경우 환급세액은 조기환급 관련 신고기한이 지난 후 15일 이내에 환급하여야 한다.
② 일반과세자이든 간이과세자이든 환급규정이 적용된다.
③ 납세지 관할 세무서장은 사업자가 부가가치세법상 영세율을 적용받는 경우에 해당하여 환급을 신고한 때에는 대통령령으로 정하는 바에 따라 사업자에게 환급세액을 조기환급할 수 있다.
④ 사업자가 사업설비를 신설·취득·확장 또는 증축하는 경우 조기환급은 세법상 감가상각자산에 한해 받을 수 있다.
⑤ 조기환급이 아닌 경우의 환급세액은 확정신고한 사업자에게 확정신고기한이 지난 후 30일 이내에 환급하여야 한다.

35. 〈부가가치세법〉 부가가치세법상 재화의 공급으로 보는 경우에 해당하는 것은?

① 질권, 저당권 또는 양도담보의 목적으로 동산, 부동산 및 부동산상의 권리를 제공하는 것
② 사업장별로 그 사업에 관한 모든 권리와 의무를 포괄적으로 승계시키는 사업의 양도
③ 사업에 관한 모든 권리와 의무를 포괄적으로 승계시키는 사업의 양도로서 양수자가 승계받은 사업의 종류를 변경한 경우
④ 신탁법에 따른 위탁자가 신탁재산을 수탁자의 명의로 매매하는 경우
⑤ 사업용 자산을 상속세 및 증여세법에 따라 물납하는 경우

36. 〈부가가치세법〉 부가가치세법상 사업장에 관한 설명으로 옳지 않은 것은?

① 사업장은 사업자가 사업을 하기 위하여 거래의 전부 또는 일부를 하는 고정된 장소로 한다.

② 사업장을 설치하지 아니하고 사업자등록도 하지 아니한 경우에는 과세표준 및 세액을 결정하거나 경정할 당시의 사업자의 주소 또는 거소를 사업장으로 한다.

③ 광업의 경우 광업사무소의 소재지로 하되, 광업사무소가 광구 밖에 있을 때에는 그 광업사무소에서 가장 가까운 광구에 대하여 작성한 광업 원부의 맨 처음에 등록된 광구 소재지에 광업사무소가 있는 것으로 본다.

④ 제조업의 경우 따로 제품 포장만을 하거나 용기에 충전만을 하는 장소와 개별소비세법에 따른 저유소는 사업장에서 제외한다.

⑤ 부동산상의 권리만 대여하는 부동산임대업의 경우에는 부동산의 등기부상 소재지를 사업장으로 하여야 한다.

37. 〈부가가치세법〉 부가가치세법상 부가가치세 과세대상에 해당하는 것은 모두 몇 개인가?

ㄱ. 소유재화의 파손, 훼손, 도난 등으로 인하여 가해자로부터 받는 손해배상금
ㄴ. 외상매출채권의 양도
ㄷ. 공동사업자 구성원이 각각 독립적으로 사업을 영위하기 위하여 공동사업용 건물의 분할등기 (출자지분의 현물반환)로 소유권이 이전되는 건축물
ㄹ. 수표·어음 등의 화폐대용증권
ㅁ. 온라인 게임에 필요한 사이버 화폐인 게임머니를 계속적·반복적으로 판매하는 것
ㅂ. 재화 또는 용역에 대한 대가 관계가 없이 잔여 임대기간에 대한 보상으로서 받는 이주보상비

① 1개   ② 2개   ③ 3개
④ 4개   ⑤ 5개

38. 〈부가가치세법〉 부가가치세법상 영세율에 관한 설명으로 옳지 않은 것은?

① 관세법에 따른 수입신고 수리 전의 물품으로서 보세구역에 보관하는 물품을 외국으로 반출할 경우(국내사업장에서 계약과 대가수령 등 거래가 이루어짐) 영세율 적용이 된다.

② 수출용 완제품을 공급한 후라도 내국신용장이 그 공급시기가 속하는 과세기간이 끝난 후 25일 이내에 개설된 경우에는 영세율이 적용된다.

③ 국내사업장을 둔 사업자가 해외에서 도로건설 용역을 제공하는 경우 외화로 대금을 수령할 경우에만 영세율을 적용받는다.

④ 선박 또는 항공기에 의한 외국항행용역의 공급은 영세율을 적용한다. 이 때, 외국항행용역에는 선박 또는 항공기에 의하여 여객이나 화물을 국내에서 국외로, 국외에서 국내로 또는 국외에서 국외로 수송하는 것을 포함한다.

⑤ 관광진흥법 시행령에 따른 일반여행업자가 외국인 관광객에게 공급하는 관광알선용역 (그 대가를 외국환은행에서 원화로 받았다)에는 영세율을 적용한다.

39. 〈국제조세조정에 관한 법률〉 국제조세조정에 관한 법률에 관한 설명으로 옳지 않은 것은?

① 국제조세조정에 관한 법률은 국가 간의 이중과세 및 조세회피를 방지하고 원활한 조세협력을 도모함을 목적으로 한다.

② 국제조세조정에 관한 법률상 권한 있는 당국이란 우리나라의 경우에는 기획재정부장관 또는 그의 권한을 위임받은 자를 말한다.

③ 과세당국은 거래당사자의 어느 한쪽이 국외특수관계인인 국제거래에서 그 거래가격이 정상가격보다 낮거나 높은 경우에는 정상가격을 기준으로 거주자의 과세표준 및 세액을 결정하거나 경정할 수 있다.

④ 정상가격의 산출은 비교가능 제3자 가격방법, 재판매가격방법, 원가가산방법, 이익분할방법, 거래순이익률방법, 대통령령으로 정하는 그 밖에 합리적이라고 인정되는 방법을 동등한 입장에서 적용하여 그 중에서 가장 합리적인 방법으로 계산한 가격으로 한다.

⑤ 과세당국은 정상가격 적용시, 해당 국제거래가 그 거래와 유사한 거래 상황에서 특수관계가 없는 독립된 사업자 사이의 거래와 비교하여 상업적으로 합리적인 거래인지 여부를 판단하여야 한다.

40. 〈국제조세조정에 관한 법률〉 국제조세조정에 관한 법률상 상호합의에 관한 설명으로 옳은 것은?

① 기획재정부장관 또는 국세청장은 상호합의절차 개시 신청을 거부하는 경우 그 사실을 신청인에게 통지하여야 하지만 체약상대국에게 통지할 필요는 없다.

② 상호합의절차가 시작된 경우 상호합의 절차의 개시일부터 종료일까지의 기간은 국세기본법의 불복청구기간과 결정기간에 산입하지 아니한다.

③ 상호합의절차가 시작된 경우 납부기한 등의 연장 또는 압류·매각의 유예는 국제관행이 상호합의절차의 진행 중에 납부기한 등의 연장 또는 압류·매각의 유예를 허용하는 경우에만 적용한다.

④ 상호합의절차가 시작된 경우 체약상대국과의 상호합의절차가 종료되거나 국세부과 제척기간이 만료된 이후에는 국세를 부과할 수 없다.

⑤ 납세지 관할 세무서장과 지방자치단체의 장은 상호합의기간에 대하여 납부기한 등의 연장 또는 압류·매각의 유예를 허용하는 경우에는 그 기간에 대한 이자상당액을 가산하지 아니한다.

1	2	3	4	5	6	7	8	9	10
③	④	④	④	①	⑤	①	②	⑤	①
11	12	13	14	15	16	17	18	19	20
②	④	③	①	③	⑤	①	①	⑤	①
21	22	23	24	25	26	27	28	29	30
④	②	④	③	④	②	⑤	③	②	③
31	32	33	34	35	36	37	38	39	40
③	④	③	②	③	⑤	②	③	④	②

1. ③

납세의무의 성립시기는 다음과 같다.

ㄱ. 원천징수하는 소득세 또는 법인세 : 소득금액 또는 수입금액을 지급하는 때

ㄹ. 수시부과에 의하여 징수하는 국세 : 수시부과 할 사유가 발생한 때

2. ④

① 세무공무원은 세무조사(조세범처벌절차법에 따른 조세범칙조사 포함)의 목적으로 납세자의 장부 등을 세무관서에 임의로 보관할 수 없다.

② 세무공무원은 세무조사 대상의 수시선정 사유에 해당하는 경우에는 조사 목적에 필요한 최소한의 범위에서 납세자, 소지자 또는 보관자 등 정당한 권한이 있는 자가 임의로 제출한 장부 등을 납세자의 동의를 받아 세무관서에 일시 보관할 수 있다.

③ 어떠한 사유로도 해당 장부 등을 일시 보관할 수 없다. → 정당한 사유 없이 해당 장부 등을 일시 보관할 수 없다. 즉, 세무공무원은 정당한 사유가 있는 경우에는 장부 등을 일시보관 할 수 있다.

⑤ 요청한 장부 등을 7일 이내에 반환하여야 한다. → 요청한 장부 등을 즉시 반환하여야 한다.

> **참고** 장부 등의 보관금지
>
> ① 세무공무원은 납세자의 장부 등을 세무관서에 일시 보관하려는 경우 납세자로부터 일시 보관 동의서를 받아야 하며, 일시 보관증을 교부하여야 한다.
>
> ② 세무공무원은 일시 보관하고 있는 장부 등에 대하여 납세자가 반환을 요청한 경우에는 그 반환을 요청한 날부터 14일 이내에 장부 등을 반환하여야 한다.
>
> ③ 다만, 조사 목적을 달성하기 위하여 필요한 경우에는 납세자보호위원회의 심의를 거쳐 한 차례만 14일 이내의 범위에서 보관 기간을 연장할 수 있다.
>
> ④ 납세자에게 장부 등을 반환하는 경우 세무공무원은 장부 등의 사본을 보관할 수 있고, 그 사본이 원본과 다름없다는 사실을 확인하는 납세자의 서명 또는 날인을 요구할 수 있다.

3. ④

① 세법에서 정하는 바에 → 국세기본법에서 정하는 바에

② 국세기본법에서 정하는 바에 → 「관세법」과 「수출용 원재료에 대한 관세 등 환급에 관한 특례법」에서 정하는 바에

③ 「행정심판법」의 규정을 적용한다. → 「행정심판법」의 규정을 적용하지 아니한다.

⑤ 제기할 수 없다. → 제기할 수 있다.

4. ④

국세징수법상 납부기한 전 징수 규정에 따라 납세자의 재산을 압류한 경우에 그 압류와 관련하여 확정된 세액에 대해서는 그 압류등기일 또는 등록일을 법정기일로 한다.

참고 　법정기일

1. 과세표준과 세액의 신고에 따라 납세의무가 확정되는 국세[중간예납하는 법인세와 예정신고납부하는 부가가치세 및 소득세(「소득세법」에 따라 신고하는 경우로 한정한다)를 포함한다]의 경우 신고한 해당 세액에 대해서는 그 신고일
2. 과세표준과 세액을 정부가 결정·경정 또는 수시부과 결정을 하는 경우 고지한 해당 세액에 대해서는 그 납부고지서의 발송일
3. 원천징수의무자나 납세조합으로부터 징수하는 국세와 인지세의 경우에는 그 납세의무의 확정일
4. 제2차 납세의무자(보증인 포함)의 재산에서 국세를 징수하는 경우에는 납부고지서의 발송일
5. 양도담보재산에서 국세를 징수하는 경우에는 납부고지서의 발송일
6. 「국세징수법」에 따라 납세자의 재산을 압류한 경우에 그 압류와 관련하여 확정된 세액에 대해서는 그 압류등기일 또는 등록일
7. 「부가가치세법」 및 「종합부동산세법」에 따라 신탁재산에서 부가가치세 등 및 종합부동산세 등을 징수하는 경우에는 납부고지서의 발송일

5. ①

「어음법」 및 「수표법」에 따른 어음교환소에서 거래정지처분을 받은 경우는 교부청구 사유에는 해당하지 않으나 납부기한 전 징수 사유에 해당한다.

참고

납부기한 전 징수 사유	교부청구 사유
1. 국세, 지방세 또는 공과금의 체납으로 강제징수 또는 체납처분이 시작된 경우 2. 「민사집행법」에 따른 강제집행 및 담보권 실행 등을 위한 경매가 시작되거나 「채무자 회생 및 파산에 관한 법률」에 따른 파산선고를 받은 경우 3. 법인이 해산한 경우	1. 국세, 지방세 또는 공과금의 체납으로 체납자에 대한 강제징수 또는 체납처분이 시작된 경우 2. 체납자에 대하여 「민사집행법」에 따른 강제집행 및 담보권 실행 등을 위한 경매가 시작되거나 체납자가 「채무자 회생 및 파산에 관한 법률」에 따른 파산선고를 받은 경우 3. 체납자인 법인이 해산한 경우
4. 「어음법」 및 「수표법」에 따른 어음교환소에서 거래정지처분을 받은 경우 5. 국세를 포탈하려는 행위가 있다고 인정되는 경우 6. 납세관리인을 정하지 아니하고 국내에 주소 또는 거소를 두지 아니하게 된 경우	

6. ⑤

체납자가 압류할 수 있는 다른 재산을 제공하여 그 재산을 압류한 때에는 압류재산의 전부 또는 일부에 대하여 압류를 해제할 수 있다.

세무서장은 다음의 어느 하나에 해당하는 경우에는 압류재산의 전부 또는 일부에 대하여 압류를 해제할 수 있다.
1. 압류 후 재산가격이 변동하여 체납액 전액을 현저히 초과한 경우
2. 압류에 관계되는 체납액의 일부가 납부되거나 충당된 경우
3. 부과의 일부를 취소한 경우
4. 체납자가 압류할 수 있는 다른 재산을 제공하여 그 재산을 압류한 경우

7. ①

세무공무원이 질권이 설정된 재산을 압류하려는 경우에는 그 질권자에게 문서로써 해당 질물의 인도를 요구하여야 한다. 이 경우 질권자는 질권의 설정시기에 관계없이 질물을 세무공무원에게 인도하여야 한다.

참고   질권이 설정된 재산 및 가압류·가처분 재산에 대한 압류의 효력

① 세무공무원이 질권이 설정된 재산을 압류하려는 경우에는 그 질권자에게 문서로써 해당 질물의 인도를 요구하여야 한다. 이 경우 질권자는 질권의 설정 시기에 관계없이 질물을 세무공무원에게 인도하여야 한다.
② 세무공무원은 질권자가 질물을 인도하지 아니하는 경우에는 즉시 그 질물을 압류하여야 한다.
③ 재판상의 가압류 또는 가처분 재산이 강제징수 대상인 경우에도 국세징수법에 따른 강제징수를 한다.

8. ②

세무서장은 다음의 어느 하나에 해당하는 체납자의 체납자료를 제공할 수 있다.
① 고액장기체납자 : 체납발생일부터 1년이 지나고 체납액이 500만원 이상인 자
② 상습체납자 : 1년에 3회 이상 체납하고 체납액이 500만원 이상인 자

참고   체납자료의 제공

① 세무서장은 국세징수 또는 공익목적을 위하여 필요한 경우로서 「신용정보의 이용 및 보호에 관한 법률」에 따른 신용정보회사 또는 신용정보집중기관, 그 밖에 대통령령으로 정하는 자가 다음의 어느 하나에 해당하는 체납자의 인적사항 및 체납액에 관한 체납자료를 요구한 경우에는 이를 제공할 수 있다. 다만, 체납된 국세와 관련하여 「국세기본법」에 따른 이의신청·심사청구 또는 심판청구 및 행정소송이 계속 중인 경우나 그 밖에 대통령령으로 정하는 경우에는 체납자료를 제공하지 아니한다.
  1. 체납 발생일부터 1년이 지나고 체납액이 500만원 이상인 자
  2. 1년에 3회 이상 체납하고 체납액이 500만원 이상인 자
② 체납자료를 제공받은 자는 이를 업무 목적 외의 목적으로 누설하거나 이용하여서는 아니 된다.

9. ⑤

소득, 거래 등에 대한 귀속연도의 착오는 사기나 그 밖의 부정행위에 해당하지 아니한다. 사기나 그 밖의 부정한 행위란 다음의 어느 하나에 해당하는 행위로서 조세의 부과와 징수를 불가능하게 하거나 현저히 곤란하게 하는 적극적 행위를 말한다.
① 이중장부의 작성 등 장부의 거짓 기장
② 거짓 증빙 또는 거짓 문서의 작성 및 수취
③ 장부와 기록의 파기
④ 재산의 은닉, 소득·수익·행위·거래의 조작 또는 은폐

⑤ 고의적으로 장부를 작성하지 아니하거나 비치하지 아니하는 행위 또는 계산서, 세금계산서 또는 계산서합계표, 세금계산서합계표의 조작

⑥ 조세특례제한법에 따른 전사적 기업자원 관리설비의 조작 또는 전자세금계산서의 조작

⑦ 그 밖에 위계에 의한 행위 또는 부정한 행위

10. ①

다음의 죄를 범한 자에 대해서는 정상에 따라 징역형과 벌금형을 병과할 수 있다.

① 조세포탈범

② 재화 또는 용역을 공급하지 않거나 공급받지 않고 다음의 행위를 한 자

> a. 세금계산서(계산서)를 발급하거나 발급받은 행위
> b. 매출·매입처별 세금계산서(계산서)합계표를 거짓으로 기재하여 정부에 제출한 행위

③ 해외금융계좌정보의 비밀유지 의무 등의 위반

④ 해외금융계좌 신고의무 불이행

11. ②

(1) 금융소득의 구분

① 비영업대금의 이익   ₩13,000,000(무조건 종합과세) [*1]

② 현금배당금   5,000,000 [*2] (o 배당소득)

③ 무상주(자기주식소각이익)   3,000,000(액면가액) [*3] (x 배당소득)

    합 계   ₩21,000,000

[*1] 원천징수대상이나 원천징수되지 않았으므로 무조건 종합과세함

[*2] Gross-up 가능배당

[*3] 자기주식의 소각당시 시가가 자기주식의 취득가액을 초과하므로 자기주식소각일부터 자본전입일까지의 기간을 불문하고 수령한 무상주(액면가액으로 평가)를 의제배당으로 과세

(2) 금융소득금액 : 13,000,000(비영업대금이익 : 이자) + 3,000,000(무상주 : x배당) + 4,000,000(현금배당, o배당) +1,000,000 x 1.11 = ₩21,110,000

12. ④

(1) 기부금의 구분

구 분	소득세법		법인세법	
	지정기부금	비지정기부금	지정기부금	비지정기부금
종교단체기부금	₩5,000,000		5,000,000	
아동복지시설[*1]	35,000,000		20,000,000	
장애인유료복지시설[*2]		30,000,000		30,000,000
합 계	40,000,000	30,000,000	25,000,000	30,000,000

*1. 소득세법상 현물로 기부한 지정기부금은 특수관계 여부와 무관하게 Max[시가, 장부가액]로 평가하나 법인세법상 현물로 기부한 지정기부금은 특수관계 여부에 따라 다음과 같이 평가한다.

    ① 특수관계가 없는 경우 : 장부가액

    ② 특수관계가 있는 경우 : Max[시가, 장부가액]

2. 사회복지시설 또는 기관 중 무료 또는 실비로 이용할 수 있는 시설 또는 기관에 기부하는 금품의 가액이 지정기부금에 해당하며, 유료시설의 경우 비지정기부금에 해당한다.

(2) 지정기부금 한도시부인

  ① 소득세법

    a. 한도 = ₩150,000,000* × 10% + Min[₩150,000,000* × 20%, ₩35,000,000]

        = ₩45,000,000

    * ₩170,000,000(기준소득금액) − ₩20,000,000(이월결손금) = ₩150,000,000

    b. 한도미달 = ₩40,000,000(지정기부금 해당액) − ₩45,000,000(한도) = △₩5,000,000

  ② 법인세법

    a. 한도 : ₩158,000,000* × 10% = ₩15,800,000

    b. 한도초과 = ₩25,000,000(지정기부금 해당액) − ₩15,800,000(한도) = ₩9,200,000

    * ₩170,000,000(기준소득금액) − ₩12,000,000(이월결손금: 20,000,000 x 60%)**

      = ₩158,000,000

    ** 중소기업 등에 해당하지 아니하므로 60%를 적용한다. 소득세법에서는 이 규정을 적용하지 않음에 주의한다.

(3) 필요경비불산입액 및 손금불산입액

  ① 소득세법상 필요경비불산입액 : ₩30,000,000(비지정기부금)

  ② 법인세법상 손금불산입액

    = ₩30,000,000(비지정기부금) + ₩9,200,000(지정기부금 한도초과액) = ₩39,200,000

13. ③

  ① 건물 양도가액 ₩187,500,000[*1]

    [=₩500,000,000(일괄양도가액) × $\dfrac{150,000,000(건물\ 감정가액)}{400,000,000(건물 \cdot 토지\ 감정가액)}$]

  ② 건물 취득가액 (78,000,000) [=₩120,000,000(건물 취득가액) − ₩42,000,000[*2]]

  ③ 건물 필요경비[*3] (1,500,000)

    [=₩4,000,000(계약서 작성비용) × $\dfrac{150,000,000(건물\ 감정가액)}{400,000,000(건물 \cdot 토지\ 감정가액)}$]

  ④ 건물 양도차익 ₩108,000,000

*1. 토지와 건물을 각각 구분하여 기장하되 토지와 건물 등의 가액이 불분명할 때에는 부가가치세법의 안분규정(감정가액 → 기준시가 → 장부가액 → 취득가액)을 준용하여 계산한다. 이 경우 토지와 건물 등을 구분기장한 가액이 안분계산한 가액과 30% 이상 차이가 있는 경우에는 토지와 건물 등의 가액 구분이 불분명한 때로 본다.

  ㉠ 계약서상 양도가액 : 300,000,000원

  ㉡ 감정가액에 따라 안분한 금액

    500,000,000 × $\dfrac{150,000,000}{400,000,000}$ = 187,500,000원

  ㉢ 차이 : 112,500,000원(차이비율 60% = $\dfrac{112,500,000}{187,500,000}$)

*2. 필요경비 산입 건물감가상각비 : ₩120,000,000 × $\dfrac{3.5년}{10년}$ = ₩42,000,000

*3. 자본적 지출에 해당하지 않는 도색비용(수익적 지출)은 양도가액에서 차감하는 필요경비에 해당하지 아니한다.

14. ①

(1) 인적공제액

구분	기본공제	추가공제	인적공제
본인(남성)	O		
배우자	O*1)		
부친	X*2)		
모친	O*3)	100만원(경로우대)	
장녀	X*4)		
장남	O	200만원(장애인)	
합계	150만원 x 4명 = 600만원	300만원	900만원

*1) 배우자는 생계요건을 적용받지 아니하며 총급여가 500만원 이하에 해당하므로 공제대상자에 해당함
*2) 소득요건을 충족하지 못한 경우이므로 공제대상자에 해당하니 아니함
*3) 작물재배업에서 발생하는 소득은 비과세소득에 해당하며 사망 전일 기준으로 판단하므로 공제대상자에 해당함
*4) 장애인은 나이제한은 받지 않지만 소득제한은 받으므로 공제대상자에 해당하지 아니함

(2) 특별소득공제(보험료 공제) : ₩1,800,000(본인부담분) + ₩500,000(본인부담분) = ₩2,300,000
참고로, 생명보험 보험료는 소득공제 대상이 아닌 특별세액공제 중 보험료세액공제 대상이므로 제외

(3) 종합소득공제액 : (1)+(2) =₩11,300,000

15. ③

① 연간 급여 : ₩30,000,000
② 연간 상여 : 10,000,000
③ 인정상여의 수입시기 : 근로를 제공한 날(2021년 귀속)
④ 주식매수선택권 : 10,000,000 (재직 중 행사)
⑤ 연간 식사대 : 1,200,000(10만원 x 12개월 : 월 10만원까지 비과세)
⑥ 총급여액 : ₩51,200,000

* 법인의 임원 또는 종업원이 당해 법인 또는 당해 법인과 특수관계에 있는 법인으로부터 부여받은 주식매수선택권을 당해 법인 등에서 근무하는 기간 중 행사함으로써 얻은 이익은 근로소득에 포함한다.

16. ⑤

국내에 거소를 둔 기간은 입국하는 날의 다음날부터 출국하는 날까지로 한다.

17. ①

소득금액 변동내용은 포함하지 아니한다.

> **참고** 소득금액변동통지
>
> ① 법인세법에 의해 세무서장 또는 지방국세청장이 법인소득금액을 결정 또는 경정함에 있어서 처분되는 배당·상여 및 기타소득은 법인소득금액을 결정 또는 경정하는 세무서장 또는 지방국세청장이 그 결정일 또는 경정일부터 15일내에 소득금액변동통지서에 의해 당해 법인에게 통지하여야 한다.
> ② 다만, 당해 법인의 소재지가 분명하지 아니하거나 그 통지서를 송달할 수 없는 경우에는 당해 주주 및 당해 상여나 기타소득의 처분을 받은 거주자에게 통지하여야 한다.
> ③ 세무서장 또는 지방국세청장이 법인에게 소득금액변동통지서를 통지한 경우 통지하였다는 사실(소득금액 변동내용은 포함하지 아니한다)을 해당 주주 및 해당 상여나 기타소득의 처분을 받은 거주자에게 알려야 한다.

18. ①

전통주 제조 소득은 소득금액의 합계액이 연 1,200만원 이하인 것을 비과세한다.

19. ⑤

기타소득의 경우 소득별로 실제로 발생한 경비를 필요경비로 하거나 필요경비추정 규정이 달리 적용되므로 기타소득의 어느 항목에 해당하는지 여부는 세액에 영향을 미친다.

20. ①

법원의 파산선고에 의한 부동산의 처분은 양도로 보나, 해당 양도소득은 비과세대상에 해당한다.

21. ④

중소기업이 아닌 법인이 장기할부조건으로 자산을 판매하고 인도기준으로 회계처리한 경우 그 장기할부조건에 따라 각 사업연도에 회수하였거나 회수할 금액과 이에 대응하는 비용을 신고조정으로 각각 해당 사업연도의 익금과 손금에 산입할 수 없다. 즉, 결산조정에 의해서만 익금과 손금에 산입할 수 있으며 신고조정의 방법으로는 익금과 손금에 산입할 수 없다.

22. ②

(1) (주)B 주식의 변동내역

일 자	내 역	처분전 주식수	처분주식[*]	처분후 주식수	감자순서
2019.4.4	유상취득	400주	160주	240주	② 140주
2020.5.2	무상증자 (단기소각주식)	200주	80주	120주	① 120주
2020.7.1.	무상증자 (자기주식처분이익)	400주	160주	240주	② 140주
2020.9.15	유상처분		총 400주	총 600주	
2022.3.31.	유상감자				400주

[*] 무상주 수령일부터 유상감자일까지의 기간 중에 주식의 일부를 처분한 경우에는 단기소각주식과 다른 주식을 그 주식수에 비례하여 처분한 것으로 본다.

(2) 감자시 의제배당 : ① - ② = ₩250,000

　① 감자대가 : 400주 × ₩1,500 = ₩600,000

　② 소멸주식의 취득가액 : [120주(단기소각주식*1) × ₩0] + [280주(단기소각주식 이외) × ₩1,250*2)]
　　= ₩350,000

*1) 단기소각주식이 있는 경우에는 단기소각주식부터 먼저 감자한 것으로 간주한다.

*2) 주식 등의 소각 후 1주당 장부가액은 소각 후 장부가액의 합계액을 소각 후 주식 등의 총수로 나누어 계산한 금액으로 다음과 같이 계산한다.

$$\frac{240주(2019.4.4유상취득)x1,500원(취득가)+240주(2020.7.1자기주식처분익무상주)x1,000원(액면가)}{240주 + 240주} = ₩1,250$$

23. ④

3만원(경조금은 10만원)을 초과하는 접대비로서 → 3만원(경조금은 20만원)을 초과하는 접대비로서

24. ③

당해 자산의 장부가액을 → 당해 자산의 장부가액에서 1천원을 공제한 금액을

> **참고**　즉시상각의제특례
>
> ① 시험기기, 가스기기, 개인용 컴퓨터, 전기기구에 대한 지출은 즉시상각의제특례에 해당한다.
> ② 재무상태표상 직전사업연도 장부금액의 5%에 미달하는 자본적 지출액은 즉시상각의제특례에 해당한다.

25. ④

특수관계인에 대한 금전 대여의 경우 대여기간이 5년을 초과하는 대여금이 있으면 해당 대여금에 한정하여 당좌대출이자율을 시가로 한다.

26. ②

ㄴ. 연결납세방식을 적용받으려는 내국법인과 해당 내국법인의 완전자법인은 최초의 연결사업연도 개시일부터 10일 이내에 연결납세방식 적용 신청서를 해당 내국법인의 납세지 관할세무서장을 경유하여 관할 지방국세청장에게 제출하여야 한다.

ㄷ. 같은 사업연도에 2 이상의 연결법인에서 발생한 결손금이 있는 경우에는 연결사업연도의 과세표준을 계산할 때 해당 연결법인에서 발생한 결손금부터 연결소득 개별귀속액을 한도로 먼저 공제하고 해당 연결법인에서 발생하지 아니한 2 이상의 다른 연결법인의 결손금은 해당 결손금의 크기에 비례하여 각각 공제된 것으로 본다.

27. ⑤

(1) 세무조정

① B 주식 : 기타포괄손익인식 금융자산을 공정가치로 평가한 경우에는 원가법 위배이므로 금융자산의 가액을 감액하는 세무조정을 하며, 동시에 당기순이익과 과세소득에 차이가 발생하지 않는 경우이므로 이를 위해 익금산입 상쇄조정을 한다.

〈손금산입〉 금융자산(B주식) ₩5,000(△유보)
〈익금산입〉 기타포괄손익인식 ₩5,000(기타)

② C 채권 : 상각후 원가측정 금융자산에 대해 상각을 통해 금융자산가액을 증가시킨 경우에는 원가법 위배이므로 당기순이익과 과세소득에 차이가 발생하는 경우이므로 금융자산을 감액하는 차감조정을 한다.

〈손금산입〉 금융자산(C채권) ₩200(△유보)

(2) 소득처분별 합계

① 익금산입·손금불산입 ₩5,000 (기타)
② 손금산입·익금불산입 ₩5,200 (△유보)

28. ③

(1) 대손금 세무조정 : 〈손금불산입〉 대손요건 미비 미수금 ₩6,000 (유보)

(2) 대손충당금 세무조정

① 전기말 대손충당금 한도초과액 : 〈손금산입〉 대손충당금 ₩3,000 (△유보)

② 당기말 대손충당금 한도초과액 : 결산조정사항에 해당하므로 세무조정 없음

a. 대손충당금 당기말 잔액 : ₩26,000

b. 설정한도액 : ㉠ × ㉡ = ₩8,120

㉠ 설정대상채권 : ₩260,000 + ₩100,000 + ₩40,000 + ₩6,000(미수금 유보채권)
= ₩406,000 → 구상채권은 대손충당금 설정대상에서 제외

㉡ 설정율 : Max[₩4,000/(₩160,000 + ₩40,000) = 2%, 1%] = 2%

c. 한도초과액 : ₩17,880(손금불산입, 유보)

(3) 각 사업연도소득금액에 미치는 영향 : ₩6,000 − ₩3,000 + ₩17,880=₩20,880

29. ②

제17기

① 감가상각비 : ₩25,000,000

② 상각범위액 : ₩22,500,000 (=₩50,000,000 × 0.45)

③ 세무조정 : ₩2,500,000 → (손금불산입) 상각부인액 ₩2,500,000 (유보)

제18기

① 감가상각비 : ₩10,000,000

② 상각범위액 : ₩12,375,000 (₩50,000,000 - ₩22,500,000) × 0.45

③ 세무조정 : △₩2,375,000 → (손금산입) 전기이월상각부인액 ₩2,375,000 (△유보)

제19기

① 감가상각비 : ₩6,500,000

② 상각범위액 : ₩6,806,250 (₩50,000,000 - ₩22,500,000 - ₩12,375,000)×0.45

③ 세무조정 : △₩306,250 → (손금산입) 전기이월상각부인액 ₩125,000 (△유보)

30. ③

(1) 비적격합병 가정 피합병법인(㈜B)의 순자산 양도차익 : ① - ② = ₩100,000

　　① 양도가액 : ₩15,000(현금) + ₩135,000(주식) = ₩150,000

　　② 피합병법인 순자산 장부가액 : ₩150,000 - ₩100,000 = ₩50,000

(2) 적격합병 가정 피합병법인(㈜B)의 순자산 양도차익 : ① - ② = ₩0

　　① 양도가액(피합병법인 순자산 장부가액) : ₩50,000

　　② 피합병법인 순자산 장부가액 : ₩150,000 - ₩100,000 = ₩50,000

(3) 순자산 양도차익의 차이 : ₩100,000 - ₩0 = ₩100,000

31. ③

① 장기할부판매 : ₩0 → 선세금계산서 발급특례가 적용되는 경우가 아니므로 공급시기가 대가의 각 부분을 받기로 한 때에 해당한다. 참고로, 부가가치세법에서는 현재가치평가를 고려하지 않고 공급가액을 계산한다.

② 판매장려물품 : ₩1,500,000(시가)

③ 매출할인 : (200,000) → 과세표준 불포함

④ 수출제품 : 1,000,000[$1,000 × ₩1,000(선적일의 기준환율)]

⑤ 과세표준 : ₩2,300,000

32. ④

(1) 부가가치세 납부세액 : ① + ② + ③ = ₩960,000

　　① 소매업 : ₩20,000,000 × 10%(부가가치율) × 10%(세율) = ₩200,000

　　② 제조업 : ₩30,000,000 × 20%(부가가치율) × 10%(세율) = ₩600,000

　　③ 공통사용재화인 비품 : ₩10,000,000 × 16%*(가중평균부가가치율) × 10%(세율) = ₩160,000

　　　* 가중평균부가가치율 = 10% × ₩20,000,000(소매업 공급대가)/₩50,000,000(총공급대가)

　　　　+ 20%×₩30,000,000(제조업 공급대가)/₩50,000,000(총공급대가) = 16%

(2) 공제세액 : ① + ② + ③ = ₩126,500

　　① 소매업 : ₩16,500,000(공급대가) × 0.5% = ₩82,500

　　② 제조업 : ₩5,500,000(공급대가) × 0.5% = ₩27,500

　　③ 공통매입세액 : ₩3,300,000(공급대가) × 0.5% = ₩16,500

(3) 차가감납부세액 : ₩960,000 - ₩126,500 = ₩833,500

33. ③

① 외상판매　　　　₩10,000,000(공급시기가 인도일이므로 총가액을 공급가액으로 함)

② 견본품 무상제공　　-　　　(과세거래에 해당하지 아니함)

③ 개인적공급　　　　50,000(경조사 관련 재화나 10만원을 초과하므로 10만원 초과액 과세)

④ 시용판매　　　　-　　　(2022년 제2기에 과세됨)

⑤ 위약금 - (과세거래에 해당하지 아니함)
⑥ 과세표준 ₩10,050,000

34. ②

간이과세자의 공제세액 합계는 납부세액 합계를 한도로 하여 공제하므로 해당 금액은 환급되지 아니한다.

35. ④

위탁자로부터 수탁자에게 신탁재산을 이전하는 경우는 재화의 공급으로 보지 않으나, 위탁자가 신탁재산을 수탁자의 명의로 매매하는 경우에는 재화의 공급으로 과세된다.

> **참고** 사업의 포괄양도

구분	재화의 공급여부	세금계산서 발급여부
사업양수인이 대리납부하는 경우	O	O
사업양수인이 대리납부하지 않는 경우	X	X

36. ⑤

부동산상의 권리만을 대여하는 경우에는 그 사업에 관한 업무를 총괄하는 장소를 사업장으로 한다.

37. ②

① ㄱ, ㄴ, ㄹ, ㅂ : 소유재화의 파손 등으로 인해 가해자로부터 수령한 손해배상금과 임대기간에 대한 보상으로서 받는 이주보상비는 재화, 용역의 공급에 대한 대가가 아니며, 외상매출채권과 화폐대용증권은 재화가 아니므로 과세거래에 해당하지 않는다.

② ㄷ, ㅁ : 출자지분의 현물반환과 게임머니를 계속적·반복적으로 판매하는 것은 재산가치 있는 재화의 공급으로 과세거래에 해당한다.

38. ③

국외제공용역은 거래상대방(내국인 또는 외국인)이나 대금의 결제방법(원화 또는 외화)에 관계없이 영세율을 적용한다.

39. ④

정상가격 산출방법은 다음과 같으며, 원칙상의 방법으로 정상가격을 산출할 수 없는 경우에만 기타 합리적 방법을 적용한다.

구분	정상가격 산출방법		
원칙	① 비교가능 제3자 가격방법	② 재판매가격방법	③ 원가가산방법
	④ 이익분할방법	⑤ 거래순이익률방법	
예외	기타 합리적 방법		

40. ②

① 기획재정부장관 또는 국세청장은 상호합의절차 개시 신청을 거부하는 경우 그 사실을 신청인 및 체약상대국에 통지하여야 한다.

③ 상호합의절차가 시작된 경우 납부기한 등의 연장 또는 압류·매각의 유예는 체약상대국이 상호합의절차의 진행 중에 납부기한 등의 연장 또는 압류·매각의 유예를 허용하는 경우(상호주의)에만 적용한다.

④ 체약상대국과 상호합의절차가 개시된 경우에 상호합의절차의 종료일의 다음날부터 1년간의 기간과 국세기본법 및 지방세기본법상의 제척기간 중 나중에 도래하는 기간이 만료된 날 후에는 국세를 부과할 수 없다.

⑤ 그 기간에 대한 이자상당액을 가산하지 아니한다. → 그 기간에 대하여 법령상의 이자상당액을 더하여 징수한다.

1. 〈국세기본법〉 국세기본법상 심사와 심판에 관한 설명으로 옳지 않은 것은?

① 조세심판관은 심판청구에 관한 조사 및 심리의 결과와 과세의 형평을 고려하여 자유심증으로 사실을 판단한다.

② 조세심판관은 심판청구일 전 최근 5년 이내에 불복의 대상이 되는 처분의 기초가 되는 세무조사에 관여하였던 경우에는 그 심판관여로부터 제척된다.

③ 조세심판관의 임기는 2년으로 하고 한 차례만 중임할 수 있다.

④ 심판청구를 제기한 후 심사청구를 제기한 경우에는 그 심사청구를 각하하는 결정을 한다.

⑤ 국세의 심판청구금액이 3천만원 미만인 것으로 청구사항이 법령의 해석에 관한 것이 아닌 경우 조세심판관회의의 심리를 거치지 아니하고 주심조세심판관이 심리하여 결정할 수 있다.

2. 〈국세기본법〉 국세기본법상 국세의 우선권에 관한 설명으로 옳지 않은 것은?

① 국세상호간의 우선관계는 압류에 관한 국세, 교부청구(참가압류 포함)한 국세, 납세담보 있는 국세의 순이다.

② 세무서장은 대물변제의 예약에 의하여 권리이전 청구권의 보전을 위해 가등기된 재산을 압류할 때에는 그 사실을 가등기권리자에게 지체 없이 통지하여야 한다.

③ 과세표준과 세액을 정부가 결정하여 납부고지를 한 경우 법정기일은 그 납부고지서의 발송일이다.

④ 양도담보재산에서 국세를 징수하는 경우 법정기일은 「국세징수법」에 따른 납부고지서의 발송일이다.

⑤ 공과금의 체납처분을 할 때 그 체납처분금액 중에서 국세를 징수하는 경우 그 공과금의 체납처분비는 국세에 우선한다.

3. 〈국세기본법〉 국세기본법상 납세의무의 성립시기로 옳지 않은 것은?

① 인지세 : 과세문서를 작성한 때

② 수시부과 하여 징수하는 국세 : 수시부과 할 사유가 발생한 때

③ 상속세 : 상속이 개시되는 때

④ 종합부동산세 : 과세기준일

⑤ 개별 세법상의 가산세 : 가산할 국세의 납세의무가 확정되는 때

4. 〈국세기본법〉 국세기본법상 가산세 감면에 관한 설명으로 옳지 않은 것은?

① 가산세를 부과하는 경우 납세자가 의무를 이행하지 아니한데 대한 정당한 사유가 있는 때에는 해당 가산세를 부과하지 아니한다.

② 법정신고기한이 지난 후 1개월 이내에 기한 후 신고를 한 경우 무신고 가산세액의 100분의 50에 상당하는 금액을 감면한다.

③ 법정신고기한이 지난 후 1년 이내에 수정신고 한 경우 과소신고 가산세액의 100분의 50에 상당하는 금액을 감면한다.

④ 과세전적부심사 결정·통지기간에 그 결과를 통지하지 아니한 경우 결정·통지가 지연됨으로써 해당 기간에 부과되는 납부지연가산세액의 100분의 50에 상당하는 금액을 감면한다.

⑤ 세법에 따른 제출의 기한이 지난 후 1개월 이내에 해당 세법에 따른 제출 의무를 이행하는 경우 제출의무 위반 관련 가산세액의 100분의 50에 상당하는 금액을 감면한다.

5. 〈국세징수법〉 갑과 을이 공유하고 있는 재산 중 갑의 지분을 국세징수법상 갑의 체납으로 공매하는 경우에 관한 설명으로 옳지 않은 것은?

① 세무서장은 '공유자(체납자 제외)에게 우선매수권이 있다는 사실'을 공고하여야 한다.

② 세무서장은 공매공고를 하였을 때에는 즉시 그 내용을 공매공고의 등기 또는 등록 전일 현재의 공유자인 을과 병에게 통지하여야 한다.

③ 을 또는 병은 매각결정기일 전까지 공매보증을 제공하고 최고가 매수신청가격과 같은 가격으로 공매재산을 우선매수하겠다는 신청을 할 수 있다.

④ 세무서장은 을과 병이 우선매수하겠다는 신청을 하고 그 공유자에게 매각결정을 하였을 때에는 특별한 협의가 없으면 공유지분의 비율에 따라 공매재산을 매수하게 한다.

⑤ 세무서장은 공매재산이 우선매수하겠다고 신청을 한 을 또는 병에게 매각결정되었지만 그 매수인이 매각대금을 납부하지 아니한 경우에는 재공매하여야 한다.

6. 〈국세징수법〉 국세징수법상 압류를 즉시 해제하여야 하는 경우를 모두 고른 것은?

> ㄱ. 압류 후 재산가격이 변동하여 체납액 전액을 현저히 초과한 경우
> ㄴ. 압류에 관계되는 체납액의 일부가 납부되거나 충당된 경우
> ㄷ. 압류재산에 대한 국세징수법에 따른 제3자의 소유권 주장이 상당한 이유가 있다고 인정하는 경우
> ㄹ. 체납자가 압류할 수 있는 다른 재산을 제공하여 그 재산을 압류한 경우
> ㅁ. 제 3자가 체납자를 상대로 소유권에 관한 소송을 제기하여 승소 판결을 받고 그 사실을 증명한 경우

① ㄱ, ㄹ   ② ㄷ, ㅁ   ③ ㄱ, ㄹ, ㅁ

④ ㄴ, ㄷ, ㄹ   ⑤ ㄱ, ㄴ, ㄷ, ㅁ

7. 〈국세징수법〉 국세징수법상 압류재산의 매각에 관한 설명으로 옳지 않은 것은?

① 세무서장은 압류된 재산이 자본시장과 금융투자업에 관한 법률에 따른 증권시장에 상장된 증권일 때에는 해당 시장에서 직접 매각할 수 있다.

② 심판청구 절차가 진행 중인 국세의 체납으로 압류한 재산이 부패·변질 또는 감량되기 쉬운 재산으로서 속히 매각하지 아니하면 그 재산가액이 줄어들 우려가 있는 경우에는 그 청구에 대한 결정이 확정되기 전이라도 공매할 수 있다.

③ 세무서장은 압류재산이 수의계약으로 매각하지 아니하면 매각대금이 강제징수비에 충당하고 남을 여지가 없는 경우에는 수의계약으로 매각할 수 있다.

④ 세무서장이 전문매각기관을 선정하여 압류한 예술품의 매각을 대행하게 하는 경우에는 해당 전문매각기관은 그 압류한 예술품의 매각을 대행하거나 직접 매수할 수 있다.

⑤ 여러 개의 재산을 일괄하여 공매하는 경우 그 가운데 일부의 매각대금으로 체납액을 변제하기에 충분하면 체납자는 그 재산 가운데 매각할 것을 지정할 수 있다.

8. 〈국세징수법〉 국세징수법상 징수절차에 관한 설명으로 옳지 않은 것은?

① 세무서장은 세법에서 국세의 납부기한을 정하는 경우 외에는 국세의 납부기한을 납부의 고지를 하는 날부터 30일 내로 지정할 수 있다.

② 「국세기본법」에 따른 납부지연가산세 및 원천징수 등 납부지연가산세 중 지정납부기한이 지난 후의 가산세를 징수하는 경우에는 납부고지서를 발급하지 아니할 수 있다.

③ 납부고지서는 징수결정 즉시 발급하여야 한다. 다만, 납부고지를 유예한 경우 유예기간이 끝난 날의 다음 날에 발급한다.

④ 세무서장은 납세자가 국세를 포탈하려는 행위가 있다고 인정될 때에는 납부기한 전이라도 이미 납세의무가 확정된 국세를 징수할 수 있다.

⑤ 관할 세무서장은 납부기한 등을 연장하거나 납부고지를 유예한 경우 그 연장 또는 유예기간 동안 「국세기본법」에 따른 납부지연가산세 및 원천징수 등 납부지연가산세를 부과한다.

9. 〈조세범처벌법〉 조세범처벌법상 주류 또는 유류에 대한 조세범처벌에 관한 설명으로 옳지 않은 것은?

① 가짜석유제품을 제조 또는 판매하여 조세를 포탈한 자는 3년 이하의 징역 또는 포탈한 세액의 3배 이하의 벌금에 처한다.

② 조세특례제한법에 따른 농업·임업 또는 어업에 사용하기 위한 석유류를 법이 정한 용도 외의 다른 용도로 사용·판매하여 조세를 포탈하거나 조세의 환급·공제를 받은 석유판매업자는 3년 이하의 징역 또는 포탈세액 등의 5배 이하의 벌금에 처한다.

③ 주세법에 따른 납세증명표지를 재사용하거나 정부의 승인을 받지 아니하고 이를 타인에게 양도한 자는 2년 이하의 징역 또는 2천만원 이하의 벌금에 처한다.

④ 면세유의 부정 유통의 범칙행위를 한 자에 대해서는 형법 중 벌금경합에 관한 제한가중규정을 적용하지 아니한다.

⑤ 주세법에 따른 면허를 받지 아니하고 주류를 판매하기 위하여 제조하거나 판매한 자는 3년 이하의 징역 또는 3천만원(해당 주세 상당액의 3배의 금액이 3천만원을 초과할 때에는 그 주세 상당액의 3배의 금액) 이하의 벌금에 처한다.

10. 〈조세범처벌법〉 조세범처벌법상 조세범처벌에 관한 설명으로 옳지 않은 것은?

① 조세범처벌법상 조세란 관세를 제외한 국세를 말한다.
② 사기나 그 밖의 부정한 행위로써 조세를 포탈한 자는 포탈세액이 5억원 이상인 경우에는 3년 이하의 징역 또는 포탈세액의 3배 이하에 상당하는 벌금에 처한다.
③ 법인의 사용인이 그 법인의 업무에 관하여 조세범처벌법에서 규정하는 범칙행위를 한 경우 그 법인이 그 위반행위를 방지하기 위하여 상당한 주의 또는 감독을 게을리 한 경우에는 그 법인에게도 해당 조문의 벌금형을 과한다.
④ 사기나 그 밖의 부정한 행위로써 조세를 포탈하거나 조세의 환급·공제를 받는 죄를 상습적으로 범한 자는 형의 2분의 1을 가중한다.
⑤ 사기나 그 밖의 부정한 행위로써 조세를 포탈한 범칙행위의 공소시효는 5년이 지나면 완성된다.

11. 〈소득세법〉 소득세법상 양도소득세가 과세되는 것은?

① 거주자 갑은 이혼하면서 법원의 판결에 따른 재산분할에 의하여 배우자에게 혼인 중에 형성된 부부공동재산인 토지의 소유권을 이전하였다.
② 사업자인 거주자 을은 사업용으로 사용하던 기계장치를 처분하였다.
③ 거주자 병은 본인 소유의 토지를 동생에게 증여하면서, 동생이 그 토지에 의하여 담보된 병의 은행대출 채무를 인수하였다.
④ 건설업을 영위하는 사업자인 거주자 정은 아파트를 신축하여 판매하였다.
⑤ 거주자 무는 자기소유의 토지를 경매로 인하여 자기가 재취득하였다.

12. 〈소득세법〉 소득세법상 납세지에 관한 설명으로 옳지 않은 것은?

① 주소지가 2이상인 때에는 생활관계가 보다 밀접한 곳을 납세지로 한다.
② 비거주자 갑이 국내에 두 곳의 사업장을 둔 경우, 주된 사업장을 판단하기가 곤란한 때에는 둘 중 하나를 선택하여 신고한 장소를 납세지로 한다.
③ 해외근무 등으로 국내에 주소가 없는 공무원 을의 소득세 납세지는 그 가족의 생활근거지 또는 소속기관의 소재지로 한다.
④ 납세지의 변경신고를 하고자 하는 자는 납세지변경신고서를 그 변경 후의 납세지 관할 세무서장에게 제출하여야 한다.
⑤ 납세지의 지정이 취소된 경우에도 그 취소 전에 한 소득세에 관한 신고, 신청, 청구, 납부, 그 밖의 행위의 효력에는 영향을 미치지 아니한다.

13. 〈소득세법〉 소득세법상 소득금액 계산의 특례에 관한 설명으로 옳지 않은 것은?

① 종합소득과세표준 확정신고 후 예금 또는 신탁계약의 중도 해지로 이미 지난 과세기간에 속하는 이자소득금액이 감액된 때에 경정청구를 하지 아니한 경우라면 그 중도해지일이 속하는 과세기간의 종합소득금액에 포함된 이자소득금액에서 그 감액된 이자소득금액을 뺄 수 있다.

② 우리나라가 조세조약의 상대국과 그 조세조약의 상호합의 규정에 따라 거주자가 국외에 있는 비거주자와 거래한 그 금액에 대하여 권한 있는 당국 간에 합의를 하는 경우에는 그 합의에 따라 납세지 관할 세무서장은 그 거주자의 각 과세기간의 소득금액을 조정하여 계산할 수 있다.

③ 사업소득이 발생하는 사업을 공동으로 경영하고 그 손익을 분배하는 공동사업의 경우에는 각 공동사업자별로 소득금액을 계산한다.

④ 연금계좌 가입자가 사망하였으나 그 배우자가 연금외수령 없이 해당 연금계좌를 상속으로 승계하는 경우에는 그 연금계좌에 있는 피상속인의 소득금액은 상속인의 소득금액으로 보아 소득세를 계산한다.

⑤ 결손금 및 이월결손금을 공제할 때 해당 과세기간에 결손금이 발생하고 이월결손금이 있는 경우에는 그 과세기간의 결손금을 먼저 소득금액에서 공제한다.

14. 〈소득세법〉 내국법인 (주)A(벤처기업 아님)는 정관에서 주식매수선택권 부여에 필요한 사항을 모두 정하고 이를 등기한 후에 2022.3.20 주주총회 특별결의를 거쳐 주식매수선택권(부여주식 수 : 30,000주, 행사가격 : 10,000원, 행사시기 : 2026.3.20.부터 2031.3.20.까지)을 부여하는 계약을 임원인 갑(거주자)과 체결하였다. 주식매수선택권 부여 계약에는 행사를 제한하는 어떠한 특약도 없었고, 행사가격은 주식매수선택권 부여 당시의 주식의 시가보다 높은 것이었으며, 미공개 정보로 인하여 단기간 내에 주가가 상승할 것이라고 예상되는 특별한 사정도 없었다. 다음 중 옳은 것은?

① 갑이 (주)A에 재직하면서 2026.3.20.부터 2031.3.20.까지 사이에 주식매수선택권을 행사하여 얻은 이익은 기타소득에 해당한다.

② 갑이 2028.10.20. 퇴직한 후 다음 해에 주식매수선택권을 행사하여 얻은 이익은 기타소득에 해당한다.

③ 갑이 2024.6.20. 사망하고 2026.3.20.부터 2031.3.20.까지 사이에 그 상속인이 주식매수선택권을 행사하여 얻은 이익은 근로소득에 해당한다.

④ 갑의 주식매수선택권 행사이익은 그 주식매수선택권 부여 당시 (주)A 주식의 시가에서 실제 매수가격을 뺀 금액이다.

⑤ 갑이 주식매수선택권을 행사하여 취득한 주식을 양도하는 때 당해 주식이 양도소득세 과세대상이 되는 경우에는 그 주식매수선택권의 행사가격을 취득가액으로 하여 양도소득을 계산한다.

15. 〈소득세법〉 소득세법상 세액공제 등에 관한 설명으로 옳은 것은?

① 기장세액공제를 받은 간편장부대상자는 이와 관련된 장부 및 증명서류를 해당 과세표준 확정신고기간 종료일부터 10년간 보관하여야 한다.

② 거주자가 외국소득세액을 종합소득 산출세액에서 공제하는 경우 그 외국소득세액이 소득세법에서 정하는 공제한도를 초과하는 때에는 초과하는 금액은 이를 이월하여 공제받을 수 없다.

③ 거주자의 사업소득금액에 국외원천소득이 합산되어 있는 경우 그 국외원천소득에 대하여 외국에서 외국소득세액을 납부하였거나 납부할 것이 있을 때에는 그 외국소득세액을 해당 과세기간의 종합소득산출세액에서 외국납부세액을 차감할 수 있다.

④ 특별세액공제 규정을 적용할 때 과세기간 종료일 이전에 이혼하여 기본공제대상자에 해당되지 아니하게 되는 종전의 배우자를 위하여 과세기간 중 이미 지급한 금액에 대한 세액공제액은 해당 과세기간의 종합소득 산출세액에서 공제할 수 없다.

⑤ 이월공제가 인정되는 세액공제로서 해당 과세기간 중에 발생한 세액공제액과 이전 과세기간에서 이월된 미공제액이 함께 있을 때에는 해당 과세기간 중에 발생한 세액공제액을 먼저 공제한다.

16. 〈소득세법〉 다음은 개인사업자인 거주자 갑이 사업에 사용하던 상가건물을 2022.7.1.에 특수관계인인 을에게 양도한 내역이다. 양도소득과세표준은 얼마인가? (단, 주어진 자료 이외에는 고려하지 않음)

(1) 건물과 관련된 정보
  ① 양도가액은 6억원, 취득가액은 4억원 이며, 모두 실지거래가액이다.
  ② 양도당시 건물의 감가상각누계액은 15,000,000원이며, 감가상각비는 사업소득금액 계산시 필요경비에 반영되었다.
  ③ 건물에 대한 취득세로 납부한 금액은 13,000,000원이며, 취득시 국민주택채권을 8,000,000원에 매입하여 즉시 사채업자에게 3,000,000원에 매각한 것이 확인되었다. 이를 동일한 날 금융회사에 매각한다면 2,000,000원의 매각차손이 발생한다.
  ④ 양도당시 건물의 시가는 620,000,000원이고, 건물의 보유기간은 5년 2개월 이며 등기되었다.
(2) 양도시 중개수수료 9,000,000원을 부담하였고, 지출한 양도비의 적격증명서류를 수취하였다.
(3) 보유 중 납부한 재산세 합계액은 8,000,000원이다.
(4) 당해 건물은 비사업용이 아니며, 장기보유특별공제율은 3년 이상 4년 미만 보유시 6%, 4년 이상 5년 미만 보유시 8%, 5년 이상 6년 미만 보유시 10%를 적용한다.
(5) 양도소득기본공제를 적용하며, 동 건물 외에 다른 양도소득세 과세대상은 없다.

① 169,400,000원   ② 172,350,000원   ③ 172,850,000원
④ 188,500,000원   ⑤ 191,000,000원

17. 〈소득세법〉 다음은 제조업(중소기업)을 영위하는 개인사업자 대표자 갑(거주자)의 제19기(2022.1.1. ~ 12.31) 사업소득금액 계산을 위한 자료이다. 2022년 귀속 사업소득금액은 얼마인가? (단, 주어진 자료 이외에는 고려하지 않음)

(1) 손익계산서 내역
   ① 당기순이익은 100,000,000원이다.
   ② 인건비에는 대표자 갑의 급여 48,000,000원이 포함되어 있다.
   ③ 영업외손익에는 다음의 항목이 포함되어 있다.
     - 예금이자 수익 : 300,000원
     - 업무용화물차 처분이익 : 100,000원
     - 사업관련 공장의 화재로 인한 보험차익 : 5,000,000원
     - 현금배당수익(배당기준일의 1개월 전에 취득한 비상장주식의 현금배당임) : 3,000,000원
     - 유가증권처분이익(채권매매차익임) : 1,000,000원

(2) 대표자 갑이 개인적으로 사용한 제품 5,000,000원은 잡비로 계상되어 있으며, 동 제품의 판매가격 및 시가는 8,000,000원이다.

(3) 갑은 복식부기의무자이다.

① 104,700,000원
② 147,700,000원
③ 150,700,000원
④ 151,700,000원
⑤ 152,700,000원

18. 〈소득세법〉 다음은 거주자 갑(2022년도 중 계속근로자임)이 기본공제대상자를 위하여 2022년에 지출한 의료비 내역이다. 2022년 귀속 의료비 세액공제액은 얼마인가? (단, 주어진 자료 이외에는 고려하지 않음)

(1) 연 급여 : 35,000,000원(비과세 급여 3,000,000원 포함)
(2) 본인(34세)을 위한 시력보정용 안경 구입비 : 800,000원
   본인의 국외치료비 : 4,000,000원
(3) 배우자(32세)를 위한 치료목적 한약비 : 1,000,000원
   배우자를 위한 난임시술비(모자보건법에 따른 보조생식술에 소요된 비용) : 3,000,000원
(4) 부친(67세)에 대한 질병치료비 : 700,000원
(5) 모친(장애인, 62세)을 위한 장애인 보장구 구입비 : 600,000원
(6) 부양가족은 모두 생계를 같이 하고 있으며 소득은 없다.
(7) 부양가족은 다른 근로자의 기본공제대상이 아니고, 본인 국외 치료비를 제외한 다른 의료비는 모두 국내 의료기관 등에 지출한 금액이며, 의료비 세액공제액 외 다른 세액공제 및 표준세액공제는 적용하지 아니한다.

① 726,000원
② 876,000원
③ 1,176,000원
④ 1,431,000원
⑤ 1,476,000원

19. 〈소득세법〉 다음은 내국법인 (주)A에서 영업사원으로 근무하던 거주자 갑의 근로소득 관련 자료이다. 갑의 2022년 귀속 근로소득금액은 얼마인가? (단, 주어진 자료 이외에는 고려하지 않음)

(1) 근무기간 : 2022.1.1.부터 2022.10.31.(퇴직일)까지 계속 근무하였음
(2) 급여내역

구 분	금 액	비 고
기본급여총액	50,000,000원	기본급으로 월 5,000,000원 지급받음
휴가비	5,000,000원	(주)A로부터 보조받은 휴가비임
강연수당	4,000,000원	(주)A의 사내연수 강연수당임
인정상여	2,000,000원	(주)A의 2021년 귀속 법인세무조정시 발생한 것임
식사대	1,200,000원	월 120,000원(회사는 현물식사를 별도 제공하지 않음)
자가운전보조금	3,000,000원	월 300,000원(시내출장 등이 있을시 갑 소유 차량을 업무에 이용하였고, 이에 소요된 실제 여비는 자가운전보조금을 받았음에도 불구하고 출장여비 규정에 의해 별도로 지급받았음)

(3) 근로소득공제액

총급여액	근로소득공제액
1,500만원 초과 4,500만원 이하	750만원 + 1,500만원을 초과하는 금액의 100분의 15
4,500만원 초과 1억원 이하	1,200만원 + 4,500만원을 초과하는 금액의 100분의 5

① 44,590,000원　　　　② 44,840,000원　　　　③ 48,290,000원
④ 49,340,000원　　　　⑤ 50,090,000원

20. 〈소득세법〉 다음 자료를 이용하여 거주자 갑의 2022년 귀속 종합소득금액을 계산하면 얼마인가?(단, 주어진 자료 이외에는 고려하지 않음)

(1) 갑의 2022년 귀속 근로소득 등 관련 자료
　① 연 급여 : 93,000,000원[식사대 2,400,000원(월 200,000원 x 12개월) 포함, 회사는 현물식사를 별도로 제공하지 않음]
　② 발명진흥법에 따른 직무발명보상금 : 7,000,000원
　③ 법령에 의한 건강보험료 회사부담금 : 2,400,000원
　④ 법령으로 정한 직장공제회 초과반환금 : 6,000,000원(국내에서 받았으며 원천징수는 적법하게 이루어짐)
　⑤ 근로소득공제액

　　| 12,000,000원 + (총급여 - 45,000,000원) × 5% |

(2) 갑은 상가건물을 2021년 12월 초부터 2022년 12월 말까지 매월 임대료 2,000,000원(부가가치세 별도)을 받기로 약정하고 임대사업을 하고 있다. 당해 임대사업은 세무대리인을 통해 장부기장에 의한 신고를 하였으며, 2022년 필요경비는 10,000,000원이다. (임차인과는 특수관계가 아니며 임차기간 중 임차인 변동은 없고, 사업기간 중 휴업사실 없음)

(3) 갑이 문화재보호법에 따라 국가지정문화재로 지정된 서화를 양도하고 발생한 양도소득은 10,000,000원이다.

(4) 갑은 직장동료 을에게 2022.4.1.에 1억원을 빌려주고 원금과 이자(연 5%)는 1년 후 받기로 하였다.(갑은 금전 대여를 사업적으로 하지 않음)

① 89,560,000원　　② 93,360,000원　　③ 99,560,000원
④ 103,360,000원　　⑤ 123,100,000원

21. 〈법인세법〉 법인세법상 감가상각방법을 신고하지 않은 경우 적용하는 상각방법으로 옳지 않은 것은?
① 제조업의 기계장치 : 정률법
② 광업용 유형자산 : 정액법
③ 해저광물자원개발법에 의한 채취권 : 생산량비례법
④ 광업권 : 생산량비례법
⑤ 개발비 : 관련 제품의 판매 또는 사용이 가능한 시점부터 5년 동안 매년 균등액을 상각하는 방법

22. 〈법인세법〉법인세법의 총칙에 관한 설명으로 옳지 않은 것은?

① 내국법인 중 국가와 지방자치단체에 대하여는 법인세를 부과하지 아니한다.
② 자산이나 사업에서 생기는 수입이 법률상 귀속되는 법인과 사실상 귀속되는 법인이 서로 다른 경우에는 그 수입이 사실상 귀속되는 법인에 대하여 법인세법을 적용한다.
③ 신탁재산에 귀속되는 소득은 그 신탁의 이익을 받을 수익자가 특정된 경우 그 수익자가 그 신탁재산을 가진 것으로 보고 법인세법을 적용한다.
④ 둘 이상의 국내사업장이 있는 외국법인이 사업연도 중에 그 중 하나의 국내사업장을 가지지 아니하게 된 경우에는 그 사업연도 개시일부터 그 사업장을 가지지 아니하게 된 날 까지의 기간을 그 법인의 1사업연도로 본다.
⑤ 법령에 따라 사업연도가 정하여지는 법인이 관련 법령의 개정에 따라 사업연도가 변경된 경우에는 사업연도의 변경신고를 하지 아니한 경우에도 사업연도가 변경된 것으로 본다.

23. 〈법인세법〉법인세법상 익금에 해당하는 것은?

① 부가가치세의 매출세액
② 증자시 주식발행액면초과액
③ 이월익금
④ 손금에 산입한 금액 중 환입된 금액
⑤ 무액면주식의 경우 발행가액 중 자본금으로 계상한 금액을 초과하는 금액

24. 〈법인세법〉법인세법상 과세표준 및 세액의 신고 및 결정·경정에 관한 설명으로 옳지 않은 것은?

① 내국법인으로서 각 사업연도의 소득금액이 없는 법인도 그 사업연도의 소득에 대한 법인세의 과세표준과 세액을 납세지 관할 세무서장에게 신고하여야 한다.
② 납세지 관할 세무서장은 제출된 신고서에 오류가 있을 때에는 보정할 것을 요구할 수 있다.
③ 납세지 관할 세무서장은 법인세 과세표준과 세액을 신고한 내국법인의 신고내용에 누락이 있는 경우에는 그 법인의 각 사업연도의 소득에 대한 법인세의 과세표준과 세액을 경정한다.
④ 주식회사의 외부감사에 관한 법률에 따라 감사인에 의한 감사를 받아야 하는 내국법인이 해당 사업연도의 감사가 종결되지 아니하여 결산이 확정되지 아니하였다는 사유로 신고기한의 연장을 신청한 경우에는 그 신고기한을 1개월의 범위에서 연장할 수 있다.
⑤ 납세지 관할 세무서장은 법인세의 과세표준과 세액을 결정한 후 그 결정에 오류가 있는 것을 발견한 경우에는 1개월 이내에 이를 경정한다.

25. 〈법인세법〉 법인세법상 과세표준 및 세액의 계산에 관한 설명으로 옳지 않은 것은?

① 중소기업은 각 사업연도(2022년)에 결손금이 발생한 경우, 직전 및 직전 전 사업연도의 소득에 대하여 과세된 법인세액을 한도로 그 결손금의 환급을 신청할 수 있다.

② 재해손실세액공제는 천재지변 등 재해로 상실 전 자산총액의 100분의 15 이상을 상실하여 납세자가 곤란하다고 인정되는 경우 적용된다.

③ 외국납부세액공제는 해당 법인의 국내 법인세 산출세액을 한도로 하며, 이를 초과하는 금액은 5년간 이월공제 가능하다.

④ 천재지변 등으로 장부나 그 밖의 증명서류가 멸실되어 법인세를 추계하여 결정하는 경우에는 이월결손금 공제와 외국납부세액공제 모두 적용 가능하다.

⑤ 결손금의 이월공제는 각 사업연도의 소득의 범위에서 각 사업연도의 개시일 전 5년 이내에 개시한 사업연도에서 발생한 결손금에 한하여 이월하여 공제한다.

26. 〈법인세법〉 다음은 제조업을 주업으로 하는 내국법인 (주)A(중소기업 아님)의 제19기 사업연도(2022.1.1. ~ 12.31) 세무조정을 위한 자료이다. 제19기에 필요한 세무조정을 적정하게 하였을 경우, 이 같은 세무조정이 제19기 각 사업연도의 소득금액에 미친 순영향으로 옳은 것은? (단, 법인세법에서 정하는 익금과 손금의 요건을 모두 충족하고, 손금에 대한 법정한도금액은 초과하지 않으며, 주어진 자료 이외에는 고려하지 않음)

(주)A의 제19기 결산서에 반영된 사항	비고
배당금수익 1,000,000원(해산한 법인 (주)B의 잔여재산 분배로 인한 의제배당)	㉠ (주)B의 해산등기일 : 2022.12.31. ㉡ (주)B의 잔여재산가액확정일 : 2023.1.31
선급비용 1,000,000원(지출 후 이연처리한 접대비)	㉠ 접대비 지출일 : 2022.12.31 ㉡ 결산상 손비계상일 : 2023.1.31
영업외비용 1,000,000원(어음을 발행하여 지출한 기부금)	㉠ 어음발행일 : 2022.12.31 ㉡ 어음결제일 : 2023.1.31
영업외수익 1,000,000원(유형자산 양도로 인한 처분이익)	㉠ 매수자의 사용수익일 : 2022.12.31 ㉡ 대금청산일 : 2023.1.31

① (-) 2,000,000원 ② (-) 1,000,000원 ③ 0원
④ (+) 1,000,000원 ⑤ (+) 2,000,000원

27. 〈법인세법〉 제조업을 주업으로 하는 내국법인 (주)A(중소기업 아님, 상시근로자 50인)가 다음 자료를 근거로 제19기 사업연도(2022.1.1. ~ 12.31)의 세무조정을 적정히 하는 경우, 사내유보와 사외유출로 소득처분해야 할 금액의 합계는 각각 얼마인가? (단, 전기 이전의 모든 세무조정은 적정하였으며, 주어진 자료 이외에는 고려하지 않음)

(1) 제19기의 자본금과 적립금 조정명세서(을)상의 기초잔액 및 관련 자료		

과 목	기초잔액(원)	제19기 중 발생한 사항
토 지	△8,400,000	토지의 절반을 현금 60,000,000원에 처분하고, 유형자산처분이익 10,000,000원을 결산서에 계상하였다.
건 물	5,000,000	(주)A의 업무에 직접 사용하지 않으며, (주)A의 대주주인 (주)B가 사용하고 있다. (주)A는 당해 건물의 외부도장 비용 2,000,000원을 현금지출하고, 이를 수선비로 결산서에 반영하였다.
기계장치		제19기 초에 장기할부조건으로 취득하였고, 취득대금 3,000,000원은 3년에 걸쳐 매년 말 균등상환하며, 취득대금의 현재가치 2,500,000원을 반영하여 다음과 같이 회계처리하였다. (차) 기계장치　　　2,500,000　(대) 장기미지급금 3,000,000 　　　현재가치할인차금　500,000

(2) 제18기 1.1에 취득하여 업무에 사용하던 업무용승용차 1대(법인세법상 업무용승용차로서의 요건은 모두 충족함)를 제19기 12.31에 처분하고, 이에 따른 처분손실 11,500,000원을 결산서에 반영하였다.

	사내유보	사외유출
①	3,500,000원	7,240,000원
②	4,200,000원	5,500,000원
③	5,000,000원	4,200,000원
④	7,700,000원	2,000,000원
⑤	9,200,000원	2,000,000원

28. 〈법인세법〉 제조업을 주업으로 하는 내국법인 (주) A(중소기업 아님)의 제19기 사업연도(2022.1.1. ~ 12.31) 세무조정과 관련된 다음 자료의 각 (   )에 들어갈 금액으로 옳은 것은? (단, 전기 이전 및 당기의 모든 세무조정은 적정하였으며, 주어진 자료 이외에는 고려하지 않음)

(1) 지급이자 : 제19기 결산상 지급이자는 40,000,000원이며, 채권자가 불분명한 사채의 이자 20,000,000원이 포함되어 있다. 제19기 중 차입금의 금액 변동은 없었고 차입금의 이자율은 연 5%이다. 제19기 3.15에 (주)A의 대표이사에게 업무와 관계없이 대여하여 기말까지 회수하지 못한 가지급금은 (ㄱ)원이며, 지급이자에 대한 제19기 세무조정 결과 업무무관자산 등에 대한 지급이자로 손금불산입한 금액은 4,000,000원이다.

(2) 재고자산 : 상품 평가방법에 대하여 법인설립시 후입선출법으로 적법하게 신고하고 계속 적용해왔으나, 제19기 10.31에 총평균법으로 평가방법 변경신고를 하였다. 이에 따라 제19기 결산시부터 기말 상품에 대하여 총평균법으로 평가하고 이를 결산서에 반영하였다. 기말 상품에 대하여 후입선출법, 총평균법, 선입선출법을 적용한 평가액은 각각 250,000원, (ㄴ)원, 500,000원이며, 기말 상품에 대한 제19기 세무조정 결과 100,000원을 손금불산입하였다.

(3) 임대료 : 제19기 5.1부터 특수관계인인 출자임원에게 사택을 제공하고 있는데, 수령한 임대보증금은 123,200,000원이고 매월 (ㄷ)원의 임대료를 수취하여 결산상 수익으로 반영하였다. 당해 사택의 시가는 480,000,000원이며, 1년 만기 정기예금이자율은 5%이다. 시가에 해당하는 당해 사택의 적정한 임대료는 확인되지 않았고, 당해 사택임대료와 관련된 제19기 세무조정 결과 2,320,000원을 익금산입하였다.

	ㄱ	ㄴ	ㄷ
①	100,000,000	400,000	200,000
②	100,000,000	400,000	300,000
③	100,000,000	600,000	200,000
④	120,000,000	400,000	200,000
⑤	120,000,000	600,000	300,000

29. 〈법인세법〉 다음 자료에 의하여 보험업을 영위하는 내국법인 (주)A(중소기업 아님)가 사업에 직접 사용하고 있는 건물들에 대한 제19기 사업연도(2022.1.1. ~ 12.31)의 세무조정 결과 ㉠ 익금산입·손금불산입 합계와 ㉡ 손금산입·익금불산입 합계는 각각 얼마인가?

> (1) 건물 A(취득가액 350,000,000원, 당기말 감가상각누계액 120,000,000원)를 당기 말에 보험업법에 따라 평가하고, 다음과 같이 당기 손익으로 회계처리하였다.
> (차) 건물 A   20,000,000   (대) 유형자산평가이익   20,000,000
>
> (2) 건설 중인 건물 B의 일부가 완성되어 업무에 이용하고 있으나, 이에 대한 감가상각비를 결산에 반영하지 않았다. 당해 완성부분에 대한 감가상각범위액은 6,000,000원이다.
>
> (3) 전기에 취득한 건물 C(취득가액 30,000,000원, 전기말 감가상각누계액 7,000,000원, 전기말 상각부인액 4,000,000원)의 결산상 당기 감가상각비 계상액은 3,000,000원이다. 감가상각방법은 신고하지 않았고 내용연수는 10년이다.
>
> (4) 건물 D(취득가액 5억원, 전기말 감가상각누계액 50,000,000원)에 대하여 자본적 지출로 20,000,000원을 지출하고, 이를 손익계산서상 수선비로 회계처리하였다. 당해 건물에 대하여 제19기 결산상 계상된 감가상각비는 없으며, 감가상각방법은 신고하지 않았고 내용연수는 10년이다.

	㉠	㉡
①	0원	0원
②	0원	5,000,000원
③	6,750,000원	0원
④	6,750,000원	5,000,000원
⑤	9,250,000원	11,000,000원

30. 〈법인세법〉 다음은 제조업을 주업으로 하는 내국법인 (주) A(중소기업 아님)의 제19기 사업연도(2022.1.1.~12.31)의 세무조정 및 신고·납부관련 자료이다. 각 ( )에 들어갈 금액을 모두 합산하면 얼마인가? (단, 전기 이전의 모든 세무조정은 적정하였으며, 주어진 자료 이외에는 고려하지 않음)

> (1) (주)A가 2019년에 출자하여 설립한 외국자회사 (주)B로부터 수령한 수입배당금액 10,000,000 원이 제 19기 각사업연도 소득금액에 포함되어 있으며, (주)A는 외국법인세액에 대하여 세액 공제방법을 적용한다. (주)는 동 배당금과 관련하여 (   )원을 간접외국납부세액으로 보아 익 금산입하고, 법정금액을 공제한도로 하여 당해 외국법인세액을 제19기 사업연도 법인세액에서 공제하였다. (주)B에 대한 (주)A의 출자비율은 40%이며, (주)B의 당해 사업연도 소득금액과 법 인세액은 각각 3억원과 1억원 이다.
> (2) 제19기 각 사업연도 소득금액에는 (주)A의 개인주주 갑에게 자금을 대여하고 수취한 이자수익 20,000,000원과 유가증권시장 주권상장법인으로부터 직접 받은 현금배당금 10,000,000원이 포함되어 있으며, 이를 모두 국내에서 지급받으면서 (   )원의 법인세 원천징수세액이 발생하 였다.
> (3) 가산세 3,000,000원을 포함한 자진납부 할 세액이 18,000,000원으로 산출되어, 분납할 수 있 는 최대금액인 (   )원은 분납하기로 결정하였다.

① 8,000,000원 ② 10,400,000원 ③ 12,200,000원
④ 14,400,000원 ⑤ 15,000,000원

31. 〈부가가치세법〉 부가가치세법의 총칙에 관한 설명으로 옳지 않은 것은?
① 사업자단위 과세사업자는 각 사업장을 대신하여 그 사업자의 본점 또는 주사무소의 소 재지를 부가가치세 납세지로 한다.
② 신규로 사업을 시작하는 자가 사업개시일 이전에 사업자등록을 신청한 경우의 최초의 과세기간은 사업개시일로부터 신청일이 속하는 과세기간의 종료일까지로 한다.
③ 사업장 단위로 등록한 사업자가 사업자단위 과세사업자로 변경하려면 사업자단위 과세 사업자로 적용받으려는 과세기간 개시 20일 전까지 사업자의 본점 또는 주사무소 관할 세무서장에게 변경등록을 신청하여야 한다.
④ 사업자등록증을 발급받은 사업자는 휴업 또는 폐업을 하거나 등록사항이 변경되면 지체 없이 사업장 관할 세무서장에게 신고하여야 한다.
⑤ 재화를 수입하는 자의 부가가치세 납세지는 관세법에 따라 수입을 신고하는 세관의 소 재지로 한다.

32. 〈부가가치세법〉 부가가치세법상 납부세액의 계산 및 신고에 관한 설명으로 옳지 않은 것은?

① 사업자가 자기의 사업을 위하여 사용할 목적으로 공급받은 재화에 대한 매입세액은 매출세액에서 공제할 수 있다.

② 신용카드매출전표 등 수령명세서를 국세기본법에 따른 기한후과세표준신고서와 함께 제출하여 관할 세무서장이 결정하는 경우의 해당 매입세액은 매출세액에서 공제한다.

③ 사업장이 둘 이상인 사업자가 주된 사업장의 관할 세무서장에게 주사업장 총괄납부를 신청한 경우에는 납부할 세액을 주된 사업장에서 총괄하여 신고하여야 한다.

④ 사업자는 매입세액이 공제되지 아니한 면세사업 등을 위한 감가상각자산을 과세사업에 사용하거나 소비하는 경우 대통령령으로 정하는 바에 따라 계산한 금액을 그 과세사업에 사용하거나 소비하는 날이 과세기간의 매입세액으로 공제할 수 있다.

⑤ 간이과세자가 일반과세자로 변경되면 그 변경 당시의 재고품, 건설 중인 자산 및 감가상각자산에 대하여 대통령령으로 정하는 바에 따라 계산한 금액을 매입세액으로 공제할 수 있다.

33. 〈부가가치세법〉 부가가치세법상 재화의 공급으로 보는 것은?

① 사업자가 자기의 과세사업과 관련하여 생산한 재화로서 매입세액이 공제되지 않은 재화를 자기의 면세사업을 위하여 직접 사용하는 경우

② 사업장이 둘 이상인 사업자가 사업자단위 과세사업자로 적용을 받는 과세기간에 자기의 사업과 관련하여 생산한 재화를 판매할 목적으로 자기의 다른 사업장에 반출하는 경우

③ 사업용 자산을 상속세 및 증여세법에 따라 물납하는 경우

④ 신탁의 종료로 인하여 수탁자로부터 위탁자에게 신탁재산을 이전하는 경우

⑤ 사업자가 자기의 과세사업과 관련하여 생산·취득한 재화로서 매입세액이 공제된 재화를 사업과 직접적인 관계없이 자기의 개인적인 목적을 위하여 사용·소비하는 경우

34. 〈부가가치세법〉 부가가치세법상 세금계산서 등에 관한 설명으로 옳은 것을 모두 고른 것은?

(ㄱ) 착오로 전자세금계산서를 이중으로 발급한 경우에는 처음에 발급한 세금계산서의 내용대로 음의 표시를 하여 수정전자세금계산서를 발급한다.

(ㄴ) 세금계산서를 발급한 후 처음 공급한 재화가 환입된 경우, 재화를 처음 공급한 날을 작성일로 적고 비고란에 환입일을 덧붙여 적은 후 붉은색 글씨로 쓰거나 음의 표시를 하여 수정세금계산서를 발급한다.

(ㄷ) 관할 세무서장은 개인사업자가 전자세금계산서 의무발급 개인사업자에 해당하는 경우에는 전자세금계산서를 발급하여야 하는 기간이 시작되기 1개월 전까지 그 사실을 해당 개인사업자에게 통지하여야 한다.

① ㄱ   ② ㄴ   ③ ㄱ, ㄷ

④ ㄴ, ㄷ   ⑤ ㄱ, ㄴ, ㄷ

35. 〈부가가치세법〉 소매업을 영위하는 개인사업자 갑은 2022.1.1.부터 간이과세자에서 일반과세자로 과세유형이 전환되었다. 전환일 현재의 재고품 및 감가상각자산이 다음과 같으며 모두 매입세액공제대상일 경우 재고매입세액은 얼마인가? (단, 갑은 일반과세자 전환시 보유자산에 대한 재고품 등 신고서를 적법하게 신고한 것으로 가정하고 자산의 취득은 적격증명서류를 갖추고 있음)

(1) 2022.1.1. 현재 보유자산 현황(취득가액은 모두 부가가치세 포함)				
구 분	취득일자	취득가액	장부가액	시 가
건 물	2018.6.5	220,000,000원	120,000,000원	230,000,000원
비 품	2020.4.25	44,000,000원	18,000,000원	24,000,000원
상 품	2021.12.20	22,000,000원	22,000,000원	26,000,000원

* 건물과 비품은 타인으로부터 매입한 자산이다.

(2) 해당 업종의 부가가치율은 10%로 가정한다.

① 7,200,000원   ② 13,230,000원   ③ 14,400,000원
④ 15,600,000원   ⑤ 16,200,000원

36. 〈부가가치세법〉 다음은 음식점업(과세유흥장소 아님)을 영위하는 간이과세자 갑의 부가가치세 관련 자료이다. 2022년 과세기간에 대한 부가가치세 신고시 차감납부세액(지방소비세 포함)은 얼마인가? (단, 주어진 자료 이외에는 고려하지 않음)

(1) 공급내역		
기 간	업 종	공급대가
2022.1.1. ~ 6.30	음식점업	22,000,000원
2022.7.1. ~ 12.31	음식점업	33,000,000원
합 계		55,000,000원

(2) 공급대가 중 신용카드매출전표 발급금액은 8,000,000원이다.
(3) 농산물 구입은 계산서 수취분이며 농산물 가액은 1,090,000원이다.
(4) 대형마트를 통한 조미료 등의 구입은 세금계산서 수취분이며 공급대가는 10,000,000원이다.
(5) 음식점업의 업종 부가가치율은 10%이다. 2022년 예정부과기간의 고지세액은 없으며, 전자신고세액공제는 고려하지 않는다.
(6) 매입세액은 공제받기 위한 모든 요건을 충족하였고, 세액공제 등에 대해 적법하게 신고한 것으로 가정하며, 갑은 복식부기의무자가 아니다.

① 0원   ② 192,000원   ③ 252,000원
④ 292,000원   ⑤ 396,000원

37. 〈부가가치세법〉 다음은 2022.10.1에 과세사업을 개시한 일반과세자(제조업) 갑의 2022년 제2기 과세기간에 대한 매출 및 매입 내역이다. 갑이 2022.12.1.에 사업자등록을 신청하였을 때, 사업자 미등록에 대한 가산세는 얼마인가? (단, 자료의 금액에는 부가가치세가 포함되어 있지 않고, 국세기본법상 가산세 감면규정은 적용하지 않으며 주어진 자료 이외에는 고려하지 않음)

구 분	10.1 ~ 10.31	11.1 ~ 11.30	12.1 ~ 12.31	합 계
매 출	75,000,000원	60,000,000원	55,000,000원	190,000,000원
매 입	40,000,000원	20,000,000원	25,000,000원	85,000,000원

① 0원
② 750,000원
③ 1,050,000원
④ 1,350,000원
⑤ 1,900,000원

38. 〈부가가치세법〉 과세사업을 영위하는 일반과세자 (주)A(제조업)의 공급에 대한 다음 자료에서 2022년 제2기 과세기간(2022.7.1. ~ 2022.12.31.) 공급가액의 합계는 얼마인가?

(1) 2023.1.31.에 인도 예정인 재화(공급가액 1,000,000원)에 대한 대가를 2022.12.20.에 모두 받고, 그 받은 대가에 대한 세금계산서를 즉시 발급하였다.
(2) 2022.9.1.에 할부판매 조건으로 재화를 인도하고, 공급가액 1,000,000원은 10월 말부터 2개월마다 4번에 걸쳐 받기로 하였다.
(3) 2022.5.1.에 인도를 완료한 재화의 공급에 대하여 그 대가의 지급이 지체되었음을 이유로 2022.10.31.에 연체이자 1,000,000원을 수취하였다.
(4) 2022.12.1.에 상품권 1,000,000원을 현금판매 하였고, 그 후 당해 상품권은 2023.1.1.에 현물과 교환되었다.

① 0원
② 1,000,000원
③ 2,000,000원
④ 3,000,000원
⑤ 4,000,000원

39. 〈국제조세조정에 관한 법률〉국제조세조정에 관한 법률상 국가 간 조세협력에 관한 설명으로 옳지 않은 것은?

① 비거주자 또는 외국법인의 국내원천소득의 구분에 관하여는 소득세법 및 법인세법의 규정에 불구하고 조세조약의 규정이 우선하여 적용된다.

② 납세지 관할세무서장은 국내에서 납부할 조세를 징수하기 곤란하여 체약상대국에서 징수하는 것이 불가피하다고 판단되는 경우에는 국세청장에게 체약상대국에 대하여 조세징수를 위하여 필요한 조치를 하도록 요청할 수 있다.

③ 체약상대국에 납부할 조세를 우리나라에서 징수해 주도록 조세조약에 따라 체약상대국의 권한 있는 당국으로부터 위탁을 받은 경우에는 기획재정부장관이나 국세청장은 대통령령으로 정하는 바에 따라 납세지 관할세무서장에게 국세 징수의 예에 따라 징수하도록 할 수 있다.

④ 권한 있는 당국은 조세 불복에 대한 심리를 위하여 필요한 조세정보를 다른 법률에 저촉되지 아니하는 범위에서 획득하여 체약상대국과 교환할 수 있다.

⑤ 권한 있는 당국은 조세조약이 적용되는 자와의 거래에 대하여 세무조사가 필요하다고 판단되는 경우에는 그 거래에 대하여 체약상대국에 세무공무원을 파견하여 직접 세무조사를 하게 할 수 있다.

40. 〈국제조세조정에 관한 법률〉국제조세조정에 관한 법률상 정상가격의 산출방법으로 열거되어 있지 않은 것은?

① 비교가능 제3자 가격방법   ② 재판매가격방법   ③ 원가가산방법
④ 매출총이익률방법   ⑤ 이익분할방법

1	2	3	4	5	6	7	8	9	10
③	①	⑤	③	⑤	②	④	⑤	①	⑤
11	12	13	14	15	16	17	18	19	20
③	①	③	②	③	①	④	③	④	②
21	22	23	24	25	26	27	28	29	30
②	④	④	⑤	④	②	②	①	①	⑤
31	32	33	34	35	36	37	38	39	40
②	③	⑤	③	②	⑤	④	③	①	④

1. ③

조세심판관의 임기는 3년으로 하고 한 차례만 중임할 수 있다.

참고 1 심리원칙

1. 사실판단 : 조세심판관은 심판청구에 관한 조사 및 심리의 결과와 과세의 형평을 고려하여 자유심증으로 사실을 판단한다.
2. 사건의 병합과 분리 : 담당 조세심판관은 필요하다고 인정하면 여러 개의 심판사항을 병합하거나 병합된 심판사항을 여러 개의 심판사항으로 분리할 수 있다.
3. 질문검사권 : 담당 조세심판관은 심판청구에 관한 조사와 심리를 위하여 필요하면 직권으로 또는 심판청구인의 신청에 의하여 질문검사권을 행사할 수 있다.

참고 2 조세심판관의 제척

조세심판관은 다음의 어느 하나에 해당하는 경우에는 심판관여로부터 제척된다.
1. 심판청구인 또는 대리인인 경우(대리인이었던 경우를 포함한다)
2. 위 1.에 규정된 사람의 친족이거나 친족이었던 경우
3. 위 1.에 규정된 사람의 사용인이거나 사용인이었던 경우
4. 불복의 대상이 되는 처분이나 처분에 대한 이의신청에 관하여 증언 또는 감정을 한 경우
5. 심판청구일 전 최근 5년 이내에 불복의 대상이 되는 처분, 처분에 대한 이의신청 또는 그 기초가 되는 세무조사(「조세범 처벌절차법」에 따른 조세범칙조사를 포함한다)에 관여하였던 경우
6. 위 4. 또는 위 5.에 해당하는 법인 또는 단체에 속하거나 심판청구일 전 최근 5년 이내에 속하였던 경우
7. 그 밖에 심판청구인 또는 그 대리인의 업무에 관여하거나 관여하였던 경우

참고 3 심사청구의 각하결정

1. 심판청구를 제기한 후 심사청구를 제기(같은 날 제기한 경우도 포함한다)한 경우
2. 심사청구기간이 지난 후에 청구된 경우
3. 심사청구 후 보정기간에 필요한 보정을 하지 아니한 경우
4. 심사청구가 적법하지 아니한 경우

주심조세심판관이 결정가능한 사유

1. 심판청구금액이 3천만원(지방세는 1천만원) 미만인 것으로 다음의 어느 하나에 해당하는 것
   ① 청구사항이 법령의 해석에 관한 것이 아닌 것
   ② 청구사항이 법령의 해석에 관한 것으로서 유사한 청구에 대하여 이미 조세심판관회의의 의결에 따라 결정된 사례가 있는 것
2. 심판청구가 과세표준 또는 세액의 결정에 관한 것 외의 것으로서 유사한 청구에 대하여 이미 조세심판관회의의 의결에 따라 결정된 사례가 있는 것

2. ①

국세상호간의 우선관계는 납세담보 있는 국세, 압류에 관한 국세, 교부청구(참가압류 포함)한 국세 순이다.

참고 1 국세우선권의 제한

① 국세 및 강제징수비는 다른 공과금이나 그 밖의 채권에 우선하여 징수한다. 다만, 다음의 어느 하나에 해당하는 공과금이나 그 밖의 채권에 대해서는 그러하지 아니하다.
1. 지방세나 공과금의 체납처분 또는 강제징수를 할 때 그 체납처분 또는 강제징수금액 중에서 국세 및 강제징수비를 징수하는 경우의 그 지방세나 공과금의 체납처분비 또는 강제징수비
2. 강제집행·경매 또는 파산 절차에 따라 재산을 매각할 때 그 매각금액 중에서 국세 및 강제징수비를 징수하는 경우의 그 강제집행, 경매 또는 파산 절차에 든 비용
3. 법정기일 전에 전세권, 질권 또는 저당권 설정을 등기하거나 등록한 사실이나 대항요건과 확정일자를 갖춘 사실이 증명되는 재산을 매각할 때 그 매각금액 중에서 국세(그 재산에 대하여 부과된 국세는 제외한다)를 징수하는 경우의 그 전세권, 질권 또는 저당권에 의하여 담보된 채권이나 확정일자를 갖춘 임대차계약증서 또는 임대차계약서상의 보증금
4. 「주택임대차보호법」 또는 「상가건물 임대차보호법」이 적용되는 임대차관계에 있는 주택 또는 건물을 매각할 때 그 매각금액 중에서 국세를 징수하는 경우 임대차에 관한 보증금 중 일정 금액으로서 임차인이 우선하여 변제받을 수 있는 금액에 관한 채권
5. 사용자의 재산을 매각하거나 추심할 때 그 매각금액 또는 추심금액 중에서 국세를 징수하는 경우에 「근로기준법」 또는 「근로자퇴직급여 보장법」에 따라 국세에 우선하여 변제되는 임금, 퇴직금, 재해보상금, 그 밖에 근로관계로 인한 채권
② 세무서장은 가등기재산을 압류하거나 공매할 때에는 그 사실을 가등기권리자에게 지체 없이 통지하여야 한다.

참고 2 압류의 우선 및 담보에 의한 국세의 우선

① 국세 강제징수에 의하여 납세자의 재산을 압류한 경우에 다른 국세 및 강제징수비 또는 지방세의 교부청구가 있으면 압류에 관계되는 국세 및 강제징수비는 교부청구(참가압류 포함)된 다른 국세 및 강제징수비와 지방세에 우선하여 징수한다.
② 지방세 체납처분에 의하여 납세자의 재산을 압류한 경우에 국세 및 강제징수비의 교부청구가 있으면 교부청구된 국세 및 강제징수비는 압류에 관계되는 지방세의 다음 순위로 징수한다.
③ 납세담보물을 매각하였을 때에는 압류의 우선에 불구하고 그 국세 및 강제징수비는 매각대금 중에서 다른 국세 및 강제징수비와 지방세에 우선하여 징수한다.

3. ⑤

개별 세법상의 가산세 : 가산할 국세의 납세의무가 성립하는 때

> **참고** 납세의무 성립시기
>
> 1. 소득세·법인세: 과세기간이 끝나는 때. 단, 청산소득에 대한 법인세는 그 법인이 해산을 하는 때
> 2. 증여세: 증여에 의하여 재산을 취득하는 때
> 3. 부가가치세: 과세기간이 끝나는 때. 단, 수입재화의 경우에는 세관장에게 수입신고를 하는 때
> 4. 개별소비세·주세·교통에너지환경세: 과세물품을 제조장으로부터 반출하거나 판매장에서 판매하는 때, 과세장소에 입장하거나 과세유흥장소에서 유흥음식행위를 하는 때 또는 과세영업장소에서 영업행위를 하는 때. 단, 수입물품의 경우에는 세관장에게 수입신고를 하는 때
> 5. 인지세: 과세문서를 작성한 때
> 6. 증권거래세: 해당 매매거래가 확정되는 때
> 7. 교육세: 국세에 부과되는 교육세: 해당 국세의 납세의무가 성립하는 때. 단, 금융·보험업자의 수익금액에 부과되는 교육세: 과세기간이 끝나는 때
> 8. 농어촌특별세: 「농어촌특별세법」에 따른 본세의 납세의무가 성립하는 때

4. ③

법정신고기한이 지난 후 1개월 이내에 수정신고한 경우 90%, 1개월 초과 3개월 이내에 수정신고한 경우 75%, 3개월 초과 6개월 이내에 수정신고한 경우 50%, 6개월 초과 1년 이내에 수정신고한 경우 30%에 상당하는 금액을 감면한다.

> **참고** 가산세 감면
>
> ① 정부는 국세기본법 또는 세법에 따라 가산세를 부과하는 경우 그 부과의 원인이 되는 사유가 다음의 어느 하나에 해당하는 경우에는 해당 가산세를 부과하지 아니한다.
> 1. 기한연장 사유에 해당하는 경우
> 2. 납세자가 의무를 이행하지 아니한 데에 정당한 사유가 있는 경우
> 3. 세법해석에 관한 질의·회신 등에 따라 신고·납부하였으나 이후 다른 과세처분을 하는 경우
> 4. 토지 등의 수용 또는 사용, 도시·군계획 또는 그 밖의 법령 등으로 인해 세법상 의무를 이행할 수 없게 된 경우
> 5. 실손의료보험금을 의료비에서 제외할 때에 실손의료보험금 지급의 원인이 되는 의료비를 지출한 과세기간과 해당 보험금을 지급받은 과세기간이 달라 해당 보험금을 지급받은 후 의료비를 지출한 과세기간에 대한 소득세를 수정신고하는 경우(해당 보험금을 지급받은 과세기간에 대한 종합소득 과세표준 확정신고기한까지 수정신고하는 경우로 한정한다)
> ② 정부는 다음의 어느 하나에 해당하는 경우에는 국세기본법 또는 세법에 따른 해당 가산세액에서 다음에서 정하는 금액을 감면한다.
> 1. 법정신고기한이 지난 후 수정신고한 경우(과소신고·초과환급신고가산세만 해당하며, 과세표준과 세액을 경정할 것을 미리 알고 과세표준수정신고서를 제출한 경우는 제외한다)에는 다음의 구분에 따른 금액
>   가. 법정신고기한 지난 후 1개월 이내 수정신고시: 해당 가산세액의 90%에 상당하는 금액
>   나. 법정신고기한 지난 후 1개월 초과 3개월 이내 수정신고시: 가산세액의 75%에 상당하는 금액
>   다. 법정신고기한 지난 후 3개월 초과 6개월 이내 수정신고시: 가산세액의 50%에 상당하는 금액
>   라. 법정신고기한 지난 후 6개월 초과 1년 이내에 수정신고시: 가산세액의 30%에 상당하는 금액
>   마. 법정신고기한 지난 후 1년 초과 1년 6개월 이내 수정신고시: 가산세액의 20%에 상당하는 금액
>   바. 법정신고기한 지난 후 1년 6개월 초과 2년 이내 수정신고시: 가산세액의 10%에 상당하는 금액

2. 법정신고기한이 지난 후 기한 후 신고를 한 경우(무신고가산세만 해당하며, 과세표준과 세액을 결정할 것을 미리 알고 기한후과세표준신고서를 제출한 경우는 제외)에는 다음의 구분에 따른 금액

　　가. 법정신고기한 지난 후 1개월 이내 기한후신고시: 가산세액의 50%에 상당하는 금액

　　나. 법정신고기한 지난 후 1개월 초과 3개월 이내 기한후신고시: 가산세액의 30%에 상당하는 금액

　　다. 법정신고기한 지난 후 3개월 초과 6개월 이내 기한후신고시: 가산세액의 20%에 상당하는 금액

3. 다음의 어느 하나에 해당하는 경우에는 해당 가산세액의 100분의 50에 상당하는 금액

　　가. 세법에 따른 예정신고기한 및 중간신고기한까지 예정신고 및 중간신고를 하였으나 과소신고하거나 초과신고한 경우로서 확정신고기한까지 과세표준을 수정하여 신고한 경우(해당 기간에 부과되는 과소신고·초과환급신고가산세만 해당하며, 과세표준과 세액을 경정할 것을 미리 알고 과세표준신고를 하는 경우는 제외한다)

　　나. 세법에 따른 예정신고기한 및 중간신고기한까지 예정신고 및 중간신고를 하지 아니하였으나 확정신고기한까지 과세표준신고를 한 경우(해당 기간에 부과되는 무신고가산세만 해당하며, 과세표준과 세액을 경정할 것을 미리 알고 과세표준신고를 하는 경우는 제외한다)

5. ⑤

공매재산이 우선매수하겠다고 신고한 공유자에게 매각결정 되었지만 그 매수인이 매수대금을 납부하지 아니한 경우에는 최고가 매수신청인에게 다시 매각결정을 할 수 있다.

　참고　공유자의 우선매수권

① 공매재산이 공유물의 지분인 경우 공유자는 매각결정기일 전까지 공매보증을 제공하고 최고가 매수신청가격(최고가 매수신청인이 없는 경우에는 공매예정가격)으로 공매재산을 우선 매수하겠다는 신청을 할 수 있다.

② 우선매수 신청의 경우에 세무서장은 그 공유자에게 매각결정을 하여야 한다.

③ 여러 사람의 공유자가 우선매수하겠다는 신청을 하고 매각결정의 절차를 마쳤을 때에는 특별한 협의가 없으면 공유지분의 비율에 따라 공매재산을 매수하게 한다.

④ 세무서장은 매각결정 후 매수인이 매수대금을 납부하지 아니한 경우 최고가 매수신청인에게 다시 매각결정을 할 수 있다.

6. ②

구 분	내 용
ㄱ, ㄴ, ㄹ(압류해제 선택)	압류를 해제할 수 있다.
ㄷ, ㅁ(압류해제 강제)	압류를 해제하여야 한다.

　참고　압류해제

① 세무서장은 다음의 어느 하나에 해당하는 경우에는 그 압류를 즉시 해제하여야 한다.

1. 압류와 관계되는 체납액의 전부가 납부 또는 충당(국세환급금, 그 밖에 관할 세무서장이 세법상 납세자에게 지급할 의무가 있는 금전을 체납액과 대등액에서 소멸시키는 것을 말한다)된 경우

2. 국세 부과의 전부를 취소한 경우

3. 여러 재산을 한꺼번에 공매하는 경우로서 일부 재산의 공매대금으로 체납액 전부를 징수한 경우

4. 총 재산의 추산가액이 강제징수비(압류에 관계되는 국세에 우선하는 「국세기본법」에 따른 채권 금액이 있는 경우 이를 포함한다)를 징수하면 남을 여지가 없어 강제징수를 종료할 필요가 있는 경우. 다만, 교부청구 또는 참가압류가 있는 경우로서 교부청구 또는 참가압류와 관계된 체납액을 기준으로 할 경

우 남을 여지가 있는 경우는 제외한다.

② 세무서장은 다음의 어느 하나에 해당하는 경우에는 압류재산의 전부 또는 일부에 대하여 압류를 해제할 수 있다.

1. 압류 후 재산가격이 변동하여 체납액 전액을 현저히 초과한 경우

2. 압류와 관계되는 체납액의 일부가 납부 또는 충당된 경우

3. 국세 부과의 일부를 취소한 경우

4. 체납자가 압류할 수 있는 다른 재산을 제공하여 그 재산을 압류한 경우

7. ④

세무서장은 전문매각기관을 선정하여 압류한 예술품의 매각을 대행하게 할 수 있다. 이 규정에 따라 선정된 전문매각기관 및 전문매각기관의 임직원은 직접적으로든 간접적으로든 매각을 대행하는 예술품등을 매수하지 못한다.

> **참고** 전문매각기관의 매각대행 등
>
> ① 세무서장은 압류한 재산이 예술적·역사적 가치가 있어 가격을 일률적으로 책정하기 어렵고, 그 매각에 전문적인 식견이 필요하여 직접 매각하기에 적당하지 아니한 예술품등인 경우에는 직권이나 납세자의 신청에 따라 예술품등의 매각에 전문성과 경험이 있는 기관 중에서 전문매각기관을 선정하여 예술품등의 매각을 대행하게 할 수 있다.
>
> ② 선정된 전문매각기관 및 전문매각기관의 임직원은 직접적으로든 간접적으로든 매각을 대행하는 예술품등을 매수하지 못한다.

8. ⑤

부과한다. → 부과하지 않는다.

9. ①

가짜석유제품을 제조 또는 판매하여 조세를 포탈한 자는 5년 이하의 징역 또는 포탈한 세액의 5배 이하의 벌금에 처한다.

10. ⑤

사기나 그 밖의 부정한 행위로써 조세를 포탈한 범칙행위의 공소시효는 7년이 지나면 완성된다.

11. ③

① 재산분할청구에 의한 소유권 이전은 양도에 해당하지 않는다.

② 사업용 기계를 처분하는 경우의 처분손익은 복식부기의무자는 사업소득으로 과세되며, 그 외의 경우에는 열거되지 아니한 소득으로 과세되지 않는다.

③ 부담부증여시 채무를 인수한 부분은 자산의 유상이전 부분으로 양도소득세 과세대상이다.

④ 건설업자가 아파트를 신축하여 판매한 경우 사업소득으로 과세된다.

⑤ 소유자산을 경매·공매로 인하여 자기가 재취득하는 경우에는 양도로 보지 않는다.

1. 「도시개발법」이나 그 밖의 법률에 따른 환지처분으로 지목 또는 지번이 변경되거나 보류지로 충당되는 경우
2. 토지의 경계를 변경하기 위하여 「공간정보의 구축 및 관리 등에 관한 법률」상의 토지의 분할 등 대통령령으로 정하는 방법과 절차로 하는 토지 교환의 경우
3. 소유자산을 경매·공매로 인하여 자기가 재취득하는 경우
4. 이혼으로 인하여 혼인 중에 형성된 부부공동재산을 민법에 따라 재산분할하는 경우
5. 공동소유 토지를 소유지분별로 단순히 분할하거나 공유지분의 변경없이 단순히 재분할하는 경우
6. 법원의 확정판결에 의하여 신탁해지를 원인으로 소유권이전등기를 하는 경우
7. 매매원인 무효의 소에 의하여 그 매매사실이 원인무효로 판시되어 환원될 경우

12. ①

주소지가 2 이상인 때에는 주민등록법에 의하여 등록된 곳을 납세지로 하고, 거소지가 2 이상인 때에는 생활관계가 보다 밀접한 곳을 납세지로 한다.

참고 소득세 납세지

① 거주자의 소득세 납세지는 그 주소지로 한다. 다만, 주소지가 없는 경우에는 그 거소지로 하며 주소지가 2이상인 때에는 「주민등록법」에 의하여 등록된 곳을 납세지로 하고, 거소지가 2이상인 때에는 생활관계가 보다 밀접한 곳을 납세지로 한다.
② 비거주자의 소득세 납세지는 국내사업장의 소재지로 한다. 다만, 국내사업장이 둘 이상 있는 경우에는 주된 국내사업장의 소재지로 하고, 국내사업장이 없는 경우에는 국내원천소득이 발생하는 장소로 한다.
③ 국내에 2이상의 사업장이 있는 비거주자의 경우 그 주된 사업장을 판단하기가 곤란한 때에는 당해 비거주자가 납세지로 신고한 장소를 납세지로 한다.

13. ③

사업소득이 발생하는 사업을 공동으로 경영하고 그 손익을 분배하는 공동사업의 경우에는 공동사업장을 1거주자로 보아 공동사업장별로 그 소득금액을 계산한다.

참고 공동사업에 대한 소득금액계산 특례

① 사업소득이 발생하는 사업을 공동으로 경영하고 그 손익을 분배하는 공동사업(경영에 참여하지 아니하고 출자만 하는 출자공동사업자가 있는 공동사업을 포함한다)의 경우에는 해당 사업을 경영하는 공동사업장을 1거주자로 보아 공동사업장별로 그 소득금액을 계산한다.
② 공동사업에서 발생한 소득금액은 해당 공동사업을 경영하는 각 거주자(출자공동사업자를 포함한다. 이하 "공동사업자") 간에 약정된 손익분배비율(약정된 손익분배비율이 없는 경우에는 지분비율을 말한다)에 의하여 분배되었거나 분배될 소득금액에 따라 각 공동사업자별로 분배한다.
③ 거주자 1인과 그의 특수관계인이 공동사업자에 포함되어 있는 경우로서 손익분배비율을 거짓으로 정하는 등 사유가 있는 경우에는 그 특수관계인의 소득금액은 그 손익분배비율이 큰 주된 공동사업자의 소득금액으로 본다.

14. ②

① 근로기간 중에 주식매수선택권을 행사하여 얻은 이익은 근로소득에 해당한다.
③ 그 상속인이 주식매수선택권을 행사하여 얻은 이익은 기타소득에 해당한다.
④ 주식매수선택권 행사이익은 주식매수선택권 행사당시 주식의 시가에서 실제 매수가액을 뺀 금액이다.

⑤ 그 주식매수선택권 행사당시 주식의 시가를 취득가액으로 하여 양도소득을 계산한다.

15. ③

① 확정신고기간 종료일부터 10년간 → 확정신고기간 종료일부터 5년간

② 외국납부세액이 공제한도를 초과하는 경우 그 초과하는 금액은 해당 과세기간의 다음 과세기간부터 10년 이내 끝나는 과세기간으로 이월하여 그 이월된 과세기간의 공제한도 범위에서 공제받을 수 있다.

④ 보험료·의료비·교육비세액공제 규정을 적용할 때 과세기간 종료일 이전에 혼인·이혼·별거·취업 등의 사유로 기본공제대상자에 해당되지 아니하게 되는 종전의 배우자·부양가족·장애인 또는 과세기간 종료일 현재 65세 이상인 사람을 위하여 이미 지급한 금액이 있는 경우에는 그 사유가 발생한 날까지 지급한 금액에 보험료·의료비·교육비 세액공제율을 적용한 금액을 해당 과세기간의 종합소득산출세액에서 공제한다.

⑤ 해당 과세기간 중에 발생한 세액공제액을 먼저 → 이전 과세기간 중에 발생한 세액공제액을 먼저

참고 1 기장세액공제

① 간편장부대상자가 과세표준 확정신고를 할 때 복식부기에 따라 기장하여 소득금액을 계산하고 서류를 제출하는 경우에는 해당 장부에 의하여 계산한 사업소득금액이 종합소득금액에서 차지하는 비율을 종합소득 산출세액에 곱하여 계산한 금액의 100분의 20에 해당하는 금액을 종합소득 산출세액에서 공제한다. 다만, 공제세액이 100만원을 초과하는 경우에는 100만원을 공제한다.
② 다음의 어느 하나에 해당하는 경우에는 기장세액공제를 적용하지 아니한다.
1. 비치·기록한 장부에 의하여 신고해야 할 소득금액의 100분의 20 이상을 누락하여 신고한 경우
2. 기장세액공제와 관련된 장부 및 증명서류를 해당 과세표준 확정신고기간 종료일부터 5년간 보관하지 아니한 경우. 다만, 천재지변 등 대통령령으로 정하는 부득이한 사유에 해당하는 경우에는 그러하지 아니하다.

참고 2 세액감면 및 세액공제의 적용순위

조세에 관한 법률을 적용할 때 소득세의 감면에 관한 규정과 세액공제에 관한 규정이 동시에 적용되는 경우 그 적용순위는 다음의 순서로 한다.
1. 해당 과세기간의 소득에 대한 소득세의 감면
2. 이월공제가 인정되지 아니하는 세액공제
3. 이월공제가 인정되는 세액공제. 이 경우 해당 과세기간 중에 발생한 세액공제액과 이전 과세기간에서 이월된 미공제액이 함께 있을 때에는 이월된 미공제액을 먼저 공제한다.

16. ①

1. 양도가액   ₩600,000,000[*1]
2. 취득가액   (398,000,000)[*2]
3. 기타 필요경비   (11,000,000)[*3]
4. 양도차익   ₩191,000,000
5. 장기보유특별공제   (19,100,000)[*4]
6. 양도소득금액   ₩171,900,000
7. 양도소득기본공제   (2,500,000)
8. 양도소득과세표준   ₩169,400,000

*1. 특수관계인에게 시가(620,000,000원)보다 저가(600,000,000원)로 양도하였으나 거래차액(20,000,000원)이 3억원 미만이면서 시가의 5% 미만이므로 부당행위계산부인 규정을 적용하지 아니한다.

2. ₩400,000,000(취득가) - ₩15,000,000(감가상각비) + ₩13,000,000(취득세) = ₩398,000,000

3. Min[₩5,000,000, ₩2,000,000](매각차손) + ₩9,000,000(양도시 중개수수료) = ₩11,000,000
   토지, 건물을 취득함에 있어서 법령에 따라 매입한 국민주택채권 및 토지개발채권을 만기 전에 양도함으로써 발생하는 매각차손은 필요경비로 하되 금융기관 외의 자에게 양도한 경우에는 동일한 날에 금융기관에 양도하였을 경우 발생하는 매각차손을 한도로 한다.

4. ₩191,000,000 × 10%(5년 이상 6년 미만) = ₩19,100,000

* 보유 중에 납부한 재산세는 양도비용에 해당하지 아니한다.

참고 필요경비

① 양도차익을 계산할 때 양도가액에서 공제할 필요경비는 다음에서 규정하는 것으로 한다.
1. 취득가액(「지적재조사에 관한 특별법」에 따른 경계의 확정으로 지적공부상의 면적이 증가되어 징수한 조정금은 제외한다).
2. 자본적 지출액 및 양도비 등으로서 대통령령으로 정하는 것
② 필요경비를 계산할 때 양도자산 보유기간에 그 자산에 대한 감가상각비로서 각 과세기간의 사업소득금액을 계산하는 경우 필요경비에 산입하였거나 산입할 금액이 있을 때에는 이를 공제한 금액을 그 취득가액으로 한다.
③ 자산을 취득함에 있어서 법령 등의 규정에 따라 매입한 국민주택채권 및 토지개발채권을 만기전에 양도함으로써 발생하는 매각차손. 이 경우 금융기관 외의 자에게 양도한 경우에는 동일한 날에 금융기관에 양도하였을 경우 발생하는 매각차손을 한도로 한다.

17. ④

당기순이익	₩100,000,000
+) 총수입금액산입·필요경비불산입	56,000,000
① 대표자급여 48,000,000	
② 가사용 재고자산(시가) 8,000,000	
-) 필요경비산입·총수입금액불산입	(4,300,000)
① 예금이자 수입 (300,000)	
② 배당금수익 (3,000,000)	
③ 유가증권처분이익 (1,000,000)	
=) 사업소득금액	₩151,700,000

*1. 복식부기의무자이므로 업무용화물차 처분이익은 사업소득으로 과세되며, 당기순이익에 이미 포함되어 있으므로 별도의 세무조정은 발생하지 않는다.

2. 사업관련 공장의 화재로 인한 보험차익은 사업소득으로 과세되며, 당기순이익에 이미 포함되어 있으므로 별도의 세무조정은 발생하지 아니한다.

18. ③

(1) 의료비 구분

① 난임시술비 = ₩3,000,000(배우자)

② 특정의료비 = ₩500,000(본인)[*1] + ₩700,000(65세 이상자) + ₩600,000(장애인)
   = ₩1,800,000

③ 일반의료비 = Min[일반의료비 - (총급여 × 3%), 한도 : ₩7,000,000]
   = Min[(₩1,000,000(배우자) - ₩32,000,000[*2] × 3%), ₩7,000,000]
   = ₩40,000

*1. 시력보정용 안경·콘택트렌즈 구입비용은 1인당 연 50만원을 한도로 한다.
 2. 총급여액 : ₩35,000,000 - ₩3,000,000(비과세소득) = ₩32,000,000
 3. 국외의료비는 공제대상 의료비에 해당하지 않는다.

(2) 의료비세액공제액
= 난임시술비 × 30% + (특정의료비+일반의료비) × 15%
= 3,000,000 x 30% + 1,840,000 x 15% = ₩1,176,000

19. ④

구분	내용	금액

(1) 총급여액	① 기본급여총액 ₩50,000,000
	② 휴가비 5,000,000
	③ 강연수당 4,000,000
	* 사내연수 강연수당은 특별근로제공의 대가로 근로소득에 해당
	④ 인정상여 : 수입시기는 근로를 제공한 날(2021년) -
	⑤ 식사대(₩20,000×10月) 200,000
	* 식사를 제공받지 않는 경우의 식사대 비과세는 월 10만원까
	  지이므로 월 2만원씩은 과세됨
	⑥ 자가운전보조금(₩300,000×10月) 3,000,000
	* 실제 여비를 받지 않아야 자가운전보조금이 비과세되는 것이
	  므로 수령한 자가운전보조금은 전액이 과세됨
		₩62,200,000

(2) 근로소득공제	₩12,000,000 + [₩62,200,000(총급여)-₩45,000,000] × 5%	₩12,860,000
(3) 근로소득금액	₩62,200,000(총급여) - ₩12,860,000(근로소득공제)	₩49,340,000

20. ②
 1. 근로소득금액 : (1) - (2) = ₩79,360,000
 (1) 총급여액
　　 ① 연급여 ₩93,000,000
　　 ② 식사대 (1,200,000) - ₩100,000 × 12개월
　　 ③ 직무발명보상금 2,000,000[₩7,000,000 - ₩5,000,000(비과세)]
　　 ④ 건강보험료 - 비과세
　　 ⑤ 직장공제회 초과반환금 - 이자소득(분리과세)
　　 ⑥ 총급여액 ₩93,800,000
 (2) 근로소득공제 : ₩12,000,000+(₩93,800,000-₩45,000,000) × 5% = ₩14,440,000

 2. 사업소득금액 : (1) - (2) = ₩14,000,000
 (1) 총수입금액 : ₩2,000,000 × 12개월 = ₩24,000,000
 (2) 필요경비 : ₩10,000,000

 3. 종합소득금액 : ₩79,360,000(근로소득금액) + ₩14,000,000(사업소득금액) = ₩93,360,000
 *1. 국가지정문화재로 지정된 서화의 양도소득은 비과세 기타소득에 해당한다.
 *2 비영업대금의 이익 ₩5,000,000(=1억원 × 5%)은 2023년 귀속 이자소득에 해당한다.

21. ②

감가상각방법 무신고시 광업용 유형자산은 생산량비례법을 적용한다.

22. ④

둘 이상의 국내사업장이 있는 외국법인이 사업연도 중에 그 중 하나의 국내사업장을 가지지 아니하게 된 경우에는 국내의 다른 사업장을 계속하여 가지고 있으므로 사업연도가 의제되지 않는다.

참고 | 사업연도 의제

구분	사업연도 의제
사업연도 중에 조직변경을 한 경우	조직변경 전의 사업연도가 계속되는 것으로 간주
사업연도 중에 연결납세방식을 적용받는 경우	그 사업연도 개시일부터 연결사업연도 개시일 전날까지의 기간을 1사업연도로 간주
국내사업장이 있는 외국법인이 사업연도 중에 그 국내사업장을 가지지 아니하게 된 경우	그 사업연도 개시일부터 그 사업장을 가지지 아니하게 된 날까지의 기간을 1사업연도로 본다. 다만, 국내에 다른 사업장을 계속하여 가지고 있는 경우에는 그러하지 아니하다.
국내사업장이 없는 외국법인이 사업연도 중에 국내원천 부동산소득 또는 국내원천 부동산등 양도소득이 발생하지 아니하게 되어 납세지 관할 세무서장에게 그 사실을 신고한 경우	그 사업연도 개시일부터 신고일까지의 기간을 1사업연도로 간주

23. ④

구분	내용
①, ②, ③, ⑤	익금불산입 항목
④	익금산입 항목

참고 1 | 자본거래 익금불산입 항목(1)

구분	내용
1. 주식발행 액면초과액	액면금액 이상으로 주식을 발행한 경우 그 액면금액을 초과한 금액(무액면주식의 경우에는 발행가액 중 자본금으로 계상한 금액을 초과하는 금액을 말한다). 다만, 채무의 출자전환으로 주식등을 발행하는 경우에는 그 주식등의 시가를 초과하여 발행된 금액은 제외한다.
2. 주식의 포괄적 교환차익	「상법」에 따른 주식의 포괄적 교환을 한 경우로서 자본금 증가의 한도액이 완전모회사의 증가한 자본금을 초과한 경우의 그 초과액
3. 주식의 포괄적 이전차익	「상법」에 따른 주식의 포괄적 이전을 한 경우로서 자본금의 한도액이 설립된 완전모회사의 자본금을 초과한 경우의 그 초과액
4. 감자차익	자본감소의 경우로서 그 감소액이 주식의 소각, 주금의 반환에 든 금액과 결손의 보전에 충당한 금액을 초과한 경우의 그 초과금액
5. 합병차익	「상법」에 따른 합병의 경우로서 소멸된 회사로부터 승계한 재산의 가액이 그 회사로부터 승계한 채무액, 그 회사의 주주에게 지급한 금액과 합병 후 존속하는 회사의 자본금증가액 또는 합병에 따라 설립된 회사의 자본금을 초과한 경우의 그 초과금액
6. 분할차익	「상법」에 따른 분할 또는 분할합병으로 설립된 회사 또는 존속하는 회사에 출자된 재산의 가액이 출자한 회사로부터 승계한 채무액, 출자한 회사의 주주에게 지급한 금액과 설립된 회사의 자본금 또는 존속하는 회사의 자본금증가액을 초과한 경우의 그 초과금액

1. 자산의 평가이익. 다만, 「보험업법」이나 그 밖의 법률에 따른 유형자산 및 무형자산 등의 평가(장부가액을 증액한 경우만 해당한다) 또는 재고자산 등 대통령령으로 정하는 자산과 부채의 평가로 인하여 발생하는 평가이익은 제외한다.
2. 각 사업연도의 소득으로 이미 과세된 소득(법인세법과 다른 법률에 따라 비과세되거나 면제되는 소득을 포함한다)
3. 손금에 산입하지 아니한 법인세 또는 법인지방소득세를 환급받았거나 환급받을 금액을 다른 세액에 충당한 금액
4. 국세 또는 지방세의 과오납금의 환급금에 대한 이자
5. 부가가치세의 매출세액
6. 무상으로 받은 자산의 가액(국고보조금 등 제외)과 채무의 면제 또는 소멸로 인한 부채의 감소액 중 이월결손금을 보전하는 데에 충당한 금액
7. 연결자법인으로부터 지급받았거나 지급받을 금액
8. 「상법」에 따라 자본준비금을 감액하여 받는 배당. 다만, 자본준비금이 자본전입을 할 경우 의제배당으로 과세되는 경우에는 제외한다.

24. ⑤

법인세의 과세표준과 세액을 결정 또는 경정한 후 그 결정·경정에 오류 또는 탈루가 있는 것이 발견된 때에는 즉시 이를 다시 경정한다.

25. ④

① 직전 및 직전 전 사업연도의 소득에 대하여 → 직전 사업연도의 소득에 대하여
② 100분의 15 이상을 → 100분의 20 이상을
③ 외국납부세액공제는 과세표준에 포함된 국외원천소득에 대한 법인세 산출세액을 한도로 하며, 공제한도를 초과하는 외국납부세액은 다음 사업연도 개시일부터 10년 이내에 끝나는 각 사업연도에 이월하여 그 이월된 사업연도의 공제한도 범위에서 공제받을 수 있다.
⑤ 5년 이내에 → 15년(2019.12.31. 이전에 발생한 결손금은 10년) 이내에

26. ②

1. 2022년 세무조정

구분	손익의 귀속사업연도	결산반영	세무조정
(1) 배당금	해산시 의제배당의 귀속시기는 잔여재산가액 확정일이 속한 사업연도이므로 2023년 귀속 익금이다.	2022년 수익계상	〈익금불산입〉 배당금수익 ₩1,000,000(△유보)
(2) 선급접대비	접대비의 귀속시기는 접대행위가 발생한 사업연도이므로 지출 후 접대비를 선급비용으로 처리한 접대비는 2022년 귀속 손금이다.	2022년 비용미계상	〈손금산입〉 선급접대비 ₩1,000,000(△유보)
(3) 미지급기부금	기부금의 귀속시기는 지출한 사업연도이므로 어음을 결제한 2023년 귀속 손금이다.	2022년 비용계상	〈손금불산입〉 미지급기부금 ₩1,000,000(유보)
(4) 유형자산양도	재고자산 이외의 자산의 양도로 인한 처분이익의 귀속시기는 대금청산일(2023년), 사용수익일(2022년), 인도일 중 빠른 날이 속한 사업연도이므로 2022년 귀속 익금이다.	2022년 수익계상	없음

2. 각 사업연도의 소득금액에 미친 순영향

△₩1,000,000(배당금수익)+△₩1,000,000(선급접대비) + ₩1,000,000(미지급기부금)

= △₩1,000,000

27. ②

1. 세무조정

과 목	세무조정	내역
토 지	〈익금산입〉 ₩4,200,000 (유보)	토지의 절반을 처분하였으므로 △유보 금액의 절반을 익금산입으로 추인함
건 물	〈손금불산입〉 ₩2,000,000 (기타사외유출)	업무무관자산의 수선비는 손금불산입 항목임
기 계 장 치	세무조정 없음	자산을 장기할부조건으로 취득하는 경우 발생한 채무를 기업회계기준에서 정하는 바에 따라 현재가치로 평가하여 현재가치할인차금으로 계상한 경우 이를 수용하므로 세무조정은 없음
업무용 승용차	〈손금불산입〉 ₩3,500,000 (기타사외유출)	업무용승용차 처분손실은 매년 800만원 한도로 손금인정되므로 800만원 초과분을 손금불산입함

2. 사내유보 및 사외유출로 처분된 금액

(1) 사내유보 : ₩4,200,000(토지 기초 △유보 금액의 익금산입)

(2) 사외유출 : ₩2,000,000(업무무관자산의 수선비) + ₩3,500,000(업무용승용차 처분손실 800만원 초과분) = ₩5,500,000

28. ①

구분	내용
업무무관 가지급금	① 차입금적수 = 20,000,000*(지급이자) ÷ 5% x 365일 = ₩146,000,000,000 * 선순위 손금불산입 이자인 채권자불분명 사채이자는 제외함 ② 업무무관 가지급금적수 $= \dfrac{업무무관가지급금\ 손금불산입\ 지급이자\ x\ 차입금\ 적수}{지급이자}$ $= \dfrac{4,000,000\ x\ 146,000,000,000}{20,000,000} = ₩29,200,000,000$ ③ 업무무관 가지급금 = 29,200,000,000 ÷ 292일(3.15~12.31) = ₩100,000,000
재고자산 평가방법 임의변경	법정신고기한을 지나서 신고하였으므로 총평균법은 제20기부터 적용 ① 세법상 기말 재고자산금액 : Max[₩250,000(후입선출법), ₩500,000(선입선출법)] = ₩500,000 ② 장부상 기말 재고자산금액 : x(총평균법) ③ ₩500,000 - x = ₩100,000 → x = ₩400,000
임대료	① 시가임대료 = (자산시가 적수 × 50% - 보증금 적수) × 정기예금이자율 × $\dfrac{일수}{365일}$= (₩480,000,000 × 50% - ₩123,200,000) × 5% × $\dfrac{245일}{365일}$ = ₩3,920,000 ② 약정임대료 : x × 8月 = 8x ③ ₩3,920,000 - 8x = ₩2,320,000 → x= ₩200,000

29. ①

구분	이유	세무조정
(1) 건물 A	보험업법 및 기타법률에 따른 유형자산 평가이익(강제평가증)은 익금이며, 장부상 수익계상 하였으므로 별도의 세무조정은 없다.	없음
(2) 건물 B	감가상각비는 결산조정사항이므로 감가상각비를 장부에 계상하지 않은 경우 손금산입 세무조정을 하지 않는다.	없음
(3) 건물 C	① 감가상각비 해당액 : ₩3,000,000 ② 세법상 상각범위액 : 세무상 취득가액 x 상각률 = ₩30,000,000*1) × 0.1(정액법*2), 10년) = ₩3,000,000 *1) 전기말 감가상각누계액과 전기말 상각부인액은 정액법상 상각범위액 계산시 고려대상에 해당하지 아니함 *2) 건물의 감가상각방법을 무신고한 경우에는 정액법 적용 ③ 상각부인액 : ₩0	없음
(4) 건물 D	자본적 지출액(₩20,000,000)이 전기말 재무상태표상 장부가액의 5% (₩450,000,000 x 5% = ₩22,5000,000) 미만이므로 즉시상각의제의 특례규정에 의해 감가상각 시부인 계산 없이 해당 금액을 전액 손금으로 인정한다.	없음

30. ⑤

(1) 간접외국납부세액 익금산입액

= 외국자회사의 법인세액* × $\dfrac{\text{수입배당금}}{\text{외국자회사의 소득금액} - \text{외국자회사의 법인세액}}$

= 1억원 × $\dfrac{1천만원}{3억원 - 1억원}$ = ₩5,000,000

* 간접외국납부세액공제 대상 외국자회사란 내국법인이 직접 의결권 있는 발행주식총수의 25%(해외자원개발사업을 경영하는 외국법인은 5%)이상을 출자하고 있는 외국법인을 말하는데, 출자비율이 40%이므로 간접외국납부세액공제 적용대상에 해당한다.

(2) 원천징수세액 : ₩20,000,000(비영업대금의 이익) × 25% = ₩5,000,000
 * 자본시장과 금융투자업에 관한 법률에 따른 투자신탁의 이익을 제외한 일반적인 배당의 경우 법인세법상 원천징수대상 소득에 해당하지 않는다.

(3) 분납가능한 세액 : ₩5,000,000(1천 5백만원* 중 1천만원 초과분)
 * ₩18,000,000 중 가산세 ₩3,000,000은 분납할 수 없다.

(4) 합계액 : (1) + (2) + (3) = ₩15,000,000

31. ②

사업개시일로부터 → 등록신청일부터

> **참고** 과세기간
>
> ① 신규로 사업을 시작하는 자에 대한 최초의 과세기간은 사업 개시일부터 그 날이 속하는 과세기간의 종료일까지로 한다. 다만, 사업개시일 이전에 사업자등록을 신청한 경우에는 그 신청한 날부터 그 신청일이 속하는 과세기간의 종료일까지로 한다.
> ② 사업자가 폐업하는 경우 과세기간은 폐업일이 속하는 과세기간의 개시일부터 폐업일까지로 한다.
> ③ 간이과세자가 간이과세자에 관한 규정의 적용을 포기함으로써 일반과세자로 되는 경우 다음의 기간을 각각 하나의 과세기간으로 한다. 이 경우 아래 1.의 기간은 간이과세자의 과세기간으로, 2.의 기간은 일반과세자의 과세기간으로 한다.
> 1. 간이과세의 적용 포기의 신고일이 속하는 과세기간의 개시일부터 그 신고일이 속하는 달의 마지막 날까지의 기간
> 2. 신고일이 속하는 달의 다음 달 1일부터 그 날이 속하는 과세기간의 종료일까지의 기간

32. ③

사업장이 둘 이상인 사업자가 주된 사업장의 관할 세무서장에게 주사업장 총괄납부를 신청한 경우에는 납부할 세액을 주된 사업장에서 총괄하여 납부하여야 하며, 신고는 각각의 사업장별로 하여야 한다.

> **참고** 매입세액공제 : 확인시점
>
> 1. 세금계산서에 대한 매입처별 세금계산서합계표 또는 신용카드매출전표 등 수령명세서를 과세표준 수정신고서와 함께 제출하는 경우
> 2. 발급받은 세금계산서에 대한 매입처별 세금계산서합계표 또는 신용카드매출전표 등 수령명세서를 경정청구서와 함께 제출하여 경정기관이 경정하는 경우
> 3. 발급받은 세금계산서에 대한 매입처별 세금계산서합계표 또는 신용카드매출전표 등 수령명세서를 기한후과세표준신고서와 함께 제출하여 관할 세무서장이 결정하는 경우
> 4. 발급받은 세금계산서에 대한 매입처별 세금계산서합계표의 거래처별 등록번호 또는 공급가액이 착오로 사실과 다르게 적힌 경우로서 발급받은 세금계산서에 의하여 거래사실이 확인되는 경우
> 5. 경정을 하는 경우 사업자가 발급받은 세금계산서 또는 발급받은 신용카드매출전표 등을 경정기관의 확인을 거쳐 해당 경정기관에 제출하는 경우

33. ⑤

① 매입세액이 공제되지 않은 재화를 면세사업에 전용하는 경우에는 재화의 공급으로 보지 아니한다.
② 사업자단위 과세사업자로 적용을 받는 과세기간에 판매목적으로 타 사업장에 재화를 반출한 경우 재화의 공급으로 보지 아니한다.
③ 조세물납은 재화의 공급으로 보지 아니한다.
④ 신탁의 종료로 인하여 수탁자로부터 위탁자에게 신탁재산을 이전하는 경우 재화의 공급으로 보지 아니한다.

> **참고 1** 재화 공급의 특례 : 간주공급
>
> ① 사업자가 자기의 과세사업과 관련하여 생산하거나 취득한 재화로서 다음의 어느 하나에 해당하는 자기생산·취득재화를 자기의 면세사업을 위하여 직접 사용하거나 소비하는 것은 재화의 공급으로 본다.
> 1. 매입세액, 그 밖에 부가가치세법 및 다른 법률에 따른 매입세액이 공제된 재화
> 2. 사업양도로 취득한 재화로서 사업양도자가 매입세액, 그 밖에 부가가치세법 및 다른 법률에 따른 매입세액을 공제받은 재화

3. 사업자가 내국신용장 또는 구매확인서에 의하여 공급하는 재화(금지금은 제외한다) 등 수출에 해당하여 영(零) 퍼센트의 세율을 적용받는 재화

② 다음의 어느 하나에 해당하는 자기생산·취득재화의 사용 또는 소비는 재화의 공급으로 본다

> 1. 사업자가 자기생산·취득재화를 매입세액이 매출세액에서 공제되지 아니하는 「개별소비세법」에 따른 자동차로 사용 또는 소비하거나 그 자동차의 유지를 위하여 사용 또는 소비하는 것
> 2. 운수업, 자동차 판매업 등 대통령령으로 정하는 업종의 사업을 경영하는 사업자가 자기생산·취득재화 중 「개별소비세법」에 따른 자동차와 그 자동차의 유지를 위한 재화를 해당 업종에 직접 영업으로 사용하지 아니하고 다른 용도로 사용하는 것

③ 사업장이 둘 이상인 사업자가 자기의 사업과 관련하여 생산 또는 취득한 재화를 판매할 목적으로 자기의 다른 사업장에 반출하는 것은 재화의 공급으로 본다. 다만, 다음의 어느 하나에 해당하는 경우는 재화의 공급으로 보지 아니한다.

> 1. 사업자단위 과세사업자로 적용을 받는 과세기간에 자기의 다른 사업장에 반출하는 경우
> 2. 주사업장 총괄 납부의 적용을 받는 과세기간에 자기의 다른 사업장에 반출하는 경우. 다만, 세금계산서를 발급하고 관할 세무서장에게 신고한 경우는 제외한다.

④ 사업자가 자기생산·취득재화를 사업과 직접적인 관계없이 자기의 개인적인 목적이나 그 밖의 다른 목적을 위하여 사용·소비하거나 그 사용인 또는 그 밖의 자가 사용·소비하는 것으로서 사업자가 그 대가를 받지 아니하거나 시가보다 낮은 대가를 받는 경우는 재화의 공급으로 본다. 이 경우 사업자가 실비변상적이거나 복리후생적인 목적으로 그 사용인에게 대가를 받지 아니하거나 시가보다 낮은 대가를 받고 제공하는 것으로서 대통령령으로 정하는 경우는 재화의 공급으로 보지 아니한다.

⑤ 사업자가 자기생산·취득재화를 자기의 고객이나 불특정 다수에게 증여하는 경우(증여하는 재화의 대가가 주된 거래인 재화의 공급에 대한 대가에 포함되는 경우는 제외한다)는 재화의 공급으로 본다. 다만, 사업자가 사업을 위하여 증여하는 것으로서 대통령령으로 정하는 것은 재화의 공급으로 보지 아니한다.

⑥ 사업자가 폐업할 때 자기생산·취득재화 중 남아 있는 재화는 자기에게 공급하는 것으로 본다. 사업 개시일 이전에 사업자등록을 신청한 자가 사실상 사업을 시작하지 아니하게 되는 경우에도 또한 같다.

참고 2 재화의 공급으로 보지 않는 경우

> 1. 재화를 담보로 제공하는 것으로서 질권, 저당권 또는 양도담보의 목적으로 동산, 부동산 및 부동산상의 권리를 제공하는 것
> 2. 사업을 양도하는 것으로서 사업장별(「상법」에 따라 분할하거나 분할합병하는 경우에는 같은 사업장 안에서 사업부문별로 구분하는 경우를 포함한다)로 그 사업에 관한 모든 권리와 의무를 포괄적으로 승계시키는 것(적격분할의 경우 및 양수자가 승계받은 사업 외에 새로운 사업의 종류를 추가하거나 사업의 종류를 변경한 경우를 포함한다)을 말한다. 다만, 사업을 양수받는 자가 대가를 지급하는 때에 그 대가를 받은 자로부터 부가가치세를 징수하여 납부한 경우는 제외한다.
> 3. 사업용 자산을 상속세 및 증여세법에 따라 조세를 물납하는 것
> 4. 신탁재산의 소유권 이전으로서 다음의 어느 하나에 해당하는 것
>   가. 위탁자로부터 수탁자에게 신탁재산을 이전하는 경우
>   나. 신탁의 종료로 인하여 수탁자로부터 위탁자에게 신탁재산을 이전하는 경우
>   다. 수탁자가 변경되어 새로운 수탁자에게 신탁재산을 이전하는 경우

34. ③

(ㄱ) : o

(ㄴ) : x → 세금계산서를 발급한 후 처음 공급한 재화가 환입된 경우, 재화가 환입된 날을 작성일로 적고 비고란에 처음 세금계산서 작성일을 덧붙여 적은 후 붉은색 글씨로 쓰거나 음의 표시를 하여 수정세금계산서를 발급한다.

(ㄷ) : o

> **참고 1** 수정세금계산서(1) - 수정사유일자

구분	내용
1. 처음 공급한 재화가 환입된 경우	재화가 환입된 날을 작성일로 적고 비고란에 처음 세금계산서 작성일을 덧붙여 적은 후 붉은색 글씨로 쓰거나 음(陰)의 표시를 하여 발급
2. 계약의 해제로 재화 또는 용역이 공급되지 아니한 경우	계약이 해제된 때에 그 작성일은 계약해제일로 적고 비고란에 처음 세금계산서 작성일을 덧붙여 적은 후 붉은색 글씨로 쓰거나 음(陰)의 표시를 하여 발급
3. 계약의 해지 등에 따라 공급가액에 추가되거나 차감되는 금액이 발생한 경우	증감 사유가 발생한 날을 작성일로 적고 추가되는 금액은 검은색 글씨로 쓰고, 차감되는 금액은 붉은색 글씨로 쓰거나 음(陰)의 표시를 하여 발급

> **참고 2** 수정세금계산서(2) - 수정사유일자 이외

구분	내용
1. 재화 또는 용역을 공급한 후 공급시기가 속하는 과세기간 종료 후 25일 이내에 내국신용장이 개설되었거나 구매확인서가 발급된 경우	내국신용장 등이 개설된 때에 그 작성일은 처음 세금계산서 작성일을 적고 비고란에 내국신용장 개설일 등을 덧붙여 적어 영세율 적용분은 검은색 글씨로 세금계산서를 작성하여 발급하고, 추가하여 처음에 발급한 세금계산서의 내용대로 세금계산서를 붉은색 글씨로 또는 음(陰)의 표시를 하여 작성하고 발급
2. 필요적 기재사항 등이 착오로 잘못 적힌 경우	처음에 발급한 세금계산서의 내용대로 세금계산서를 붉은색 글씨로 쓰거나 음(陰)의 표시를 하여 발급하고, 수정하여 발급하는 세금계산서는 검은색 글씨로 작성하여 발급. 단, 다음의 어느 하나에 해당하는 경우로서 과세표준 또는 세액을 경정할 것을 미리 알고 있는 경우는 제외한다. 가. 세무조사의 통지를 받은 경우 나. 세무공무원이 과세자료수집 또는 민원등을 처리하기 위해 현지출장이나 확인업무에 착수한 경우 다. 세무서장으로부터 과세자료 해명안내 통지를 받은 경우
3. 필요적 기재사항 등이 착오 외의 사유로 잘못 적힌 경우	재화나 용역의 공급일이 속하는 과세기간에 대한 확정신고기한까지 세금계산서를 작성하되, 처음에 발급한 세금계산서의 내용대로 세금계산서를 붉은색 글씨로 쓰거나 음(陰)의 표시를 하여 발급하고, 수정하여 발급하는 세금계산서는 검은색 글씨로 작성하여 발급. 단, 위 2.의 어느 하나에 해당하는 경우로서 과세표준 또는 세액을 경정할 것을 미리 알고 있는 경우는 제외한다.

구분	내용
4. 착오로 전자세금계산서를 이중으로 발급한 경우	처음에 발급한 세금계산서의 내용대로 음(陰)의 표시를 하여 발급
5. 면세 등 발급대상이 아닌 거래 등에 대하여 발급한 경우	처음에 발급한 세금계산서의 내용대로 붉은색 글씨로 쓰거나 음(陰)의 표시를 하여 발급
6. 세율을 잘못 적용하여 발급한 경우	처음에 발급한 세금계산서의 내용대로 세금계산서를 붉은색 글씨로 쓰거나 음(陰)의 표시를 하여 발급하고, 수정하여 발급하는 세금계산서는 검은색 글씨로 작성하여 발급. 단, 위 2.의 어느 하나에 해당하는 경우로서 과세표준 또는 세액을 경정할 것을 미리 알고 있는 경우는 제외한다.

35. ②

재고매입세액은 다음과 같이 계산한다.

(1) 건물 : ₩220,000,000 × 10/110 × (1-10%×4) × (1-5.5%) = ₩11,340,000
(2) 비품 : ₩44,000,000 × 10/110 × (1-50%×2) × (1-5.5%) = ₩0
(3) 상품 : ₩22,000,000 × 10/110 × (1 - 5.5%) = ₩1,890,000
(4) 재고매입세액공제 합계액 : (1) + (2) + (3) = ₩13,230,000

* 재고매입세액 계산시에는 취득가액(부가가치세 포함)을, 건물·구축물은 10%의 감가율을, 그 밖의 감가상각자산은 50%의 감가율을 사용한다.

36. ⑤

(1) 납부세액 : ₩55,000,000(과세표준) × 10%(업종별 부가가치율) × 10%(세율) = ₩550,000
(2) 공제세액 : ① + ② + ③ = ₩154,000
   ① 과세사업 공제세액 : ₩10,000,000(세금계산서 수취분 공급대가) × 0.5% = ₩50,000
   ② 의제매입세액공제 : ₩0
   ③ 신용카드매출전표 등 발행세액공제 : ₩8,000,000 × 1.3% = ₩104,000(한도 내 금액에 해당)
(3) 차가감납부세액 : (1) - (2) = ₩396,000

37. ④

미등록가산세(일반과세자)

= 공급가액[사업개시일(2022.10.1) ~ 등록신청일 전일(2022.11.30)] 합계액 x 1%
= (₩75,000,000 + ₩60,000,000) × 1% = 1,350,000원

38. ③

구분	공급시기	2022년 제2기 공급가액
(1) 세금계산서 선발급 특례	세금계산서 발급한 때(2022.12.20.)	₩1,000,000
(2) 할부판매	재화가 인도되는 때(2022.9.1.)	₩1,000,000
(3) 연체이자 수취액	과세표준에 불포함	-
(4) 상품권을 이용한 판매	실제 재화가 인도되는 때(2023.1.1.)	-
(5) 2022년 제2기 과세기간 공급가액의 합계		₩2,000,000

39. ①

"비거주자 또는 외국법인의 국내원천소득의 구분에 관하여는 소득세법 및 법인세법의 규정에 불구하고 조세조약의 규정이 우선하여 적용된다."는 규정은 2018.12.31. 삭제되었다.

40. ④

   정상가격 산출방법은 다음과 같다.

   (1) 원 칙
   　　① 비교가능 제3자 가격방법　　　　② 재판매가격방법
   　　③ 원가가산방법　　　　　　　　　　④ 이익분할방법
   　　⑤ 거래순이익률방법
   (2) 예 외
   　　기타 합리적 방법 : 원칙상의 방법으로 정상가격을 산출할 수 없는 경우에만 적용한다.

세법학개론 2017

1. 〈국세기본법〉「국세기본법」상 심사와 심판에 관한 설명으로 옳지 않은 것은?

① 「감사원법」에 따라 심사청구를 한 처분이나 그 심사청구에 대한 처분에 대하여는 「국세기본법」상 불복청구를 할 수 없다.

② 심사청구의 대상이 된 처분에 대한 재조사 결정에 따라 처분청의 처분이 있는 경우 해당 재조사 결정을 한 재결청에 대하여 심사청구 또는 심판청구를 제기할 수 없다.

③ 해당 재결청이 처분의 집행 또는 절차의 속행 때문에 이의신청인, 심사청구인 또는 심판청구인에게 중대한 손해가 생기는 것을 예방할 필요성이 긴급하다고 인정할 때에는 처분의 집행 또는 절차 속행의 전부 또는 일부의 집행정지를 결정할 수 있다.

④ 조세심판관이 심판청구일 전 최근 5년 이내에 불복의 대상이 되는 처분, 처분에 대한 이의신청 또는 그 기초가 되는 세무조사에 관여하였던 경우에는 심판관여로부터 제척된다.

⑤ 심판청구사건에 대한 결정이 국세행정에 중대한 영향을 미칠 것으로 예상되어 국세청장의 요청이 있고 조세심판원장과 상임조세심판관 모두로 구성된 회의가 의결하는 경우에는 조세심판관합동회의가 심리를 거쳐 결정하여야 한다.

2. 〈국세기본법〉「국세기본법」상 가산세에 관한 설명으로 옳지 않은 것은?

① 가산세는 해당 의무가 규정된 세법의 해당 국세의 세목으로 하나 해당 국세를 감면하는 경우 가산세는 감면대상에 포함되지 아니한다.

② 납세의무자가 역외거래에서 발생한 부정행위로 법정신고기한까지 법인세 과세표준 신고를 하지 아니한 경우에는 그 신고로 납부하여야할 세액에 100분의 60을 곱한 금액을 가산세로 한다.

③ 납세의무자가 법정신고기한까지 법인세의 과세표준 신고를 한 경우로서 착오에 의하여 과소신고를 한 때에는 과소신고납부세액의 100분의 10에 상당하는 금액을 가산세로 한다.

④ 납부지연 가산세를 부과함에 있어 납세의무자가 법인세를 부정행위로 과소신고하면서 과세기간을 잘못 적용한 경우 실제 신고납부한 날에 실제 신고납부한 금액의 범위에서 신고납부하였어야 할 과세기간에 대한 법인세를 자진납부한 것으로 본다.

⑤ 정부는 납세자가 의무를 이행하지 아니한데 대한 정당한 사유가 있는 때에는 해당 가산세를 부과하지 아니한다.

3. 〈국세기본법〉「국세기본법」상 신의성실의 원칙에 관한 설명으로 옳지 않은 것은? (다툼이 있으면 판례에 따름)

① 조세실체법에 대한 신의성실의 원칙 적용은 합법성을 희생하여서라도 구체적 신뢰보호의 필요성이 인정되는 경우에 한하여 허용된다.

② 세무서 직원들이 명시적으로 부가가치세 면제대상으로 세무지도를 하여 납세자가 이를 믿고 부가가치세를 거래징수하지 않았으나 그 이후에 과세관청이 한 부가가치세 과세처분은 신의성실의 원칙에 위반된다.

③ 신의성실의 원칙은 과세관청이 과거의 언동에 반하여 소급 처분하는 것을 금지하는 것으로 과세관청이 과거의 언동을 시정하여 장래에 향하여 처분하는 것은 허용된다.

④ 납세의무자가 인터넷 국세종합상담센터의 답변에 따라 세액을 과소신고·납부한 경우 그 답변은 과세관청의 공식적인 견해표명에 해당하지 않는다.

⑤ 납세의무자가 자산을 과대계상하는 방법으로 분식결산을 하고 이에 따라 법인세를 과다신고·납부한 후 그 과다납부한 세액에 대한 감액을 주장하는 경우 납세의무자에게 신의성실의 원칙이 적용된다.

4. 〈국세기본법〉「국세기본법」상 세무조사에 관한 설명으로 옳은 것은? (다툼이 있으면 판례에 따름)

① 납세자가 세무공무원에게 직무와 관련하여 금품제공을 알선한 경우에는 정기선정에 의한 조사 외에 세무조사를 할 수 있다.

② 세무공무원이 납세의무자의 2022년도분 소득세에 대한 임대료수입금액 누락에 대하여 세무조사를 마친 후 다시 2022년도분 소득세에 대한 음식점수입금액 누락에 대하여 세무조사를 하는 경우에는 세무조사의 내용이 중첩되지 않으므로 원칙적으로 「국세기본법」에서 금지하는 재조사에 해당하지 않는다.

③ 세무공무원은 세무조사 과정에서 「조세범처벌절차법」에 따른 조세범칙조사로 전환하는 경우에는 납세자에게 별도의 통지 없이 세무조사의 범위를 확대할 수 있다.

④ 세무공무원은 국외자료의 수집에 따라 외국 과세기관과의 협의가 필요하여 세무조사를 진행하기 어려운 경우에는 세무조사를 중지할 수 있고 이 중지기간은 세무조사기간에 산입된다.

⑤ 세무조사의 적법요건으로 객관적 필요성, 최소성, 권한남용의 금지 등을 규정하고 있는 「국세기본법」제81조의 4 제1항은 그 자체로서는 구체적인 법규적 효력이 없다.

5. 〈국세기본법〉다음의 거주자 甲의 납세의무 성립시기가 빠른 순서대로 나열한 것은?

> ㄱ. 부친이 2022.4.1.에 사망하여 甲에게 부과된 상속세에 대한 가산세
> ㄴ. 甲이 2022.2.1.에 취득한 부동산에 대한 종합부동산세
> ㄷ. 은행이 2022.5.1.에 甲에게 지급한 이자소득에 대하여 원천징수한 소득세
> ㄹ. 甲이 2022년에 중간예납한 소득세
> ㅁ. 甲이 금융업자(과세기간은 1.1~12.31)로서 그 수익금액에 대하여 2022년에 부과 받은 교육세

① ㄱ-ㄷ-ㄴ-ㄹ-ㅁ   ② ㄴ-ㄱ-ㄷ-ㅁ-ㄹ   ③ ㄷ-ㄱ-ㄴ-ㅁ-ㄹ

④ ㄹ-ㄷ-ㄱ-ㄴ-ㅁ   ⑤ ㅁ-ㄱ-ㄴ-ㄷ-ㄹ

6. 〈국세징수법〉「국세징수법」상 납부기한 등의 연장 및 납부고지의 유예에 관한 설명으로 옳지 않은 것은?

① 관할 세무서장은 납세자가 재난 또는 도난으로 재산에 심한 손실을 입어 국세를 납부할 수 없다고 인정되는 경우 납부고지를 유예(세액을 분할하여 납부고지 하는 것을 포함한다)할 수 있다.

② 납부고지의 유예기간에는 국세징수권의 소멸시효가 진행되지 아니한다.

③ 관할 세무서장은 납부고지의 유예를 신청받은 경우 납부고지 예정인 국세의 납부하여야 할 기한의 만료일까지 납세자에게 납부고지 유예의 승인 여부를 통지하여야 한다.

④ 납세자가 납부고지 예정인 국세의 납부하여야 할 기한의 만료일 10일 전까지 신청을 하였으나 관할 세무서장이 신청일부터 10일 이내에 승인 여부를 통지하지 아니한 경우에는 신청일부터 10일이 되는 날에 신청을 승인한 것으로 본다.

⑤ 납세자의 재산상황의 변동 등 사유로 납부기한 등까지 납부할 수 없다고 인정되어 세무서장이 납부기한 등 연장을 취소한 경우 그 국세에 대하여 다시 지정납부기한 등의 연장을 할 수 없다.

7. 〈국세징수법〉「국세징수법」상 강제징수에 관한 설명으로 옳지 않은 것은?

① 세무서장은 납세자가 독촉장을 받고 지정된 기한까지 국세를 완납하지 아니한 경우 납세자의 재산을 압류한다.

② 세무서장은 체납자가 국유재산을 매수한 것이 있을 때에는 소유권 이전 전이라도 그 재산에 관한 체납자의 정부에 대한 권리를 압류한다.

③ 재판상의 가압류 재산이 강제징수 대상인 경우에도 「국세징수법」에 따른 강제징수를 한다.

④ 세무서장이 체납자의 채권을 압류할 때 채권의 채무자에게 압류의 통지를 한 때에는 체납액을 한도로 하여 체납자인 채권자를 대위한다.

⑤ 부동산에 대한 압류는 압류재산의 소유권이 이전된 후 「국세기본법」에 따른 법정기일이 도래한 국세의 체납액에 대하여도 그 효력이 미친다.

8. 〈국세징수법〉「국세징수법」상 공매에 관한 설명으로 옳지 않은 것은? (다툼이 있으면 판례에 따름)

① 「국세징수법」상 강제징수절차를 통하여 압류재산을 매각한 후 그 매각대금을 배분함에 있어서 국세와 다른 채권 간의 우선순위는 압류재산의 매각대금을 배분하기 위하여 「국세징수법」상 배분계산서를 작성함으로써 강제징수가 종료되는 때에 비로소 확정된다.

② 세무서장은 압류한 재산이 예술품인 경우에는 직권으로 전문매각기관을 선정하여 예술품의 매각을 대행하게 할 수 있다.

③ 세무서장이 체납자에게 공매통지를 하지 않은 공매처분은 위법하다.

④ 「국세기본법」에 따른 심판청구 절차가 진행 중인 국세의 체납으로 압류한 재산이 감량되기 쉬운 재산으로서 속히 매각하지 아니하면 그 재산가액이 줄어들 우려가 있는 경우에도 청구에 대한 결정이 확정되기 전에 공매할 수 없다.

⑤ 관할 세무서장은 해당 재산의 압류를 해제한 경우 공매를 취소하여야 한다.

9. 〈조세범처벌법〉「조세범처벌법」상 조세포탈에 관한 설명으로 옳지 않은 것은? (다툼이 있으면 판례에 따름)

① 조세포탈이 성립하기 위해서는 법령에 열거된 사기나 그 밖의 부정한 행위를 통해 조세의 부과와 징수를 불가능하게 하거나 현저히 곤란하게 하는 적극적 행위를 할 것이 요구된다.

② 회사의 폐업 후에 부가가치세의 과세표준 및 세액을 관할세무서에 신고하지 아니하거나 세법상 요구되는 장부를 비치하지 않았다고 하여 조세포탈죄가 성립되지는 않는다.

③ 부가가치세는 신고납부기간이 경과한 때에 조세포탈행위의 기수가 된다할 것이고 그 납부 후에 포탈세액 일부를 납부하였다 하더라도 조세포탈죄의 성립에는 아무런 영향을 미칠 수 없다.

④ 조세포탈의 죄를 범한 자가 포탈세액에 대하여 법정신고기한이 지난 후 6개월 이내에 「국세기본법」에 따른 기한 후 신고를 하였을 때에는 형을 감경할 수 있다.

⑤ 매출누락에 따른 부가가치세의 포탈세액을 산정함에 있어서 매입세금계산서를 교부받지 아니한 매입액에 대한 매입세액을 매출세액에서 공제하여야 한다.

10. 〈조세범처벌법〉「조세범처벌법」상 세금계산서 발급 관련 범죄에 관한 설명으로 옳지 않은 것은? (다툼이 있으면 판례에 따름)

① 세금계산서를 발급하여야 할 자가 재화를 공급하면서 공급가액을 부풀려 세금계산서를 발급한 경우 세금계산서를 거짓으로 기재하여 발급한 죄에 해당한다.

② 재화를 공급하지 않은 자가 타인 명의를 위조하여 그 타인을 공급하는 자로 기재하여 세금계산서를 교부한 경우 거래 없이 세금계산서를 교부한 죄에 해당하지 않는다.

③ 재화를 공급한 자가 재화를 실제로 공급받은 자가 아닌 다른 사람에게 세금계산서를 발급한 경우 세금계산서 미발급으로 인한 죄에 해당하지 않는다.

④ 용역을 제공받은 사실이 없음에도 허위 세금계산서를 교부받은 이상 허위 세금계산서를 자료상이 아닌 자로부터 교부받았다 하더라도 용역을 공급받지 않고 세금계산서를 발급받은 죄에 해당한다.

⑤ 거래 없이 세금계산서를 교부한 죄는 각 세금계산서마다 1개의 죄가 성립한다.

11. 〈소득세법, 국세기본법〉 위법소득의 과세에 관한 설명으로 옳지 않은 것은? (다툼이 있으면 판례에 따름)

① 회사의 부사장이 회사소유 부동산을 매각하여 그 처분대금을 횡령한 경우 경제적 측면에서 보아 현실로 이득을 지배 관리하면서 이를 향수하고 있어 담세력이 있는 것으로 판단되므로 과세소득에 해당한다.

② 매매가 위법한 것이어서 무효임에도 당사자 사이에서 그 매매계약이 유효한 것으로 취급되어 매도인이 매매대금을 수수하여 그대로 보유하고 있는 경우 양도소득세 과세대상이 된다.

③ 법인의 피용자의 지위에 있는 자가 법인의 자금을 횡령하여 법인이 그 자에 대한 손해배상채권을 취득하는 경우에는 그 금원 상당액이 곧바로 사외유출된 것으로 볼 수는 없어 소득처분에 의한 근로소득으로 과세될 수 없다.

④ 법인과 이사 사이에 이익이 상반되는 금전소비대차라 하더라도 그 소비대차에서 발생한 이자소득은 과세대상이 된다.

⑤ 위법소득에 대한 납세의무가 성립한 후에는 「형법」에 따른 몰수가 이루어진 경우라 하더라도 「국세기본법」상 후발적 경정청구의 대상이 되지 않는다.

12. 〈소득세법〉「소득세법」상 양도소득금액의 계산에서 양도가액과 취득가액에 관한 설명으로 옳지 않은 것은? (다툼이 있으면 판례에 따름)

① 양도소득세 과세대상이 되는 거래가 단순한 교환인 경우는 실지거래가액을 확인할 수 없는 경우에 해당한다.

② 「법인세법」에 따른 특수관계인에 해당하는 법인 외의 자에게 부동산을 시가보다 높은 가격으로 양도하는 경우로서 「상속세 및 증여세법」에 따라 해당 거주자의 증여재산가액으로 하는 금액이 있는 경우 그 부동산의 시가를 실지양도가액으로 본다.

③ 취득일로부터 3년이 지난 후에 취득 당시로 소급하여 한 감정에 의하여 평가한 가액은 취득 당시의 실지거래가액을 대체할 수 있는 감정가액에 해당하지 않는다.

④ 「법인세법」에 따른 특수관계인으로부터 부동산을 취득한 경우 거주자의 상여로 처분된 금액이 있으면 그 상여로 처분된 금액을 취득가액에 더한다.

⑤ 양도차익 계산시 양도가액을 매매사례가액으로 하는 경우 취득가액을 실지거래가액에 따를 수 있다.

13. 〈소득세법〉 다음은 (주)A에 근무하는 거주자 甲의 2022년도 소득자료이다. 甲의 기타소득으로 원천징수 될 소득세액은 얼마인가? (단, 다음 소득은 일시·우발적으로 발생하였으며, 소득과 관련된 필요경비는 확인되지 않음)

(1) 상가입주 지체상금	1,500,000원
(2) 상표권 대여료	1,000,000원
(3) 지상권 설정대가	2,000,000원
(4) 서화를 미술관에 양도하고 받은 대가	10,000,000원
(5) (주)B의 입사시험 출제수당	250,000원
(6) 복권당첨금	3,000,000원
(7) 배임수재로 받은 금품	5,000,000원

① 300,000원   ② 460,000원   ③ 1,140,000원
④ 1,180,000원   ⑤ 2,700,000원

14. 〈소득세법〉 다음은 거주자 甲(62세)이 2022년도에 수령한 국민연금과 연금계좌에 대한 자료이다. 「소득세법」상 甲의 2022년도 종합과세 되는 총연금액은 얼마인가? (단, 甲이 종합과세와 분리과세 중 선택할 수 있는 경우에는 종합과세를 선택한 것으로 가정함)

(1) 2022년도 국민연금 수령액은 30,000,000원이고, 국민연금 환산소득누계액과 국민연금보험료 누계액 자료는 다음과 같음
   ① 2002.1.1. 이후 국민연금 납입기간의 환산소득 누계액: 450,000,000원
   ② 2001.12.31. 이전 국민연금 납입기간의 환산소득 누계액: 900,000,000원
   ③ 2002.1.1. 이후 납입한 국민연금보험료 누계액: 60,000,000원(소득공제 받지 않은 금액 3,000,000원)
(2) 2022년도 연금계좌(가입일: 2011.2.10., 수령시작일: 2022.3.10.)에서 연금으로 수령한 금액은 25,000,000원이고, 연금수령개시 신청일인 2022. 3.10. 현재 연금계좌평가액 50,000,000원의 내역은 다음과 같음
   ① 甲이 납입한 연금보험료 합계액: 33,000,000원(소득공제 또는 세액공제 받지 않은 금액 2,000,000원)
   ② 연금계좌 운용수익: 10,000,000원
   ③ 이연퇴직소득: 7,000,000원

① 7,000,000원   ② 10,000,000원   ③ 11,000,000원
④ 12,000,000원   ⑤ 13,000,000원

15. 〈소득세법〉「소득세법」상 원천징수에 관한 설명으로 옳지 않은 것은?

① 법인세 과세표준을 경정하는 경우 「법인세법」에 따라 처분되는 상여는 경정의 대상이 되는 사업연도 중 근로를 제공받은 날에 근로소득을 지급한 것으로 보아 소득세를 원천징수한다.
② 원천징수의무자가 소득세가 면제되는 이자소득을 거주자에게 지급할 때는 소득세를 원천징수하지 아니한다.
③ 배당소득이 발생한 후 지급되지 않아 소득세가 원천징수 되지 않고 종합소득에 합산되어 종합소득에 대한 소득세가 과세된 경우에 그 소득을 지급할 때는 소득세를 원천징수하지 아니한다.
④ 거주자의 퇴직소득이 퇴직일 현재 연금계좌에 있는 경우 해당 퇴직소득에 대한 소득세를 연금외수령 하기 전까지 원천징수하지 아니한다.
⑤ 공적연금소득을 받는 사람이 해당 과세기간 중에 사망한 경우 원천징수의무자는 그 사망일이 속하는 달의 다음다음 달 말일까지 그 사망자의 공적연금소득에 대한 연말정산을 하여야 한다.

16. 〈소득세법〉 「소득세법」상 거주자 및 비거주자의 납세의무에 관한 설명으로 옳은 것은?

① 국내에 거소를 둔 기간이 1과세기간에 걸쳐 183일 이상인 경우에는 국내에 183일 이상 거소를 둔 것으로 본다.

② 거주자는 거소의 국외 이전을 위하여 출국하는 날부터 비거주자가 된다.

③ 내국법인이 발행주식 총수의 100분의 80을 직접 출자한 해외현지법인에 파견된 직원은 거주자로 본다.

④ 비거주자는 국내에 주소를 둔 기간이 183일이 되는 날부터 거주자가 된다.

⑤ 「소득세법」에 따른 거소는 국내에 생계를 같이 하는 가족 및 국내에 소재하는 자산의 유무 등 생활관계의 객관적 사실에 따라 판정한다.

17. 〈소득세법〉 거주자 甲은 2019.3.10.에 (주)A의 총발행주식 10,000주 중 6,000주를 취득한 이후 계속 보유하고 있다가 2022.6.15.에 (주)A의 주식 5,200주를 특수관계 없는 거주자 乙에게 양도하였다. 2022.6.15. 현재 (주)A의 재무상태표가 다음과 같을 경우, 甲의 (주)A의 주식 양도로 발생하는 「소득세법」상 양도소득세 납세의무에 관한 설명으로 옳은 것은? (단, (주)A는 제조업을 영위하는 중소기업이 아닌 비상장 내국법인이며, 재무상태표상 토지 및 건물의 장부가액은 기준시가와 일치한다고 가정함)

(주)A의 재무상태표			(단위: 원)
현 금	20,000,000	부 채	50,000,000
토 지	200,000,000	자 본 금	200,000,000
건 물	150,000,000	이익잉여금	250,000,000
기계장치	130,000,000		
계	500,000,000	계	500,000,000

① 甲은 2022.8.31.까지 양도소득 과세표준을 예정신고해야 한다.

② 甲은 양도차익에서 장기보유특별공제액을 차감할 수 있다.

③ 甲은 양도소득 과세표준에 20%의 세율을 적용하여 계산한 금액을 양도소득 산출세액으로 한다.

④ 甲은 (주)A의 주식 양도 이외에 다른 양도소득이 없더라도 양도소득기본공제를 받을 수 없다.

⑤ 甲이 (주)A의 주식을 양도할 때 명의개서하지 않으면 양도로 보지 아니한다.

18. 〈소득세법〉 다음은 중소기업을 운영하는 거주자 甲의 2022년도 소득자료이다. 甲의 종합소득 산출세액에서 공제될 배당세액공제액을 계산하면 얼마인가?

> (1) 금융소득 자료
> ① 내국법인 A의 현금배당 70,000,000원
> ② 외국법인 B의 현금배당 10,000,000원
> ③ 국내은행 정기예금이자 5,000,000원
> (2) 금융소득 외에 2022년도 사업소득금액은 27,850,000원이며, 종합소득공제액은 20,000,000원임
> (3) 기본세율
>
> | 과세표준 | 세율 |
> |---|---|
> | 1천200만원 이하 | 과세표준의 6% |
> | 1천200만원 초과 4천600만원 이하 | 72만원 + (1천200만원을 초과하는 금액의 15%) |
> | 4천600만원 초과 8천800만원 이하 | 582만원 + (4천600만원을 초과하는 금액의 24%) |
> | 8천800만원 초과 1억5천만원 이하 | 1천590만원 + (8천800만원을 초과하는 금액의 35%) |
> | 1억5천만원 초과 5억원 이하 | 3천760만원 + (1억5천만원을 초과하는 금액의 38%) |
> | 5억원 초과 | 1억7천60만원 + (5억원을 초과하는 금액의 40%) |

① 3,209,000원 ② 4,409,000원 ③ 5,609,000원
④ 7,150,000원 ⑤ 7,700,000원

19. 〈소득세법〉 거주자 甲은 배우자인 거주자 乙이 2012.3.1.에 300,000,000원에 취득한 토지를 2018.4.1.에 乙로부터 증여(증여 당시 시가 700,000,000원) 받아 소유권이전등기를 마쳤다. 이후 甲은 2022.6.1.에 토지를 甲 또는 乙과 특수관계 없는 거주자 丙에게 1,000,000,000원에 양도하였다. 甲 또는 乙의 양도소득 납세의무에 관한 설명으로 옳은 것은? (단, 양도소득은 실질적으로 甲에게 귀속되지 아니하고, 토지는 법령상 협의매수 또는 수용된 적이 없으며, 양도 당시 甲과 乙은 혼인관계를 유지하고 있음)

① 토지의 양도차익 계산시 양도가액에서 공제할 취득가액은 700,000,000원이다.
② 토지의 양도차익 계산시 취득시기는 2012.3.1. 이다.
③ 토지의 양도차익 계산시 甲의 증여세 산출세액은 양도가액에서 공제할 수 없다.
④ 甲과 乙은 연대하여 토지의 양도소득세 납세의무를 진다.
⑤ 토지의 양도소득세 납세의무자는 乙이다.

20. 〈소득세법〉「소득세법」상 배당소득에 관한 설명으로 옳은 것은?

① 법인으로 보는 단체로부터 받는 분배금은 배당소득에 해당하지 않는다.
② 외국법인으로부터 받는 이익이나 잉여금의 배당은 배당소득에 해당하지 않는다.
③ 합병으로 소멸한 법인의 주주가 합병 후 존속하는 법인으로부터 그 합병으로 취득한 주식의 가액과 금전의 합계액이 그 합병으로 소멸한 법인의 주식을 취득하기 위하여 사용한 금액을 초과하는 금액은 배당소득에 해당하지 않는다.
④ 거주자가 일정기간 후에 같은 종류로서 같은 양의 주식을 반환 받는 조건으로 주식을 대여하고 해당 주식의 차입자로부터 지급받는 해당 주식에서 발생하는 배당에 상당하는 금액은 배당소득에 해당하지 않는다.
⑤ 국외에서 설정된 집합투자기구로부터의 이익은 해당 집합투자기구의 설정일부터 매년 1회 이상 결산·분배할 것이라는 요건을 갖추지 않아도 배당소득에 해당한다.

21. 〈법인세법〉「법인세법」상 비영리내국법인에 관한 설명으로 옳은 것은?

① 비영리내국법인이 수익사업을 영위하는 경우 구분경리하지 않는 것을 원칙으로 한다.
② 비영리내국법인의 청산소득에 대하여는 법인세가 과세된다.
③ 비영리내국법인은 「소득세법」에 따른 비영업대금의 이익에 대해서 반드시 법인세 과세표준 신고를 하여야 한다.
④ 비영리내국법인은 고유목적사업준비금을 손금에 산입한 날이 속하는 사업연도 종료일 이후 3년이 되는 날까지 고유목적사업에 사용하여야 한다.
⑤ 축산업을 영위하는 비영리내국법인은 지상권의 양도로 인하여 발생하는 소득이 있는 경우 법인세 과세표준 신고를 하여야 한다.

22. 〈법인세법〉「법인세법」상 부당행위계산의 부인에 관한 설명으로 옳지 않은 것은? (다툼이 있으면 판례에 따름)

① 법인과 특수관계인 간의 거래는 반드시 직접적인 거래관계에 국한하지 않고 특수관계인 외의 자를 통하여 이루어진 거래도 포함한다.
② 비상장주식에 대하여 특수관계인이 아닌 제3자 간에 일반적으로 거래된 가격이 없으면 「상속세 및 증여세법」에 따른 보충적 평가방법을 준용하여 평가한 금액을 기준으로 부당행위계산부인 규정을 적용한다.
③ 법령으로 정하는 파생상품에 근거한 권리를 행사하지 아니하거나 그 행사기간을 조정하는 방법으로 이익을 분여하는 경우는 '조세의 부담을 부당하게 감소시킨 것으로 인정되는 경우'에 해당한다.
④ 부당행위계산부인 규정은 세법상 과세소득계산상의 범위 내에서만 변동을 초래할 뿐 당사자 간에 약정한 사법상 법률행위의 효과와는 무관하다.
⑤ 부당행위계산에 해당하는 경우 시가와의 차액 등을 익금에 산입하여 당해 법인의 각 사업연도의 소득금액을 계산하고 귀속자에게 증여세를 과세하는 것을 원칙으로 한다.

23. 〈법인세법〉「법인세법」상 장부에 계상하여야 세무조정의 효과가 발생하는 조정(이하 '결산조정'이라 함)과 소득금액조정합계표에 계상하여야 세무조정의 효과가 발생하는 조정(이하 '신고조정'이라 함)에 관한 설명으로 옳은 것을 모두 고른 것은?

> ㄱ. 익금항목은 모두 신고조정사항이다.
> ㄴ. 일시상각충당금은 원칙적으로 결산조정사항이지만, 예외적으로 신고조정을 허용한다.
> ㄷ. 「채무자 회생 및 파산에 관한 법률」에 따른 회생계획인가의 결정 또는 법원의 면책결정에 따라 회수불능으로 2020년도에 확정된 채권을 2022년도에 손금에 계상한 경우 손금으로 인정되지 않는다.
> ㄹ. 물품의 수출 또는 외국에서의 용역제공으로 발생한 채권으로서 외국환거래에 관한 법령에 따라 한국은행총재 또는 외국환은행의 장으로부터 채권회수의무를 면제받은 것은 신고조정사항이다.
> ㅁ. 감가상각비의 손금산입은 모두 결산조정사항이다.

① ㄱ
② ㄴ, ㄷ
③ ㄷ, ㄹ, ㅁ
④ ㄱ, ㄴ, ㄷ, ㄹ
⑤ ㄱ, ㄴ, ㄷ, ㄹ, ㅁ

24. 〈법인세법〉 다음은 내국법인 (주)A의 제17기 사업연도(2022.1.1.~12.31.) 자료이다. 세무조정시 대표자에 대한 상여와 기타사외유출로 소득처분할 금액은 각각 얼마인가?

> (1) 현금매출누락 100,000,000원(부가가치세 제외한 금액)
> (2) 채권자가 불분명한 사채이자 15,000,000원(원천징수세액 4,125,000원 포함)
> (3) 증빙불비 접대비 4,000,000원(귀속자 불분명)
> (4) 업무와 관련하여 발생한 교통사고 벌과금 1,000,000원
> (5) 사외유출된 금액의 귀속이 불분명하여 대표자에 대한 상여로 처분을 한 경우, (주)A가 그 처분에 따른 소득세를 대납하고 이를 손비로 계상한 금액 2,500,000원

	대표자에 대한 상여	기타사외유출
①	110,875,000원	11,625,000원
②	114,875,000원	7,625,000원
③	115,000,000원	7,500,000원
④	117,375,000원	5,125,000원
⑤	119,000,000원	3,500,000원

25. 〈법인세법〉 제조업을 영위하는 내국법인 (주)C는 제35기 과세기간(2022.1.1.~12.31.) 중 주식발행초과금 150,000,000원을 재원으로 하여 무상증자를 시행하였다. 무상증자 직전의 (주)C의 발행주식총수는 300,000주(1주당 액면가액은 500원)이며 주주구성 및 보유주식현황은 다음 표와 같을 때 상황1과 상황2에서 (주)B의 의제배당금액을 계산하면 각각 얼마인가?

무상증자 직전의 주주구성 및 보유주식현황	
주주구성	보유주식수
(주)A	180,000주
(주)B	60,000주
(주)C	60,000주
합계	300,000주

〈상황1〉 무상증자시 자기주식에 배정할 무상주 60,000주에 대하여 (주)C를 제외한 기타주주의 지분비율에 따라 배정하여 무상증자후 총발행주식수가 600,000주가 되었다고 가정
〈상황2〉 무상증자시 자기주식에 배정할 무상주 60,000주에 대하여 (주)C를 제외한 기타주주에게 배정하지 않아 무상증자후 총발행주식수가 540,000주가 되었다고 가정

	상황1	상황2
①	6,500,000원	4,500,000원
②	6,500,000원	5,500,000원
③	7,500,000원	5,500,000원
④	7,500,000원	6,000,000원
⑤	8,000,000원	6,000,000원

26. 〈법인세법〉「법인세법」상 내국법인의 과세표준 및 세액의 계산에 관한 설명으로 옳지 않은 것은? (단, 중소기업의 경우 법령상 요건을 모두 갖추고 있는 것으로 가정함)

① 중소기업은 결손금 소급공제시 직전 사업연도의 소득에 대하여 과세된 법인세액을 한도로 한다. 여기에서 과세된 법인세액이란 법령에 따른 토지 등 양도소득에 대한 법인세를 제외하고 직전 사업연도의 소득에 대한 법인세로서 공제 또는 감면된 법인세액을 차감한 금액을 말한다.

② 중소기업은 결손금이 발생한 사업연도와 직전 사업연도의 소득에 대한 법인세 과세표준 및 세액을 각각의 과세표준 신고기한 내에 적법하게 신고하고 환급신청을 한 경우에만 결손금 소급공제를 적용할 수 있으나 발생한 결손금의 일부만을 소급공제 신청할 수는 없다.

③ 결손금 공제 중 이월공제는 신청을 요건으로 하지 않는다.

④ 각 사업연도 소득에 대한 법인세의 과세표준은 각 사업연도 소득의 범위에서 법정 이월결손금, 비과세소득, 소득공제액을 차례로 공제한 금액으로 한다. 다만, 중소기업과 회생계획을 이행 중인 기업 등 법령으로 정하는 법인을 제외한 내국법인의 경우 법정 이월결손금 금액에 대한 공제의 범위는 각 사업연도 소득의 100분의 60으로 한다.

⑤ 법인세의 과세표준과 세액을 추계하는 경우에는 이월결손금 공제규정을 적용하지 아니한다. 다만, 천재지변 등으로 장부나 그 밖의 증명서류가 멸실되어 법령으로 정하는 바에 따라 추계하는 경우에는 그러하지 아니하다.

27. 〈법인세법〉「법인세법」상 익금에 관한 설명으로 옳지 않은 것은?

① 익금은 자본 또는 출자의 납입 및 「법인세법」에서 규정하는 것은 제외하고 해당 법인의 순자산을 증가시키는 거래로 인하여 발생하는 수익의 금액으로 한다.

② 이월결손금의 보전에 충당하지 않은 자산수증이익과 채무의 출자전환에 따른 채무면제이익은 해당 사업연도에 익금불산입하고 그 이후의 각 사업연도에 발생한 결손금의 보전에 충당할 수 있다.

③ 「법인세법」에 따른 특수관계인인 개인으로부터 유가증권을 시가보다 낮은 가액으로 매입하는 경우 당해 시가와 그 매입가액의 차액에 상당하는 금액은 익금으로 본다.

④ 국세 과오납금의 환급금에 대한 이자는 익금으로 보지 않는다.

⑤ 채무의 출자전환시 시가가 액면가액에 미달하는 경우 익금에 산입되는 채무면제이익은 발행가액에서 액면가액을 차감하여 계산한다.

28. 〈법인세법〉「법인세법」상 손금에 관한 설명으로 옳지 않은 것은?

① 「법인세법」은 손비의 범위에 관한 일반적 기준으로서 그 법인의 사업과 관련하여 발생하거나 지출된 손실 또는 비용으로서 일반적으로 인정되는 통상적인 것이거나 수익과 직접 관련된 것으로 규정하고 있다.

② 합명회사나 합자회사의 노무출자사원에 대한 보수는 이익처분에 의한 상여로 의제하여 손금에 산입하지 아니한다.

③ 내국법인이 임직원과 성과산정지표 및 그 목표, 성과의 측정 및 배분방법 등에 대하여 사전에 서면으로 약정하고 이에 따라 그 임직원에게 지급하는 성과배분상여금은 이익처분에 의해 지급하는 경우에도 이를 손금에 산입한다.

④ 「근로자퇴직급여 보장법」에 따른 퇴직급여 중간정산을 현실적 퇴직으로 보아 손금에 산입하는 경우는 중간정산시점부터 새로 근무연수를 기산하여 퇴직급여를 계산하는 경우에 한정한다.

⑤ 부동산임차인이 부담한 사실이 확인되는 전세금 및 임차보증금에 대한 매입세액은 임차인의 손금으로 산입할 수 있다.

29. 〈법인세법〉 다음은 제조업을 영위하는 중소기업이 아닌 내국법인 (주)A의 제11기 사업연도(2022.1.1.~2022.12.31.) 접대비와 관련된 자료이다. 손금불산입 되는 접대비의 총액은 얼마인가? (단, 아래의 자료에서 특별히 언급한 것 이외에는 모든 지출은 (주)A 명의의 신용카드로 사용하였고, 접대비로 계상된 금액은 업무관련성이 있으며 경조금은 없는 것으로 가정함)

---

(1) 기업회계기준상 매출액: 9,000,000,000원(특수관계인 매출액 3,000,000,000원 포함)
(2) 당기 포괄손익계산서상 접대비 계정 금액은 60,000,000원으로 상세 내역은 다음과 같다.

구분	건당 3만원 이하	건당 3만원 초과
현금 사용금액(영수증 수취)	6,000,000원	10,000,000원
(주)A 명의의 신용카드 사용금액	4,000,000원	40,000,000원
계	10,000,000원	50,000,000원

(3) 당기 복리시설비 계정에는 법인형태로 설립된 (주)A의 노동조합에 지출한 복리시설비 5,000,000원이 포함되어 있다.
(4) 당기 광고선전비 계정에는 (주)A의 우량 거래처 50곳에 개당 시가 100,000원(부가가치세 포함)의 광고선전물품을 구입하여 제공한 금액 5,000,000원이 포함되어 있다.

---

① 35,400,000원   ② 37,100,000원   ③ 38,400,000원
④ 39,100,000원   ⑤ 41,400,000원

30. 〈법인세법〉 다음은 내국법인이며 중소기업인 (주)A의 제10기 사업연도(2022.1.1.~2022.12.31.) 세무조정 관련 자료이다. 제10기 각 사업연도 소득금액은 얼마인가?

---

(1) 세무조정 내역*

포괄손익계산서상 당기순이익	6,000,000원
익금산입·손금불산입	7,000,000원
손금산입·익금불산입	17,000,000원
계	△4,000,000원

*비지정기부금을 제외한 기부금 관련 세무조정은 포함되지 않음

(2) 포괄손익계산서상 기부금 내역

새마을금고에 지출한 기부금	3,000,000원
불우이웃돕기성금	5,000,000원
천재지변으로 인한 이재민 구호금품	2,000,000원
대한적십자사에 기부한 기부금**	1,000,000원
계	11,000,000원

**대한적십자사에 대한 기부금은 어음(결제일: 2023.1.5.)을 발행한 것임

(3) (주)A의 세무상 이월결손금은 1,500,000원(제7기 발생분)이며, 당기 이전 기부금 한도초과로 손금불산입된 금액은 다음과 같다.
법정기부금: 500,000원(2020년 지출분)
지정기부금: 800,000원(2019년 지출분)

---

① △250,000원   ② 1,000,000원   ③ 2,625,000원
④ 3,525,000원   ⑤ 3,775,000원

31. 〈부가가치세법〉「부가가치세법」상 재화 또는 용역의 공급에 관한 설명으로 옳지 않은 것은?

① 사업자가 거래상대방으로부터 인도 받은 재화에 주요 자재를 전혀 부담하지 않고 단순 가공만 하여 대가를 받는 것은 용역의 공급으로 본다.
② 대학이 사업용 부동산을 그 대학의 산학협력단에 대가를 받지 않고 임대하는 것은 용역의 공급으로 보지 않는다.
③ 건설업의 경우 건설업자가 건설자재의 전부 또는 일부를 부담하고 대가를 받는 것은 용역의 공급으로 본다.
④ 사업자가 가공계약에 따라 거래상대방으로부터 인도 받은 재화에 주요자재의 일부를 부담하고 새로운 재화를 만들어 인도하면 재화의 공급으로 본다.
⑤ 사업자가 자기가 생산한 재화를 자기의 고객에게 사업을 위하여 증여한 것으로서 법령에 따른 자기적립마일리지로만 전부를 결제 받은 경우 재화의 공급으로 본다.

32. 〈부가가치세법〉「부가가치세법」상 면세에 관한 설명으로 옳지 않은 것은?

① 「음악산업진흥에 관한 법률」의 적용을 받는 전자출판물의 공급에 대해서는 부가가치세를 과세한다.
② 미술창작품의 공급에 대해서는 부가가치세를 면제한다.
③ 금융회사가 국가ㆍ지방자치단체에 제공하는 금고대행용역에 대해서는 부가가치세를 면제한다.
④ 면세 농산물을 수출하는 사업자가 면세포기를 하여 해당 농산물에 대하여 영세율이 적용되는 경우 수출을 위하여 당초 매입한 면세 농산물에 대하여 의제매입세액공제가 가능하다.
⑤ 면세재화의 공급이 영세율 적용의 대상이 되는 경우 면세포기가 가능하나 면세포기를 신고한 날부터 3년 간 부가가치세를 면제받지 못한다.

33. 〈부가가치세법〉「부가가치세법」상 과세표준에 관한 설명으로 옳지 않은 것은?

① 사업자가 법령에 따른 특수관계인에게 대가를 받지 않고 과세되는 사업용 부동산임대용역을 공급하는 경우 공급가액에 포함되지 아니한다.
② 완성도기준지급조건부로 용역을 공급하는 경우 계약에 따라 받기로 한 대가의 각 부분을 공급가액으로 한다.
③ 위탁가공무역 방식으로 수출하는 경우 완성된 제품의 인도가액을 공급가액으로 한다.
④ 기부채납의 경우 해당 기부채납의 근거가 되는 법률에 따라 기부채납된 가액을 과세표준으로 하되 기부채납된 가액에 부가가치세가 포함된 경우 그 부가가치세는 제외한다.
⑤ 재화의 공급과 직접 관련된 국고보조금과 공공보조금은 과세표준에 포함된다.

34. 〈부가가치세법〉「부가가치세법」상 수정세금계산서를 발급할 수 있는 경우를 모두 고른 것은?

> ㄱ. 세율을 잘못 적용하여 세금계산서를 발급하였으나 세무조사의 통지를 받은 경우로서 과세표준을 경정할 것을 미리 알고 있는 경우
> ㄴ. 재화를 공급한 후 공급시기가 속하는 과세기간 종료 후 25일(25일이 되는 날은 영업일임) 이내에 내국신용장이 개설된 경우
> ㄷ. 계약의 해지에 따라 공급가액에 추가되는 금액이 발생한 경우
> ㄹ. 면세 등 발급대상이 아닌 거래에 대하여 발급한 경우
> ㅁ. 계약의 해제로 재화 또는 용역이 공급되지 아니한 경우

① ㄱ
② ㄴ, ㄷ
③ ㄱ, ㄹ, ㅁ
④ ㄴ, ㄷ, ㄹ, ㅁ
⑤ ㄱ, ㄴ, ㄷ, ㄹ, ㅁ

35. 〈부가가치세법〉 다음은 소시지제조업을 영위하는 일반과세자인 개인사업자 甲의 2022년 제1기 과세기간(2022.1.1.~6.30.)에 대한 거래내역이다. 2022년 제1기 확정신고 시 공제가능한 매입세액은 얼마인가? (단, 다음 거래는 세법상 요구되는 의무를 모두 이행하였으며, 의제매입세액공제 대상액은 공제한도 내 금액인 것으로 가정함)

> (1) 외국산 미가공식료품을 31,200,000원에 매입하여 소시지 제조에 전부 사용하였다.
> (2) 소시지 배달을 위해 개별소비세가 과세되는 5인승 승용차를 22,000,000원(공급대가)에 구입하였다.
> (3) 세금계산서 발급이 금지되지 않은 일반과세자로부터 사업용 냉장고를 2,200,000원(공급대가)에 구입하고 부가가치세가 별도로 구분되는 신용카드매출전표를 수령하였다.
> (4) 2022년 제1기 예정신고시 매입세액 500,000원이 신고누락되었다.
> (5) 2020년 제1기 부가가치세 확정신고시 매입세액에서 차감한 대손세액은 300,000원이었고 2022.3.10.에 관련 대손금액 전부를 변제하였다.

① 1,000,000원
② 1,900,000원
③ 2,200,000원
④ 3,200,000원
⑤ 4,200,000원

36. 〈부가가치세법〉 다음은 도시지역 내에 소재하는 1층 건물을 임대하고 있는 (주)A의 2022년 제1기 예정신고기간(2022.1.1.~3.31.)에 대한 자료이다. (주)A의 2022년 제1기 예정신고기간의 부가가치세 과세표준은 얼마인가?

(1) 임대기간: 2021.7.1.~2022.6.30.
(2) 임대보증금: 365,000,000원
(3) 임대료 및 관리비: 임대료 1년분 4,800,000원은 2021.7.1.에 모두 수령, 관리비 월 100,000원(청소비 30,000원 포함)은 매월 말일 수령
(4) 임대현황(주택면적에는 지하층·지상주차장·주민공동시설면적 제외)

구분		면적
건물	상가	300m^2
	주택	100m^2
토지		1,200m^2

(5) 2022년 제1기 예정신고기간 종료일 현재 「소득세법」상 기준시가

구분	기준시가
건물	400,000,000원
토지	100,000,000원

(6) 과세되는 상가임대용역과 면세되는 주택임대용역에 대한 임대료 등의 구분이 불분명함
(7) 예정신고기간 종료일 현재 계약기간 1년의 정기예금이자율: 4.6%

① 846,000원
② 3,384,000원
③ 4,140,000원
④ 4,230,000원
⑤ 8,494,500원

37. 〈부가가치세법〉 다음은 제조업을 영위하는 일반과세자인 (주)A의 2022년 제2기 과세기간(2022.7.1.~12.31.)에 대한 자료이다. (주)A의 2022년 제2기 과세기간의 부가가치세 과세표준은 얼마인가? (단, 다음 자료의 금액에는 부가가치세가 포함되지 않음)

(1) 7월 20일: 기계를 15,000,000원에 판매하고 7월 20일부터 15개월 간 매달 20일에 1,000,000원씩 받기로 하였다.
(2) 7월 25일: 기계유지보수 계약을 맺고 7월 25일부터 10개월 간 매달 25일에 200,000원씩 받기로 하였다.
(3) 9월 25일: 상속세 20,000,000원을 사업용 건물로 물납하였다.
(4) 10월 14일: 당사가 생산한 제품(매입세액공제분)을 거래처에 판매장려물품(제조원가: 800,000원, 시가: 1,000,000원)으로 기증하였다.
(5) 11월 11일: 사업용으로 사용하던 화물자동차를 500,000원에 매각하였다.
(6) 12월 5일: 공급에 대한 대가의 지급이 지체되어 거래처로부터 연체이자 800,000원을 수령하였다.

① 7,700,000원
② 8,500,000원
③ 8,700,000원
④ 9,500,000원
⑤ 28,700,000원

38. 〈부가가치세법〉부가가치세 겸영사업자인 신문사 (주)A의 2022년 제1기 과세기간 확정신고시 ㉠ 공제받지 못할 매입세액과 2022년 제2기 과세기간 확정신고시 납부·환급세액을 재계산하여 ㉡ 납부세액에 가산(또는 공제)하거나 환급세액에 가산(또는 공제)할 금액은 얼마인가? (단, 다음 자료의 금액은 부가가치세가 포함되지 아니한 금액이고, 건물의 과세 및 면세사용면적은 구분되지 않으며, 세금계산서 등의 증명서류는 회사설립 이후 현재까지 적법하게 수령 및 발급되었다고 가정함. ㉡의 경우 납부세액에 가산하거나 환급세액에 공제하는 것은 (+)로, 납부세액에 공제하거나 환급세액에 가산하는 것은 (−)로 표시함)

(1) (주)A는 2022.2.1.에 사업용 건물을 3,000,000,000원에 구입하였다.
(2) 광고료 및 신문판매 공급가액 자료

구분	2021년 제2기	2022년 제1기	2022년 제2기
광고료 수입	2,000,000,000원	3,000,000,000원	3,000,000,000원
신문판매 수입	2,000,000,000원	2,000,000,000원	1,000,000,000원

	㉠	㉡
①	120,000,000원	(−)42,750,000원
②	120,000,000원	(−)33,750,000원
③	120,000,000원	(+)42,750,000원
④	150,000,000원	(−)40,500,000원
⑤	150,000,000원	(−)33,750,000원

39. 〈국제조세조정에 관한 법률〉「국제조세조정에 관한 법률」상 특정외국법인의 유보소득의 배당간주 규정에 관한 설명으로 옳지 않은 것은? (다툼이 있으면 판례에 따름)

① 법인의 부담세액이 실제발생소득의 법인세 세율 중 최고세율의 70퍼센트 이하인 국가에 본점을 둔 외국법인에 대하여 내국인이 출자한 경우 그 외국법인 중 내국인과 특수관계가 있는 법인은 특정외국법인에 해당한다.

② 특정외국법인의 배당가능 유보소득은 특정외국법인마다 개별적으로 산정하여야 한다.

③ 선박임대를 주된 사업으로 하는 특정외국법인이 사업을 위하여 필요한 사무소를 가지고 있고 그 법인이 스스로 사업을 운영하며 그 사무소가 소재하는 국가에서 주로 사업을 하는 경우 특정외국법인의 유보소득의 배당간주 규정이 적용되지 아니한다.

④ 배당간주금액은 특정외국법인의 해당 사업연도 종료일의 다음날부터 60일이 되는 날이 속하는 내국인의 과세연도의 익금 또는 배당소득에 산입된다.

⑤ 특정외국법인의 유보소득이 내국법인의 익금으로 산입된 후 그 특정외국법인이 그 유보소득을 실제로 배당한 경우에는 「법인세법」에 따른 이월익금으로 보거나 「소득세법」에 따른 배당소득에 해당하지 아니하는 것으로 본다.

40. 〈국제조세조정에 관한 법률〉「국제조세조정에 관한 법률」상 국가 간 조세협력에 관한 설명으로 옳은 것은?

① 비거주자 또는 외국법인의 국내원천소득의 구분에 관하여는 「소득세법」과 「법인세법」의 규정에 불구하고 조세조약의 규정이 우선하여 적용된다.

② 조세조약의 규정상 비거주자 또는 외국법인의 국내원천소득 중 이자소득 및 배당소득에 대해서는 조세조약상의 제한세율을 적용하여야 한다.

③ 납세지 관할세무서장은 국내에서 납부할 조세를 징수하기 곤란하여 체약상대국에서 징수하는 것이 불가피하다고 판단되는 경우 체약상대국에 대하여 조세징수를 위하여 필요한 조치를 하도록 직접 요청할 수 있다.

④ 권한 있는 당국은 조세조약상 체약상대국과 상호주의에 따른 정기적인 금융정보의 교환을 위하여 필요한 경우 체약상대국의 조세부과 및 징수와 납세의 관리에 필요한 거주자의 금융거래 내용을 금융회사의 장에게 요구할 수 있다.

⑤ 금융회사는 권한 있는 당국의 요구가 있는 경우에만 그 사용 목적에 필요한 최소한의 범위에서 해당 금융회사의 금융거래 상대방에 대한 납세자번호를 포함한 인적사항을 확인·보유할 수 있다.

1	2	3	4	5	6	7	8	9	10
②	④	⑤	①	①	⑤	⑤	④	⑤	③
11	12	13	14	15	16	17	18	19	20
⑤	②	③	②	①	①	①	②	②	⑤
21	22	23	24	25	26	27	28	29	30
③	⑤	④	②	④	②	②	③	④	③
31	32	33	34	35	36	37	38	39	40
⑤	④	①	④	③	④	③	①	③	④

1. ②

심사청구 또는 심판청구를 제기할 수 없다. → 심사청구 또는 심판청구를 제기할 수 있다.

> **참고**　재조사결정에 따른 처분청의 처분
>
> ① 심사청구 또는 심판청구에 대한 처분에 대해서는 이의신청, 심사청구 또는 심판청구를 제기할 수 없다. 다만, 재조사 결정에 따른 처분청의 처분에 대해서는 해당 재조사 결정을 한 재결청에 대하여 심사청구 또는 심판청구를 제기할 수 있다.
> ② 이의신청에 대한 처분과 재조사 결정에 따른 처분청의 처분에 대해서는 이의신청을 할 수 없다.
> ③ 재조사 결정에 의한 조사를 마친 경우에는 세무조사 결과통지의 의무를 부담하지 아니한다.
> ④ 재조사 결정에 따라 조사를 하는 경우에는 과세전적부심사를 청구할 수 있는 사유에 해당하지 아니한다.

2. ④

납부지연 가산세를 부과함에 있어 납세의무자가 법인세를 과소신고하면서 과세기간을 잘못 적용한 경우 실제 신고납부한 날에 실제 신고납부한 금액의 범위에서 신고납부하였어야 할 과세기간에 대한 법인세를 자진납부한 것으로 본다. 단, 부정행위로 인한 신고의 경우에는 제외한다.

> **참고**　납부지연가산세
>
> ① 원천징수 등 납부지연가산세가 부과되는 부분에 대해서는 국세의 납부와 관련하여 가산세를 부과하지 아니한다.
> ② 중간예납, 예정신고납부 및 중간신고납부와 관련하여 가산세가 부과되는 부분에 대해서는 확정신고납부와 관련하여 납부지연가산세를 부과하지 아니한다.
> ③ 국세(소득세, 법인세 및 부가가치세만 해당한다)를 과세기간을 잘못 적용하여 신고납부한 경우에는 실제 신고납부한 날에 실제 신고납부한 금액의 범위에서 당초 신고납부하였어야 할 과세기간에 대한 국세를 자진납부한 것으로 본다. 다만, 해당 국세의 신고가 부정행위로 무신고한 경우 또는 부정행위로 과소신고·초과신고 한 경우에는 그러하지 아니하다.
> ④ 납부고지서에 따른 납부기한의 다음 날부터 납부일까지의 기간(「국세징수법」에 따라 지정납부기한과 독촉장에서 정하는 기한을 연장한 경우에는 그 연장기간은 제외한다)이 5년을 초과하는 경우에는 그 기간은 5년으로 한다.
> ⑤ 체납된 국세의 납부고지서별·세목별 세액이 100만원 미만인 경우에는 납부고지서에 따른 납부기한의

다음 날부터 납부지연가산세(법정납부기한까지 납부하지 않은 경우에 적용하는 3%가산세는 제외)를 적용하지 아니한다.

3. ⑤

납세의무자에게 신의성실의 원칙이 적용된다. → 납세의무자에게 신의성실의 원칙이 적용되지 아니한다.

4. ①

② 세무공무원이 납세의무자의 2022년도분 소득세에 대한 임대료수입금액 누락에 대하여 세무조사를 마친 후 다시 2022년도분 소득세에 대한 음식점수입금액 누락에 대하여 세무조사를 하는 경우에는 같은 세목 및 같은 과세기간을 재조사하는 경우로 원칙적으로 「국세기본법」에서 금지하는 재조사에 해당한다.

③ 세무공무원은 세무조사 과정에서 「조세범처벌절차법」에 따른 조세범칙조사로 전환하는 경우에도 세무조사의 범위를 확대할 수 없다.

④ 세무조사기간에 산입된다. → 세무조사기간에 산입되지 아니한다.

⑤ 구체적인 법규의 효력이 없다. → 구체적인 법규적 효력이 있다.

> **참고 1** 정기선정 이외의 조사사유(수시조사 사유)
>
> 1. 납세자가 세법에서 정하는 신고, 성실신고확인서의 제출, 세금계산서 또는 계산서의 작성·교부·제출, 지급명세서의 작성·제출 등의 납세협력의무를 이행하지 아니한 경우
> 2. 무자료거래, 위장·가공거래 등 거래 내용이 사실과 다른 혐의가 있는 경우
> 3. 납세자에 대한 구체적인 탈세 제보가 있는 경우
> 4. 신고 내용에 탈루나 오류의 혐의를 인정할 만한 명백한 자료가 있는 경우
> 5. 납세자가 세무공무원에게 직무와 관련하여 금품을 제공하거나 금품제공을 알선한 경우

> **참고 2** 세무조사범위의 확대가능사유
>
> 1. 다른 과세기간·세목 또는 항목에 대한 구체적인 세금탈루 증거자료가 확인되어 다른 과세기간·세목 또는 항목에 대한 조사가 필요한 경우
> 2. 명백한 세금탈루 혐의 또는 세법 적용의 착오 등이 있는 조사대상 과세기간의 특정 항목이 다른 과세기간에도 있어 동일하거나 유사한 세금탈루 혐의 또는 세법 적용 착오 등이 있을 것으로 의심되어 다른 과세기간의 그 항목에 대한 조사가 필요한 경우

5. ①

ㄱ. 부친이 2022.4.1.에 사망하여 甲에게 부과된 상속세에 대한 가산세 : 2022.4.1. (1순위)

ㄴ. 甲이 2022.2.1.에 취득한 부동산에 대한 종합부동산세 : 2022.6.1. (3순위)

ㄷ. 은행이 2022.5.1.에 甲에게 지급한 이자소득에 대하여 원천징수한 소득세 : 2022.5.1. (2순위)

ㄹ. 甲이 2022년에 중간예납한 소득세 : 2022.6.30. (4순위)

ㅁ. 甲이 금융업자로서 그 수익금액에 대하여 2022년에 부과 받은 교육세 : 2022.12.31. (5순위)

1. 원천징수하는 소득세·법인세: 소득금액 또는 수입금액을 지급하는 때
2. 납세조합이 징수하는 소득세 또는 예정신고납부하는 소득세: 과세표준이 되는 금액이 발생한 달의 말일
3. 중간예납하는 소득세·법인세 또는 예정신고기간·예정부과기간에 대한 부가가치세: 중간예납기간 또는 예정신고기간·예정부과기간이 끝나는 때
4. 수시부과하여 징수하는 국세: 수시부과할 사유가 발생한 때

6. ⑤
다시 지정납부기한 등의 연장을 할 수 없다. → 다시 지정납부기한 등의 연장을 할 수 있다.

참고   납부기한 등 연장 등의 취소

① 관할 세무서장은 납부기한 등의 연장 또는 납부고지의 유예를 한 후 해당 납세자가 다음의 어느 하나의 사유에 해당하게 된 경우 그 납부기한 등의 연장 또는 납부고지의 유예를 취소하고 연장 또는 유예와 관계되는 국세를 한꺼번에 징수할 수 있다.

1. 국세를 분할납부하여야 하는 각 기한까지 분할납부하여야 할 금액을 납부하지 아니한 경우
2. 관할 세무서장의 납세담보물의 추가 제공 또는 보증인의 변경 요구에 따르지 아니한 경우
3. 재산 상황의 변동 등 사유로 납부기한등의 연장 또는 납부고지의 유예를 할 필요가 없다고 인정되는 경우
4. 납부기한 전 징수 사유가 있어 그 연장 또는 유예한 기한까지 연장 또는 유예와 관계되는 국세의 전액을 징수할 수 없다고 인정되는 경우

② 관할 세무서장은 위 ①의 1, 2, 4에 따라 지정납부기한 또는 독촉장에서 정한 기한("지정납부기한등")의 연장을 취소한 경우 그 국세에 대하여 다시 지정납부기한 등의 연장을 할 수 없다.

7. ⑤
압류재산의 소유권이 이전된 후 → 압류재산의 소유권이 이전되기 전에

참고 1 압류의 전제요건

① 납세자가 독촉장을 받고 지정된 기한까지 국세를 완납하지 않은 경우
② 납부기한 전 징수에 따라 납세자가 납부고지를 받고 지정된 기한까지 완납하지 않은 경우

참고 2 부동산 등의 압류효력

① 부동산 등의 압류의 효력은 그 압류의 등기 또는 등록이 완료된 때에 발생한다.
② 부동산 등의 압류는 해당 압류재산의 소유권이 이전되기 전에 「국세기본법」에 따른 법정기일이 도래한 국세의 체납액에 대하여도 그 효력이 미친다.

8. ④
「국세기본법」에 따른 심판청구 절차가 진행 중인 국세의 체납으로 압류한 재산이 감량되기 쉬운 재산으로서 속히 매각하지 아니하면 그 재산가액이 줄어들 우려가 있는 경우에는 청구에 대한 결정이 확정되기 전에 공매할 수 있다.

① 세무서장은 압류한 동산, 유가증권, 부동산, 그 밖의 재산권 등과 체납자를 대위하여 받은 물건(통화는 제외한다)을 공매한다.

② 세무서장은 압류된 재산이 「자본시장과 금융투자업에 관한 법률」에 따른 증권시장에 상장된 증권일 때에는 해당 시장에서 직접 매각할 수 있다.

③ 확정전보전 압류한 재산은 그 압류에 관계되는 국세의 납세의무가 확정되기 전에 공매할 수 없다.

④ 「국세기본법」에 따른 이의신청·심사청구 또는 심판청구 절차가 진행 중이거나 행정소송이 계속 중인 국세의 체납으로 압류한 재산은 그 신청 또는 청구에 대한 결정이나 소(訴)에 대한 판결이 확정되기 전에는 공매할 수 없다. 다만, 그 재산이 부패·변질 또는 감량되기 쉬운 재산으로서 속히 매각하지 아니하면 그 재산가액이 줄어들 우려가 있는 경우에는 예외로 한다.

⑤ 세무서장은 압류한 재산의 공매에 전문 지식이 필요하거나 그 밖에 특수한 사정이 있어 직접 공매하기에 적당하지 아니하다고 인정할 때에는 한국자산관리공사로 하여금 공매를 대행하게 할 수 있으며 이 경우의 공매는 세무서장이 한 것으로 본다.

9. ⑤

매출누락에 따른 부가가치세의 포탈세액을 산정하는 경우이므로 매입세금계산서를 교부받지 아니한 매입액에 대한 매입세액을 매출세액에서 공제하지 않고 매출누락에 따른 부가가치세의 포탈세액을 산정하여야 한다.

참고

② 조세수입의 실질 감소를 가져오는 실질적 탈세범만 처벌하며, 국세수입의 감소 우려만 있는 경우에는 조세포탈죄가 성립되지 아니한다.

③ 부가가치세의 신고납부기한이 경과하면 부가가치세 포탈범칙행위에 대한 기수시기는 도래하였으므로 처벌할 수 있게 되며, 그 후 당해 부가가치세 포탈세액에 대해 자진하여 수정신고하고 포탈세액을 추가 납부하더라도 포탈범의 성립에 영향을 미치지 아니한다.

10. ③

① 거짓기재 세금계산서 발급

② 제3자 명의를 도용한 세금계산서 발급 : 재화를 공급한 자가 재화를 실제로 공급받은 자가 아닌 다른 사람에게 세금계산서를 발급한 경우 세금계산서 미발급으로 인한 죄에 해당한다.

참고   대법원 판례

재화 또는 용역을 공급하지 아니한 자가 타인 명의를 위조하여 그를 공급하는 자로 기재하여 세금계산서를 교부한 경우에는 사문서위조죄로 처벌할 수 있을지언정 가공세금계산서 발급범죄 처벌대상에 해당하지는 아니한다. 이는 재화 또는 용역을 공급하지 아니한 자가 자신을 공급하는 자로 하여 기재한 세금계산서를 교부한 행위만 가공세금계산서 발급으로 인한 처벌대상에 해당한다는 것이다.

③ 세금계산서 미발급, 가공세금계산서 발급

참고   대법원 판례

재화 또는 용역을 공급하지 아니하고 세금계산서를 발급한 행위란 재화 또는 용역을 아예 공급하지 아니하고 세금계산서를 발급하는 행위뿐만 아니라 재화 또는 용역을 공급한 자가 재화 또는 용역을 실제로 공급받은 자가 아닌 다른 사람에게 세금계산서를 발급한 경우도 포함된다. 그리고 재화 또는 용역을 공급한 자가 재화 또는 용역을 실제로 공급받은 자에게 세금계산서를 발급하지 아니한 행위에 대해서는 미발급으로 인한 죄가 별개로 성립한다.

④ 가공세금계산서 수취

11. ⑤

위법소득에 대한 납세의무가 성립한 후에 「형법」에 따른 몰수가 이루어진 경우에는 「국세기본법」상 후발적 경정청구의 대상이 된다.

> **참고 1** 대법원 판례
>
> 위법 내지 탈법적인 것이어서 무효임에도 당사자 사이에서는 매매 등 계약이 유효한 것으로 취급되어 매도인 등 계약의 이행으로 매매대금 등을 수수해 그대로 보유하고 있는 경우에는 종국적으로 경제적 이익이 매도인 등에게 귀속되고, 그럼에도 매매 등 계약이 법률상 무효라는 이유로 매도인 등이 그로 인해 얻은 양도차익에 대하여 양도소득세를 과세할 수 없다고 보는 것은 매도인 등으로 하여금 과세 없는 양도차익을 향유하게 하는 결과를 가져와 조세정의와 형평에 심히 어긋난다.

> **참고 2** 대법원 판례
>
> 뇌물 등 범죄행위로 인한 소득은 소득세 과세소득으로 보지만 추후 몰수나 추징 등의 후발적 사유가 발생하여 그 경제적 이익을 상실하게 된다면 국세기본법에서 규정한 후발적 사유에 의한 경정청구를 통해 납세의무의 부담에서 벗어날 수 있다.

12. ②

「법인세법」에 따른 특수관계인에 해당하는 법인 외의 자에게 부동산을 시가보다 높은 가격으로 양도하는 경우로서 「상속세 및 증여세법」에 따라 해당 거주자의 증여재산가액으로 하는 금액이 있는 경우 양도가액에서 증여재산가액을 뺀 금액을 실지양도가액으로 본다.

> **참고**
>
> (1) 교환대상 부동산에 대한 감정평가법인 등의 객관적인 교환가치에 의해 그 감정가액의 차액에 대한 정산절차를 수반한 교환인 경우에는 실지거래가액을 확인할 수 있다고 할 것이나, 그렇지 않은 단순한 교환은 실지거래가액을 확인할 수 없는 경우에 해당한다.
> (2) 양도일 또는 취득일 전후 3개월이 지난 이후에 취득 당시로 소급하여 한 감정에 의하여 평가한 가액은 취득 당시의 실지거래가액을 대체할 수 있도록 정한 감정가액에 해당하지 아니한다.

13. ③

(1) 상가입주지체상금[*] : 1,500,000 x 20% = 300,000
(2) 상표권 대여료 : (1,000,000 - 600,000) x 20% = 80,000
(3) 지상권 설정대가 : (2,000,000 - 1,200,000) x 20% = 160,000
(4) 서화 양도대가 : 비과세
(5) 출제수당 : 근로소득으로 과세
(6) 복권당첨금 : (3,000,000 - 0) x 20% = 600,000
(7) 배임수재로 받은 금품 : 원천징수 x
(8) 원천징수세액의 합계액 = 1,140,000원

[*] 계약의 위약·해약에 의해 받는 주택입주지체상금이 아니므로 실제입증 필요경비가 적용된다.

14. ②

I. 국민연금(공적연금)

$$총연금액 = 30,000,000 \times \frac{450,000,000(과세기준일\,이후\,환산소득누계액)}{1,350,000,000(총환산소득누계액)}(과세기준금액)$$

- 3,000,000(과세제외기여금) = 7,000,000원

Ⅱ. 연금계좌(사적연금)

1. 연금수령한도 = 50,000,000/(11-6*) x 120% = 12,000,000원

*) 2013.3.1. 이전 가입분이므로 기산연차를 6으로 하여 계산한다.

2. 연금계좌 인출순서 : 연금수령한도 12,000,000원(연금소득)
   ① 1순위 : 과세제외기여금   2,000,000(과세 x)
   ② 2순위 : 이연퇴직소득   7,000,000(무조건 분리과세 연금소득)
   ③ 3순위 : 공제분 및 운용수익 3,000,000(종합과세 선택 총연금액*)

   * 본래 사적연금소득이 12,000,000원 이하인 경우 분리과세 선택이 가능하나, 본 문제는 종합과세
   와 분리과세 선택이 가능한 경우 종합과세를 선택하도록 하고 있으므로 종합과세를 선택함

3. 연금외수령 = 25,000,000(수령액) - 12,000,000(연금수령한도액)
            = 13,000,000원(무조건 분리과세 기타소득)

Ⅲ. 종합과세되는 총연금액 = 7,000,000 + 3,000,000 = 10,000,000원

15. ①
결정의 대상이 되는 사업연도 중 근로를 제공받은 날에 → 소득금액변동통지서를 받은 날에

16. ①
② 출국하는 날부터 → 출국하는 날의 다음 날부터
③ 100분의 80을 → 100분의 100을
④ 국내에 주소를 둔 기간이 183일이 되는 날부터 → 국내에 주소를 둔 날부터
⑤ 거소는 → 주소는

17. ①
② 장기보유특별공제 적용대상은 3년 이상 보유한 토지·건물 및 조합원입주권이므로 甲은 양도차익에서
   장기보유특별공제액을 차감할 수 없다.
③ (주)A의 부동산 등 비율이 50%이상(70%: 5억원 중 3억 5천만원)이고 갑의 지분율이 50%이상(60%:
   1만주 중 6천주)이며 갑의 양도비율이 50%이상(52%: 1만주 중 5천 2백주)인 주식(부동산 그룹의 기
   타자산 중 특정주식A에 해당)을 양도한 甲은 양도소득 과세표준에 기본세율을 적용하여 계산한 금액
   을 양도소득 산출세액으로 한다.
④ 양도소득기본공제 적용대상은 양도소득세 과세대상 모든 자산이므로 甲은 (주)A의 주식 양도 이외에
   다른 양도소득이 없더라도 양도소득기본공제를 받을 수 있다.
⑤ 등기·등록 및 명의개서여부에 불구하고 사실상 유상이전에 해당하면 양도에 해당하므로 甲이 (주)A의
   주식을 양도할 때에는 명의개서하지 않은 경우에도 양도로 본다.

18. ②
Ⅰ. 종합소득금액 : 5,000,000(이자) + 10,000,000(외국법인 x배당) + 5,000,000(내국법인 o배당)
   + 65,000,000(내국법인 o배당) x 1.11 + 27,850,000(사업소득금액)=120,000,000원
Ⅱ. 종합소득공제 : 20,000,000원
Ⅲ. 종합소득 과세표준 = 120,000,000 - 20,000,000 = 100,000,000원
Ⅳ. 종합소득 산출세액 = MAX[1, 2] = 16,780,000원
   1. 종합과세시 세액 = 20,000,000 x 14% + 80,000,000 x 기본세율 = 16,780,000원
   2. 분리과세시 세액 = 85,000,000 x 14% + 7,850,000 x 6% = 12,371,000원

V. 배당세액공제액 = MIN[1, 2] = 4,409,000원
  1. 배당가산액 = 65,000,000 x 11% = 7,150,000원
  2. 한도 = 종합과세시 세액-분리과세시 세액 = 16,780,000 - 12,371,000 = 4,409,000원

19. ②
  ① 토지의 양도차익 계산시 양도가액에서 공제할 취득가액은 300,000,000원이다.
  ③ 토지의 양도차익 계산시 甲의 증여세 산출세액은 법령상의 금액을 한도에서 필요경비에 산입할 수 있다.
  ④ 甲과 乙은 연대하여 토지의 양도소득세 납세의무를 지지 아니한다.
  ⑤ 토지의 양도소득세 납세의무자는 甲이다.

20. ⑤
  ① 법인으로 보는 단체로부터 받는 분배금은 배당소득에 해당한다.
  ② 외국법인으로부터 받는 이익이나 잉여금의 배당은 배당소득에 해당한다.
  ③ 합병으로 소멸한 법인의 주주가 합병 후 존속하는 법인으로부터 그 합병으로 취득한 주식의 가액과 금전의 합계액이 그 합병으로 소멸한 법인의 주식을 취득하기 위하여 사용한 금액을 초과하는 금액은 배당소득에 해당한다.
  ④ 거주자가 일정기간 후에 같은 종류로서 같은 양의 주식을 반환 받는 조건으로 주식을 대여하고 해당 주식의 차입자로부터 지급받는 해당 주식에서 발생하는 배당에 상당하는 금액은 배당소득에 해당한다.

  > **참고**
  >
  > 집합투자기구란 자본시장과 금융투자업에 따른 집합투자기구로서 설정일부터 매년 1회 이상 결산·분배하는 금전신탁의 요건을 모두 갖춘 집합투자기구를 말한다. 다만, 국외에서 설정된 집합투자기구는 해당 요건을 갖추지 아니한 경우에도 집합투자기구로 본다.

21. ③
  ① 구분경리하지 않는 것을 → 구분경리하는 것을
  ② 법인세가 과세된다. → 법인세가 과세되지 아니된다.
  ④ 3년이 되는 날까지 → 5년이 되는 날까지
  ⑤ 법인세 과세표준 신고를 하여야 한다. → 법인세 과세표준 신고를 하지 아니한다.

22. ⑤
  귀속자에게 증여세를 과세하는 것을 → 귀속자에게 소득세나 법인세를 과세하는 것을

23. ④
  감가상각의제의 경우나 업무용승용차에 대한 감가상각비 등의 경우에는 신고조정사항에 해당한다.

24. ②

구분	대표자 상여	기타사외유출
현금매출누락	100,000,000원	
채권자불분명사채이자	10,875,000원	4,125,000원
증빙불비 접대비	4,000,000원	
업무관련 교통사고 벌과금		1,000,000원
소득세 대납분		2,500,000원
합계액	114,875,000원	7,625,000원

25. ④

Ⅰ. 상황 1 : 재배정하는 경우의 의제배당

1. 정상배정분 : 300,000 x 20% = 60,000주

2. 추가배정으로 인한 증가분 : $60{,}000주 \times \dfrac{6만주}{24만주} = 15{,}000주$

3. 의제배당액 : 15,000주 x 500원 = 7,500,000원

Ⅱ. 상황 2 : 재배정하지 않는 경우 지분비율 증가분으로 인한 의제배당

$= 540{,}000주 \times 500원 \times \left(\dfrac{12만주}{54만주} - \dfrac{6만주}{30만주} \right) = 6{,}000{,}000원$

26. ②

발생한 결손금의 일부만을 소급공제 신청할 수는 없다. → 발생한 결손금의 일부만을 소급공제 신청할 수도 있다.

27. ②

이월결손금의 보전에 충당하지 않은 자산수증이익과 채무의 출자전환에 따른 채무면제이익은 해당 사업연도에 익금에 산입하여 법인세가 과세된다. 다만, 과세이연요건을 충족한 채무의 출자전환에 따른 채무면제이익은 해당 사업연도에 익금불산입하고 그 이후의 각 사업연도에 발생한 결손금의 보전에 충당할 수 있다.

> **참고** 자산수증이익 및 채무면제이익

구분	익금여부	익금불산입 특례	
자산수증이익	익금항목	이월결손금 보전에 충당한 금액	
채무면제이익	익금항목	① 과세이연 채무면제이익	㉠ 이월결손금 보전에 충당한 금액
			㉡ 이월결손금 보전에 충당할 금액
		② ①이외의 채무면제이익	이월결손금 보전에 충당한 금액

28. ③

이익처분에 의해 지급하는 경우 손금에 산입한다. → 이익처분에 의해 지급하는 경우 손금에 산입하지 아니한다.

29. ④

Ⅰ. 직부인

(손금불산입) 적격증명서류 미수취 접대비 10,000,000원(기타사외유출)

Ⅱ. 한도시부인

1. 회사의 접대비해당액

60,000,000(접대비 계정) - 10,000,000(적격증명 미수취분) + 5,000,000(복리시설비 계상분) + 5,000,000(광고선전비 계상분) = 60,000,000원

2. 법인세법상 한도액

12,000,000원 x 12/12 + 60억원(일반수입금액) x 0.3% + 30억원(특수관계인 수입금액) x 0.3% x 10% = 30,900,000원

3. 접대비 한도초과액 = 60,000,000원 - 30,900,000원
= 29,100,000원(손금불산입, 기타사외유출)

Ⅲ. 접대비 손금불산입 총액 = 10,000,000(적격증명 미수취분) + 29,100,000(한도초과분)
= 39,100,000원

30. ③
  1. 차가감소득금액 = △4,000,000 + 1,000,000(미지급 기부금 : 대한적십자사) = △3,000,000원
  2. 기준소득금액 = △3,000,000 + 2,000,000(법정기부금 : 이재민 구호물품) + 5,000,000(지정기부금 : 불우이웃돕기성금) = 4,000,000원
  3. 이월결손금(중소기업) = 1,500,000원
  4. 법정기부금
     ① 법정기부금 한도 = (기준소득금액 - 이월결손금) x 50%
                    = (4,000,000 - 1,500,000) x 50% = 1,250,000원
     ② 세무조정 : (손금불산입) 법정기부금 한도초과액   750,000원(기타사외유출)
  5. 지정기부금
     ① 지정기부금 한도 = (기준소득금액 - 이월결손금 - 법정기부금 손금산입액) x 10%
                    = (4,000,000 - 1,500,000 - 1,250,000) x 10% = 125,000원
     ② 세무조정 : (손금불산입) 지정기부금 한도초과액   4,875,000원(기타사외유출)
  6. 각 사업연도소득금액
     = △3,000,000(차가감소득금액) + 750,000(법정기부금 한도초과액) + 4,875,000(지정기부금 한도초과액) = 2,625,000원

31. ⑤
재화의 공급으로 본다. → 재화의 공급으로 보지 아니한다.

32. ④
의제매입세액공제가 가능하다. → 의제매입세액공제가 배제된다.

> **참고**
>
> 의제매입세액공제 본래의 취지인 중복과세 효과를 완화하기 위해서는 제조·가공한 재화의 공급이 국내에서 과세되는 경우이어야 하는데, 면세포기로 영세율이 적용되는 경우에는 중복과세 효과가 발생하지 않기 때문에 의제매입세액공제를 배제한다.

33. ①
공급가액에 포함되지 아니한다. → 공급가액에 포함한다.

34. ④
세율을 잘못 적용하여 세금계산서를 발급하였으나 세무조사의 통지를 받은 경우로서 과세표준을 경정할 것을 미리 알고 있는 경우에는 수정세금계산서를 발급할 수 없다.

> **참고** 경정할 것을 미리 알고 있는 경우 수정세금계산서 발급불가사유
>
> ① 필요적 기재사항 등이 착오로 잘못 적힌 경우
> ② 필요적 기재사항 등이 착오 외의 사유로 잘못 적힌 경우
> ③ 세율을 잘못 적용하여 발급한 경우

35. ③

구분	내역	매입세액공제액
(1)	의제매입세액공제액($31,200,000 \times \frac{4}{104}$)	1,200,000원
(2)	비영업용 승용차 관련 매입세액	불공제

구분	내역	매입세액공제액
(3)	신용카드매출전표 수령분	200,000원
(4)	예정신고누락분	500,000원
(5)	변제대손세액	300,000원
합계	확정신고시 매입세액공제액	2,200,000원

36. ④

Ⅰ. 부동산 임대공급가액

1. 임대료 : $4,800,000 \times \dfrac{3}{12} = 1,200,000$원

2. 간주임대료 : $365,000,000 \times 90$일 $\times \dfrac{4.6\%}{365} = 4,140,000$원

3. 관리비 : $100,000 \times 3$개월 $= 300,000$원

4. 합계액 : 1 + 2 + 3 = 5,640,000원

Ⅱ. 과세표준

구분	기준시가(1차 안분)	과세면적(2차 안분)	과세표준
건물 중 상가분	$5,640,000 \times \dfrac{4억원}{5억원}$	$\times \dfrac{300(상가건물 면적)}{400(총건물면적)}$	= 3,384,000원
토지 중 상가분	$5,640,000 \times \dfrac{1억원}{5억원}$	$\times \dfrac{900(상가토지면적)}{1,200(총토지면적)}$	= 846,000원
과세표준			4,230,000원

37. ③

2022년 제2기 과세기간의 부가가치세 과세표준 계산

일자	비고	과세표준
7월 20일	장기할부판매 : 대가의 각 부분을 받기로 한 때	6,000,000원
7월 25일	계속적 공급 : 대가의 각 부분을 받기로 한 때	1,200,000원
9월 25일	조세물납 : 과세제외	-
10월 14일	사업상 증여 : 간주공급	1,000,000원
11월 11일	화물자동차 매각 : 실질공급	500,000원
12월 5일	연체이자 수령 : 과세표준 불포함	-
2기 과세기간	합 계	8,700,000원

38. ①

1. 과세기간별 면세비율

2021년 제2기	2022년 제1기	2022년 제2기
50%	40%	25%

2. 2022년 제1기 공통매입세액 불공제분

공통매입세액 면세분 : 공통매입세액 × 당해 과세기간의 면세공급가액비율

= 300,000,000(공통매입세액) × 40%(2022년 1기 면세비율) = 120,000,000원

3. 2022년 제2기 납부환급세액 재계산
   - 공통매입세액 x (1 - 감가율 x 경과된 과세기간 수) x 면세증감비율
   - = 300,000,000 x (1 - 5% x 1) x (40% - 25%) = 42,750,000원(공제·환급 대상)
   * 매입당시인 제1기의 면세비율보다 제2기의 면세비율이 감소한 경우에 해당하므로 납부세액 가산대상
     이 아닌 공제·환급대상에 해당한다.

39. ③
    선박임대를 주된 사업으로 하는 특정외국법인이 사업을 위하여 필요한 사무소를 가지고 있고 그 법인이
    스스로 사업을 운영하며 그 사무소가 소재하는 국가에서 주로 사업을 하는 경우 특정외국법인의 유보소
    득의 배당간주 규정이 적용된다.

40. ④
    ① '비거주자 또는 외국법인의 국내원천소득의 구분에 관하여는 조세조약이 「소득세법」과 「법인세법」에
       우선하여 적용된다'는 규정이 있었으나 해당 규정은 개정되어 삭제되었다.
    ② 조세조약의 규정상 비거주자 또는 외국법인의 국내원천소득 중 이자소득 및 배당소득에 대해서는 조세
       조약상의 제한세율과 법인세법·소득세법에서 규정하는 원천징수세율 중 낮은 세율을 적용하여야 한다.
    ③ 납세지 관할세무서장은 국내에서 납부할 조세를 징수하기 곤란하여 체약상대국에서 징수하는 것이
       불가피하다고 판단되는 경우에는 국세청장에게 체약상대국에 대하여 조세징수를 위하여 필요한 조치
       를 하도록 요청할 수 있다.
    ⑤ 금융회사 등은 국가간 금융정보의 교환을 지원하기 위하여 권한 있는 당국의 금융정보 제공 요구가
       없는 경우에도 그 사용 목적에 필요한 최소한의 범위에서 해당 금융회사의 금융거래 상대방에 대한
       납세자번호를 포함한 인적사항을 미리 확인·보유할 수 있다.

세법학개론 2016년

1. 〈국세기본법〉「국세기본법」상 용어의 정의에 관한 설명으로 옳지 않은 것은?

① '세무공무원'에는 국세청장, 지방국세청장, 세무서장 또는 그 소속 공무원뿐만 아니라 세법에 따라 국세에 관한 사무를 세관장이 관장하는 경우의 그 소속 공무원도 포함한다.

② '가산세'란 세법에서 규정하는 의무의 이행을 확보하기 위하여 세법에 따라 산출한 세액에 가산하여 징수하는 금액을 말한다.

③ '공과금'이란 「국세징수법」에서 규정하는 강제징수의 예에 따라 징수할 수 있는 채권 중 국세, 관세, 임시수입부가세, 지방세 및 강제징수비를 제외한 것을 말한다.

④ '납세의무자'는 연대납세의무자, 제2차 납세의무자, 보증인, 원천징수의무자를 포함한다.

⑤ '과세표준'이란 세법에 따라 직접적으로 세액산출의 기초가 되는 과세대상의 수량 또는 가액을 말한다.

2. 〈국세기본법〉 경정 등의 청구에 관한 설명으로 옳은 것은?

① 과세표준신고서를 법정신고기한까지 제출한 자는 과세관청의 결정 또는 경정으로 인하여 증가된 과세표준 및 세액에 대하여는 법정신고기한이 지난 후 5년이 경과하였더라도 해당 처분이 있음을 안 날부터 90일 이내에 경정을 청구할 수 있다.

② 과세표준신고서를 법정신고기한까지 제출한 자라도 상속세 또는 증여세에 관하여는 결정 또는 경정을 청구할 수 없다.

③ 과세표준신고서를 법정신고기한까지 제출한 자는 과세표준신고서에 기재된 과세표준 및 세액이 세법에 따라 신고하여야 할 과세표준 및 세액에 미치지 못할 때에는 경정을 청구할 수 있다.

④ 원천징수대상자에게 근로소득만 있어서 원천징수의무자가 연말정산에 의하여 그에 관한 소득세를 납부하고 지급명세서를 제출기한까지 제출한 경우, 원천징수영수증에 기재된 과세표준 및 세액이 세법에 따라 신고하여야 할 과세표준 및 세액을 초과할 때에는 원천징수의무자 뿐만 아니라 원천징수대상자도 경정을 청구할 수 있다.

⑤ 국세의 과세표준 및 세액의 결정을 받은 자는 해당 처분이 있음을 안 날부터 90일이 지난 경우라도 최초의 결정을 할 때 과세표준 및 세액의 계산 근거가 된 행위의 효력과 관계되는 계약이 해제권의 행사에 의하여 해제된 것을 안 날부터 1년 이내에 경정을 청구할 수 있다.

3. 〈국세기본법〉 납세자의 권리에 관한 설명으로 옳지 않은 것은?

① 세무공무원이 부동산투기를 통한 세금탈루 혐의가 있는 자에 대하여 일제조사를 하는 경우에는 같은 세목 및 같은 과세기간에 대하여도 재조사를 할 수 있다.

② 세무공무원은 납세자가 폐업한 경우에는 그 세무조사 결과를 서면으로 납세자에게 통지하지 아니하여도 된다.

③ 세무공무원은 세무조사를 함에 있어 거래처 조사, 거래처 현지확인 또는 금융거래 현지확인이 필요한 경우에는 세무조사기간을 연장할 수 있다.

④ 납세자 본인의 권리 행사에 필요한 정보를 납세자가 요구하는 경우 세무공무원은 신속하게 정보를 제공하여야 한다.

⑤ 세무공무원은 적정하고 공평한 과세의 실현을 위하여 필요한 최소한의 범위 안에서 세무조사를 하여야 하며, 다른 목적 등을 위하여 조사권을 남용해서는 아니 된다.

4. 〈국세기본법〉 국세환급금에 관한 설명으로 옳지 않은 것은? (다툼이 있으면 판례에 따름)

① 납세자의 국세환급금과 국세환급가산금에 관한 권리는 행사할 수 있는 때부터 5년간 행사하지 아니하면 소멸시효가 완성된다.

② 국세환급금의 발생원인으로서 '잘못 납부한 금액(오납금)'이라 함은 납부 또는 징수의 기초가 된 신고(신고납세의 경우) 또는 부과처분(부과과세의 경우)이 부존재하거나 당연무효임에도 불구하고 납부 또는 징수된 세액을 말한다.

③ 국세환급금의 발생원인으로서 '초과하여 납부한 금액(과납금)'은 신고납세방식에 있어서 신고로 또는 부과과세방식에 있어서 부과결정으로 각 확정된다.

④ 국세환급금의 발생원인으로서 '환급세액'이라 함은 세법에 따라 적법하게 납부 또는 징수되었으나 그 후 국가가 보유할 정당한 이유가 없게 되어 각 개별세법에서 환급하기로 정한 세액을 말한다.

⑤ 원천징수의무자가 원천징수하여 납부한 세액에서 환급받을 환급세액이 있는 경우, 그 원천징수의무자가 그 환급액을 즉시 환급해 줄 것을 요구하는 경우나 원천징수하여 납부하여야 할 세액이 없는 경우에는 즉시 환급한다.

5. 〈국세기본법, 소득세법〉 연대납세의무에 관한 설명으로 옳지 않은 것은?

① 공동사업에 관한 부가가치세는 공동사업자가 연대하여 납부할 의무를 진다.

② 법인이 분할되는 경우 분할되는 법인에 대하여 분할일 이전에 부과되거나 납세의무가 성립한 국세 및 강제징수비는 분할되는 법인과 분할로 설립되는 법인이 분할로 승계된 재산가액을 한도로 연대하여 납부할 의무를 진다.

③ 납부의 고지와 독촉에 관한 서류는 연대납세의무자 모두에게 각각 송달하여야 한다.

④ 법인이 해산한 경우에 원천징수를 하여야 할 소득세를 징수하지 아니하였거나 징수한 소득세를 납부하지 아니하고 잔여재산을 분배하였을 때에는 청산인은 그 분배액을 한도로 하여 그 법인과 연대하여 납부할 의무를 진다.

⑤ 어느 연대납세의무자에 대하여 소멸시효가 완성한 때에는 그 부담부분에 한하여 다른 연대납세의무자도 그 납부의무를 면한다.

6. 〈국세징수법〉 체납자 甲의 재산이 다음과 같은 경우 「국세징수법」상 압류할 수 있는 재산의 총액은 얼마인가?

> 1. 질병을 원인으로 甲이 보험회사로부터 지급받은 보장성 보험의 보험금은 아래와 같다.
>   (1) 치료를 위하여 진료비, 치료비, 수술비, 입원비, 약제비 등으로 실제 지출되는 비용을 보장하기 위한 보험금: 3,000,000원
>   (2) 치료 및 장애 회복을 위한 보험금 중 위 (1)에 해당하는 보험금을 제외한 보험금: 5,000,000원
> 2. 보장성보험의 해약환급금: 2,000,000원
> 3. 甲의 은행 예금 잔액: 1,200,000원

① 500,000원
② 2,500,000원
③ 3,000,000원
④ 4,500,000원
⑤ 11,200,000원

7. 〈국세징수법〉 「국세징수법」상 징수절차에 관한 설명으로 옳지 않은 것은? (다툼이 있으면 판례에 따름)

① 세무서장은 납세자의 체납액을 제2차 납세의무자로부터 징수하려면 제2차 납세의무자에게 징수하려는 체납액의 과세기간, 세목, 세액 및 그 산출 근거, 납부기한, 납부장소와 제2차 납세의무자로부터 징수할 금액 및 그 산출 근거와 그 밖에 필요한 사항을 적은 납부고지서로 고지하여야 한다.

② 세무서장은 국세를 징수하려면 납세자에게 그 국세의 과세기간, 세목, 세액 및 그 산출 근거, 납부기한과 납부장소를 적은 납부고지서를 발급하여야 한다.

③ 세무서장은 납세자가 체납액 중 국세만을 완납한 경우에 강제징수비를 징수하려면 납세자에게 강제징수비의 징수에 관계되는 국세의 과세기간, 세목 및 강제징수비의 산출근거, 납부기한과 납부장소를 적은 강제징수비고지서를 발급하여야 한다.

④ 세무서장은 세법에서 국세(강제징수비 포함)의 납부기한을 정하는 경우 외에는 국세의 납부기한을 납부의 고지를 하는 날부터 30일 내로 지정할 수 있다.

⑤ 과세관청이 과세표준과 세액을 결정 또는 경정하고 그 통지를 납부고지서에 의하는 경우의 납부고지는 징수고지로서의 성질은 있으나 부과고지로서의 성질은 없다.

8. 〈국세징수법〉 납부기한 전 징수에 관한 설명으로 옳지 않은 것은?

① 세무서장은 납세자가 국세의 체납으로 강제징수를 받을 때에는 납부기한 전이라도 이미 납세의무가 확정된 국세를 징수할 수 있다.

② 세무서장(법령이 정하는 체납자의 경우에는 지방국세청장을 포함)은 납부기한 전 징수 사유에 해당함에 따라 납세자가 납부기한 전에 납부고지를 받고 지정된 기한까지 완납 하지 아니한 경우에는 납세자의 재산을 압류한다.

③ 납부기한 전에 징수를 할 수 있는 국세에는 납부고지를 한 국세는 포함되나, 원천징수 한 국세는 포함되지 않는다.

④ 납세자에게 경매가 시작된 때에도 납부기한 전 징수 사유에 해당한다.

⑤ 세무서장이 납부기한 전에 국세를 징수하는 경우 이미 납부고지를 하였을 때에는 납부 기한의 변경을 고지하여야 한다.

9. 〈조세범처벌법〉 조세범처벌법위반의 죄에 해당하는 경우를 모두 고른 것은?

> ㄱ. 조세의 원천징수의무자가 정당한 사유 없이 징수한 세금을 납부하지 아니하였을 때
> ㄴ. 납세의무자의 재산을 점유하는 자가 체납처분의 집행을 면탈하게 할 목적으로 그 재산을 은닉한 때
> ㄷ. 이중장부를 작성하여 조세의 부과와 징수를 현저히 곤란하게 하는 적극적 행위로써 조세를 포탈한 때
> ㄹ. 조세의 회피 또는 강제집행의 면탈을 목적으로 타인의 성명을 사용하여 사업자등록을 하거나 타인 명의의 사업자등록을 이용하여 사업을 영위한 때
> ㅁ. 세무를 대리하는 세무사공인회계사 및 변호사가 재화 또는 용역을 공급받지 아니하고 세금계 산서를 발급하는 행위를 알선하거나 중개한 때

① ㄱ, ㄴ, ㅁ   ② ㄱ, ㄷ, ㄹ   ③ ㄴ, ㄷ, ㄹ
④ ㄱ, ㄷ, ㄹ, ㅁ   ⑤ ㄱ, ㄴ, ㄷ, ㄹ, ㅁ

10. 〈조세범처벌법〉 「조세범처벌법」상 세금계산서의 발급의무 위반 등의 죄에 해당하지 않 는 것은? (다툼이 있으면 판례에 따름)

① 「부가가치세법」에 따라 세금계산서를 작성하여 발급하여야 할 자가 세금계산서를 거짓 으로 기재하여 발급한 경우

② 「부가가치세법」에 따라 세금계산서를 발급받아야 할 자가 공급자와 통정하여 공급가액 을 부풀리는 방법으로 허위 기재를 한 세금계산서를 발급받은 경우

③ 재화 또는 용역을 공급하지 아니하고 「부가가치세법」에 따른 세금계산서를 발급한 경우

④ 재화 또는 용역을 공급하지 아니하고 「소득세법」에 따른 계산서를 발급한 경우

⑤ 「부가가치세법」에 따라 세금계산서를 작성하여 발급하고 매출처별세금계산서합계표를 정부에 제출하지 아니한 경우

11. 〈소득세법〉 다음 자료를 이용하여 거주자 甲이 양도한 A토지의 양도소득세 과세표준을 계산하면 얼마인가? (단, 주어진 자료 이외에는 고려하지 않음)

(1) 양도자산의 자료	
양도자산	A토지(甲소유로 등기된 토지임)
비사업용 토지 여부	비사업용 토지에 해당되지 않음
면 적	90m^2
양도일자	2022.4.25.
취득일자	1994.5.20.

(2) A토지의 양도 당시 실거래가액은 100,000,000원이며, 취득 당시 실거래가액은 60,000,000원이다. 매매사례가액 및 감정가액은 없다.

(3) A토지의 소유권을 확보하기 위하여 직접 소요된 소송비용(그 지출한 연도의 각 소득금액의 계산에 있어서 필요경비에 산입하지 않았음)으로 10,000,000원을 지출하였으며, A토지 양도를 위해 직접 지출한 소개비 2,000,000원이 있다. 이상의 경비는 모두 법정증빙을 수취하였다.

(4) 2022년에 A토지 이외에 다른 양도는 없다.

① 17,100,000원   ② 21,300,000원   ③ 25,500,000원
④ 27,600,000원   ⑤ 31,555,000원

12. 〈소득세법〉 다음은 국내에서 제조업을 영위하는 거주자 甲의 2022년 귀속 사업소득에 대한 자료이다. 甲의 2022년 귀속 사업소득금액은 얼마인가? (단, 주어진 자료 이외에는 고려하지 않음)

(1) 2022년 손익계산서		(단위: 원)
Ⅰ. 매출액		800,000,000
Ⅱ. 매출원가		590,000,000
Ⅲ. 매출총이익		210,000,000
Ⅳ. 판매비및관리비		
1. 급 여	22,000,000	
2. 접대비	30,000,000	
3. 보험료	3,000,000	55,000,000
Ⅴ. 영업이익		155,000,000
Ⅵ. 영업외수익		
1. 이자수익	7,000,000	7,000,000
Ⅶ. 영업외비용		0
Ⅷ. 소득세차감전순이익		162,000,000
Ⅸ. 소득세비용		40,000,000
Ⅹ. 당기순이익		122,000,000

(2) 추가자료
- 급여는 대표자인 甲에 대한 급여 10,000,000원과 같은 사업장의 경리로 근무하는 乙(甲의 배우자)에 대한 급여 12,000,000원으로 구성되어 있다.
- 접대비는 모두 업무용 사용분으로 법적 증빙요건을 충족하며, 소득세법상 접대비 한도액은 25,000,000원이다.
- 보험료는 전액 甲에 대한 국민건강보험료이다.
- 이자수익은 사업자금을 은행에 예탁하여 받은 이자이다.
- 소득세비용은 소득세와 개인지방소득세의 합계액이며 이월결손금은 없다.

① 122,000,000원   ② 137,000,000원   ③ 155,000,000원
④ 170,000,000원   ⑤ 173,000,000원

13. 〈소득세법〉「소득세법」상 결손금 및 이월결손금 공제에 관한 설명으로 옳지 않은 것은?

① 사업자(주거용 건물 임대업이 아닌 부동산임대업은 제외)가 비치·기록한 장부에 의하여 해당 과세기간의 사업소득금액을 계산할 때 발생한 결손금은 그 과세기간의 종합소득과세표준을 계산할 때 근로소득금액·연금소득금액·기타소득금액·이자소득금액·배당소득금액에서 순서대로 공제한다.

② 부동산임대업에서 발생한 결손금은 종합소득 과세표준을 계산할 때 그 과세기간의 다른 종합소득금액에서 공제하지 아니하나 주거용 건물 임대업의 경우에는 그러하지 아니하다.

③ 「국세기본법」에 따른 국세부과의 제척기간이 지난 후에 그 제척기간 이전 과세기간의 이월결손금이 확인된 경우 그 이월결손금은 공제하지 아니한다.

④ 중소기업을 경영하는 비거주자가 그 사업소득금액을 계산할 때 해당 과세기간의 이월결손금(주거용 건물 임대업이 아닌 부동산임대업에서 발생한 이월결손금은 제외)이 발생한 경우에는 결손금 소급공제세액을 환급신청 할 수 있다.

⑤ 해당 과세기간의 소득금액에 대해서 추계신고를 하거나 추계조사 결정하는 경우(천재지변이나 그 밖의 불가항력으로 장부나 그 밖의 증명서류가 멸실된 경우는 제외)에는 이월결손금을 공제하지 않는다.

14. 〈소득세법〉 거주자 甲의 2022년 소득 자료가 다음과 같을 때, 이자소득과 배당소득으로 소득세가 과세되는 금액의 합계액은 얼마인가? (단, 주어진 자료 이외에는 고려하지 않으며 다툼이 있으면 판례에 따름)

(1) 법령으로 정한 직장공제회 초과반환금 13,000,000원(국내에서 받았으며, 원천징수는 적법하게 이루어짐)
(2) 법원판결에 의한 손해배상금 30,000,000원(법정이자 5,000,000원 포함)
(3) 2022년 초에 대여한 비영업대금의 원금 30,000,000원과 그에 대하여 발생한 이자 3,000,000원 중 채무자의 파산으로 인하여 2022. 12. 1. 32,000,000원만 회수하고 나머지 채권은 과세표준확정신고 전에 회수 불능사유가 발생하여 회수할 수 없는 것으로 확정됨
(4) 내국법인이 발행한 채권을 만기 전에 중도 매도함에 따른 매매차익 40,000,000원(채권 매입은 2021. 1. 1.이고 채권 매도는 2022. 1. 1.이며, 보유기간의 이자상당액 15,000,000원 포함)

① 17,000,000원 ② 30,000,000원 ③ 35,000,000원
④ 36,000,000원 ⑤ 55,000,000원

15. 〈소득세법〉 연금소득에 관한 설명으로 옳지 않은 것은?

① 연금소득이 있는 거주자의 해당 과세기간에 받은 총연금액(분리과세 연금소득은 제외함) 에서 공제하는 연금소득공제액이 900만원을 초과하는 경우에는 900만원을 공제한다.

② 공적연금소득을 받는 사람이 해당 과세기간 중에 사망한 경우 공적연금소득에 대한 원천징수의무자는 그 사망일이 속하는 달의 다음다음 달 말일까지 그 사망자의 공적연금소득에 대한 연말정산을 하여야 한다.

③ 연금계좌세액공제를 받은 연금계좌 납입액과 연금계좌의 운용실적에 따라 증가된 금액을 그 소득의 성격에 불구하고 연금계좌에서 연금수령하면 연금소득으로, 연금외수령하면 퇴직소득으로 과세한다.

④ 연금계좌에서 인출된 금액이 연금수령한도를 초과하는 경우에는 연금수령분이 먼저 인출되고 그 다음으로 연금외수령분이 인출되는 것으로 본다.

⑤ 공적연금소득의 수입시기는 공적연금 관련법에 따라 연금을 지급받기로 한 날로 한다.

16. 〈소득세법〉「소득세법」상 과세되는 기타소득을 모두 고른 것은? (다툼이 있으면 판례에 따름)

> ㄱ. 근로계약을 체결한 근로자가 퇴직시 퇴직금 지급채무의 이행지체로 인해 수령하는 지연손해금
> ㄴ. 교통재해를 직접적인 원인으로 신체상의 상해를 입었음을 이유로 보험회사로부터 수령한 보험금
> ㄷ. 퇴직 전에 부여받은 주식매수선택권을 퇴직 후에 행사함으로써 얻은 이익
> ㄹ. 사업용 건물과 함께 양도하는 영업권
> ㅁ. 서화·골동품을 박물관에 양도함으로써 발생하는 소득

① ㄱ, ㄷ   ② ㄴ, ㄷ   ③ ㄱ, ㄴ, ㄷ

④ ㄱ, ㄷ, ㅁ   ⑤ ㄴ, ㄹ, ㅁ

17. 〈소득세법〉「소득세법」상 신고·납부절차에 관한 설명으로 옳지 않은 것은?

① 과세기간의 개시일 현재 사업자가 아닌 자로서 그 과세기간 중 신규로 사업을 시작한 거주자는 그 과세기간의 사업소득에 대하여 중간예납의무가 없다.

② 중간예납세액이 50만원 미만인 경우에는 해당 세액을 징수하지 않는다.

③ 복식부기의무자가 아닌 농·축·수산물 판매업을 영위하는 거주자는 납세조합을 조직할 수 있다.

④ 금융업을 경영하는 사업자가 직전 과세기간의 상시고용인원의 평균인원수가 20인 이하인 원천징수의무자로서 관할 세무서장으로부터 승인을 얻은 경우에는 원천징수한 소득세를 그 징수일이 속하는 반기의 마지막 달의 다음 달 10일까지 납부할 수 있다.

⑤ 분리과세이자소득, 분리과세배당소득, 분리과세연금소득 및 분리과세기타소득만 있는 거주자는 과세표준 확정신고를 하지 아니할 수 있다.

18. 〈소득세법〉 다음 자료를 이용하여 내국법인인 (주)A에서 경리과장으로 근무하던 거주자 甲의 2022년 퇴직소득산출세액을 계산하면 얼마인가? (단, 주어진 자료 이외에는 고려하지 않음)

(1) 퇴직소득금액: 150,000,000원
(2) 근무기간: 2015.1.1. ～ 2022.3.31.(퇴직일)
(3) 기본세율

과세표준	세 율
4천600만원 초과 8천800만원 이하	582만원 + (4천600만원을 초과하는 금액의 100분의24)
8천800만원 초과 1억5천만원 이하	1천590만원 + (8천800만원을 초과하는 금액의 100분의35)

(4) 근속연수에 따른 공제액

근속연수	근속연수에 따른 공제액
5년 초과 10년 이하	150만원 + 50만원 × (근속연수 - 5년)

(5) 환산급여공제액

환산급여	환산급여공제액
7천만원 초과 1억원 이하	4천520만원 + (7천만원 초과분의 55퍼센트)
1억원 초과 3억원 이하	6천170만원 + (1억원 초과분의 45퍼센트)

① 8,874,000원   ② 14,467,500원   ③ 16,111,400원
④ 18,764,500원   ⑤ 21,701,250원

19. 〈소득세법〉 양도소득세에 관한 설명으로 옳은 것은?

① 1세대 1주택 비과세요건 판정시 상속받은 주택과 그 밖의 주택을 국내에 각각 1개씩 소유하고 있는 1세대가 상속받은 주택을 양도하는 경우 국내에 1개의 주택을 소유한 것으로 본다.

② 1세대가 1주택을 취득 후 1년 이상 거주하고 세대원 중 일부가 사업상 형편으로 다른 시·군으로 이전하면서 해당 주택을 양도하는 경우에는 2년 미만 보유한 때에도 1세대 1주택 비과세한다.

③ 비사업용 토지(법적절차에 따라 등기된 것임)로서 취득하여 보유하고 있는 자산인 경우에도 장기보유특별공제를 적용한다.

④ 주택과 주택외부분이 복합된 겸용주택으로서 그 전부를 주택으로 보는 경우에는 그 전부의 실지거래가액에서 주택외부분의 실지거래가액을 제외한 금액으로 고가주택(실지거래가액 9억원 초과)에 해당여부를 판단한다.

⑤ 파산선고에 의한 처분과 강제경매로 인하여 발생하는 소득에는 양도소득세를 과세하지 아니한다.

20. 〈소득세법〉 2022.2.1.에 생애 최초로 입사한 거주자 甲(생산직 근로자임)의 다음의 자료를 이용한 2월분 급여 중 비과세 근로소득의 합계는 얼마인가? (단, 상여금 및 연장근무수당 이외에는 매월 동액이 지급되며, 주어진 자료 이외에는 고려하지 않음)

〈甲의 2월 급여내역〉

항 목	금 액	비 고
(1) 급 여	1,100,000원	
(2) 상여금	500,000원	부정기적인 상여임
(3) 자가운전보조금	250,000원	甲 소유의 차량을 업무수행에 이용하고 시내출장 등에 소요된 실제여비를 받는 대신에 그 소요경비를 사규에 의한 지급기준에 따라 받는 금액임
(4) 식사대	100,000원	회사는 무상으로 중식을 제공하며 이와 별도로 지급된 식사대임
(5) 자녀보육수당	200,000원	甲의 3세 및 5세인 자녀 보육과 관련된 수당임
(6) 연장근무수당	250,000원	「근로기준법」에 따른 연장근무로 인한 통상임금에 더한 지급액이며 당월 외에는 연장·야간·휴일근무수당은 없음
계	2,400,000원	

① 300,000원　　　　　　② 550,000원　　　　　　③ 400,000원
④ 450,000원　　　　　　⑤ 750,000원

21. 〈법인세법〉 「법인세법」상 과세소득의 범위와 사업연도 및 납세지에 관한 설명으로 옳지 않은 것은?

① 영리내국법인에 대하여는 각 사업연도의 소득, 청산소득, 법령에 따른 토지등양도소득에 대하여 법인세를 부과한다.

② 출자지분의 양도로 인하여 생기는 수입은 비영리내국법인의 각 사업연도의 소득에 포함되지 않는다.

③ 비영리외국법인의 각 사업연도의 소득은 국내원천소득 중 수익사업에서 생기는 소득만 해당한다.

④ 내국법인이 사업연도 중에 연결납세방식을 적용받는 경우에는 그 사업연도 개시일부터 연결사업연도 개시일의 전날까지의 기간을 1사업연도로 본다.

⑤ 납세지가 변경된 법인이 「부가가치세법」에 따라 그 변경된 사실을 신고한 경우에는 「법인세법」에 따른 납세지 변경신고를 한 것으로 본다.

22. 〈법인세법〉 제조업을 영위하는 영리내국법인 (주)A는 제16기 사업연도(2022.1.1.~ 12.31.)에 (주)B(제조업)로부터 잉여금 처분에 따른 금전배당금 5,000,000원((주)B의 잉여금처분 결의는 2021년에 이루어진 것임)을 수령하였고, 이에 대한 (주)A의 회계처리는 다음과 같다.

○ 제15기: 배당수익과 관련한 아무런 회계처리를 하지 않았음
○ 제16기: 〈차변〉 현금 5,000,000 〈대변〉 배당금수익 5,000,000

제15기에 대하여 (주)A가 해야 할 모든 세무조정은 적법하게 이루어졌다고 가정할 때, (주)A가 제16기의 각 사업연도의 소득금액 계산시 해야 할 세무조정과 소득처분으로 옳은 것은? (단, 법인세법상 수입배당금액의 익금불산입 규정 등 주어진 자료 이외 다른 사항은 고려하지 않음)

① 세무조정 없음
② 〈익금산입〉 배당금수익 5,000,000원(배당)
③ 〈익금불산입〉 배당금수익 5,000,000원(기타)
④ 〈익금산입〉 배당금수익 5,000,000원(유보)
⑤ 〈익금불산입〉 배당금수익 5,000,000원(△유보)

23. 〈법인세법〉 「법인세법」상 손금에 관한 설명으로 옳은 것을 모두 고른 것은?

ㄱ. 「채무자 회생 및 파산에 관한 법률」에 따른 회생계획인가의 결정에 따라 회수불능으로 확정된 채권은 당해 채권을 손금으로 계상한 날이 속하는 사업연도의 손금으로 한다.
ㄴ. 내국법인이 임원 및 직원에게 지급하는 성과배분상여금은 잉여금의 처분을 손비로 계상한 것이라도 각 사업연도의 소득금액을 계산할 때 손금에 산입한다.
ㄷ. 회수할 수 없는 부가가치세 매출세액 미수금으로서 「부가가치세법」에 따라 대손세액공제를 받지 아니한 것은 손금에 해당한다.
ㄹ. 내국법인이 해당 법인 이외의 자와 출자에 의하여 특정사업을 공동으로 영위함에 따라 발생된 손비에 대한 분담금액은 출자총액 중 당해 법인이 출자한 금액의 비율에 우선하여 당해 공동사업자 사이의 약정에 따른 분담비율을 기준으로 정한다.

① ㄷ
② ㄴ, ㄷ
③ ㄷ, ㄹ
④ ㄱ, ㄴ, ㄹ
⑤ ㄱ, ㄷ, ㄹ

24. 〈법인세법〉「법인세법」상 손익의 귀속시기와 자산·부채의 취득가액 및 평가에 관한 설명으로 옳은 것은?

① 내국법인이 수행하는 계약기간 3년 미만인 건설 등의 제공으로 인한 익금과 손금은 그 목적물의 인도일이 속하는 사업연도의 익금과 손금에 산입하여야 한다.

② 상품 등 외의 자산의 양도로 인한 익금 및 손금의 귀속사업연도는 그 대금을 청산하기로 한 날이 속하는 사업연도로 한다.

③ 「자본시장과 금융투자에 관한 법률」에 따른 증권시장에서 증권시장업무규정에 따라 보통거래방식으로 한 유가증권의 매매로 인한 익금과 손금의 귀속사업연도는 매매대금의 수수일이 속하는 사업연도로 한다.

④ 내국법인이 유형자산의 취득과 함께 국·공채를 매입하는 경우 기업회계기준에 따라 그 국·공채의 매입가액과 현재가치의 차액을 당해 유형자산의 취득가액으로 계상한 금액은 그 취득가액에 포함한다.

⑤ 재고자산을 평가할 때 해당 자산을 제품 및 상품, 재공품, 원재료로 구분할 수는 있으나, 종류별·영업장별로 각각 다른 방법에 의하여 평가할 수는 없다.

25. 〈법인세법〉「법인세법」상 신고 및 납부에 관한 설명으로 옳은 것은?

① 내국법인이 각 사업연도의 소득에 대한 법인세의 과세표준과 세액을 신고하는 경우,「주식회사의 외부감사에 관한 법률」에 따라 감사인에 의한 감사를 받아야 하는 내국법인이 해당 사업연도의 감사가 종결되지 아니하여 결산이 확정되지 아니하였다는 사유로 법령으로 정하는 바에 따라 신고기한의 연장을 신청한 경우에는 그 신고기한을 1개월의 범위에서 연장할 수 있다.

② 내국법인의 납부할 세액이 2천만원을 초과하는 경우에는 납부할 세액에서 1천만원을 초과하는 금액을 납부기한이 지난 날부터 1개월 이내에 분납할 수 있다.

③ 내국법인이 직전 사업연도의 법인세로서 확정된 산출세액을 직전 사업연도의 월수로 나눈 금액에 6을 곱하여 중간예납세액을 계산하는 경우, 당해 직전 사업연도의 산출세액에는 투자·상생협력 촉진을 위한 과세특례를 적용하여 계산한 법인세를 포함하며 가산세는 제외한다.

④ 내국법인은 각 사업연도 소득에 대한 법인세 산출세액에 해당 사업연도에 원천징수된 세액을 합산한 금액을 각 사업연도의 소득에 대한 법인세로서 납부하여야 한다.

⑤ 법인세가 수시부과된 사업연도에 대해서는 당해 수시부과로써 그 신고의무가 완료된 것이므로 해당 각 사업연도의 소득에 대한 별도의 법인세 과세표준 등의 신고의무는 없다.

26. 〈법인세법〉 영리내국법인 (주)A(중소기업에 해당됨)는 제16기 사업연도(2022.1.1.~12.31.)에 발생한 법령에 따른 결손금 100,000,000원 전액에 대하여 「법인세법」상 결손금소급공제에 의한 법인세액의 환급을 신청하는 경우, (주)A가 환급받을 수 있는 금액은 얼마인가? (단, 결손금 소급공제에 필요한 모든 요건은 충족하며, 주어진 자료 이외에는 고려하지 않음)

〈제15기 법인세 과세표준 등 신고 내역〉

과세표준	300,000,000원
산출세액	40,000,000원
공제 · 감면세액	(21,000,000원)
가산세액	3,000,000원
기납부세액	(10,000,000원)
차감납부세액	12,000,000원

※ 제15기 법인세율 : 과세표준 2억원 이하는 10%, 과세표준 2억원 초과 200억원 이하는 2천만원 + (2억원 초과금액의 20%)

① 19,000,000원　　　　② 20,000,000원　　　　③ 21,000,000원
④ 22,000,000원　　　　⑤ 25,000,000원

27. 〈법인세법〉 영리내국법인 (주)A의 제16기 사업연도(2022.1.1.~12.31.) 손익계산서에 기계장치A의 감가상각비로 계상된 금액은 얼마인가? (단, 주어진 자료 이외에는 고려하지 않음)

(1) 기계장치A의 전기말 재무상태표상 취득원가와 감가상각누계액은 각각 300,000,000원과 50,000,000원이다.
(2) 제15기의 '자본금과 적립금 조정명세서(을)'의 당해 기계장치A 과목에 기록된 기말잔액은 15,000,000원이다.
(3) 제16기에 기계장치A에 대한 자본적 지출에 해당되는 금액을 수선비로 회계처리한 금액은 25,000,000원이다.
(4) (주)A는 당해 기계장치A에 대한 감가상각 방법을 신고하지 않았으며, 정액법 상각률은 0.125, 정률법 상각률은 0.300으로 가정한다.
(5) 제16기의 기계장치A 감가상각비에 대한 세무조정 결과 27,000,000원의 시인부족액이 발생하였다.

① 9,250,000원　　　　② 23,000,000원　　　　③ 30,500,000원
④ 34,250,000원　　　　⑤ 35,000,000원

28. 〈법인세법〉 영리내국법인 (주)A가 제16기(2022.1.1.~12.31.)에 발생한 다음의 각 사항들에 대하여 「법인세법」상 적법한 세무조정을 하였을 경우, 다음에 제시된 제16기의 '자본금과 적립금 조정명세서(을)'의 (ㄱ)에 들어갈 금액으로 옳은 것은? (단, 전기 이전의 세무조정은 모두 적법하게 이루어졌으며, 주어진 자료 이외에는 고려하지 않음)

> (1) 당기에 사업용 토지를 취득하였으며 취득세 4,000,000원과 취득세에 대한 가산세 1,000,000원을 포함하여 재무상태표상 장부가액은 55,000,000원이다.
> (2) 기초 재무상태표상 매출채권 3,000,000원 중에서 1,000,000원은 당기에 회수불가능하다고 판단하여 당기 말에 대손충당금과 상계처리하고 재무상태표에서 제거하였다. 상기의 기초 매출채권 3,000,000원은 회수 노력을 다하였으나, 전기(제15기)에 법정 소멸시효가 완성되었다.
> (3) (주)A는 전기말에 발생한 재고자산과 관련한 다음 사항에 대하여 당기에 회계상 아무런 수정분개를 하지 않았다.
>
> > 전기(제15기)에 기말 상품에 대하여 평가방법 변경신고를 하지 않고 후입선출법으로 평가하여 회계처리하였으며, 당초 신고된 평가방법은 총평균법이다. 또한, 각 평가방법에 따른 전기말 상품 평가금액은 다음과 같다.
> >
> > | 후입선출법 | 600,000원 |
> > |---|---|
> > | 총평균법 | 800,000원 |
> > | 선입선출법 | 1,000,000원 |

사업연도	2022.1.1. ~ 12.31.	자본금과 적립금조정명세서(을)		(단위: 원)
①과목 또는 사항	②기초잔액	당기 중 증감		⑤기말잔액
		③감소	④증가	
토지				
매출채권				
상품				
합계				(ㄱ)

① △1,000,000원   ② △2,000,000원   ③ △3,000,000원

④ 1,000,000원   ⑤ 4,000,000원

29. 〈법인세법〉 다음 자료를 이용하여 제16기 사업연도(2022.1.1.~12.31.)말에 해산을 결의하고 청산절차에 착수한 영리내국법인 (주)A의 「법인세법」상 청산소득금액을 계산하면 얼마인가? (단, 주어진 자료 이외에 다른 사항은 고려하지 않음)

(1) 해산등기일 현재 재무상태표상 자본의 내역	
자본금	80,000,000원
자본잉여금	30,000,000원
이익잉여금	10,000,000원

(2) 해산등기일 현재 법령으로 정하는 이월결손금은 50,000,000원이며, 이 금액 중 자기자본의 총액에서 이미 상계되었거나 상계된 것으로 보는 금액은 없다.
(3) 해산에 의한 잔여재산의 가액은 1억원으로 확정되었다.
(4) 해산등기일 전 2년 이내에 자본금에 전입한 잉여금은 없다.

① 10,000,000원　　　　② 20,000,000원　　　　③ 30,000,000원
④ 40,000,000원　　　　⑤ 50,000,000원

30. 〈법인세법〉 영리내국법인 (주)A(제조업)의 제16기 사업연도(2022.1.1.~12.31.)에 대한 「법인세법」상 재해손실에 대한 세액공제액은 얼마인가? (단, 주어진 자료 이외에는 고려하지 않음)

(1) 2022.3.20.에 발생한 화재로 인한 (주)A 사업용 자산 가액의 변동

	화재발생 직전 장부가액	화재발생 후 장부가액
토지	100,000,000원	90,000,000원
건물	200,000,000원	60,000,000원
기타 자산	100,000,000원	30,000,000원

한편, 상기 사업용 자산과는 별개로 (주)A가 보관하던 타인소유 자산 60,000,000원이 당해 화재로 상실되었으며, (주)A는 이에 대한 변상책임을 부담하지 않는다.
(2) 당해 화재로 인해 보험회사로부터 보험금 90,000,000원을 수령하였다.
(3) 제16기 각 사업연도의 소득에 대한 법인세 산출세액은 280,000,000원이며, 재해발생일 현재 부과되지 아니한 법인세와 부과된 법인세로서 미납된 세액은 없다. 또한 국세기본법에 따른 원천징수 등 납부지연가산세가 40,000,000원 있으며, 당해 재해손실에 대한 세액공제 이외에 다른 공제 및 감면세액은 없다.

① 128,000,000원　　　　② 160,000,000원　　　　③ 192,000,000원
④ 210,000,000원　　　　⑤ 224,000,000원

31. 〈부가가치세법〉「부가가치세법」상 과세대상 거래에 관한 설명으로 옳지 않은 것은?

① 사업자가 취득한 재화(매입세액공제 받음)를 사업과 직접적인 관계없이 자기의 개인적인 목적으로 사용·소비하는 경우에는 재화의 공급으로 본다.

② 사업자가 취득한 재화를 견본품으로서 사업을 위하여 대가를 받지 아니하고 다른 사업자에게 인도하는 경우, 당해 견본품의 인도는 재화의 공급으로 보지 아니한다.

③ 사업자가 폐업할 때 자기생산·취득재화(매입세액공제 받음) 중 남아 있는 재화는 자기에게 공급하는 것으로 본다.

④ 위탁매매에 의한 매매를 하는 해당 거래의 특성상 위탁자를 알 수 없는 경우에는 수탁자에게 재화를 공급하거나 수탁자로부터 재화를 공급받은 것으로 본다.

⑤ 사업용 자산을 「상속세 및 증여세법」에 따라 물납하는 것은 재화의 공급으로 본다.

32. 〈부가가치세법〉「부가가치세법」상 재화 또는 용역의 공급시기에 관한 설명으로 옳지 않은 것은?

① 기한부판매의 경우에는 기한이 지나 판매가 확정되는 때를 재화의 공급시기로 본다.

② 완성도기준지급조건부로 재화를 공급하는 경우 대가의 각 부분을 받기로 한 때를 재화의 공급시기로 보지만, 재화가 인도되거나 이용가능하게 되는 날 이후에 받기로 한 대가의 부분에 대해서는 재화가 인도되거나 이용가능하게 되는 날을 그 재화의 공급시기로 본다.

③ 무인판매기를 이용하여 재화를 공급하는 경우 해당 사업자가 무인판매기에서 현금을 꺼내는 때를 재화의 공급시기로 본다.

④ 사업자가 둘 이상의 과세기간에 걸쳐 부동산 임대용역을 공급하고 그 대가를 선불 또는 후불로 받는 경우 예정신고기간 또는 과세기간의 종료일을 용역의 공급시기로 본다.

⑤ 전력이나 그 밖에 공급단위를 구획할 수 없는 재화를 계속적으로 공급하는 경우에는 예정신고기간 또는 과세기간의 종료일을 재화의 공급시기로 본다.

33. 〈부가가치세법〉「부가가치세법」상 매입세액에 관한 설명으로 옳지 않은 것은?

① 건축물이 있는 토지를 취득하여 그 건축물을 철거하고 토지만 사용하는 경우에는 철거한 건축물의 취득 및 철거 비용과 관련된 매입세액은 매출세액에서 공제한다.

② 재화 또는 용역의 공급시기 이후에 발급받은 세금계산서라 하더라도 해당 공급시기가 속하는 과세기간에 대한 확정신고기한까지 세금계산서를 발급받는다면 당해 매입세액은 매출세액에서 공제한다.

③ 사업자가 그 업무와 관련 없는 자산을 취득시 부담한 매입세액은 매출세액에서 공제하지 아니한다.

④ 면세사업을 위한 투자에 관련된 매입세액은 매출세액에서 공제하지 아니한다.

⑤ 공급시기가 속하는 과세기간이 끝난 후 20일 이내에 사업자등록을 신청한 경우 등록신청일부터 공급시기가 속하는 과세기간 기산일까지 역산한 기간 내의 매입세액은 매출세액에서 공제할 수 있다.

34. 〈부가가치세법〉「부가가치세법」상 신고 및 납부에 관한 설명으로 옳은 것은?

① 예정신고를 한 사업자는 확정신고 및 납부시 예정신고한 과세표준과 납부한 납부세액 또는 환급받은 환급세액도 포함하여 신고하여야 한다.

② 일반과세자인 개인사업자가 사업부진으로 인하여 예정신고기간의 공급가액이 직전 과세기간 공급가액의 3분의 1에 미달하여 예정신고납부를 한 경우에는 예정고지세액의 결정은 없었던 것으로 본다.

③ 사업자가 물품을 제조하기 위한 원재료를 수입하면서 부가가치세의 납부유예를 미리 신청하는 경우에는 관할세무서장은 해당 재화를 수입할 때 부가가치세의 납부를 유예할 수 있다.

④ 간이과세자는 사업부진으로 인하여 예정부과기간의 공급대가의 합계액이 직전 과세기간의 공급대가 합계액의 3분의 1에 미달하여도 예정부과기간의 과세표준과 납부세액을 예정부과기한까지 사업장 관할 세무서장에 신고할 수 없다.

⑤ 대리납부의무자는 사업자이어야 한다.

35. 〈부가가치세법〉「부가가치세법」상 영세율 적용에 관한 설명으로 옳은 것은?

① 금지금을 내국신용장 또는 구매확인서에 의하여 공급하는 것은 영세율이 적용되는 수출로 본다.

② 계약과 대가수령 등 거래가 국외사업장에서 이루어지는 중계무역 방식의 수출은 영세율이 적용되는 수출에 속하는 것으로 본다.

③ 「항공법」에 따른 상업서류 송달용역의 공급에는 영세율이 적용되지 아니한다.

④ 대한민국 선박에 의하여 공해에서 잡힌 수산물을 외국으로 반출하는 것은 영세율이 적용되는 수출에 해당한다.

⑤ 비거주자인 사업자가 재화를 수출하는 경우, 비거주자의 해당 국가에서 대한민국의 거주자에 대하여 면제하는지 여부와 관계없이 영세율을 적용한다.

36. 〈부가가치세법〉다음 자료를 기초로 일반과세자인 개인사업자 甲의 2022년 제1기 과세기간(2022.1.1.~6.30.)의 부가가치세 과세표준을 계산하면 얼마인가? (단, 주어진 자료의 금액은 부가가치세가 포함되지 아니한 금액이며, 주어진 자료 이외에는 고려하지 않음)

> (1) 甲은 2022.4.20. 제품을 공급하고 대금은 4월 말일부터 매월 1,000,000원씩 7개월 동안 받기로 하였다.
> (2) 甲은 2022.5.1. 미국의 X법인과 $20,000의 제품수출계약을 체결하였다.
> ○ 수출계약 금액 중 $10,000은 계약체결일에 선수금으로 수령하여 동일자에 12,000,000원으로 환가하였다.
> ○ 수출신고필증상 신고수리일은 2022.5.10.이며, 선적일은 2022.5.15.이다.
> ○ 잔금은 2022.5.30.에 수령하여 동일자에 기준환율로 환가하였다.
> ○ 기준환율은 다음과 같다.
>
> | 비고 | 2022.5.1. | 2022.5.10. | 2022.5.15. | 2022.5.30. |
> |---|---|---|---|---|
> | 기준환율 (원/$) | 1,200 | 1,100 | 1,050 | 1,000 |
>
> (3) 甲은 2021.12.1. 다음과 같이 대금회수를 하기로 하고 잔금수령일에 기계설비를 인도하는 계약을 하였다. 실제 인도 시기는 2022.6.30. 이었다.
>
> | 비 고 | 대금회수 약정일 | 금액(원) |
> |---|---|---|
> | 계약금 | 2021.12.1. | 10,000,000 |
> | 중도금 | 2022.3.1. | 10,000,000 |
> | 잔 금 | 2022.7.1. | 10,000,000 |

① 27,000,000원   ② 39,500,000원   ③ 45,500,000원
④ 49,000,000원   ⑤ 49,500,000원

37. 〈부가가치세법〉다음은 과세유흥장소가 아닌 음식점업을 경영하는 (주)A(사업개시일: 2022.4.10.)의 2022년 제1기 과세기간의 매입내역이다. 이를 근거로 제1기 부가가치세 확정신고시 공제받을 수 있는 의제매입세액공제액은 얼마인가? (단, 의제매입세액공제 한도는 고려하지 아니하고 의제매입세액을 공제받기 위한 모든 요건은 충족되었다고 가정함. 또한, 주어진 자료 이외에는 고려하지 아니하고, 원 단위 미만은 절사함)

> (1) 쌀과 활어를 각각 15,000,000원과 28,000,000원에 구입하였다.
> (2) 미국에서 가공하지 않은 바닷가재를 직수입하였으며 그 가액은 12,000,000원으로 관세가 2,000,000원 포함되어 있다.
> (3) 사업자인 영덕수산으로부터 가공하지 않은 대게를 인터넷으로 직접 구입하고 그 대금으로 21,000,000원을 신용카드로 결제하였다.
> (4) 위 매입액 중 6월말 기준 재고액 37,100,000원을 제외하고는 모두 음식재료로 사용되었다.

① 2,088,679원   ② 3,000,000원   ③ 4,188,679원
④ 4,301,886원   ⑤ 4,313,207원

38. 〈부가가치세법〉 다음 자료를 이용하여 제조업과 부동산 임대업을 같은 장소에서 겸영하는 일반과세자인 개인사업자 甲의 2022년 1기 과세기간(2022.1.1.~6.30.)의 부가가치세 과세표준을 계산하면 얼마인가? (단, 자료금액은 부가가치세가 포함되지 아니한 금액이며, 주어진 자료 이외에는 고려하지 아니함. 원 단위 미만은 절사함)

> (1) 甲은 보유상가를 2022.4.1.부터 2024.3.31.까지의 기간 동안 임대하기로 하는 계약을 임차인과 체결하였다. 이하는 그 관련 자료이다.
> ○ 2022.4.1.에 임대보증금 100,000,000원을 수령하였다.
> ○ 월 임대료는 10,000,000원이며, 매월 초에 선불로 받기로 하였는바, 4.1.과 5.1.에는 각각 수령하였으나, 6.1.에 수령할 임대료는 6.30.이 경과할 때까지 수령하지 못하였다.
> ○ 계약기간 1년의 정기예금이자율은 1.8%이다.
> (2) 甲은 2022.5.30. 제조업에 사용하는 기계장치A(시가 10,000,000원, 감정가액 11,000,000원)를 거래처의 기계장치B(시가 8,000,000원, 감정가액 9,000,000원)와 교환하였다.
> (3) 甲은 2021년 제2기 과세기간(2021.7.1.~12.31.)에 거래처 설 명절 선물로 사용할 과세물품을 구입하였으나 매입세액공제를 받지 아니하였다. 2022.3.1. 당해 물품 중 사용하고 남은 물품(구입액 2,000,000원, 시가 1,500,000원)을 종업원에게 선물로 증여하였다.

① 30,447,540원 ② 38,447,540원 ③ 40,447,540원
④ 41,947,540원 ⑤ 42,447,540원

39. 〈국제조세조정에 관한 법률〉 「국제조세조정에 관한 법률」상 특정외국법인의 유보소득 배당 간주에 관한 설명으로 옳지 않은 것은?

① 특정외국법인으로서 선박·항공기·장비의 임대를 주된 사업으로 하는 법인이, 조세피난처에서 사업을 위하여 필요한 공장 등의 고정된 시설을 가지고 있고, 그 법인이 스스로 사업을 관리하며, 당해 지역에서 주로 사업을 하는 경우에는 유보소득의 배당간주규정을 적용하지 아니한다.

② 특정외국법인의 유보소득 중 배당으로 간주하는 금액은 특정외국법인의 배당 가능한 유보소득에 해당 내국인(당해 유보소득을 배당받는 것으로 간주되는 내국인임)의 특정외국법인 주식 보유비율을 곱하여 계산한다.

③ 특정외국법인의 유보소득을 배당받는 것으로 간주되는 내국인의 범위는 특정외국법인의 각 사업연도 말 현재 발행주식의 총수 또는 출자총액의 100분의 10 이상을 직접 또는 간접으로 보유한 자로 한다.

④ 특정외국법인의 유보소득으로서 배당으로 간주된 금액은 특정외국법인의 해당 사업연도 종료일의 다음날부터 60일이 되는 날이 속하는 내국인의 과세연도의 익금 또는 배당소득에 산입한다.

⑤ 법인의 부담세액이 실제발생소득의 법인세 세율 중 최고세율의 70퍼센트 이하인 국가 또는 지역인지 여부를 판정함에 있어, 법인의 본점 또는 주사무소가 있는 국가 또는 지역에서 일반적으로 인정되는 회계원칙이 우리나라의 기업회계기준과 현저히 다른 경우에는 우리나라의 기업회계기준을 적용하여 산출한 재무제표상의 법인세차감 전 당기순이익을 실제발생소득으로 본다.

40. ⟨국제조세조정에 관한 법률⟩ 「국제조세조정에 관한 법률」상 국외에 있는 재산의 증여에 관한 설명으로 옳은 것은?

① 거주자가 비거주자에게 국외에 있는 부동산을 증여하는 경우 수증자는 증여세를 납부할 의무가 있다.

② 비거주자인 수증자가 거주자인 증여자의 특수관계인이 아닌 경우로서 국외에 있는 재산에 대하여 외국의 법령에 따라 증여세가 면제되는 경우 증여자의 증여세 납부의무는 면제되지 아니한다.

③ 비거주자인 수증자가 거주자인 증여자의 특수관계인인 경우 국외에 있는 부동산에 대하여 외국의 법령에 따라 증여세가 부과되면 증여자의 증여세 납부의무를 면제한다.

④ 국외에 있는 재산을 증여하는 거주자에는 본점이나 주된 사무소의 소재지가 국내에 있는 비영리법인이 포함된다.

⑤ 증여재산의 증여일 전후 6개월 이내에 공신력 있는 감정기관이 평가한 감정가액은 증여재산의 시가로 볼 수 없다.

1	2	3	4	5	6	7	8	9	10
④	④	②	③	④	③	⑤	③	⑤	⑤
11	12	13	14	15	16	17	18	19	20
①	④	③	②	③	①	④	②	③	②
21	22	23	24	25	26	27	28	29	30
②	⑤	①	④	①	①	⑤	③	②	④
31	32	33	34	35	36	37	38	39	40
⑤	⑤	①	②	④	⑤	③	③	①	④

1. ④

'납세의무자'란 세법에 따라 국세를 납부할 의무(국세를 징수하여 납부할 의무는 제외한다)가 있는 자를 말하므로 연대납세의무자, 제2차 납세의무자, 보증인은 포함하나 원천징수의무자는 포함하지 아니한다. 참고로 원천징수의무자는 납세자에는 포함된다.

참고 국세기본법상 용어

구 분	내 용
1. 국 세	국가가 부과하는 조세 → 국세가 아닌 것 : 지방세, 관세, 임시수입부가세
2. 세 법	국세의 종목과 세율을 정하고 있는 법률(개별국세) + 일반세법(국세징수법, 조세특례제한법, 조세범처벌법 및 조세범처벌절차법) → 국세기본법은 세법에 제외됨에 주의
3. 가산세	세법에 규정하는 의무의 성실한 이행을 확보하기 위해 그 세법에 의해 산출한 세액에 가산하여 징수하는 금액
4. 강제징수비	압류·보관·운반·매각에 소요된 비용으로 매각대행수수료가 포함 → 독촉비용은 강제징수비에 해당하지 않음에 주의
5. 원천징수	세법에 따라 원천징수의무자가 국세를 징수하는 것 → 국세에 이에 관계되는 가산세는 제외됨에 주의
6. 납세의무자	세법에 따라 국세를 납부할 의무가 있는 자 → 의무에 국세를 징수하여 납부할 의무는 제외됨에 주의
7. 납세자	납세의무자(연대납세의무자와 납세자를 갈음하여 납부할 의무가 생긴 경우의 제2차 납세의무자 및 보증인을 포함)와 세법에 따라 국세를 징수하여 납부할 의무를 지는 자

2. ④

① 법정신고기한이 지난 후 5년이 경과하였더라도 → 법정신고기한이 지난 후 5년 이내에 한하여
② 결정 또는 경정을 청구할 수 없다. → 결정 또는 경정을 청구할 수 있다.
③ 경정을 청구할 수 있다. → 수정신고를 할 수 있다.
⑤ 안 날부터 1년 이내에 → 안 날부터 3개월 이내에만

구 분	내 용
최초신고·수정신고분	법정신고기한 + 5년 이내
결정·경정분	① 처분이 있음을 안 날 + 90일 이내이면서 ② 법정신고기한 + 5년내 일 것
후발적 사유분	① 사유 안 날 + 3월 이내 ② 법정신고기한 + 5년 경과 후에도 가능함에 주의
연말정산세액분	① 통상적 사유 : 법정납부기한 + 5년 이내 ② 후발적 사유 : 사유 안 날 + 3월 이내

참고 2 후발적 사유

과세표준신고서를 법정신고기한까지 제출한 자 또는 국세의 과세표준 및 세액의 결정을 받은 자는 다음의 어느 하나에 해당하는 사유가 발생하였을 때에는 그 사유가 발생한 것을 안 날부터 3개월 이내에 결정 또는 경정을 청구할 수 있다.

1. 최초의 신고·결정 또는 경정에서 과세표준 및 세액의 계산 근거가 된 거래 또는 행위 등이 그에 관한 소송에 대한 판결(판결과 같은 효력을 가지는 화해나 그 밖의 행위를 포함한다)에 의하여 다른 것으로 확정되었을 때
2. 소득이나 그 밖의 과세물건의 귀속을 제3자에게로 변경시키는 결정 또는 경정이 있을 때
3. 조세조약에 따른 상호합의가 최초의 신고·결정 또는 경정의 내용과 다르게 이루어졌을 때
4. 결정 또는 경정으로 인해 그 결정 또는 경정의 대상이 되는 과세기간 외의 과세기간에 대하여 최초에 신고한 국세의 과세표준 및 세액이 세법에 따라 신고하여야 할 과세표준 및 세액을 초과할 때
5. 최초의 신고·결정 또는 경정을 할 때 과세표준 및 세액의 계산 근거가 된 거래 또는 행위 등의 효력과 관계되는 관청의 허가나 그 밖의 처분이 취소된 경우
6. 최초의 신고·결정 또는 경정을 할 때 과세표준 및 세액의 계산 근거가 된 거래 또는 행위 등의 효력과 관계되는 계약이 해제권의 행사에 의하여 해제되거나 해당 계약의 성립 후 발생한 부득이한 사유로 해제되거나 취소된 경우
7. 최초의 신고·결정 또는 경정을 할 때 장부 및 증거서류의 압수, 그 밖의 부득이한 사유로 과세표준 및 세액을 계산할 수 없었으나 그 후 해당 사유가 소멸한 경우

3. ②

세무공무원은 세무조사를 마쳤을 때에는 그 조사를 마친 날부터 20일(공시송달 사유의 어느 하나에 해당하는 경우에는 40일) 이내에 다음의 사항이 포함된 조사결과를 납세자에게 설명하고, 이를 서면으로 통지하여야 하나 다음의 어느 하나에 해당하는 경우에는 그러하지 아니하다.
① 납세관리인을 정하지 아니하고 국내에 주소 또는 거소를 두지 아니한 경우
② 재조사 결정에 의한 조사를 마친 경우
③ 세무조사결과통지서 수령을 거부하거나 회피하는 경우

세무공무원은 다음의 어느 하나에 해당하는 경우가 아니면 같은 세목 및 같은 과세기간에 대하여 재조사를 할 수 없다.
1. 조세탈루의 혐의를 인정할 만한 명백한 자료가 있는 경우
2. 거래상대방에 대한 조사가 필요한 경우
3. 2개 이상의 과세기간과 관련하여 잘못이 있는 경우
4. 재조사 결정에 따라 조사를 하는 경우(결정서 주문에 기재된 범위의 조사에 한정한다)
5. 납세자가 세무공무원에게 직무와 관련하여 금품을 제공하거나 금품제공을 알선한 경우
6. 부분조사를 실시한 후 해당 조사에 포함되지 아니한 부분에 대하여 조사하는 경우
7. 부동산투기, 매점매석, 무자료거래 등 경제질서 교란 등을 통한 세금탈루 혐의가 있는 자에 대하여 일제조사를 하는 경우
8. 과세관청 외의 기관이 직무상 목적을 위해 작성하거나 취득해 과세관청에 제공한 자료의 처리를 위해 조사하는 경우
9. 국세환급금의 결정을 위한 확인조사를 하는 경우
10. 「조세범 처벌절차법」에 따른 조세범칙행위의 혐의를 인정할 만한 명백한 자료가 있는 경우.

세무공무원은 조사대상 세목·업종·규모, 조사 난이도 등을 고려하여 세무조사 기간이 최소한이 되도록 하여야 한다. 다만, 다음의 어느 하나에 해당하는 경우에는 세무조사 기간을 연장할 수 있다.
1. 납세자가 장부·서류 등을 은닉하거나 제출을 지연하거나 거부하는 등 조사를 기피하는 행위가 명백한 경우
2. 거래처 조사, 거래처 현지확인 또는 금융거래 현지확인이 필요한 경우
3. 세금탈루 혐의가 포착되거나 조사 과정에서 조세범칙조사를 개시하는 경우
4. 천재지변이나 노동쟁의로 조사가 중단되는 경우
5. 납세자보호관 또는 담당관(이하 "납세자보호관등")이 세금탈루혐의와 관련하여 추가적인 사실 확인이 필요하다고 인정하는 경우
6. 세무조사 대상자가 세금탈루혐의에 대한 해명 등을 위하여 세무조사 기간의 연장을 신청한 경우로서 납세자보호관등이 이를 인정하는 경우

4. ③

초과하여 납부한 금액은 신고 또는 결정·경정에 의하여 확정된 세액이 과다하기 때문에 불복이나 소송에 대한 결정·판결이나 과세관청의 취소결정 등의 사유로 채무가 소멸하게 된 경우에 감소된 세액을 의미한다. 이러한 초과납부액은 신고 또는 부과처분의 취소·경정에 의하여 조세채무의 전부 또는 일부가 소멸한 때에 확정된다.

구 분	내 용
과납금	신고 또는 부과처분이 당연 무효는 아니나 그 후 취소 또는 경정됨으로써 그 전부 또는 일부가 감소된 세액으로 신고 또는 부과처분의 취소 또는 경정에 의하여 조세채무의 전부 또는 일부가 소멸한 때에 확정됨
오납금	납부 또는 징수의 기초가 된 신고 또는 부과처분이 부존재하거나 당연무효임에도 불구하고 납부 또는 징수된 세액으로 처음부터 법률상 원인이 없는 것이므로 납부 또는 징수시에 이미 확정됨

국세환급금 충당

구 분		내 용
충 당	직권충당	체납액이 있는 경우 및 납부기한 전 징수의 고지의 경우
	동의충당	위 이외의 경우
소급효		늦은 때[체납국세의 법정납부기한, 국세환급금 발생일]로 소급하여 발생
양 도		국세환급금통지서 발급 전까지 양도가능
지 급		결정일 + 30일내 지급

5. ④

법인이 해산한 경우에 원천징수를 하여야 할 소득세를 징수하지 아니하였거나 징수한 소득세를 납부하지 아니하고 잔여재산을 분배하였을 때에는 청산인은 그 분배액을 한도로 하여 그 분배를 받은 자와 연대하여 납부할 의무를 진다.

참고 공동사업에 관한 연대납세의무

① 소득세 : 공동사업자별 납세의무 → 원칙적으로 연대납세의무를 부담하지 않음
② 이외의 국세 : 공동사업자는 연대납세의무를 부담함

6. ③

체납자의 생계유지에 필요한 소액금융재산에 대하여는 절대적 압류금지재산에 해당하므로 압류를 할 수 없다.

1. 압류금지금액
(1) 진료비, 치료비 등 : 3,000,000원 → 압류가능금액 0원
(2) 위 (1)이외의 치료 및 장애 회복을 위한 보험금 : 2,500,000원(=5,000,000원 x 50%)
　　→ 압류가능금액 2,500,000원
(3) 보장성보험의 해약환급금 : 1,500,000원 → 압류가능금액 500,000원
(4) 은행예금 잔액 : 1,200,000원 → 압류가능금액 0원
2. 압류가능금액 : 2,500,000원 + 500,000원 = 3,000,000원

참고 절대적으로 압류를 금지하는 소액금융재산

구 분		내 용
보험금	사망보험금	1천만원 이하의 보험금
	보장성 보험금	① 진료비, 치료비, 수술비, 입원비, 약제비 등 실비 : 보험금 전액 ② 치료·장애회복을 위한 보험금의 1/2 → 위 ①의 보험금은 제외
해약환급금		150만원 이하의 금액
만기환급금		150만원 이하의 금액
예금·적금		개인별 잔액이 185만원 미만의 금액

7. ⑤

과세관청이 과세표준과 세액을 결정 또는 경정하고 그 통지를 납부고지서에 의하는 경우의 납부고지는 징수고지로서의 성질과 납부고지로 납세의무가 확정되므로 부과고지로서의 성질을 모두 갖는다.

구 분		내 용		
납부고지	납부고지서	납세의무자, 연대납세의무자, 2차 납세의무자, 납세보증인, 물적납세의무자		
	납부기한	30일내		
독 촉	독촉장	납세의무자, 연대납세의무자, 2차 납세의무자, 납세보증인		
	납부기한	20일내		

8. ③

납부기한 전에 징수를 할 수 있는 국세는 확정된 국세를 요건으로 하므로 납부고지를 한 국세뿐 아니라, 원천징수한 국세도 포함된다.

| 참고 | 납부기한 전 징수 국세 |

구 분		내 용
대상국세		확정된 국세로 다음과 같은 국세일 것 ① 납부고지를 한 국세　② 과세표준 결정을 한 국세 ③ 원천징수한 국세　④ 납세조합이 징수한 국세 ⑤ 중간예납하는 법인세
징수사유	타기관 환가사유	① 강제징수·강제집행·경매의 경우 ② 파산선고를 받은 경우 ③ 법인 해산의 경우 ④ 어음교환소에서 거래정지처분을 받은 경우
	타기관 환가이외 사유	① 국세 포탈의 우려가 있는 경우 ② 납세관리인을 두지 않고 국내에 주소·거소를 두지 않은 경우
징수절차		고지 또는 변경고지
징수효력		독촉절차 없이 압류가능

9. ⑤

모두 조세범처벌법 위반의 죄에 해당한다.

10. ⑤

세금계산서 미발급·거짓발급·합계표 거짓제출한 경우 또는 거래 없이 세금계산서 발급·거짓기재 합계표 제출한 경우가 조세범처벌법상 세금계산서의 발급의무 위반 등의 죄에 해당한다. 그러나, 「부가가치세법」에 따라 세금계산서를 작성하여 발급하고 매출처별세금계산서합계표를 정부에 제출하지 아니한 경우는 조세범처벌법상 죄에 해당하지 않는다.

11. ①

구 분	금 액	비 고
양도가액	100,000,000원	실지거래가액
취득가액	(-)70,000,000원	60,000,000(실지취득가액)+10,000,000(소송비용)
기타경비	(-)2,000,000원	2,000,000(실지기타경비 : 소개비)
양도차익	= 28,000,000원	
장기보유특별공제	(-)8,400,000원	= 28,000,000(양도차익) x 30%(15년 이상)
양도소득금액	= 19,600,000원	
양도소득기본공제	(-)2,500,000원	토지 이외 양도한 자산이 없음
양도소득과세표준	= 17,100,000원	

필요경비

구 분	내 용
취득가액	① 취득세는 납부영수증이 없는 경우에도 필요경비로 공제 가능함 ② 취득가액에는 취득시 쟁송으로 인한 소송비용 등 취득에 소요된 모든 비용을 포함한다. 이 경우 소송비용은 소송비용과 변호사의 보수 등 자산의 소유권을 확보하기 위하여 직접 소요된 일체의 경비를 말함
자본적지출	적격증명서류를 수취하고 보관하고 있는 경우에만 공제가 가능함
양도비	① 양도소득세 신고서 작성비용, 계약서 작성비용, 공증비용, 인지대 및 소개비 ② 법령 등의 규정에 따라 매입한 국민주택채권 및 토지개발채권을 만기 전에 양도함으로써 발생하는 매각차손(금융기관에 매각했을 때의 매각차손을 한도로 함) ③ 양도비는 증명서류를 수취·보관하거나 실제 지출사실이 금융거래 증명서류에 의하여 확인되는 경우에만 공제가 가능함

12. ④
   1. 총수입금액 : 800,000,000원(매출액)
   2. 필요경비 : 590,000,000(매출원가) + 12,000,000(배우자 급여) + 25,000,000(접대비한도액)
      + 3,000,000(보험료) = 630,000,000원
   3. 사업소득금액 = 1 - 2 = 170,000,000원

   별해

구 분	내 용
당기순이익	122,000,000원
대표자 본인의 급여 필요경비 불산입	+ 10,000,000원
접대비 한도초과액 필요경비 불산입	+ 5,000,000원
대표자 본인의 건강보험료	-
소득세비용 필요경비 불산입	+ 40,000,000원
이자수익 총수입금액 불산입	- 7,000,000원
사업소득금액	= 170,000,000원

13. ③
   중소기업을 경영하는 거주자가 사업소득금액을 계산할 때 해당 과세기간의 이월결손금(부동산임대업에서 발생한 이월결손금은 제외)이 발생한 경우에는 결손금이 발생한 과세기간과 직전 소득세를 신고기간 내에 신고한 경우 결손금 소급공제세액을 환급신청할 수 있다. 비거주자는 적용대상에서 제외된다.

14. ②

구 분	내 용	비 고
직장공제회 초과반환금	13,000,000원	이자소득에 해당함
손해배상금 법정이자	-	금융소득에 해당하지 아니함
비영업대금이익	+ 2,000,000원	원금부터 먼저 회수한 것으로 보므로 2,000,000원만 이자소득에 해당함
채권보유기간 이자	+ 15,000,000원	이자소득에 해당함
금융소득의 합계	= 30,000,000원	

15. ③

연금외수령 하면 퇴직소득으로 → 연금외수령 하면 기타소득으로

16. ①

ㄱ. 근로계약을 체결한 근로자가 퇴직시 퇴직금 지급채무의 이행지체로 인해 수령하는 지연손해금은 계약의 위약·해약으로 인한 손해배상금에 해당하므로 기타소득으로 과세한다.

ㄴ. 교통재해를 직접적인 원인으로 신체상의 상해를 입었음을 이유로 보험회사로부터 수령한 보험금은 과세대상 소득에 해당하지 아니한다.

ㄷ. 퇴직 전에 부여받은 주식매수선택권을 퇴직 후에 행사함으로써 얻은 이익과 고용관계 없는 자가 행사함으로써 얻은 이익은 기타소득으로 과세한다.

ㄹ. 사업용 유형자산과 함께 양도하는 영업권은 양도소득으로 과세한다.

ㅁ. 서화·골동품을 박물관에 양도함으로써 발생하는 소득은 비과세한다.

> **참고** 서화·골동품

구 분	내 용
과세대상	양도가액이 6천만원 이상일 것
비 과 세	국가지정 문화재 양도 및 박물관 또는 미술관에 양도
필요경비	80%추정(10년 이상 보유시 및 10년 미만 보유시 양도가액 1억원 이하분은 90%추정)
원천징수세율	20%
과세방법	무조건 분리과세
원천징수특례	양수자가 국내사업장이 없는 비거주자 또는 외국법인인 경우에는 양도자가 원천징수의무를 짐

17. ④

금융·보험업 이외의 업을 경영하는 사업자가 직전 과세기간의 상시고용인원의 평균인원수가 20인 이하인 원천징수의무자로서 관할 세무서장으로부터 승인을 얻은 경우에는 원천징수한 소득세를 그 징수일이 속하는 반기의 마지막 달의 다음 달 10일까지 납부할 수 있다.

18. ②

1. 퇴직소득 과세표준 : 환산급여 − 환산급여공제 = 104,575,000원
   - ㉠ 환산급여 : (150,000,000 − 3,000,000) x 12/8년 = 220,500,000원
   - ㉡ 환산급여공제 : 61,700,000 + 120,500,000 x 45% = 115,925,000원
2. 퇴직소득 산출세액 = (104,575,000 x 기본세율) x 8년/12 = 14,467,500원

19. ③

① 상속받은 주택을 양도하는 경우 → 그 밖의 주택(일반주택)을 양도하는 경우

② 세대원 중 일부가 → 세대원 전부가

④ 실지거래가액 9억원 초과 → 실지거래가액 12억원 초과

⑤ 파산선고에 의한 처분은 비과세 소득에 해당하나, 강제경매로 인하여 발생하는 소득은 비과세 소득이 아니므로 양도소득세를 과세한다.

> **참고** 공매·경매에 대한 과세의 비교

구 분	부가가치세	양도소득세
국세징수법·지방세법 및 민사집행법에 의한 공매·경매	재화의 공급으로 보지 않음	양도에 해당함
위 이외의 경매	재화의 공급에 해당함	양도에 해당함

20. ②

구 분	금 액	비 고
자가운전보조금	200,000원	실제여비를 받는 대신에 사규에 따라 지급받는 월 20만원 이내의 금액까지만 비과세
식사대	-	현물식사제공이 있으므로 별도로 식사대를 지급하는 경우 현물식사는 비과세되지만 식사대는 모두 과세
자녀보육수당	+ 100,000원	자녀 수 기준이 아닌 근로자를 기준으로 비과세 여부를 판단함에 주의
연장근로수당	+ 250,000원	법령상의 요건을 구비한 생산직 근로자의 초과근로수당은 연 240만원(일용직과 광산직 근로자 제외) 이내에서 비과세
비과세 근로소득	= 550,000원	

참고 근로소득 비과세

구 분		내 용
자가운전 보 조 금	비과세 요건	본인 명의의 승용차로 업무를 수행하고 실제 여비를 받지 않을 것
	비과세 금액	월 20만원 이하의 금액
식 사 대		식사를 제공받지 않는 근로자가 받는 식사대로 월 10만원 이하의 금액
보육수당		근로자나 배우자의 출산이나 6세 이하의 자녀보육수당으로 월 10만원 이하의 금액
생 산 직 초과수당	비과세 요건	월정액 급여가 210만원 이하이면서 직전연도 총급여가 3,000만원 이하
	비과세 금액	전액(일용직 및 광산직), 연 240만원 이내(일용직 및 광산직 이외)금액

21. ②

출자지분의 양도로 인하여 생기는 수입은 비영리내국법인의 각 사업연도의 소득에 포함된다.

참고 · 비영리법인의 수익사업

① 사업소득
② 소득세법에 따른 이자소득 및 배당소득
③ 주식·신주인수권 또는 출자지분의 양도로 인하여 생기는 수입
④ 유형·무형자산의 처분으로 인하여 생기는 수입
⑤ 양도소득세 과세대상 자산인 부동산에 관한 권리와 기타자산의 양도로 생기는 수입
⑥ 이자소득이 발생하는 채권을 매도함에 따른 채권매매익

22. ⑤

구분	세무조정	비 고
15기	(익금산입) 배당금수익 5,000,000원 (유보)	법인세법상 배당금의 귀속시기는 소득세법 시행령을 준용하여 법인의 잉여금처분 결의일로 한다. 따라서 잉여금처분 결의를 한 사업연도인 15기의 익금에 해당하나 당기순이익에 반영되어 있지 않으므로 익금산입 세무조정을 수행함
16기	(익금불산입) 전기배당금수익 5,000,000원(△유보)	15기 익금귀속분을 법인이 16기에 수익으로 계상하였으므로 익금불산입 세무조정을 수행함

23. ①

ㄱ. (X) :「채무자 회생 및 파산에 관한 법률」에 따른 회생계획인가의 결정에 따라 회수불능으로 확정된 채권은 신고조정사항에 해당하므로 당해 대손사유가 발생한 날이 속하는 사업연도의 손금으로 한다.

ㄷ. (O) : 부가가치세법에 따라 대손세액공제를 받은 경우에는 이중혜택방지를 위해 대손금을 손금에 산입하지 아니하나 대손세액공제를 받지 않은 경우에는 이중혜택에 해당하지 아니하므로 손금에 해당한다.

ㄴ. (X) : 내국법인이 임원 및 직원에게 지급하는 성과배분상여금은 잉여금의 처분을 손비로 계상한 경우에는 각 사업연도의 소득금액을 계산할 때 손금에 산입하지 아니한다.

ㄹ. (X) : 내국법인이 해당 법인 이외의 자와 출자에 의하여 특정사업을 공동으로 영위함에 따라 발생된 손비에 대한 분담금액은 출자총액 중 당해 법인이 출자한 금액의 비율을 기준으로 정한다.

24. ④

① 내국법인이 수행하는 건설·기타 용역의 제공으로 인한 익금과 손금은 그 목적물의 건설 등의 착수일이 속하는 사업연도부터 그 목적물의 인도일이 속하는 사업연도까지 작업진행률을 기준으로 하여 계산한 수익과 비용을 익금과 손금에 산입한다.

② 상품 등 외의 자산의 양도로 인한 익금 및 손금의 귀속사업연도는 그 대금을 청산한 날이 속하는 사업연도로 한다. 다만, 대금을 청산하기 전에 소유권 이전등기(등록 포함)를 하거나 당해 자산을 인도하거나 상대방이 당해 자산을 사용수익 하는 경우에는 그 이전등기(등록)일·인도일 또는 사용수익일 중 빠른 날로 한다.

③ 매매대금의 수수일이 속하는 사업연도로 → 매매계약체결일이 속하는 사업연도로

⑤ 재고자산을 평가할 때 해당 자산을 제품 및 상품, 재공품, 원재료로 구분할 수 있으며, 종류별·영업장별로 각각 다른 방법에 의하여 평가할 수도 있다.

25. ①

② 내국법인의 납부할 세액이 2천만원을 초과하는 경우에는 납부할 세액의 50%이하의 금액을 납부기한이 지난 날부터 1개월(중소기업은 2개월) 이내에 분납할 수 있다.

③ 투자·상생협력 촉진을 위한 과세특례를 적용하여 계산한 법인세를 제외하나 가산세는 포함한다.

④ 합산한 금액을 → 공제한 금액을

⑤ 법인세가 수시부과된 사업연도에 대해서도 각 사업연도의 소득에 대하여 과세표준신고를 하여야 한다.

26. ①

1. 환급대상액
= 직전사업연도 산출세액-(직전사업연도 과세표준-소급공제 결손금) x 직전연도 법인세율
= 40,000,000 - (300,000,000 - 100,000,000) x 10% = 20,000,000원

2. 환급한도액*) = 직전사업연도 산출세액 - 직전사업연도 공제·감면세액
= 40,000,000 - 21,000,000 = 19,000,000원

*) 환급한도액 계산시 직전 사업연도 가산세액은 제재효과가 감소되지 않도록 하기 위하여 가산하지 아니한다.

3. 환급액 : MIN[1, 2] = 19,000,000원

27. ⑤

1. 회사의 감가상각비 해당액
= 회사의 감가상각비 계상액(x) + 25,000,000원(즉시상각의제액) = x + 25,000,000원

* 자본적 지출에 해당하는 수선비(25,000,000원)는 전기말 재무상태표상의 장부가액(250,000,000원)의 5%이상에 해당하며 6,000,000원 이상에 해당하므로 즉시상각의제 규정이 적용된다.

2. 상각범위액

= (취득가액-전기말 감가상각누계액 + 즉시상각의제액 + 전기이전상각부인액)

= (300,000,000-50,000,000 + 25,000,000 + 15,000,000) x 30% = 87,000,000원

3. 시인부족액

= (x + 25,000,000) - 87,000,000 = △27,000,000원

4. 회사의 감가상각비 해당액(x)

= 35,000,000원

28. ③

1. 토지 : 가산세를 토지로 계상한 부분

① (손금산입)   토지   1,000,000원 (△유보)

② (손금불산입) 가산세 1,000,000원 (기타사외유출)

* 가산세는 세법상 취득가액을 구성할 수 없으므로 토지가액을 감액하는 세무조정을 한다.

2. 대손금

① 15기 : (손금산입) 소멸시효 완성분 3,000,000원 (△유보)

② 16기 : (손금불산입) 대손처리분   1,000,000원 (유보)

* 소멸시효 완성분은 신고조정사항인 대손사유에 해당하므로 해당 사유가 발생한 제15기의 손금에 해당한다.

3. 재고자산

① 15기(임의변경) : 600,000(회사계상액) - MAX[800,000(총평균법), 1,000,000(선입선출법)]

  = (익금산입) 재고자산 400,000원 (유보)

② 16기(전기말 유보금액 손금산입) = (손금산입) 재고자산 400,000원 (△유보)

[자본금과 적립금조정명세서 (을)]

① 과목	② 기초잔액	당기 중 증감		⑤ 기말잔액
		③ 감소	④ 증가	
토지			△1,000,000	△1,000,000원
매출채권	△3,000,000	△1,000,000		△2,000,000원
상품	400,000	400,000		
합계	△2,600,000	△600,000	△1,000,000	△3,000,000원

29. ②

1. 잔여재산가액 = 100,000,000원

2. 자기자본총액 = 자본금 + 자본잉여금 + 이익잉여금 - 이월결손금(잉여금 한도)

= 80,000,000 + 30,000,000 + 10,000,000 - 40,000,000 = 80,000,000원

3. 청산소득금액 = 1 - 2 = 20,000,000원

30. ④

구 분	내 용	비 고
1.자산상실비율 (70%)	① 상실된 자산가액 210,000,000원	=140,000,000(건물)+70,000,000 (기타자산) → 상실로 인한 변상책임이 당해 법인에게 없는 것은 포함되지 않으며, 수령한 보험금을 차감하지 아니함
	② 상실전 자산총액 300,000,000원	토지는 제외함
2. 재해손실 세액공제액	MIN[①, ②] = 210,000,000원 ① 법인세액 x 자산상실비율 = 320,000,000 x 70% = 224,000,000원 ② 한도 : 210,000,000(상실자산가액)	법인세액 = 280,000,000(산출세액) + 40,000,000(가산세) = 320,000,000 → 법인세액에는 장부의 기록·보관불성실가산세와 국세기본법상의 가산세가 포함됨에 주의함

* 사업용 자산가액 계산시 토지가액은 제외한다. 그리고 상실에 대한 변상책임이 해당 법인에게 있는 타인소유 자산은 상실된 자산가액과 상실 전의 사업용 자산총액에 포함되나, 변상책임이 없는 타인소유 자산은 포함되지 않는다.

31. ⑤

사업용 자산을 「상속세 및 증여세법」에 따라 물납하는 것은 재화의 공급으로 보지 아니한다.

32. ⑤

전력이나 그밖에 공급단위를 구획할 수 없는 재화를 계속적으로 공급하는 경우에는 대가의 각 부분을 받기로 한 때를 재화의 공급시기로 본다.

33. ①

건축물이 있는 토지를 취득하여 그 건축물을 철거하고 토지만 사용하는 경우에는 철거한 건축물의 취득 및 철거 비용과 관련된 매입세액은 매출세액에서 공제하지 아니한다.

34. ②

① 포함하여 신고하여야 → 제외하고 신고하여야
③ 관할세무서장은 → 관할세관장은
④ 신고할 수 없다. → 신고할 수 있다.
⑤ 사업자이어야 한다. → 사업자여부를 불문한다.

35. ④

① 금지금을 내국신용장 또는 구매확인서에 의하여 공급하는 것은 영세율 적용대상에서 제외한다.
② 국외사업장에서 이루어지는 → 국내사업장에서 이루어지는
③ 「항공법」에 따른 상업서류 송달용역의 공급에는 영세율이 적용된다.
⑤ 영세율은 원칙적으로 거주자 또는 내국법인에 대하여 적용되며, 사업자가 비거주자 또는 외국법인에 해당하면 해당 국가에서 대한민국의 거주자 또는 내국법인에 대하여 면제하는 경우에만 상호주의에 따라 영세율을 적용한다.

36. ⑤

(1) 할부조건(인도기준) : 1,000,000 x 7개월 = 7,000,000원
(2) 제품수출(외화수령)
  ① 선수금($10,000) 공급시기 전 환가분(환가액) : 12,000,000원
  ② 잔금[$10,000 x ₩1,050(선적일의 기준환율)] = 10,500,000원

(3) 기계 중간지급조건(대가의 각 부분을 받기로 한 때) = 20,000,000원
  * 중간지급조건부의 경우 재화가 인도된 이후에 받기로 한 대가에 대해서는 재화가 인도된 때 또는 이용가능하게 되는 때를 공급시기로 한다. 따라서 공급시기가 2022.3.1.인 중도금 10,000,000원 뿐만 아니라 잔금 10,000,000원도 2022.6.30.을 공급시기로 하여 2022년 제1기 과세표준에 포함하여 계산한다.

37. ③
  1. 매입가액

구분	금액	비고
1. 쌀	15,000,000원	
2. 활어	28,000,000원	
3. 수입 바닷가재	10,000,000원	관세 2,000,000원 제외
4. 대게	21,000,000원	
5. 합계	74,000,000원	

  * 매입가액
  ① 매입가액(국내산) : 운임 등 부대비용을 제외한 순수한 매입가액
  ② 매입가액(수입산) : 관세를 제외한 관세의 과세가액

  2. 의제매입세액공제액
  = 74,000,000* x 6/106(법인 음식업) = 4,188,679원
  * 과세사업자에 해당하여 6월말 기준 재고도 이후 과세사업에 사용될 것이므로 6월말 기준 재고액 37,100,000원을 의제매입세액 공제대상 매입가액에 포함한다.

38. ③
  (1) 부동산임대업 과세표준

구분	금액	비고
임대료	10,000,000 x 3개월*	30,000,000원
간주임대료	100,000,000 x 91일(4.1~6.30) x 1.8%/365	448,767원
과세표준		30,448,767원

  * 계속적 공급에 해당하는 부동산임대용역의 공급시기는 대가의 각 부분을 받기로 한 때이므로 6월분 미수임대료도 과세대상 임대료에 포함하여 계산한다.
  (2) 제조업 과세표준(교환거래) = 10,000,000원(자기가 공급한 재화인 기계장치A의 시가)
  (3) 개인적 공급(종업원 선물)에 대한 과세표준 = 0(매입세액 불공제분이므로 과세되지 않음)
  (4) 과세표준 합계 = (1) + (2) = 40,448,767원

39. ①
  특정외국법인으로서 선박·항공기·장비의 임대를 주된 사업으로 하는 법인이, 조세피난처에서 사업을 위하여 필요한 공장 등의 고정된 시설을 가지고 있고, 그 법인이 스스로 사업을 관리하며, 당해 지역에서 주로 사업을 하는 경우에도 유보소득의 배당간주규정을 적용한다.

조세피난방지세제

구 분	내 용
1. 내 국 인	각 사업연도말 현재 10%이상 직접·간접으로 투자한 내국인(친인척 포함)
2. 귀속시기	조세피난처(세부담이 법인세 최고세율인 25%의 70% 이하) 법인의 사업연도종료일의 다음날부터 60일이 되는 날이 속하는 내국인의 과세연도의 익금 또는 배당소득으로 과세
3. 적용배제	거주지국 회계원칙에 따른 각 사업연도말 실제소득이 2억원(특정외국법인의 사업연도말 현재 환율 적용) 이하시는 제외 → 사업연도가 1년 미만시는 환산하여 적용
4. 적용배제	실질사업(고정시설을 갖추고 그 국가에서 사업영위)시 조세피난방지세제 적용배제
5. 실제사업을 해도 적용하는 경우	① 주된 사업이 주식·채권 보유, 지적재산권의 제공, 선박·항공기·장비임대 투자업 ② 도매업, 금융보험업, 부동산업 등 : 해당 업종을 영위하는 특정외국법인으로서 당해 업종의 총수입금액(매입원가) 비율이 50% 초과하고, 당해 업종의 수입금액 합계액 중 특수관계인과의 거래금액 비율이 50%(1사업연도 기준)를 초과하는 경우

40. ④

① 거주자가 비거주자에게 국외에 있는 부동산을 증여하는 경우 증여자는 증여세를 납부할 의무가 있다.

② 비거주자인 수증자가 거주자인 증여자의 특수관계인이 아닌 경우로서 국외에 있는 재산에 대하여 외국의 법령에 따라 증여세가 면제되는 경우 증여자의 증여세 납부의무는 면제한다.

③ 비거주자인 수증자가 거주자인 증여자의 특수관계인이 아닌 경우 국외에 있는 부동산에 대하여 외국의 법령에 따라 증여세가 부과되면 증여자의 증여세 납부의무를 면제한다. 참고로 수증자가 거주자인 증여자의 특수관계인인 경우에는 증여세를 과세하되, 외국납부세액공제를 적용한다.

⑤ 증여재산의 증여일 전후 6개월 이내에 공신력 있는 감정기관이 평가한 감정가액은 증여재산의 시가로 본다.

국외증여재산

구 분	내 용
1. 의 의	거주자가 비거주자(본점이나 주된 사무소의 소재지가 국내에 없는 비영리법인 포함)에게 국외에 있는 재산을 증여(사인증여 제외)하는 경우 증여자에게 과세 → 수증자가 증여자의 국세기본법상 특수관계인이 아닌 경우로서 해당 재산에 대해 외국법령에 의해 증여세가 과세되는 경우(세액을 면제받는 경우 포함)는 증여세 납부의무를 면제한다.
2. 증여재산 가 액	① 시가 : 증여일 전후 6개월 내 실제매매가액, 감정가액, 보상가액이 확인시는 그 가액 ② 시가산정이 어려운 경우 : 상속세 및 증여세법상의 규정을 준용해 평가
3. 외국납부 세액공제	외국의 법령에 따라 증여세를 납부한 경우에는 그 납부한 외국납부세액(가산세 제외)을 증여세 산출세액에서 국외산출세액을 한도로 공제한다.

1. 〈국세기본법〉 국세부과의 제척기간과 국세징수권의 소멸시효에 관한 설명으로 옳지 않은 것은?

① 내국법인인 (주)서울이 역외거래에 대해서 이중장부 작성을 하고 법인세를 포탈한 경우, 국세부과 제척기간은 법인세를 부과할 수 있는 날부터 15년간이다.

② 내국법인인 (주)평촌의 2022년 제1기 부가가치세 예정신고세액에 대한 국세부과 제척기간의 기산일은 제1기 확정신고기한의 다음 날인 2022. 7. 26. 로 본다.

③ 국세징수권은 이를 행사할 수 있는 때부터 5년(5억원 이상의 국세는 10년) 동안 행사하지 아니하면 소멸시효가 완성된다.

④ 소멸시효는 납부고지, 독촉, 교부청구, 압류의 사유로 중단된다.

⑤ 부담부증여에 따라 증여세와 함께 양도소득세가 과세되는 경우로서 납세자가 부정행위로 해당 증여세를 포탈한 경우, 부담부증여와 관련되어 과세하는 양도소득세의 제척기간은 이를 부과할 수 있는 날부터 10년, 포탈한 증여세의 제척기간은 이를 부과할 수 있는 날부터 15년간이다.

2. 〈국세기본법〉 국세기본법상 심사와 심판에 관한 설명으로 옳지 않은 것은?

① 국세에 관한 행정소송은 국세기본법에 따른 심사청구나 심판청구 또는 감사원법에 따른 심사청구와 그에 대한 결정을 거치지 아니하면 제기할 수 없다.

② 이의신청인, 심사청구인 또는 심판청구인은 불복신청 또는 청구금액이 3천만원(지방세의 경우는 1천만원) 미만인 경우에는 그 배우자, 4촌 이내의 혈족 또는 그 배우자의 4촌 이내의 혈족을 대리인으로 선임할 수 있다.

③ 불복청구인의 이의신청과 관련하여 당초 처분의 적법성에 관하여 재조사하여 그 결과에 따라 과세표준과 세액을 경정하거나 당초 처분을 유지하는 등의 처분을 하도록 하는 결정에 따른 처분에 대하여는 심사청구 또는 심판청구가 가능하다.

④ 조세심판관회의는 심판청구에 관한 결정을 할 때 심판청구를 한 처분 이외 처분에 대해서는 그 처분의 전부 또는 일부를 취소 또는 변경하거나 새로운 처분의 결정을 하지 못한다.

⑤ 종합부동산세의 결정 고지세액 1천만원에 대하여 심판청구를 하려는 자가 재결청에 변호사 등을 국선대리인으로 선정하여 줄 것을 신청하는 경우, 재결청은 지체 없이 국선대리인을 선정하고 신청을 받은 날부터 5일 이내에 그 결과를 심판청구인과 국선대리인에게 각각 통지하여야 한다.

3. 〈국세기본법〉 납세의무의 성립시기에 관한 설명으로 옳지 않은 것은?

① 내국법인인 (주)마포의 제2기 사업연도(2022.1.1. ~ 2022.12.31.)의 법인세 납세의무는 2023.3.31.에 성립한다.

② 국세의 납세의무 성립시기는 새로운 세법 또는 해석이나 관행의 적용시 소급과세 여부를 판정하는 기준시점이 된다.

③ 내국법인인 (주)신촌이 개인주주에게 지급하는 배당금에 대하여 원천징수하는 소득세의 납세의무는 해당 배당금을 지급하는 때에 성립한다.

④ 내국법인인 (주)반포의 2022년 제1기 예정신고기간에 대한 부가가치세의 납세의무는 동 예정신고기간이 끝나는 때에 성립한다.

⑤ 금융보험업자의 수익금액에 부과되는 교육세의 납세의무는 교육세의 법정 과세기간이 끝나는 때에 성립한다.

4. 〈국세기본법〉 국세기본법상 국세부과의 원칙과 관련이 없는 것은?

① 거래의 형식은 매매이나 그 실질이 증여이면 증여로 보아 증여세를 과세한다.

② 세무서장이 종합소득 과세표준과 세액을 경정하는 경우 거주자가 추계신고한 경우에도 소득금액을 계산할 수 있는 장부 기타 증빙서류를 비치 기장하고 있는 때에는 그 장부 기타 증빙서류를 근거하여 실지조사 결정하여야 한다.

③ 세무공무원이 재량으로 직무를 수행할 때에는 과세의 형평과 해당 세법의 목적에 비추어 일반적으로 적당하다고 인정되는 한계를 엄수하여야 한다.

④ 명의신탁부동산을 매각처분한 경우에는 양도의 주체 및 납세의무자는 원칙적으로 명의수탁자가 아니고 명의신탁자이다.

⑤ 납세의무자가 그 의무를 이행할 때에는 신의에 따라 성실하게 하여야 한다. 세무공무원이 그 직무를 수행할 때에도 또한 같다.

5. 〈국세기본법〉 국세기본법상 납세자의 권리와 보칙에 관한 설명으로 옳지 않은 것은?

① 세무공무원은 2개 이상의 과세기간과 관련하여 잘못이 있는 경우에는 같은 세목 및 같은 과세기간에 대하여 재조사를 할 수 있다.

② 고지할 국세(본세와 함께 고지하는 교육세, 농어촌특별세를 본세와 합한 것을 말하며 인지세는 제외함) 및 강제징수비를 합친 금액이 1만원 미만일 때에는 그 금액은 없는 것으로 본다.

③ 역외거래를 이용하여 세금을 탈루하거나 국내 탈루소득을 해외로 변칙유출한 혐의로 조사하는 경우에는 세무조사 기간의 제한 및 세무조사 연장기간의 제한을 받지 아니한다.

④ 세무공무원은 「공공기관의 운영에 관한 법률」에 따른 공공기관이 급부지원 등을 위한 자격의 조사·심사 등에 필요한 과세정보를 당사자의 동의를 받아 요구하는 경우에는 그 사용목적에 맞는 범위에서 납세자의 과세정보를 제공할 수 있다.

⑤ 「국제조세조정에 관한 법률」에 따른 해외금융계좌 신고의무 위반행위를 적발하는데 중요한 자료를 제공한 자에게는 최대 30억원의 포상금을 지급할 수 있다.

6. 〈국세기본법, 조세범처벌법〉 법인이 장부의 거짓 기장으로 법정신고·납부기한까지 신고·납부하여야 할 금액보다 적게 신고·납부할 경우에 관한 설명으로 옳지 않은 것은? (단, 과소신고는 모두 거짓 기장으로 인한 것이며 역외거래는 없는 것으로 가정함)

① 거짓 기장으로 인한 법인세 포탈범의 기수시기는 해당 법인세의 법정신고·납부기한이 지난 때이다.

② 거짓 기장으로 포탈한 법인세와 관련하여 법인세법에 따라 처분된 금액에 대한 소득세는 포탈한 법인세의 신고기한의 다음 날부터 10년이 끝난 날 후에는 더 이상 부과할 수 없다.

③ 거짓 기장으로 인한 과소신고납부세액의 100분의 40에 상당하는 금액과 거짓 기장으로 인하여 과소신고된 과세표준 관련 수입금액에 1만분의 14를 곱하여 계산한 금액 중 큰 금액을 과소신고가산세로 한다.

④ 장부의 거짓 기장으로 포탈한 법인세가 5억원 이상인 경우에는 3년 이하의 징역 또는 포탈세액 등의 3배 이하에 상당하는 벌금에 처한다.

⑤ 조세포탈의 죄를 범한 자가 국세기본법에 따라 법정신고기한이 지난 후 2년 이내에 수정신고를 한 경우에는 형을 감경할 수 있다.

7. 〈국세징수법〉 납세자가 납세의무를 자발적으로 이행하도록 간접적으로 강제하는 제도에 관한 설명으로 옳지 않은 것은?

① 납세증명서의 발급일 현재 신청인에게 납부고지된 국세가 있는 경우에는 납세증명서의 유효기간을 그 지정납부기한부터 30일간으로 할 수 있다.

② 납세자 또는 그 동거가족이 질병이나 중상해로 6개월 이상의 치료가 필요한 경우 또는 사망하여 상중(喪中)인 경우로서 세무서장이 인정하는 경우에는 허가 등을 받아 사업을 경영하는 자가 해당 국세를 3회 이상 체납하고 그 체납액이 500만원 이상일 때에도 그 주무관서에 관허사업의 제한을 요구할 수 없다.

③ 국세청장은 정당한 사유 없이 5천만원 이상의 국세를 체납한 자 중 대통령령으로 정하는 자에 대해 법무부장관에게 출입국관리법에 따라 출국금지를 요청하여야 한다.

④ 「상가건물임대차보호법」에 따른 상가건물을 임차하여 사용하려는 자는 해당 건물에 대한 임대차계약을 하기 전에 건물소유자의 동의를 받아 건물소유자가 납부하지 아니한 국세의 열람을 임차할 건물 소재지의 관할 세무서장에게 신청할 수 있다.

⑤ 체납된 국세와 관련하여 국세기본법에 따른 이의신청·심사청구 또는 심판청구 및 행정소송이 계속 중인 경우에는 신용정보의 이용 및 보호에 관한 법률에 따른 신용정보회사가 세무서장에게 체납자에 대한 자료를 요구하는 경우에도 체납자료를 제공하지 아니한다.

8. 〈국세징수법〉 국세의 강제징수절차 중 압류에 관한 설명으로 옳은 것은?

① 납세자가 독촉장을 받고 지정된 기한까지 국세를 완납하지 아니한 경우 세무서장은 납세자의 재산을 압류하며, 압류에 의하여 압류재산의 처분권은 국가로 이전되며 압류 후에는 전세권 해제, 압류재산의 양도나 권리설정이 금지된다.

② 월급의 총액(지급받을 수 있는 급여금 전액에서 그 근로소득에 대한 소득세와 소득세분 지방소득세를 뺀 금액)이 800만원인 경우 압류 가능한 급여의 최대금액은 350만원이다.

③ 압류할 재산이 공유물인 경우 그 몫이 정해져 있지 아니하면 그 재산의 점유자 또는 실제 사용자의 것으로 보아 강제징수를 한다.

④ 압류한 재산에 대하여 소유권을 주장하고 반환을 청구하려는 제 3자는 매각 5일전까지 소유자로 확인할 만한 증거서류를 세무서장에게 제출하여야 한다.

⑤ 세무서장은 체납자가 압류할 수 있는 다른 재산을 제공하여 그 재산을 압류한 경우에는 이미 압류한 재산에 대한 압류를 즉시 해제하여야 한다.

9. 〈국세징수법〉 국세징수법상 재난 등으로 인한 납부기한 등의 연장에 관한 설명으로 옳은 것은?

① 지정납부기한 등 연장기간 중에는 국세징수권의 소멸시효가 중단된다.

② 세무서장은 납부기한 등의 연장을 한 경우 납부기한 등 연장기간 중에는 그 연장한 국세에 대하여 참가압류는 할 수 있으나 교부청구는 할 수 없다.

③ 관할세무서장은 납세자가 재난 또는 도난으로 재산에 심한 손실을 입은 사유로 납부기한 등의 연장을 하는 경우 그 연장과 관계되는 금액에 상당하는 납세담보의 제공을 요구할 수 없다.

④ 납세자가 납부기한 등의 만료일 10일 전까지 신청을 하였으나 관할 세무서장이 그 신청일부터 10일 이내에 승인 여부를 통지하지 아니한 경우에는 납부기한 등 만료일에 신청을 승인한 것으로 본다.

⑤ 발급일 현재 압류매각의 유예를 제외한 다른 체납액이 없는 경우에는 압류매각의 유예기간 중에는 납세증명서를 발급받을 수 없다.

10. 〈조세범처벌법〉 조세범칙행위의 처벌기준이 2년 이하의 징역 또는 2천만원 이하의 벌금이 아닌 것은?

① 납세의무자 또는 납세의무자의 재산을 점유하는 자가 체납처분의 집행을 면탈하거나 면탈하게 할 목적으로 그 재산을 은닉·탈루하거나 거짓 계약을 하였을 때

② 조세를 포탈하기 위한 증거인멸을 목적으로 세법에서 비치하도록 하는 장부 또는 증빙서류를 해당 국세의 법정신고기한이 지난 날부터 5년 이내에 소각·파기 또는 은닉하였을 때

③ 납세의무자를 대리하여 세무신고를 하는 자가 조세의 부과 또는 징수를 면하게 하기 위하여 타인의 조세에 관하여 거짓으로 신고를 하였을 때

④ 조세의 회피 또는 강제집행의 면탈을 목적으로 타인의 성명을 사용하여 사업자등록을 하였을 때

⑤ 조세의 원천징수의무자가 정당한 사유 없이 징수한 세금을 납부하지 아니하였을 때

11. 〈소득세법〉 소득세법상 과세대상 근로소득에 포함되는 것은?

① 퇴직급여로 지급되기 위하여 사용자가 적립한 급여 중 근로자가 적립금액 등을 선택할
수 없는 것으로서 기획재정부령으로 정하는 방법에 따라 적립되는 급여
② 만기에 종업원에게 귀속되는 단체환급부보장성보험의 환급금
③ 임원이 아닌 종업원이 사용자 소유의 사택을 제공받음으로써 얻은 이익
④ 임직원의 업무상 과실(고의나 중과실 제외)로 인한 손해배상청구를 지급사유로 하는 손
해배상보험료를 사용자가 부담하는 경우
⑤ 사원이 업무와 관계없이 독립된 자격으로 사내에서 발행하는 사보 등에 원고를 게재하
고 받는 대가

12. 〈소득세법〉 소득세법상 납세의무에 관한 설명으로 옳은 것을 모두 고른 것은?

> ㄱ. 내국법인인 (주)서울의 직원인 한국국적의 갑은 (주)서울이 100%출자한 미국 현지법인
> Seoul.Ltd에 파견되어 근무하고 있으며, 갑은 미국에서 1년 이상 거소를 두고 있다. 이러한
> 경우 갑은 국내원천소득에 대해서만 납세의무를 진다.
> ㄴ. 한미행정협정에 규정된 합중국 군대에서 군무원으로 근무하고 있는 미국 국적인 Jane은 가족
> 과 함께 서울에 살고 있으며 거소지 선정과 관련하여 조세회피목적은 없다. 이 경우 국내 소득
> 세법상 Jane은 비거주자로 본다.
> ㄷ. 내국법인인 (주)한국항공에서 승무원으로 근무하기 위하여 입국한 미국 국적인 Smith는 가족
> 이 없는 미혼이고, 근무시간 외에는 (주)한국항공에서 제공한 서울시 마포구 소재 기숙사에서
> 통상 생활하고 있다. 이 경우 Smith는 비거주자로 본다.
> ㄹ. 국내에 거소를 두고 있으면서 서울과 미국 LA에서 부동산임대업을 영위하고 있는 한국국적의
> 을은 2022.1.1.에 질병 치료차 일시적으로 미국으로 출국하였다가 2022.10.10에 다시 입국
> 하였다. 을은 2022년 과세연도의 경우 서울 및 LA에서 발생한 부동산임대소득 모두에 대해서
> 국내에서 소득세 납세의무를 진다.
> ㅁ. 미국국적인 Tom은 2021년과 2022년에 걸쳐서 2021년에 90일, 2022년에 100일을 국내에
> 거소를 두고 있다. 이 경우 Tom은 2022년 소득세 납세의무를 국내원천소득에 대해서만 진다.

① ㄱ, ㄴ   ② ㄱ, ㄹ   ③ ㄴ, ㄷ
④ ㄴ, ㄹ   ⑤ ㄷ, ㄹ, ㅁ

13. 〈소득세법〉 소득세법상 퇴직소득이 아닌 것은?

① 공적연금 관련법에 따라 받는 일시금
② 과학기술인공제회법에 따라 지급받는 과학기술발전장려금
③ 건설근로자의 고용개선 등에 관한 법률에 따라 지급받는 퇴직공제금
④ 한국교직원공제회법에 따라 설립된 한국교직원공제회로부터 지급받는 초과반환금
⑤ 사용자 부담금을 기초로 하여 현실적인 퇴직을 원인으로 지급받은 소득

14. 〈소득세법〉 소득세법상 사업소득에 관한 설명으로 옳은 것을 모두 고른 것은?

> ㄱ. 추계조사 결정방식으로 사업소득금액을 계산하는 경우에는 사업자가 어떤 업종을 영위하는 지의 여부가 사업소득금액을 결정하는 데 영향을 미치지 않는다.
>
> ㄴ. 사업소득의 총수입금액은 해당 과세기간에 수입하였거나 수입할 금액의 합계액에 의한다. 따라서, 소매업 등 영수증을 교부할 수 있는 사업자로서 금전등록기를 설치·사용하는 사업자의 경우에도 총수입금액은 당해 연도에 수입하였거나 수입할 금액으로 하여야 한다.
>
> ㄷ. 부동산 양도로 인한 소득의 경우 부동산매매가 지속적·반복적으로 이루어진 것은 사업소득으로 과세되지만, 개인적으로 보유하고 있던 부동산을 매각하는 비반복적 양도의 경우에는 양도소득으로 과세된다.
>
> ㄹ. 기준시가 9억원을 초과하는 1주택을 소유하는 자(다른 주택은 없음)가 그 주택을 임대하여 연간 1,000만원의 총수입금액이 발생한 경우 해당 주택의 임대소득은 사업소득으로 비과세된다.
>
> ㅁ. 고용됨이 없이 독립된 자격으로 일정한 고정보수를 받지 아니하고 타인으로부터 상품 등의 구매신청을 받아 그 실적에 따라 지급받는 대가는 사업소득으로 본다.

① ㄱ, ㅁ ② ㄴ, ㄷ ③ ㄷ, ㅁ
④ ㄱ, ㄹ, ㅁ ⑤ ㄷ, ㄹ, ㅁ

15. 〈소득세법〉 소득세법상 거주자인 근로자 갑(2022년도 중 계속근로자임)의 2022년도 자료를 기초로 의료비세액공제액을 계산하면 얼마인가?

> 1. 갑의 급여총액 40,000,000원(비과세소득 2,400,000원 포함)
> 2. 의료비 지출내역은 다음과 같다.
>   ① 본인의 정밀 건강진단비 500,000원, 미용·성형수술비 1,000,000원
>   ② 부친(70세)의 질병치료비 2,000,000원
>   ③ 배우자(장애인)의 장애재활치료비 5,000,000원
>   ④ 대학생인 장남(22세)의 시력보정용 안경과 콘택트렌즈 구입비 1,200,000원
>   ⑤ 외국 유학중인 장녀(20세)의 국외에서의 치료비 1,500,000원

① 1,030,800원 ② 1,125,000원 ③ 1,135,800원
④ 1,200,000원 ⑤ 1,360,800원

16. 〈소득세법〉 소득세법상 부당행위계산의 부인에 관한 설명으로 옳은 것을 모두 고른 것은?

> ㄱ. 대금업을 영위하지 아니하는 거주자 갑이 아버지에게 연 이자율 5%(자금대여시 이자율의 시가는 연 10%)의 조건으로 10억원을 대여한 경우 부당행위계산의 부인 대상이 된다.
> ㄴ. 거주자 을이 형으로부터 사업자금을 연 이자율 40%(자금대여시 이자율의 시가는 연 10%임)의 조건으로 10억원을 차입한 경우 부당행위계산부인 대상이 된다.
> ㄷ. 거주자 병이 운영자금을 마련하기 위하여 사무실로 사용하고 있던 상가 건물을 시가의 절반가격으로 사촌동생에게 매각하였다면 부당행위계산의 부인 대상이 된다.
> ㄹ. 부당행위계산의 부인에 의하여 총수입금액에 산입하거나 필요경비에 불산입한 금액은 사기·기타 부정한 행위에 의해 조세를 포탈한 것으로 간주하여 조세범처벌법의 적용 대상이 된다.
> ㅁ. 사업소득이 있는 거주자 정이 사업자인 형으로부터 시가 1,000만원의 재고자산을 2,000만원에 구입하여 전부 판매한 경우, 사업소득금액을 계산할 때 정의 필요경비는 1,000만원, 형의 총수입금액은 2,000만원으로 계산한다.

① ㄱ, ㄴ
② ㄱ, ㄴ, ㄷ
③ ㄴ, ㄷ, ㄹ
④ ㄴ, ㄷ, ㅁ
⑤ ㄷ, ㄹ, ㅁ

17. 〈소득세법〉 소득세법상 거주자의 소득구분 등에 관한 설명으로 옳지 않은 것은?

① 공익사업과 관련된 지역권·지상권(지하 또는 공중에 설정된 권리를 포함한다)을 설정하거나 대여하고 받는 금품은 기타소득으로 과세한다.
② 등기된 부동산임차권과 함께 양도하는 영업권(영업권을 별도로 평가하지 아니하였으나 사회통념상 자산에 포함되어 함께 양도된 것으로 인정되는 영업권과 행정관청으로부터 인가·허가·면허 등을 받음으로써 얻는 경제적 이익을 포함한다)은 양도소득으로 과세한다.
③ 부동산임대업에서 발생한 결손금은 모두 그 발생연도의 종합소득 과세표준을 계산함에 있어서 공제하지 않는다.
④ 퇴직 전에 부여받은 주식매수선택권을 퇴직 후에 행사하거나 고용관계 없이 주식매수선택권을 부여받아 이를 행사함으로써 얻는 이익은 기타소득으로 과세한다.
⑤ 저작자가 저작권의 양도 또는 사용의 대가로 받는 금품은 사업소득으로 과세한다.

18. 〈소득세법〉 거주자 갑의 2022년 귀속 금융소득 자료는 다음과 같다. 갑의 2022년 귀속 종합과세 금융소득금액을 계산하면 얼마인가? (단, 금융소득은 모두 적법하게 원천징수되었음)

(1) 내국법인으로부터 받은 비영업대금의 이익은 5,000,000원 이다.
(2) 투자회사로부터 3,000,000원의 배당금을 수취하였다. 이 투자회사는 소득공제를 적용받음으로써 법인세는 납부하지 않았다.
(3) 주권상장법인인 (주)대한으로부터 5,000,000원의 배당금을 수취하였다.
(4) 주권상장법인인 (주)민국으로부터 이익준비금을 자본전입한 무상주 30,000주(액면가 500원, 자본전입 결정일 2022.3.31.)를 받았다.
(5) 주권상장법인인 (주)만세로부터 자기주식소각이익(주식소각일 2020.5.10., 소각당시 시가 : 주당 700원, 취득가액 : 주당 650원)의 자본전입(자본전입일 2022.8.10.)에 따라 무상주 20,000주(액면가 500원)를 수취하였다.

① 28,880,000원 　② 36,650,000원 　③ 38,000,000원
④ 39,980,000원 　⑤ 40,200,000원

19. 〈소득세법〉 다음은 거주자 갑의 2022년도 부동산 임대자료이다. 거주자 갑의 2022년 간주임대료를 계산하면 얼마인가? (단, 갑은 사업소득에 대하여 장부를 비치·기장하고 있으며, 정기예금이자율은 연 3%로 가정함)

(1) 임대대상 자산 : 상가건물
(2) 임대기간 : 2021.8.1. ~ 2023.7.31
(3) 취득가액(토지가액 제외) : 100,000,000원
(4) 임대보증금 : 300,000,000원
(5) 월 임대료 : 1,000,000원
(6) 월 관리비 : 300,000원
(7) 임대보증금 운용수익 : 정기예금이자 2,000,000원, 수입배당금 1,000,000원, 유가증권처분이익 1,000,000원

① 2,000,000원 　② 3,000,000원 　③ 6,000,000원
④ 18,600,000원 　⑤ 21,600,000원

20. 〈소득세법〉 거주자 갑은 2016.5.10.에 사업용 토지(실지거래가액 : 1,000,000,000원, 취득당시 개별공시지가 : 700,000,000원)를 취득하여 등기를 마친 다음, S은행에서 해당 토지를 담보로 400,000,000원을 차입하였다. 2022.10.5.에 갑의 아들인 을은 S은행 차입금 400,000,000원을 인수하는 조건으로 갑으로부터 해당 토지를 증여받았다. 증여재산의 가액은 증여당시 시가가 확인되지 않으므로 상속세 및 증여세법에 의한 개별공시지가인 1,400,000,000원으로 평가되었다. 거주자 갑의 양도소득 과세표준을 계산하면 얼마인가? (단, 토지와 관련한 자본적 지출액은 20,000,000원 이고, 장기보유특별공제율은 12%로 적용하며, 2022년 갑의 양도소득 과세거래는 상기 토지 외에는 없었음)

① 93,042,800원　　　② 163,191,430원　　　③ 168,220,000원
④ 170,720,000원　　　⑤ 194,000,000원

21. 〈부가가치세법〉 다음 자료에 의하여 (주)A의 2022년 제1기 부가가치세 확정신고시 차가감 납부할 세액(지방소비세 포함)을 계산하면 얼마인가?

(1) 2022.4.6. 현재 보유하고 있는 토지와 건물을 346,500,000원(부가가치세 포함)을 받고 함께 처분하였다. 토지와 건물의 실지거래가액의 구분은 불분명하며, 장부가액과 소득세법 제 99조에 따른 기준시가는 다음과 같다.

구분	장부가액	기준시가
건물	200,000,000원	150,000,000원
토지	275,000,000원	220,000,000원

(2) 2022.4.10. 건축물이 있는 토지를 취득하여 토지만 사용하기 위하여 건축물을 철거하였다. 철거한 건축물의 취득과 관련된 매입세액은 1,000,000원이고, 철거비용에 관련된 매입세액은 300,000원이다.

(3) 2020년 제 2기 부가가치세 확정신고시 매입세액에서 차감한 대손세액은 200,000원이었다. 동 대손세액과 관련하여 2022.2.1. 대손금액 전부를 변제하였으며, 2022년 제1기 확정신고시 변제사실을 증명하는 서류를 첨부하여 대손세액변제신고서를 제출하였다.

(4) 위 자료 외에 부가가치세법 및 다른 법률에서 정하는 공제세액 등은 고려하지 않는다.

① 12,000,000원　　　② 12,200,000원　　　③ 12,300,000원
④ 13,300,000원　　　⑤ 13,500,000원

22. 〈부가가치세법〉 도서출판업(면세)을 하고 있는 (주)A는 도서출판업에만 사용하던 재화를 2022.4.1. 광고사업용에도 공통으로 사용하게 되었다. 과세사업 전용과 관련하여 (주)A가 2022년 제1기 부가가치세 확정신고시 매입세액으로 공제받을 수 있는 금액은 얼마인가?

(1) 광고사업용으로 전용한 도서출판용 재화

구 분	취득일	매입가액	당초매입세액 불공제액	비 고
건물	2020.8.10	30,000,000원	3,000,000원	일부전용
기계장치	2021.6.11	15,000,000원	1,500,000원	일부전용
원재료	2022.1.19	600,000원	60,000원	일부전용

(2) 공급가액

구 분	2021년 제2기	2022년 제1기	2022년 제2기
도서출판업	600,000,000원	400,000,000원	300,000,000원
광고사업	-	100,000,000원	200,000,000원
합 계	600,000,000원	500,000,000원	500,000,000원

① 660,000원   ② 690,000원   ③ 720,000원
④ 735,000원   ⑤ 810,000원

23. 〈부가가치세법〉 부가가치세법상 재화 또는 용역의 공급시기에 관한 설명으로 옳지 않은 것은?

① 재화의 공급으로 보는 가공의 경우에는 가공된 재화를 인도하는 때를 재화의 공급시기로 본다.

② 납세의무가 있는 사업자가 여신전문금융업법에 따라 등록한 시설대여업자로부터 시설 등을 임차하고 그 시설 등을 공급자 또는 세관장으로부터 직접 인도받은 경우에는 시설대여업자가 공급자로부터 재화를 공급받거나 외국으로부터 재화를 수입한 것으로 보아 공급시기에 관한 규정을 적용한다.

③ 사업자가 부동산 임대용역을 공급하고 전세금 또는 임대보증금을 받는 경우의 간주임대료는 예정신고기간 또는 과세기간의 종료일을 용역의 공급시기로 본다.

④ 완성도기준지급조건부로 용역을 공급하는 경우 대가의 각 부분을 받기로 한 때를 용역의 공급시기로 본다. 다만, 역무의 제공이 완료되는 날 이후 받기로 한 대가의 부분에 대해서는 역무의 제공이 완료되는 날을 그 용역의 공급시기로 본다.

⑤ 무인자동판매기를 이용하여 재화를 공급하는 경우 해당 사업자가 무인판매기에서 현금을 꺼내는 때를 재화의 공급시기로 본다.

24. 〈부가가치세법〉 보세구역 내에서 제조업을 영위하고 있는 일반과세자인 갑은 외국에서 수입한 원재료로 생산한 제품을 보세구역 밖에서 사업을 하고 있는 을에게 80,000,000원(공급가액)에 공급하였다. 수입한 원재료의 관세의 과세가격은 40,000,000원이고, 관세 10,000,000원, 개별소비세 8,000,000원, 교육세 1,000,000원, 농어촌특별세 1,000,000원이 과세된다고 가정할 때 세관장이 징수할 부가가치세와 갑이 거래징수할 부가가치세는 각각 얼마인가?

	세관장이 징수할 부가가치세	갑이 거래징수할 부가가치세
①	5,000,000원	3,000,000원
②	4,000,000원	8,000,000원
③	6,000,000원	2,000,000원
④	6,000,000원	8,000,000원
⑤	4,000,000원	4,000,000원

25. 〈부가가치세법〉 다음은 복숭아 도매업과 복숭아통조림 제조업을 겸영하고 있는 중소기업이 아닌 (주)A의 공급 및 매입내역이다. 이 자료를 이용하여 (주)A의 2022년 제1기 과세기간의 의제매입세액공제액을 계산하면 얼마인가? (단, 의제매입세액을 공제받기 위한 제반 요건은 충족되었다고 가정함)

(1) 2021년 제2기와 2022년 제1기 과세기간의 공급가액(전액 국내매출)은 다음과 같다.

구분	2021년 제2기분	2022년 제1기분
복숭아 도매업	30,000,000원	76,500,000원
복숭아통조림 제조업	120,000,000원	127,500,000원
합계	150,000,000원	204,000,000원

(2) 2022년 제1기 과세기간의 복숭아 매입가액은 80,000,000원으로 과세기간 중 사용내역은 다음과 같다. (단, 2022.1.1. 현재 복숭아의 기초 재고는 없다고 가정함)
① 판매한 복숭아(원가상당액) : 18,800,000원
② 통조림 제조에 소비한 금액 : 51,000,000원
③ 과세기간 종료일 현재 복숭아 재고액 : 10,200,000원

① 750,000원 ② 875,000원 ③ 1,000,000원
④ 1,125,000원 ⑤ 1,160,000원

26. 〈부가가치세법〉 부가가치세법상 납세지와 사업장에 관한 설명으로 옳지 않은 것은?

① 부동산매매업을 영위하는 사업자가 개인인 경우 사업에 관한 업무를 총괄하는 장소를 사업장으로 한다.

② 재화를 수입하는 자의 부가가치세 납세지는 수입재화를 보관하는 장소로서 신고된 장소로 한다.

③ 사업자가 사업장을 두지 아니하면 사업자의 주소 또는 거소를 사업장으로 한다.

④ 사업자단위 과세사업자는 각 사업장을 대신하여 그 사업자의 본점 또는 주사무소의 소재지를 납세지로 한다.

⑤ 사업장은 사업자가 사업을 하기 위하여 거래의 전부 또는 일부를 하는 고정된 장소로 한다.

27. 〈부가가치세법〉 부가가치세법상 영세율과 면세에 관한 설명으로 옳지 않은 것은?

① 내국신용장의 개설을 전제로 하여 재화나 용역이 공급된 후 그 공급시기가 속하는 과세기간이 끝난 후 25일(그 날이 공휴일 또는 토요일인 경우에는 바로 다음 영업일을 말한다)이내에 내국신용장이 개설된 경우에도 영세율이 적용된다.

② 약사법에 따른 약사가 제공하는 의약품의 조제용역은 면세이다.

③ 도로교통법에서 규정하는 자동차운전학원에서 가르치는 것은 면세되는 교육용역에서 제외된다.

④ 도서관이나 과학관에 입장하는 것에는 면세가 적용된다.

⑤ 집합투자업자가 투자자로부터 자금 등을 모아서 실물자산에 운용하는 경우에는 면세가 적용된다.

28. 〈부가가치세법〉 간이과세자인 갑은 화장품을 도매로 구입하여 소비자에게 직접 판매하는 소매업을 영위하고 있다. 다음 자료에 의하여 2022년 부가가치세 신고시 차가감 납부할 세액(지방소비세 포함)을 계산하면 얼마인가?

(1) 거래내용

기 간	품 목	공급대가
2022.1.1.~2022.6.30	화장품	47,500,000원[주1]
2022.7.1.~2022.12.31	화장품	17,000,000원[주2]
합계		64,500,000원

[주1] 견본품으로 제공한 금액 2,200,000원이 포함되어 있다.
[주2] 매장 직원의 생일선물로 제공한 판매용 화장품[공급대가 3,300,000원(시가에 부가가치세가 포함된 금액임), 원가 2,500,000원]은 포함되어 있지 않다.

(2) 신용카드매출전표 발행금액은 소비자에게 판매한 금액의 30%이다.

(3) 화장품 구입대금은 모두 세금계산서 수취분이며 세금계산서상 공급대가는 40,000,000원이다.

(4) 2022년 예정부과기간의 납부세액은 없다.

(5) 소매업의 업종별 부가가치율은 10%이며, 전자신고세액공제는 고려하지 않는다.

① 258,160원   ② 269,580원   ③ 281,280원

④ 282,450원   ⑤ 213,030원

29. 〈법인세법〉 다음은 법인세법상 납세절차에 대한 설명이다. 옳은 것은?

① 주식회사의 외부감사에 관한 법률에 따라 감사인에 의한 감사를 받아야 하는 내국법인이 해당 사업연도의 감사가 종결되지 아니하여 결산이 확정되지 아니하였다는 사유로 법인세 과세표준과 세액의 신고기한을 연장하고자 하는 경우에는, 법정신고기한의 종료일 3일 전까지 신고기한 연장신청서를 납세지 관할 세무서장에게 제출하여야 한다.

② 새로 설립된 모든 내국법인의 경우 설립 후 최초 사업연도에는 중간예납을 하지 않는다.

③ 내국법인이 법인세 과세표준의 신고기한까지 자진납부할 세액이 1천만원을 초과하는 경우에는 해당 세액의 50% 이하의 금액을 분납할 수 있다.

④ 내국법인 A(제조업)가 당해 법인의 주주인 내국법인 B(제조업)에게 배당금을 지급하는 경우에는 그 배당금에 대한 법인세의 원천징수를 하여야 한다.

⑤ 납세지 관할 세무서장은 내국법인이 각 사업연도의 소득에 대한 법인세로서 납부하여야 할 세액의 전부 또는 일부를 납부하지 아니하면 그 미납된 법인세액을 납부기한이 지난 날부터 2개월 이내에 징수하여야 한다.

30. 〈법인세법〉 법인세법상 세무조정이 필요한 항목으로 옳은 것을 모두 고른 것은?

> ㄱ. 자기주식을 시가에 양도해 발생한 자기주식처분이익을 자본잉여금으로 계상하였다.
> ㄴ. 지방세 과오납금의 환급금에 대한 이자를 수령하고 이자수익으로 계상하였다.
> ㄷ. 영유아보육법에 따라 설치한 직장어린이집의 운영비를 지출하고 복리후생비로 비용처리하였다.
> ㄹ. 전기요금의 납부지연으로 인한 연체가산금을 납부하고 세금과공과로 비용처리하였다.
> ㅁ. 법인의 임원 또는 직원이 아닌 지배주주에게 교육훈련비를 지급하고 비용으로 처리하였다.
> ㅂ. 직원에 대한 확정기여형 퇴직연금의 부담금을 납입하고 퇴직급여로 비용처리하였다.

① ㄱ, ㄴ, ㅁ   ② ㄱ, ㄹ, ㅂ   ③ ㄴ, ㄷ, ㅁ

④ ㄷ, ㄹ, ㅂ   ⑤ ㄹ, ㅁ, ㅂ

31. 〈법인세법〉 법인세법상 기부금 및 접대비에 관한 설명으로 옳지 않은 것은?

① 법인이 그 직원이 조직한 조합 또는 단체에 복리시설비를 지출한 경우 당해 조합이나 단체가 법인인 때에는 이를 접대비로 보며, 당해 조합이나 단체가 법인이 아닌 때에는 그 법인의 경리의 일부로 본다.

② 주주 또는 출자자나 임원 또는 직원이 부담하여야 할 성질의 접대비를 법인이 지출한 것은 이를 접대비로 보지 아니한다.

③ 법인이 특수관계인 외의 자에게 정당한 사유 없이 자산을 정상가액보다 낮은 가액으로 양도함으로써 그 차액 중 실질적으로 증여한 것으로 인정되는 금액은 기부금으로 본다.

④ 영업자가 조직한 단체로서 법인이거나 주무관청에 등록된 조합 또는 협회 외의 임의로 조직된 조합 또는 협회에 지급한 회비 중 일반회비는 전액 손금으로 인정되지만 특별회비는 지정기부금으로 처리한다.

⑤ 법인이 기부금의 지출을 위하여 어음을 발행(배서를 포함)한 경우에는 그 어음이 실제로 결제된 날에 지출한 것으로 보며, 수표를 발행한 경우에는 당해 수표를 교부한 날에 지출한 것으로 본다.

32. 〈법인세법〉 다음은 제조업을 영위하는 영리내국법인 (주)A의 제15기(2022.1.1. ~ 2022.12.31.) 접대비 세무조정에 관한 자료이다. 법인세법상 손금불산입되는 접대비는 얼마인가?

(1) 결산서상 접대비에 대한 내역은 다음과 같다.

구분	건당 3만원 이하	건당 3만원 초과	합계
신용카드매출전표 수취	-	62,000,000원	62,000,000원
영수증 수취	600,000원	1,500,000원	2,100,000원
현물접대비	-	3,400,000원	3,400,000원
합 계	600,000원	66,900,000원	67,500,000원

(2) 현물접대비는 거래처와의 관계를 두텁게 하기 위해 당사의 제품(원가 3,000,000원, 시가 4,000,000원)을 제공한 것으로 회사는 다음과 같이 회계처리하였다.

(차) 접대비   3,400,000   (대) 제 품   3,000,000
                             부가가치세예수금   400,000

(3) 접대비와 관련하여 매입세액불공제된 금액 4,000,000원을 세금과공과로 비용처리하였다.

(4) (주)A는 중소기업에 해당하고 기업회계기준에 따라 계산한 제15기 매출액은 100억원으로 특수관계인과의 거래는 없다.

① 2,500,000원   ② 5,000,000원   ③ 6,500,000원
④ 11,000,000원   ⑤ 12,500,000원

33. 〈법인세법〉 법인세법상 부당행위계산의 부인 및 특수관계인의 범위에 관한 설명으로 옳지 않은 것은?

① 납세지 관할 세무서장 또는 관할 지방국세청장은 내국법인의 행위 또는 소득금액의 계산이 특수관계인과의 거래로 인하여 그 법인의 소득에 대한 조세의 부담을 부당하게 감소시킨 것으로 인정되는 경우에는 그 법인의 행위 또는 소득금액의 계산에 관계없이 그 법인의 각 사업연도의 소득금액을 계산할 수 있다.

② 임원의 임면권 행사, 사업방침의 결정 등 당해 법인의 경영에 대하여 사실상 영향력을 행사하고 있다고 인정되는 자와 그 친족은 당해 법인의 특수관계인에 해당한다.

③ 당해 법인에 100분의 30 이상을 출자하고 있는 법인에 100분의 30 이상을 출자하고 있는 법인이나 개인은 당해 법인의 특수관계인에 해당한다.

④ 법인이 소유한 사택을 직원에게 무상으로 제공하는 경우 부당행위계산의 부인 규정을 적용하지 않는다.

⑤ 당해 법인 기준으로 상대방 법인이 특수관계인의 요건에 해당하지 않는 경우 상대방 법인을 기준으로 당해 법인이 특수관계인의 요건에 해당한다 하더라도 상대방 법인은 당해 법인의 특수관계인에 해당하지 않는다.

34. 〈법인세법〉 법인세법상 손익의 귀속사업연도에 관한 설명으로 옳지 않은 것은?

① 자산을 위탁판매 하는 경우 수탁자가 그 위탁자산을 매매한 날이 속하는 사업연도의 익금으로 한다.

② 중소기업인 법인이 장기할부조건으로 자산을 판매하거나 양도한 경우에는 그 장기할부조건에 따라 각 사업연도에 회수하였거나 회수할 금액과 이에 대응하는 비용을 각각 해당 사업연도의 익금과 손금에 산입할 수 있다.

③ 법인이 장기할부조건 등에 의하여 자산을 판매하거나 양도함으로써 발생한 채권에 대하여 기업회계기준이 정하는 바에 따라 현재가치로 평가하여 현재가치할인차금을 계상한 경우 해당 현재가치할인차금 상당액은 해당 채권의 회수기간 동안 기업회계기준이 정하는 바에 따라 환입하였거나 환입할 금액을 각 사업연도의 익금에 산입한다.

④ 중소기업인 법인이 수행하는 계약기간이 1년 미만인 건설용역의 경우에는 그 목적물의 인도일이 속하는 사업연도의 익금과 손금에 산입할 수 있다.

⑤ 법인이 사채를 발행하는 경우에 상환할 사채금액의 합계액에서 사채발행가액(사채발행수수료와 사채발행을 위하여 직접 필수적으로 지출된 비용을 차감한 후의 가액을 말한다)의 합계액을 공제한 금액을 기업회계기준에 의한 사채할인발행차금의 상각방법에 따라 상각한 금액은 각 사업연도의 손금에 산입할 수 없다.

35. 〈법인세법〉 법인세법상 자산·부채의 평가 등에 관한 설명으로 옳지 않은 것은?

① 천재지변 또는 화재 등으로 인해 파손되거나 멸실된 유형자산은 사업연도 종료일 현재 시가로 장부가액을 감액할 수 있다.

② 보험업법이나 그 밖의 법률에 따른 유형자산의 평가손실은 평가일이 속하는 사업연도의 손금에 산입할 수 있다.

③ 재고자산으로서 파손·부패 등의 사유로 정상가격으로 판매할 수 없는 것은 사업연도 종료일 현재 처분가능한 시가로 감액할 수 있다.

④ 주식 등을 발행한 법인이 파산한 경우의 해당 주식은 사업연도 종료일 현재 시가(시가로 평가한 가액이 1천원 이하인 경우에는 1천원)로 장부가액을 감액할 수 있다.

⑤ 시설개체 또는 기술의 낙후로 인하여 생산설비의 일부를 폐기한 경우에는 당해 자산의 장부가액에서 1천원을 공제한 금액을 폐기일이 속하는 사업연도의 손금에 산입할 수 있다.

36. 〈법인세법〉 제조업을 영위하는 영리내국법인인 (주)A는 제15기(2022.1.1.~ 2022.12.31.) 사업연도부터 기계장치에 대한 감가상각방법을 정률법에서 정액법으로 변경하고자 법인세법상 감가상각방법변경신청서를 변경신고기한 내에 제출하여 승인을 받았다. (주)A가 사업에 사용 중인 기계장치에 관한 정보가 다음과 같을 때, 기계장치 감가상각비에 대한 세무조정이 (주)A의 제15기 각 사업연도의 소득금액에 미치는 영향으로 옳은 것은?

구분	기계장치 X	기계장치 Y
취득일자	2021.1.1	2021.1.1
재무상태표상 취득가액	150,000,000원	300,000,000원
재무상태표상 전기말 감가상각누계액	67,650,000원	150,000,000원
전기말 상각부인누계액	-	14,700,000원
당기 회사계상 감가상각비	14,970,000원	35,940,000원

(1) 기계장치에 대한 신고내용년수는 5년이다.

(2) 내용연수에 따른 상각률은 다음과 같다.

구분	정률법	정액법
내용년수 4년	0.528	0.250
내용년수 5년	0.451	0.200

(3) (주)A는 한국채택국제회계기준을 적용하지 않으며, 각 사업연도의 소득에 대하여 법인세가 면제되거나 감면되는 사업을 경영하지 않는다고 가정한다.

① 650,000원 증가   ② 1,500,000원 증가   ③ 3,000,000원 증가
④ 7,585,000원 증가   ⑤ 14,700,000원 증가

37. 〈법인세법〉 다음 자료를 이용하여 제조업을 영위하는 영리내국법인인 (주)A의 제5기 (2022.1.1.~ 12.31.)사업연도 법인세법상 대손충당금 한도초과액을 계산하면 얼마인가?

(1) 당기 대손충당금 변동내역은 다음과 같다.

기초잔액	당기증가	당기감소	기말잔액
25,000,000원	5,000,000원	17,000,000원	13,000,000원

(2) 당기 감소액 17,000,000원은 외상매출금을 대손처리한 금액으로 7,000,000원은 법인세법상 대손요건을 충족하였으나, 10,000,000원은 법인세법상 대손요건을 충족하지 못하였다.

(3) 기말 현재 재무상태표상 채권 잔액은 다음과 같다.

구 분	금 액
외상매출금^(주1)	280,000,000원
대여금(법인세법상 특수관계인에게 업무와 관련 없이 지급한 가지급금 50,000,000원 포함)	150,000,000원
합계	430,000,000원

^(주1) 외상매출금은 제품 판매가액의 미수액으로 법인세법상 시가초과액에 상당하는 금액은 없다.

(4) 전기말 대손부인 누계액 10,000,000원은 전액 외상매출금에 관한 것으로 당기 중 대손요건을 충족한 금액은 없다.

(5) 당기 대손실적률은 0.9%라고 가정한다.

① 1,000,000원   ② 6,000,000원   ③ 9,000,000원
④ 9,100,000원   ⑤ 10,000,000원

38. 〈법인세법〉 법인세법상 지급이자 손금불산입에 관한 설명으로 옳지 않은 것은?
① 채권자가 불분명한 사채의 이자는 손금불산입 하며, 동 이자에 대한 원천징수세액에 상당하는 금액은 기타사외유출로 소득처분한다.
② 사업용 유형·무형자산의 건설에 소요된 지의 여부가 분명한 차입금 중 해당 건설이 준공된 후 남은 차입금에 대한 이자는 각 사업연도의 손금으로 산입할 수 없다.
③ 사업용 유형·무형자산의 건설에 소요된 지의 여부가 분명한 차입금의 일부를 운영자금에 전용한 경우에는 그 부분에 상당하는 지급이자는 이를 손금으로 한다.
④ 직원에 대한 월정급여액의 범위 안에서의 일시적인 급료의 가불금은 지급이자의 손금불산입 규정을 적용하는 업무무관가지급금으로 보지 않는다.
⑤ 지급이자 손금불산입에 있어서 업무무관가지급금의 적수 계산시 동일인에 대한 가지급금과 가수금이 함께 있는 경우에는 이를 상계한 금액으로 하되, 가지급금과 가수금의 발생시에 각각 상환기간 및 이자율 등에 관한 약정이 있어 이를 상계할 수 없는 경우에는 상계하지 않는다.

39. 〈국제조세조정에 관한 법률〉「국제조세조정에 관한 법률」상 해외금융계좌 신고에 관한 설명으로 옳지 않은 것은?

① 해외금융회사에 개설된 해외금융계좌를 보유한 거주자 및 내국법인 중에서 해당 연도의 매월 말일 중 어느 하루의 보유계좌잔액(보유계좌가 복수인 경우에는 각 계좌잔액을 합산한다)이 5억원을 초과하는 자로서 법령에서 신고의무가 면제된 자를 제외하고는 해외금융계좌 신고의무가 있다.

② 해외금융계좌 신고의무자는 해외금융계좌정보를 다음 연도 6월 1일부터 30일까지 납세지 관할 세무서장에게 신고하여야 한다.

③ 금융회사는 해외금융계좌 신고의무를 면제한다.

④ 해외금융계좌 과소신고금액이 20억원 이하인 경우 신고의무 불이행에 따른 과태료의 부과기준은 해당 금액의 100분의 10이다.

⑤ 신고기한 내에 해외금융계좌정보를 신고한 자가 신고기한이 지난 후 6개월 이내에 수정신고를 하는 경우(과세당국의 과태료 부과를 미리 알고 제출한 경우는 제외)에는 해당 과태료 금액의 100분의 50을 감경한다.

40. 〈국제조세조정에 관한 법률〉 (주)엘에이는 2013년 초 미국법인인 LA Ltd.가 100% 투자하여 설립한 내국법인이며 제조업을 영위하고 있다. (주)엘에이(회계기간: 2022.1.1.~2022.12.31.)의 2022년 말 재무상태표상 자본총계는 200,000,000원이고, 납입자본금은 100,000,000원이다. 2022년도 손익계산서상 이자비용 내역과 차입금적수는 다음과 같다. 「국제조세조정에 관한 법률」에 의해 손금불산입되는 이자비용은 얼마인가?

이자비용	차입금 적수	비고
45,000,000원	328,500,000,000원	국외지배주주로부터의 차입금 (이자율은 동일하며 건설자금이자는 없음)
24,000,000원	146,000,000,000원	국내은행으로부터의 차입금 (이자율은 동일하며 건설자금이자는 없음)

① 20,000,000원
② 25,000,000원
③ 35,000,000원
④ 49,000,000원
⑤ 69,000,000원

1	2	3	4	5	6	7	8	9	10
⑤	⑤	①	③	⑤	②	①	④	③	①
11	12	13	14	15	16	17	18	19	20
②	④	④	③	①	④	③	④	②	③
21	22	23	24	25	26	27	28	29	30
④	①	②	③	③	②	⑤	⑤	①	①
31	32	33	34	35	36	37	38	39	40
④	③	⑤	⑤	②	③	③	②	⑤	②

1. ⑤

부담부증여에 따라 증여세와 함께 양도소득세가 과세되는 경우로서 납세자가 부정행위로 해당 증여세를 포탈한 경우, 부담부증여와 관련되어 과세하는 양도소득세의 제척기간은 이를 부과할 수 있는 날부터 15년간으로 증여세와 동일하게 적용한다.

참고 1 제척기간 기산일

① 국세를 부과할 수 있는 날은 다음의 날로 한다.
1. 과세표준과 세액을 신고하는 국세(「종합부동산세법」에 따라 신고하는 종합부동산세는 제외한다)의 경우 해당 국세의 과세표준과 세액에 대한 신고기한 또는 신고서 제출기한(이하 "과세표준신고기한")의 다음 날. 이 경우 중간예납·예정신고기한과 수정신고기한은 과세표준신고기한에 포함되지 아니한다.
2. 종합부동산세 및 인지세의 경우 해당 국세의 납세의무가 성립한 날

② 다음의 날은 위 ①의 규정에 불구하고 국세를 부과할 수 있는 날로 한다.
1. 원천징수의무자 또는 납세조합에 대하여 부과하는 국세의 경우 해당 원천징수세액 또는 납세조합징수세액의 법정 납부기한의 다음 날
2. 과세표준신고기한 또는 법정 납부기한이 연장되는 경우 그 연장된 기한의 다음 날
3. 공제, 면제, 비과세 또는 낮은 세율의 적용 등에 따른 세액을 의무불이행 등의 사유로 징수하는 경우 해당 공제세액등을 징수할 수 있는 사유가 발생한 날

참고 2 특례 제척기간

구 분		내 용
① 소득처분시	국내부정 포탈	10년
	역외부정 포탈	15년
② 부담부증여시	양도소득세	증여세와 동일한 제척기간 적용
③ 국세기본법상 불복, 감사원법상 심사청구, 행정소송법에 따른 행정소송시		결정 또는 판결이 확정된 날부터 1년
④ 위 ③의 결정 또는 판결에서 명의대여 사실이 확인시		결정 또는 판결이 확정된 날부터 1년
⑤ 조세조약 규정에 따른 상호합의가 이루어진 경우		상호합의 절차의 종료일부터 1년

구 분	내 용
⑥ 역외거래와 관련하여 국외에 조세정보를 요청한 경우	조세정보를 받은 날부터 1년
⑦ 원칙적인 제척기간이 끝난 후 이월결손금 공제시	이월결손금을 공제한 과세기간의 법정신고 기한으로부터 1년
⑧ 형사소송법상 판결이 확정되어 뇌물·배임수재 및 알선수재의 기타소득이 확인된 경우	판결이 확정된 날부터 1년

2. ⑤

상속세, 증여세 및 종합부동산세에 대하여는 국선대리인의 선정을 신청할 수 없다.

> **참고** 국선대리인 신청배제

구 분	내 용
대상자	① 법인 ② 종합소득금액 5천만원 초과 개인 또는 고액(5억원 초과)자산 보유 개인
대상세목	상속세 및 증여세, 종합부동산세
신청금액	3천만원 초과금액

3. ①

내국법인인 (주)마포의 제2기 사업연도(2022.1.1. ~ 2022.12.31.)의 법인세 납세의무는 2022.12.31. (과세기간이 끝나는 때)에 성립한다.

> **참고** 납세의무 성립 VS 확정

구 분	성 립 시 기	확 정 시 기
(1) 인지세	과세문서를 작성하는 때	좌 동
(2) 원천징수하는 소득세 또는 법인세	소득금액 또는 수입금액을 지급하는 때	좌 동
(3) 납세조합이 징수하는 소득세	과세표준이 되는 금액이 발생한 달의 말일	좌 동
(4) 예정신고납부하는 소득세	과세표준이 되는 금액이 발생한 달의 말일	신고납세제도 준용
(5) 중간예납하는 법인세	중간예납기간이 끝나는 때	좌 동
(6) 중간예납하는 소득세	중간예납기간이 끝나는 때	부과과세제도 또는 신고납세제도 준용
(7) 예정신고(부과)기간 부가가치세	예정신고(예정부과)기간이 끝나는 때	신고납세제도 준용
(8) 수시부과에 의해 징수하는 국세	수시부과 할 사유가 발생하는 때	부과과세제도 준용

4. ③

세무공무원 재량의 한계는 국세부과의 원칙이 아니라 세법적용의 원칙에 해당한다.

> **참고** 국세부과의 원칙

구 분		내 용
의 의		1. 과세관청과 납세의무자 모두에게 적용되는 원칙 2. 개별세법이 국세기본법에 우선함
실질과세 원 칙	개 념	법적 형식이나 외관에 불구하고 그 실질에 따라서 과세하여야 한다는 원칙

	유 형	① 거래귀속에 대한 실질과세 : 납세의무자 판정
		② 거래내용에 대한 실질과세 : 과세표준 계산
		③ 부당한 조세회피방지를 위한 경제적 실질과세
		   ㉠ 제3자를 통한 간접적인 방법 : 당사자가 직접 거래를 한 것으로 국세기본법 또는 세법적용
		   ㉡ 둘 이상의 행위 또는 거래를 거치는 방법 : 연속된 하나의 행위 또는 거래로 국세기본법 또는 세법 적용

신의성실 원 칙		1. 납세자가 그 의무를 이행함에 있어서는 신의에 좇아 성실히 하여야 한다. 세무공무원이 그 직무를 수행함에 있어서도 또한 같다.
	(1) 과 세 관 청 요 건	① 공적 견해표시와 견해신뢰 : 과세관청이 납세자에게 신뢰 대상이 되는 공적인 견해를 표시하고 과세관청의 견해표명이 정당하다고 신뢰한데 대하여 납세자에게 귀책사유가 없으며 ② 배반적 행정처분 : 과세관청이 당초의 견해표명에 반하는 적법한 처분을 함으로써 납세자가 불이익을 받아야 한다.
	(2) 납세자 요 건	① 객관적으로 모순되는 행태가 존재하며 그 행태가 납세의무자의 심한 배신행위에서 기인하였을 것. ② 그에 기하여 야기된 과세관청의 신뢰가 보호받을 가치가 있을 것
		2. 효과 : 개별적·사안별로 판단 → 취소할 수 있는 행정처분이 된다. 즉, 신의성실의 원칙은 합법성의 원칙을 희생하여서라도 구체적 신뢰보호의 필요성이 인정되는 경우에 한하여 인정됨에 주의 ① 납세자 신뢰이익의 보호 〉 조세법률주의 : 적법한 처분이지만 취소가능 ② 납세자 신뢰이익의 보호 〈 조세법률주의 : 조세법률주의에 따라 과세
근거과세 원 칙	실지 조사	과세표준의 조사결정은 그 비치·기장한 장부와 이에 관계되는 증빙자료에 의하여야 한다.
	추계 조사	국세를 조사결정함에 있어서 기장의 내용이 사실과 다르거나 기장에 누락된 것이 있는 때에는 그 부분에 한해 정부가 조사한 사실에 따라 결정할 수 있다.
	열람 복사	행정기관의 장은 납세의무자 또는 대리인이 구술로 요구하면 결정서를 열람 또는 복사하게 하거나 그 등본 또는 초본이 원본과 일치함을 확인해야 한다.
조세감면 사후관리		국세를 감면한 경우 필요하다고 인정시는 세법이 정하는 바에 의해 감면세액에 상당하는 자금 또는 자산 운용범위를 정할 수 있으며, 따르지 않으면 감면을 취소하고 추징이 가능하다.

5. ⑤

최대 30억원의 포상금을 → 최대 20억원의 포상금을

> **참고** 포상금 한도

구 분	한 도
1. 조세를 탈루한 자에 대한 탈루세액 또는 부당하게 환급·공제받은 세액을 산정하는 데 중요한 자료를 제공한 자	40억원
2. 체납자의 은닉재산을 신고한 자	30억원
3. 이외의 자	20억원

다만, 탈루세액, 부당하게 환급·공제받은 세액, 은닉재산의 신고를 통하여 징수된 5천만원 미만의 금액 또는 해외금융계좌 신고의무 불이행에 따른 2천만원 미만의 과태료인 경우 또는 공무원이 그 직무와 관련하여 자료를 제공하거나 은닉재산을 신고한 경우에는 포상금을 지급하지 아니한다.

6. ②

포탈한 법인세의 신고기한의 다음 날부터 → 포탈한 소득세의 신고기한의 다음 날부터

7. ①

납세증명서의 발급일 현재 신청인에게 납부고지된 국세가 있는 경우에는 납세증명서의 유효기간을 그 지정납부기한으로 할 수 있다.

> **참고** 납세증명서 제출

구 분	내 용
제출 사유	① 국가, 지방자치단체 등이 대금 지급시 ② 외국인이 체류 관련 허가를 법무부장관에게 신청하는 경우 ③ 내국인이 해외이주 목적으로 외교부장관에게 해외이주신고를 하는 경우
유효 기간	① 원칙 : 납세증명서 발급일부터 30일간 ② 예외 : 납부고지된 국세가 있는 경우에는 지정납부기한까지로 단축 가능

8. ④

① 납세자가 독촉장을 받고 지정된 기한까지 국세를 완납하지 아니한 경우 세무서장은 납세자의 재산을 압류하며, 압류에 의하여 압류재산의 처분권은 국가로 이전되며 압류재산의 양도나 권리설정이 금지되나 전세권 해제 등 국가에 유리한 것은 제한받지 않는다.

② 월급의 총액(지급받을 수 있는 급여금 전액에서 그 근로소득에 대한 소득세와 소득세분 지방소득세를 뺀 금액)이 800만원인 경우 압류가 불가능한 금액은 350만원(= 800만원 x $\frac{1}{4}$ + 150만원)이므로 압류 가능한 급여의 최대금액은 450만원이다.

③ 그 재산의 점유자 또는 실제 사용자의 것으로 보아 → 균등한 것으로 보아

⑤ 압류를 즉시 해제하여야 한다. → 압류를 즉시 해제할 수 있다.

9. ③

① 국세징수권의 소멸시효가 중단된다. → 국세징수권의 소멸시효가 정지된다.

② 참가압류는 할 수 있으나 교부청구는 할 수 없다. → 참가압류는 할 수 없으나 교부청구는 할 수 있다.

④ 납부기한 등 만료일에 → 신청일부터 10일이 되는 날에

⑤ 납세증명서를 발급받을 수 없다. → 납세증명서를 발급받을 수 있다.

10. ①

납세의무자 또는 납세의무자의 재산을 점유하는 자가 체납처분의 집행을 면탈하거나 면탈하게 할 목적으로 그 재산을 은닉·탈루하거나 거짓 계약을 하였을 때에는 3년 이하의 징역 또는 3천만원 이하의 벌금에 처한다.

11. ②

단체환급부보장성보험료를 불입하는 경우에는 연 70만원 이내의 금액을 근로소득으로 보지 아니하나 만기에 종업원에게 귀속되는 단체환급부보장성보험의 환급금은 근로소득에 포함된다.

12. ④

ㄱ. 국내원천소득에 대해서만 납세의무를 진다. → 국내외원천소득에 대해서 납세의무를 진다.

ㄷ. 비거주자로 본다. → 거주자로 본다.

ㅁ. 국내원천소득에 대해서만 진다. → 국내외원천소득에 대해서 진다.

13. ④

한국교직원공제회로부터 지급받는 초과반환금은 직장공제회 초과반환금으로서 분리과세대상 이자소득에 해당한다.

14. ③

ㄱ. (X) : 추계조사 결정방식으로 사업소득금액을 계산하는 경우에는 사업자가 어떤 업종을 영위하는 지의 여부가 사업소득금액을 결정하는 데 영향을 미친다.

ㄴ. (X) : 수입하였거나 수입할 금액으로 하여야 한다. → 수입하였거나 수입할 금액으로 할 수 있다.

ㄹ. (X) : 기준시가 9억원을 초과하는 1주택을 소유하는 자(다른 주택은 없음)가 그 주택을 임대하여 연간 1,000만원의 총수입금액이 발생한 경우에는 2천만원 이하이므로 해당 주택의 임대소득은 분리과세를 선택할 수 있는 과세대상 사업소득에 해당한다.

15. ①

1. 의료비 구분

   ① 특정의료비 = 500,000(본인) + 2,000,000(부친) + 5,000,000(장애인) = 7,500,000원

   ② 일반의료비[*] = 500,000원(장남 안경과 콘택트렌즈 구입비 : 한도 50만원)

   [*] 의료비는 연령요건을 불문하고 공제하므로 장남(22세)의 의료비는 공제대상에 해당하나, 국내의료비만 공제대상에 해당하므로 장녀(20세)의 국외의료비는 공제대상 의료비에 해당하지 아니한다.

2. 의료비세액공제금액

   ① 일반의료비 세액공제액

   = MIN[500,000원(일반의료비) - 37,600,000(총급여) x 3% =△628,000원, 7,000,000원]

   = 0

   ② 특정의료비 세액공제액 = (7,500,000 - 628,000) x 15% = 1,030,800원

16. ④

ㄱ. 이자소득은 부당행위계산의 부인 대상에 해당하지 아니한다.

ㄹ. 조세범처벌법의 적용 대상이 되지 아니한다.

| 참고 | 부당행위계산부인 |

구 분	내 용
대상소득	출자공동사업자의 배당소득, 사업소득, 기타소득, 양도소득
제외소득	이자소득, 배당소득(출자공동사업자의 배당소득 제외), 근로소득, 연금소득, 퇴직소득

17. ③

부동산임대업에서 발생한 결손금 중 주거용 건물 이외분은 발생연도의 다른 종합소득금액에서 공제하지 아니하나, 주거용 건물 분은 다른 종합소득금액에서 법령상의 방법에 의해 공제된다.

> **참고** 사업소득 결손금 및 이월결손금 공제

구 분		내 용
결손금	부동산임대업 (주거용건물 임대업 제외)	다른 종합소득에서 공제불가
	부동산임대업 이외	근로 → 연금 → 기타 → 이자 → 배당소득 순서로 공제
이 월 결손금	부동산임대업 (주거용건물 임대업 제외)	15년간 이월하여 부동산임대업 소득금액에서만 공제
	부동산임대업 이외	사업 → 근로 → 연금 → 기타 → 이자 → 배당소득 순서로 공제

18. ④

① 이자소득 : 5,000,000원(비영업대금이익)

② g-u대상이 아닌 배당소득(x배당) : 3,000,000(투자회사 배당) + 10,000,000(20,000주x 500원, 자기주식소각이익 의제배당) = 13,000,000원

③ g-u대상인 배당소득(o배당) = 5,000,000(현금배당) + 15,000,000(30,000주 x 500원, 이익준비금 의제배당) = 20,000,000원

④ 종합과세 금융소득금액 = 5,000,000(이자) + 13,000,000(g-u대상이 아닌 배당) + 2,000,000(g-u대상인 배당) + 18,000,000(g-u대상인 배당) x 1.11 = 39,980,000원

19. ②

1. 금융수익 = 2,000,000(정기예금이자) + 1,000,000(수입배당금) = 3,000,000원
   → 유가증권처분이익은 이중과세 문제가 발생하지 않으므로 차감대상 금융수익에 해당하지 아니한다.

2. 간주임대료
   = [보증금 - 건설비상당액(토지가액 제외)] x 정기예금이자율 - 금융수익
   = (3억원 - 1억원) x 3% - 3,000,000원(금융수익) = 3,000,000원
   * 간주임대료를 구하는 문제이므로 임대료와 관리비는 고려하지 아니한다.

20. ③

구분	금액	내용
양도가액	400,000,000원	= 14억원(양도당시 기준시가) x 4억원(차입금 인수액)/14억원(양도 기준시가)
취득가액	- 200,000,000원	= 7억원(취득당시 기준시가) x 4억원(차입금 인수액)/14억원(양도 기준시가)
기타경비	- 6,000,000원	= 7억원(취득당시 기준시가) x 3%(필요경비개산공제율) x 4억원(차입금 인수액)/14억원(양도 기준시가)
양도차익	= 194,000,000원	
장기보유특별공제	- 23,280,000원	= 194,000,000원 x 12%(장기보유특별공제율)
양도소득금액	= 170,720,000원	
양도소득기본공제	- 2,500,000원	
양도소득과세표준	= 168,220,000원	

21. ④
  1. 매출세액

    = (346,4500,000원 x

$$\frac{150,000,000(건물\ 기준시가)}{220,000,000(토지\ 기준시가)+150,000,000(건물\ 기준시가)+15,000,000(건물\ VAT)}) \times 10\%$$

    = 13,500,000원

    * 토지는 면세대상에 해당하므로 건물의 공급가액만 구분하여야 하는데 실지거래가액의 구분이 불분명한 경우로 감정평가액이 없는 경우이므로 기준시가 비율로 안분하여 계산한다. 이 경우 토지와 건물의 양도가액이 포함되어 있는 경우 안분계산시 분모에 건물분 부가가치세가 포함됨에 주의한다.

  2. 매입세액 = 200,000원(변제대손세액)

    * 건축물이 있는 토지를 취득하여 토지만 사용하기 위하여 건축물을 철거한 경우 철거한 건축물의 취득과 관련된 매입세액은 1,000,000원이고, 철거비용에 관련된 매입세액은 300,000원은 토지관련 매입세액으로 공제대상에 해당하지 아니한다.

  3. 차가감납부할 세액 = 1 - 2 = 13,300,000원

22. ①
  감가상각자산의 과세사업전환 매입세액공제액

  1. 과세전용율(2022년 1기)

$$= \frac{1억\ 원(과세공급가액)}{5억\ 원(총공급가액)} = 20\%$$

  2. 과세사업전환에 의한 매입세액공제액

해당 재화의 매입세액 x (1 - 감가율 x 경과된 과세기간 수) x 과세전용율

  ① 건물 = 3,000,000(매입세액) x (1- 5% x 3) x 20% = 510,000원
  ② 기계장치 = 1,500,000(매입세액) x (1- 25%x 2) x 20% = 150,000원
  ③ 합계 = ① + ② = 660,000원
  * 원재료는 감가상각자산이 아니므로 과세사업전환관련 매입세액공제 적용대상에서 제외한다.

23. ②
  시설대여업자가 공급자로부터 → 사업자가 공급자로부터

24. ③
  1. 세관장이 징수할 부가가치세
    ① 수입재화의 과세표준 = 관세의 과세가격 + 관세 + 개별소비세·주세·교통에너지환경세 + 교육세 + 농어촌특별세
    ② 세관장이 징수할 부가가치세 = 60,000,000 x 10% = 6,000,000원

  2. 갑이 거래징수할 부가가치세
    ① 갑의 과세표준 = 공급가액 - 수입세금계산서에 적힌 금액(수입재화의 과세표준)
    ② 갑이 거래징수할 부가가치세 = (80,000,000 - 60,000,000) x 10% = 2,000,000원

    참고 부가가치세 과세순서

수입재화에 대한 부가가치세(1순위) → 재화의 공급에 대한 부가가치세(2순위)

25. ③

의제매입세액공제액 : MIN[①, ②]

① 대상금액 = 51,000,000(통조림제조 소비액) x $\frac{2}{102}$

$+ 10,200,000(재고액) \times \frac{127,500,000(과세공급가액)}{204,000,000(총공급가액)} \times \frac{2}{102} = 1,125,000$원

② 한도액 = 127,500,000(과세표준) x 40% x $\frac{2}{102}$ = 1,000,000원

26. ②

> **참고** 사업장

재화를 수입하는 자의 부가가치세 납세지는 세관소재지로 한다.

27. ⑤

집합투자업자가 투자자로부터 자금 등을 모아서 실물자산에 운용하는 경우에는 면세가 적용되지 아니한다.

28. ⑤

1. 납부세액 = 과세표준 x 업종별 부가가치율 x 세율

= [47,500,000(1.1~6.30. 공급대가) – 2,200,000(견본품) + 17,000,000(7.1~12.31. 공급대가) + 3,300,000(사업상 증여)] x 10%(부가가치율) x 10%(세율) = 656,000원

2. 공제세액 = ① + ② = 442,970원

① 세금계산서 수취분 매입세액 = 40,000,000(공급대가) x 0.5% = 200,000원

② 신용카드매출전표 등 발행세액 = MIN[㉠, ㉡] = 242,970원

㉠ 대상금액 = [47,500,000(상반기 공급대가) – 2,200,000(견본품 제공) + 17,000,000(하반기 공급대가)] x 30% x 1.3% = 242,970원

㉡ 한도액 = 연 10,000,000원

3. 차가감납부할 세액 = 1 – 2 = 213,030원

29. ①

② 합병 또는 분할에 의하여 신설된 법인은 최초의 사업연도에 중간예납을 하여야 한다.

③ 해당 세액의 50% 이하의 금액을 → 1천만원을 초과하는 금액을

④ 배당금에 대한 원천징수를 하여야 한다. → 배당금은 원천징수 대상이 아니다.

⑤ 납부기한이 지난 날부터 2개월 이내에 → 국세징수법에 따라

30. ①

ㄱ : 익금 항목이 당기순이익에 포함되어 있지 않으므로 익금산입 세무조정

ㄴ : 익금불산입 항목이 이자수익에 포함되어 있으므로 익금불산입 세무조정

ㅁ : 손금불산입 항목이 비용으로 계상되어 있으므로 손금불산입 세무조정

31. ④

영업자가 조직한 단체로서 법인이 아니거나 주무관청에 등록된 조합 또는 협회 이외 임의로 조직된 조합 또는 협회에 지급한 일반회비 및 특별회비는 모두 손금에 산입하지 아니한다.

32. ③

Ⅰ. 직부인 : [손금불산입] 적격증빙 미구비 접대비 1,500,000 (기타사외유출)

Ⅱ. 한도시부인
1. 회사해당액 = 67,500,000(결산서상 접대비 계상액) - 1,500,000(적격증명서류 미구비*) + 1,000,000(현물접대 시가와 원가차액) + 4,000,000(세금과공과 계상분) = 71,000,000원
   * 건당 3만원 초과 접대비 중 영수증 수취분은 손금에 산입하지 아니한다.
2. 세법한도액 = 36,000,000 x 12/12 + 100억원*) x 0.3% = 66,000,000원
   *) 접대비 한도액 계산시의 수입금액은 기업회계기준에 따른 매출액을 사용함에 주의한다.

3. 접대비 한도초과액 = 5,000,000원(손금불산입, 기타사외유출)

Ⅲ. 손금불산입액 = 1,500,000 + 5,000,000 = 6,500,000원

33. ⑤
당해 법인 기준으로 상대방 법인이 특수관계인의 요건에 해당하지 않는 경우에도 상대방 법인을 기준으로 당해 법인이 특수관계인의 요건에 해당하면 상대방 법인은 당해 법인의 특수관계인에 해당한다.

34. ⑤
상각한 금액은 각 사업연도의 손금에 산입할 수 없다. → 이를 손금에 산입한다.

| 참고 | 장기할부판매시 회수기일도래기준 적용특례 |

구 분	내용
중소기업	결산조정 또는 신고조정의 방법으로 적용가능
비중소기업	결산조정의 방법으로만 적용가능

35. ②
보험업법이나 그 밖의 법률에 따른 유형자산의 평가손실은 평가일이 속하는 사업연도의 손금에 산입할 수 없고, 평가이익만 익금에 산입한다. 즉, 법인세법은 타법률에 의한 강제평가증만 익금으로 인정하고 강제평가감은 손금으로 인정하지 아니함에 주의한다.

36. ③

구 분	기계장치 X	기계장치 Y
1. 회사계상 상각비	14,970,000원	35,940,000원
2. 세법상 상각범위액	[150,000,000(취득가액) - 67,650,000 (감가상각누계액)] x 0.2 = 16,470,000원	[300,000,000(취득가액)-150,000,000 (감가상각누계액) + 14,700,000(전기말 상각부인액)] x 0.2 = 32,940,000원
3. 한도시부인	△1,500,000원(시인부족액)	3,000,000원(상각부인액)
4. 세무조정	시인부족액이 발생하였으나 전기이전 상각부인액이 없으므로 세무조정 없음	(손금불산입) 3,000,000원(유보)

| 참고 | 감가상방법 변경시 |

법인세법상 감가상각방법을 변경하는 경우의 상각범위액은 변경 당시의 세무상 미상각잔액에 변경 후 상각방법에 따른 상각률(당초에 신고된 내용연수의 상각률을 의미함)을 곱한 금액으로 계산한다.

37. ③

1. 당기 손금인정 대손금 : 17,000,000 - 10,000,000원(대손금 부인액) = 7,000,000원
2. 회사의 대손충당금 기말잔액 : 13,000,000원
3. 세법상 대손충당금 한도액 : 4,000,000원
    = [430,000,000(장부상 채권금액) - 50,000,000(특수관계인에 대한 업무무관 가지급금) + 10,000,000(전기 대손금부인액) + 10,000,000(당기 대손금부인액)] x 1%* = 4,000,000원
   * 대손실적율은 1%와 대손실적율(0.9%)중 큰 비율을 사용한다.
4. 대손충당금 한도초과액 = 2-3 = 9,000,000원(손금불산입, 유보)

38. ②

사업용 유형·무형자산의 건설에 소요된 지의 여부가 분명한 차입금 중 해당 건설이 준공된 후 남은 차입금에 대한 이자는 각 사업연도의 손금으로 한다.

| 참고 | 지급이자 |

구 분	내 용
적 용 대 상	① 재고자산·투자자산 : 적용대상(×) ② 유형자산·무형자산 : 적용대상(○)
차입금	① 특정차입금 : 자본화 강제사항 ② 일반차입금 : 자본화 선택사항
계 산 기 간	자본화대상 기간은 자본화개시일부터 자본화종료일까지로 한다.→ 공사기간 중에 발생한 이자에 국한함(차입시점부터 만기까지가 아님)
세무상 처 리	① 건설자금의 일부를 운영자금으로 전용한 경우 : 당기 손금으로 처리한다. ② 건설자금의 일시예입에서 발생하는 수입이자 : 건설자금이자에서 차감한다. ③ 연체이자 : 자본화 대상(단, 차입금 원본에 가산한 연체이자에 대한 지급이자는 자본화대상에서 제외함) ④ 건설자금이자에는 지급이자뿐 아니라 차입할 때 지급하는 지급보증료도 포함함.

39. ⑤

신고기한 내에 해외금융계좌정보를 신고한 자가 신고기한이 지난 후 6개월 이내에 수정신고를 하는 경우(과세당국의 과태료 부과를 미리 알고 제출한 경우는 제외)에는 해당 과태료 금액의 100분의 90(6개월 초과 1년 이내 70%, 1년 초과 2년 이내 50%, 2년 초과 4년 이내 30%)을 감경한다.

40. ②

$$\text{지급이자} \times \frac{\text{차입금적수} - \text{출자금액 적수} \times 2}{\text{차입금 적수}}$$

$$= 45,000,000 \times \frac{328,500,000,000 - \max[2억\,원\,(자본),\,1억\,원\,(자본금)] \times 365 \times 2}{328,500,000,000}$$

= 25,000,000원(손금불산입, 배당)

* 국내은행으로부터의 차입금은 적용대상에서 제외하며, 제조업을 영위하고 있으므로 과소자본여부를 판단할 때 적용하는 배수는 2배를 적용한다.

세법학개론 2014년

1. 〈국세기본법〉 국세 부과의 제척기간 및 징수권 소멸시효에 관한 설명으로 옳지 않은 것은? (단, 조세조약에 따른 상호합의절차의 신청은 없는 것으로 전제함)

① 거주자가 종합소득세 법정신고기한까지 과세표준신고서를 제출하지 아니한 경우(사기나 그 밖의 부정한 행위는 없음)에는 종합소득세를 부과할 수 있는 날부터 7년(역외거래는 10년)이 끝난 날 후에는 이를 부과할 수 없다.

② 5억원(가산세 제외) 미만의 국세의 징수를 목적으로 하는 국가의 권리는 이를 행사할 수 있는 때부터 5년간 행사하지 아니하면 소멸시효가 완성된다.

③ 법인이 사기나 그 밖의 부정한 행위로 법인세를 포탈할 경우 그와 관련하여 법인세법상 소득처분된 금액에 대한 소득세에 대해서는 그 소득세를 부과할 수 있는 날부터 10년이 끝난 날 후에는 이를 부과할 수 없다.

④ 부담부증여에 따라 증여세와 함께 소득세가 과세되는 경우 그 증여세는 소득세부과의 제척기간이 끝난 날 이후에는 부과할 수 없다.

⑤ 민법 제404조에 따른 채권자대위 소송의 제기로 인한 국세징수권의 소멸시효 정지의 효력은 소송이 기각된 경우에는 효력이 없다.

2. 〈국세기본법〉 국세 부과와 세법 적용에 관한 설명으로 옳은 것은?

① 기획재정부장관, 국세청장(지방국세청장 포함) 및 세무서장은 세법의 해석과 관련된 질의에 대하여 국세기본법에 따른 세법해석의 기준에 따라 해석하여 회신하여야 한다.

② 기획재정부장관이 수립한 중장기 조세정책운용계획은 국가재정법상의 국가재정운용계획과 연계되어야 하며, 관계 중앙행정기관 장과의 협의를 거쳐 국무회의의 심의를 통해 확정된다.

③ 세법 외의 법률 중 국세의 부과·징수·감면 또는 그 절차에 관하여 규정하고 있는 조항은 세법의 해석 적용에 있어서는 이를 세법으로 본다.

④ 국세를 납부할 의무가 확정된 소득, 수익, 재산, 행위 또는 거래에 대해서는 그 확정 후의 새로운 세법에 따라 소급하여 과세하지 아니한다.

⑤ 세무공무원은 국세의 과세표준을 결정·경정할 때에는 세법에 특별한 규정이 있는 경우에도 납세의무자가 계속하여 적용하고 있는 기업회계의 기준 또는 관행을 존중하여야 한다.

3. 〈국세기본법〉 가산세에 관한 설명으로 옳지 않은 것은?

① 정부는 국세기본법 또는 세법에서 규정한 의무를 위반한 자에게 가산세를 부과할 수 있다.

② 가산세는 해당 의무가 규정된 세법의 해당 국세의 세목으로 한다. 다만, 해당 국세를 감면하는 경우에도 가산세는 감면되지 않는다.

③ 가산세는 세법상 의무이행의 해태나 위반을 이유로 납세자에 대해 가해지는 제재로서의 성격을 가지므로 가산세는 관할 세무서장의 직권에 의하여만 감면된다.

④ 납부지연가산세는 납세의무자가 환급받은 세액이 정당한 환급세액을 초과하는 경우에 부과할 수 있는 가산세에 해당한다.

⑤ 국세기본법 또는 세법에 따라 가산세를 부과하는 경우 납세자가 의무를 이행하지 아니한데 대한 정당한 사유가 있는 때에는 해당 가산세를 부과하지 아니한다.

4. 〈국세기본법〉 법인 아닌 단체의 납세의무에 관한 설명으로 옳지 않은 것은?

① 법인 아닌 단체의 납세의무에 관하여는 국세기본법외의 다른 세법에서 특례 규정을 두고 있는 경우 국세기본법에서 정하는 바에 따른다.

② 국세기본법상 법인으로 보지 아니하는 법인 아닌 단체는 구성원간 이익의 분배방법이나 분배비율이 정해져 있거나 사실상 분배되는 것으로 확인되는 경우에는 구성원들이 공동사업을 하는 것으로 보아 구성원별로 소득세 또는 법인세를 과세한다.

③ 주무관청의 허가 또는 인가를 받아 설립되거나 법령에 따라 주무관청에 등록한 단체로서 수익을 구성원에게 분배하지 아니하는 것은 등기를 하지 않았어도 법인으로 다루어지며 그 수익사업에서 발생하는 소득 및 법인세법에 따른 토지 등 양도소득에 대하여 법인세 납세의무를 진다.

④ 국세기본법상 관할 세무서장의 승인을 얻어 법인으로 보는 법인 아닌 단체는 그 승인일을 법인의 최초 사업연도 개시일로 한다.

⑤ 법인으로 보는 단체의 국세에 관한 의무는 그 대표자나 관리인이 이행하여야 하며, 이를 위해 대표자나 관리자를 선임 또는 변경한 때에는 관할 세무서장에게 신고하여야 하나, 신고를 하지 아니하는 경우에는 관할 세무서장이 단체의 구성원 또는 관계인 중 1명을 국세에 관한 의무이행자로 지정할 수 있다.

5. 〈국세징수법〉 납부기한 등 연장 등의 취소하고 납부기한 등의 연장 또는 납부고지의 유예에 관계되는 국세를 한꺼번에 징수할 수 있는 사유가 아닌 것은?

① 국세를 분할납부해야 하는 각 기한까지 분할납부하여야 할 금액을 납부하지 아니한 경우

② 국세의 체납으로 강제징수를 받을 때

③ 관할 세무서장의 납세담보물의 추가제공 또는 보증인의 변경 요구에 따르지 아니한 경우

④ 재산상황의 변동 등 사유로 납부기한 등의 연장 또는 납부고지의 유예를 할 필요가 없다고 인정되는 경우

⑤ 국세를 포탈하려는 행위가 있다고 인정되어 그 연장 또는 유예한 기한까지 연장 또는 유예와 관계되는 국세의 전액을 징수할 수 없다고 인정되는 경우

6. 〈국세징수법〉 국세의 확정전 보전압류에 관한 설명으로 옳은 것은?

① 세무서장은 납세자에게 납부기한 전 징수 사유가 있어 국세가 확정된 후에는 그 국세를 징수할 수 없다고 인정할 때에는 납세자가 신청한 금액의 한도에서 납세자의 재산을 압류할 수 있다.

② 납세자에게 납부기한 전 징수 사유가 있어 국세가 확정된 후에는 그 국세를 징수할 수 없다고 인정하여 납세자의 재산을 압류하였지만, 압류한 날부터 3개월(국세확정을 위하여 실시한 세무조사가 중지된 경우에 그 중지기간은 빼고 계산)이 지날 때까지 압류에 의하여 징수하려는 국세를 확정하지 아니한 경우 세무서장은 해당 재산의 압류를 즉시 해제하여야 한다.

③ 세무서장은 납부기한 전 징수 사유가 있음을 이유로 납세자에 재산을 압류하고자 하는 경우 미리 지방국세청장의 승인을 받아야 하고, 해당 납세자에게 압류할 것을 미리 문서로 통지하여야 한다.

④ 체납발생 후 3개월이 지나고 체납액이 3천만원인 체납자에 대하여는 지방국세청장도 납부기한 전 징수 사유가 있음을 이유로 납세자의 재산을 압류할 수 있다.

⑤ 납부기한 전 징수 사유가 있음을 이유로 압류한 재산이 금전인 경우 세무서장은 직권으로 확정된 국세를 징수한 것으로 볼 수 있다.

7. 〈국세징수법〉 강제징수에 관한 설명으로 옳지 않은 것은?

① 발명 또는 저작에 관한 것으로 공표되지 아니한 것은 압류할 수 없다.

② 전문직 종사자·기술자·노무자, 그 밖에 주로 자기의 육체적 또는 정신적 노동으로 직업 또는 사업에 종사하는 사람에게 없어서는 아니될 기구, 비품 그 밖에 이에 준하는 물건은 압류할 수 없다.

③ 압류할 재산이 공유물인 경우 그 몫이 정해져 있지 아니하면 그 몫이 균등한 것으로 보아 강제징수를 한다.

④ 압류의 효력은 체납자가 압류재산의 사용 또는 수익을 하는 경우에는 그 재산으로부터 생기는 천연과실(그 재산의 매각으로 인하여 권리를 이전할 때까지 수취되지 아니한 천연과실 제외)에 대하여 미친다.

⑤ 세무공무원은 압류재산이 동산 또는 유가증권에 해당할 때에는 압류조서의 등본을 체납자에게 내주어야 한다.

8. 〈국세징수법〉 납세자(미과세된 자를 포함)가 납세증명서를 제출하여야 하는 경우를 모두 고른 것은?

> ㄱ. 국세 강제징수에 따른 채권 압류로 세무서장이 그 대금을 지급받는 경우
> ㄴ. 「출입국관리법」에 따른 외국인등록 또는 「재외동포의 출입국과 법적 지위에 관한 법률」에 따른 국내거소신고를 한 외국인이 체류기간 연장허가 등 체류 관련 허가를 법무부장관에게 신청하는 경우
> ㄷ. 내국인이 해외이주 목적으로 「해외이주법」에 따라 외교부장관에게 해외이주신고를 하는 경우
> ㄹ. 지방자치단체가 대금을 지급받아 그 대금이 지방자치단체 금고에 귀속되는 경우

① ㄱ, ㄴ   ② ㄱ, ㄷ   ③ ㄴ, ㄷ
④ ㄴ, ㄹ   ⑤ ㄷ, ㄹ

9. 〈법인세법〉 (주)A는 2022년부터 사업연도를 변경하기로 하고 2022.4.20.에 사업연도 변경신고를 하였다. 법인세법상 사업연도의 구분으로 옳은 것은? [단, (주)A는 법령에 따라 사업연도가 정하여지는 법인이 아님]

> (1) 변경 전 사업연도(제13기) : 2021.1.1.~12.31
> (2) 변경하려는 사업연도 : 7.1 ~ 다음연도 6.30

① 제14기 : 2022. 1.1. ~ 2022. 4.20
② 제14기 : 2022. 1.1. ~ 2022. 6.30
③ 제14기 : 2022. 1.1. ~ 2022.12.31
④ 제15기 : 2022.4.21. ~ 2022.12.31
⑤ 제15기 : 2022. 7.1. ~ 2023. 6.30

10. 〈법인세법〉 영리내국법인 (주)A는 제14기(2022.1.1. ~ 12.31) 중에 유가증권을 전량 현금 1,000,000원에 처분하고 유가증권처분이익 400,000원을 손익계산서에 계상하였다. 이 유가증권은 제13기에 (주)A의 임원 갑으로부터 취득한 것이며, 실지 매입가액으로 장부에 계상하였다. (주)A가 유가증권 처분에 대한 세무조정으로 익금불산입 200,000원(△유보)하였다면, 제13기 취득당시의 유가증권의 시가는 얼마인가? (단, 처분 직전까지 유가증권은 실지 매입가액으로 장부상 계상하였고, 제13기 및 제14기의 세무조정은 적절함)

① 200,000원   ② 400,000원   ③ 600,000원
④ 800,000원   ⑤ 1,000,000원

11. 〈법인세법〉 주권상장 내국법인 (주)A의 제5기(2022.1.1. ~ 12.31)의 자료이다. 각 거래에 대해 제5기의 세무조정에서 발생한 유보합계와 △유보합계는 각각 얼마인가? (단, (주)A는 각 거래에 대해 한국채택국제회계기준(K-IFRS)에 따라 회계 처리함)

> (1) (주)A는 2022년 초 28,000,000원에 취득하여 기타포괄손익인식금융자산으로 분류한 (주)B의 주식을 제5기 말의 공정가치인 20,000,000원으로 평가하고 다음과 같이 회계처리하였다.
> (차) 금융자산평가손실 8,000,000   (대) 기타포괄손익인식금융자산 8,000,000
>
> (2) (주)A는 2022. 10.1 만기보유목적으로 7,000,000원에 취득한 (주)C의 회사채(액면 10,000,000원)를 제5기 말에 다음과 같이 회계 처리하였다.
> (차) 상각후원가측정금융자산 2,000,000   (대) 이자수익 2,000,000
>
> (3) (주)A는 2022년 초 (주)D의 의결권 있는 주식 30%를 60,000,000원에 취득하였다. 주식취득일 현재 (주)D의 재무상태표상 순자산가액은 200,000,000원이고 순자산가액은 공정가치와 일치하였다. (주)A는 2022.3.5. (주)D로부터 현금배당 3,000,000원을 받았으며, 2022년 말 (주)D가 당기순이익을 보고함에 따라 다음과 같이 회계처리하였다.
>
> 〈2022.3.5.〉 (차) 현금 3,000,000   (대) 관계기업투자주식 3,000,000
> 〈2022.12.31.〉 (차) 관계기업투자주식 5,000,000   (대) 지분법이익 5,000,000

① 유보합계 : 3,000,000원, △유보합계 : 2,000,000원
② 유보합계 : 8,000,000원, △유보합계 : 2,000,000원
③ 유보합계 : 8,000,000원, △유보합계 : 5,000,000원
④ 유보합계 : 11,000,000원, △유보합계 : 5,000,000원
⑤ 유보합계 : 11,000,000원, △유보합계 : 7,000,000원

12. 〈법인세법〉 (주)A는 (주)B를 2022.2.1.흡수합병하였다. (주)P는 (주)A의 주주(지분율 40%)이며, (주)Q는 (주)B의 주주(지분율 30%)이다. 다음 자료에서 합병과 관련하여 (주)Q가 분여받은 이익에 대한 세무조정으로 옳은 것은? (단, 의제배당관련 세무조정은 고려하지 않음)

> (1) 합병 직전 (주)A의 발행주식 총수는 50,000주(1주당 시가 2,000원), (주)B의 발행주식 총수는 50,000주(1주당 시가 1,000원)이다.
> (2) (주)A는 (주)B의 주주에게 (주)B의 주식 1주당 (주)A의 주식 1주를 교부하였다.
> (3) (주)A와 (주)B는 특수관계인이다.
> (4) (주)P와 (주)Q는 특수관계인이며, 그 외에 특수관계인인 주주는 없다.
> (5) (주)A, (주)B, (주)P 및 (주)Q는 모두 비상장 영리내국법인이다.

① 익금산입 : 3,000,000원(기타사외유출)   ② 익금산입 : 4,000,000원(기타사외유출)
③ 익금산입 : 3,000,000원(유보)   ④ 익금산입 : 4,000,000원(유보)
⑤ 세무조정 필요 없음

13. 〈법인세법〉 다음 자료에 의하여 보통주식 소각으로 인한 (주)A의 의제배당은 얼마인가? [단, (주) A와 (주)B는 비상장 영리내국법인이며, 주식취득과 소각은 적법하였고, 수입배당금의 익금불산입은 고려하지 않음]

(1) (주)A는 제20기(2022.1.1.~12.31)초 현재 (주)B의 보통주 300주(1주당 액면금액 2,000원)를 보유하고 있으며, 보통주 관련 거래는 다음과 같다.
 ㄱ. 2019.2.1. (주)B의 보통주 200주를 1주당 3,000원(시가)에 취득함
 ㄴ. 2020.3.2. (주)B가 주식발행액면초과액(시가와 액면금액의 차액)의 자본전입에 따라 보통주 100주를 무상 취득함
 ㄷ. 2020.5.1. (주)B가 자기주식처분이익의 자본전입에 따라 보통주 200주를 무상 취득함
 ㄹ. 2020.7.15. 보통주 200주를 유상처분함

(2) (주)B는 2022.1.30. 보통주를 1주당 3,500원에 소각하였으며, 이로 인해 (주)A가 보유한 (주)B의 보통주 200주가 소각되었다.

① 250,000원 ② 350,000원 ③ 450,000원
④ 550,000원 ⑤ 650,000원

14. 비상장 영리내국법인 (주)A는 다음 사항에 대하여 당기에 세무조정을 하지 않았는데, 세무조정이 필요한 경우를 모두 고른 것은?

 ㄱ. 감가상각자산인 기계장치의 물리적 손상(천재지변 등 법령이 정한 사유로 인한 손상이 아님)에 따라 시장가치가 급격히 하락하여 기업회계기준에 따라 손상차손을 장부상 손금으로 계상하였는데, 이 금액은 법인세법상 상각범위액을 초과한다.
 ㄴ. 유가증권 중 당기에 부도가 발생한 주권상장법인 (주)B의 주식을 사업연도종료일 현재 시가(2,000원)로 감액하고 관련 손실을 장부상 손금으로 계상하였다.
 ㄷ. 재고자산의 시가(기업회계기준에 다른 평가액)가 원가법의 다른 평가액보다 낮은 것을 확인하고 관련 재고자산평가손실을 장부상 손금으로 계상하였다. (주)A는 재고자산의 평가방법으로 저가법을 적법하게 신고·평가하였다.
 ㄹ. 전기 말 현재 특수관계가 없는 자로부터의 차입금에 대한 미지급이자는 2,000,000원인데, 당기 말에 전기말 미지급이자를 포함한 이자 4,000,000원을 지급하였다. (주)A는 미지급이자를 기업회계기준에 따라 회계처리 하였으며, 전기 말 미지급이자에 대한 세무조정을 하지 않았다.

① ㄱ ② ㄱ, ㄴ ③ ㄷ, ㄹ
④ ㄱ, ㄷ, ㄹ ⑤ ㄴ, ㄷ, ㄹ

15. 〈법인세법〉 제조업을 영위하는 비상장 영리내국법인 (주)A의 제14기(2022.1.1.~12.31) 자료이다. (주)A의 제14기 지정기부금 한도초과액은 얼마인가?

> (1) 제14기 손익계산서상 당기순이익은 200,000,000원이고, 기부금을 제외한 세무조정 내역은 다음과 같다.
>   ㄱ. 법인세비용 : 20,000,000원
>   ㄴ. 감가상각비 한도초과 : 5,000,000원
>   ㄷ. 수입배당금 익금불산입 : 3,000,000원
>
> (2) 제14기 손익계산서에 계상된 기부금 내역은 다음과 같다.
>   ㄱ. 국방헌금 : 10,000,000원(현금)
>   ㄴ. 정부의 인가를 받은 문화예술단체[(주)A와 특수관계 없음]에 기부한 (주)A의 제품 : 장부가액 30,000,000원으로 계상되었으며, 시가는 50,000,000원임
>   ㄷ. 대표이사 종친회 기부금 : 5,000,000원(현금)
>   ㄹ. 「대한적십자조직법」에 따른 대한적십자사에 기부금 2,000,000원을 어음(발행일 : 2022.8.1. 만기 : 2023.1.31.)으로 교부함
>
> (3) 제14기 말 현재 법인세 과세표준을 계산할 때 공제할 수 있는 이월결손금과 이월된 법정기부금 및 지정기부금의 한도초과액은 없다.

① 4,100,000원   ② 4,300,000원   ③ 22,100,000원
④ 27,100,000원   ⑤ 27,200,000원

16. 〈법인세법〉 비상장 영리내국법인 (주)A는 제14기(2022.1.1.~12.31) 중 기계장치의 일부를 양도하였다. 다음 자료에 의하여 기계장치 감가상각비에 관한 세무조정으로 옳은 것은? (단, 소득처분과 일부 양도된 부분에 관한 세무조정은 생략함)

> (1) 2022. 1. 1. 현재 기계장치의 현황
>   ㄱ. 취득가액 10,000,000원 (일부 양도된 부분 1,800,000원이 포함됨)
>   ㄴ. 감가상각누계액 6,000,000원 (일부 양도된 부분 1,800,000원이 포함됨)
>   ㄷ. 상각부인액누계 1,000,000원 (일부 양도된 부분 300,000원이 포함됨)
> (2) (주)A는 기계장치의 일부 양도된 부분을 기업회계기준에 따라 회계처리 하였으며. 신고한 감가상각방법은 정률법(신고내용연수 5년, 상각률 0.451)이다.
> (3) (주)A는 2022. 12. 31. 현재 기계장치의 감가상각비로 1,000,000원을 계상하였는데 이 중에는 일부 양도된 부분에 관한 것 300,000원이 포함되어 있다.

① 손금산입 700,000원
② 손금산입 878,500원
③ 손금산입 1,578,500원
④ 손금불산입 700,000원
⑤ 손금불산입 878,500원

17. 〈법인세법〉 영리내국법인 (주)A의 제14기(2022.1.1. ~ 12.31.) 거래이다. 부당행위계산의 부인과 관련하여 제14기에 세무조정이 필요하지 않은 경우는? [단, 甲, 乙, 丙, 丁은 모두 거주자이며, (주)A의 가중평균차입이자율은 5%임]

① 2022.2.1.(주)A의 경리부장 甲으로부터 시가 2억원인 (주)B의 주식을 3억원에 매입한 경우

② 2022.1.1.(주)A의 출자임원(지분율 1%) 乙에게 3년간 주택매입자금 3억원을 무상으로 대여해 준 경우

③ (주)A의 임원에 대한 임면권을 사실상 행사하는 창업주 명예회장 丙이 법인 설립 시부터 사용하는 사택(무수익 자산임)의 연간 유지비 1억원을 (주)A가 2022년 말 현재까지 전액 부담하고 있는 경우

④ 2022. 2.5. (주)A의 주주 丁(지분율 2%)에게 시가 30억원인 토지를 29억원에 매각한 경우

⑤ (주)A의 발행주식의 30%를 출자하고 내국법인 (주)C에게 2022.4.1.운영자금 10억원을 3년간 무상으로 대여해 준 경우

18. 영리내국법인의 자산·부채의 취득 및 평가와 손익의 귀속사업연도에 관한 설명으로 옳지 않은 것은?

① 리스이용자가 리스로 인하여 수입하거나 지급하는 리스료(리스개설직접원가를 제외함)의 익금과 손금의 귀속사업연도는 기업회계기준으로 정하는 바에 따른다.

② 은행법에 의한 인가를 받아 설립된 은행이 보유하는 화폐성 외화자산·부채는 취득일 또는 발생일 현재의 외국환거래규정에 따른 매매기준율 또는 재정된 매매기준율로 평가하여야 한다.

③ 장기할부조건에 의하여 자산을 판매하거나 양도함으로써 발생한 채권에 대하여 기업회계기준이 정하는 바에 따라 현재가치로 평가하여 현재가치할인차금을 계상한 경우 해당 현재가치할인차금 상당액을 해당 채권의 회수기간동안 기업회계기준이 정하는 바에 따라 환입하였거나 환입할 금액을 각 사업연도의 익금에 산입한다.

④ 사채를 발행하는 경우에 상환할 사채금액의 합계액에서 사채발행가액(사채발행수수료와 사채발행을 위하여 직접 필수적으로 지출된 비용을 차감한 후의 가액)의 합계액을 공제한 금액은 기업회계기준에 의한 사채할인발행차금의 상각방법에 따라 이를 손금에 산입한다.

⑤ 유형자산의 취득과 함께 국·공채를 매입하는 경우 기업회계기준에 따라 그 국·공채의 매입가액과 현재가치의 차액을 당해 유형자산의 취득가액으로 계상한 금액은 그 취득가액에 포함한다.

19. 〈소득세법〉 비거주자의 국내원천소득 과세에 관한 설명으로 옳지 않은 것은?

① 비거주자가 국내에 사업의 일부 수행을 위하여 8개월간 계속 존속하는 건축장소를 가지고 있는 경우에는 국내사업장이 있는 것으로 한다.

② 비거주자에 대하여 과세하는 2가지 과세소득 해당 국내원천소득을 종합하여 과세하는 경우와 분류하여 과세하는 2가지 과세방법이 있으며, 국내원천소득을 분리하여 과세하는 방법은 채택하지 않고 있다.

③ 국내에서 제공하는 근로의 대가로 받는 퇴직소득이 있는 비거주자에 대해서는 거주자와 같은 방법으로 분류하여 과세한다.

④ 조세조약에 따라 국내사업장이 없다는 이유로 과세되지 않는 외국법인에게 비거주자인 직업운동가가 국내에서 제공한 인적용역과 관련하여 보수 또는 대가를 지급하는 자는 조세조약에도 불구하고 지급하는 금액의 100분의 20의 금액을 원천징수하여야 한다.

⑤ 비거주자가 자기의 자산을 타인으로 하여금 가공만 하게 하기 위하여 사용하는 일정한 장소는 국내사업장에 포함되지 아니한다.

20. 〈소득세법〉 다음 자료에 의하여 양도소득세의 납세의무자와 그가 부담하여야 할 양도소득세액으로 각각 옳은 것은?

> (1) 을은 갑으로부터 토지 A를 2019.4.10. 증여받아 취득 등기함
> (2) 토지 A의 증여에 대한 법정신고납부기한 내 을의 증여세 신고납부세액은 5,000,000원임
> (3) 을은 토지 A를 특수관계 없는 병에게 2022.4.25. 양도함(양도소득은 실질적으로 을에게 귀속되지 아니함)
> (4) 토지 A의 양도에 대한 법정신고납부기한 내 을의 양도소득세 신고납부세액은 10,000,000원임
> (5) 토지 A를 갑이 병에게 직접 양도하였다면, 법정신고납부기한 내 갑이 신고납부하여야 할 양도소득세액은 20,000,000원임
> (6) 갑과 을은 모두 거주자이며 형제임

① 갑, 20,000,000원   ② 갑, 25,000,000원   ③ 을, 10,000,000원

④ 을, 15,000,000원   ⑤ 을, 20,000,000원

21. 〈소득세법〉 원천징수에 관한 설명으로 옳은 것은?

① 비영업대금의 이익(P2P 이자소득에 해당하지 아니함)에 대한 원천징수세율은 100분의 14를 적용한다.

② 국내에서 거주자에게 이자소득을 지급하는 자가 사업자가 아닌 경우에는 원천징수의무가 없다.

③ 12월 31일에 법인이 이익처분에 따른 배당을 결정하고 다음연도 3월 말일까지 배당소득을 지급하지 아니하는 경우 그 3월 말일에 배당소득을 지급한 것으로 보아 소득세를 원천징수한다.

④ 법인세 과세표준을 신고하는 경우에 법인세법에 따라 처분되는 상여는 법인이 소득금액 변동통지서를 받는 날에 지급한 것으로 보아 소득세를 원천징수한다.

⑤ 매월분의 근로소득(일용근로자 제외)에 대한 원천징수세율을 적용할 때에는 법령으로 정한 근로소득 간이세액표를 적용하여 원천징수한다.

22. 〈소득세법〉 사업장 현황신고 및 성실신고확인에 관한 설명으로 옳지 않은 것은?

① 부가가치세법에 따라 적법하게 신고한 일반과세자는 해당 과세기간의 다음연도 2월 10일까지 사업장 현황을 관할 세무서장에게 신고할 의무가 있다.

② 주로 소비자에게 용역을 제공하는 의료법에 따른 의료업을 행하는 사업자가 해당 과세기간의 다음연도 2월 10일까지 사업장 현황신고를 하지 아니한 경우 사업장현황신고불성실가산세 적용대상이 된다.

③ 성실신고확인대상사업자가 그 과세기간의 다음연도 6월 30일까지 성실신고확인서를 제출하지 아니한 경우 성실신고확인서를 미제출 가산세 적용대상이 된다.

④ 성실신고확인대상사업자가 성실신고확인서를 제출하는 경우 종합소득과세표준 확정신고를 그 과세기간의 다음연도 5월 1일부터 6월 30일까지 하여야 한다.

⑤ 제조업을 영위하는 거주자인 사업자의 해당 과세기간의 수입금액의 합계액이 10억원 이상인 경우 성실신고확인 대상사업자에 해당한다.

23. 〈소득세법〉 종합소득세 과세표준과 세액의 결정 및 경정에 관한 설명으로 옳지 않은 것은?

① 영업권(점포임차권 제외)의 대여 또는 양도의 인한 수입금액(기타소득에 해당)을 장부 등에 의하여 계산할 수 없는 경우, 그 수입금액은 상속세 및 증여세법에 의하여 장래의 경제적 이익 등을 고려하여 평가한 금액의 의한다.

② 소득금액을 추계조사 결정하는 경우, 추계로 산정된 소득금액에서 기본공제, 추가공제 및 특별소득공제를 하여 과세표준을 계산한다.

③ 사업자의 수입금액을 장부 기타 증빙서류에 의하여 계산할 수 없는 경우, 국세청장이 정한 사업의 종류별·지역별로 정한 일정기간 동안의 매출액과 부가가치액의 비율을 정한 부가가치율에 의하여 수입금액을 계산할 수 있다.

④ 납세지 관할 세무서장은 해당 과세기간의 과세표준과 세액을 결정하는 경우, 기장의 내용이 원자재사용량·전력사용량 기타 조업상황에 비추어 허위임이 명백하여 장부나 그 밖의 증명서류에 의하여 소득금액을 계산할 수 없는 때에는 소득금액을 추계조사결정할 수 있다.

⑤ 소득세법에 따라 총수입금액에 산입할 충당금이 있는 자에 대한 소득금액을 추계결정하는 때에는 추계결정에 따라 계산한 소득금액에 해당 과세기간의 총수입금액에 산입할 충당금을 가산하지 않는다.

24. 〈소득세법〉 총수입금액 혹은 소득금액의 계산에 관한 설명으로 옳지 않은 것은?

① 거주자의 각 소득에 대한 총수입금액(총급여액과 총연금액 포함)은 해당 과세기간에 수입하였거나 수입할 금액의 합계액이다.

② 거주자의 사업소득금액을 계산할 때 이전 과세기간으로부터 이월된 소득금액은 해당 과세기간의 소득금액을 계산할 때 총수입금액에 산입하지 않는다.

③ 부가가치세의 매출세액은 해당 과세기간의 소득금액을 계산할 때 총수입금액에 산입하지 않는다.

④ 사업소득금액을 계산할 때, 해당 과세기간 전의 총수입금액에 대응하는 비용으로서 그 과세기간에 확정된 것에 대해서는 그 과세기간 전에 필요경비로 계상하지 아니한 것만 그 과세기간의 필요경비로 본다.

⑤ 업무와 관련하여 중대한 과실로 타인의 권리를 침해한 경우에 지급되는 손해배상금은 사업소득금액을 계산할 때 확정되는 과세기간의 필요경비에 산입한다.

25. 〈소득세법〉 거주자 갑은 자기 소유로 등기된 국내소재 토지를 양도할 예정이다. 다음 자료에 의하여 양도소득세 산출세액이 영(0)이 되는 양도가액의 최대금액은 얼마인가? (단, 원단위 미만은 절사함)

> (1) 취득가액 : 500,000,000원
> (2) 취득일자 : 2005.4.25, 양도예정일자 : 2022.4.26
> (3) 양도소득세 비과세 및 감면규정의 적용대상은 아니며, 해당 과세기간에 다른 양도소득세 과세대상 자산을 양도하지 않는다는 것을 전제함
> (4) 양도가액과 취득가액은 실지거래가액이며, 취득가액 외의 필요경비는 고려하지 않음

① 502,500,000원   ② 502,777,777원   ③ 503,571,428원
④ 512,500,000원   ⑤ 525,000,000원

26. 〈소득세법〉 ㈜A에서 회계과장으로 근무 중인 거주자 갑의 2022년 귀속 근로소득 연말정산 관련 자료이다. 근로소득 산출세액에서 공제되는 세액의 합계액은 얼마인가?

> (1) 2022년 근로소득금액은 30,000,000원이며, 근로소득 산출세액은 3,000,000원임
> (2) 2022년 중에 갑을 피보험자로 하는 생명보험의 보험료(보험료 세액공제 대상임)지급액은 2,000,000원임
> (3) 2022년 중에 기본공제대상자인 자녀의 대학등록금(교육비 세액공제 대상임) 지출액은 8,000,000원임
> (4) 기본공제대상자인 자녀(모두 7세 이상에 해당함)는 4명임
> (5) 근로소득세액공제액은 660,000원임

① 660,000원   ② 2,480,000원   ③ 2,880,000원
④ 2,980,000원   ⑤ 3,080,000원

27. 〈소득세법〉 사업소득에 관한 설명으로 옳지 않은 것은?

① 연예인이 사업 활동과 관련하여 받는 전속계약금은 사업소득이다.
② 부동산 임대업에서 발생하는 소득은 사업소득이지만, 부동산 임대업(주거용 건물 임대업 제외)에서 발생한 결손금은 종합소득 과세표준 계산시에 공제하지 아니한다.
③ 총수입금액을 계산할 때 금전 이외의 것은 그 거래 당시의 시가에 의하여 수입금액을 계산한다.
④ 작물재배업(농업) 중 곡물재배업에서 발생하는 소득은 사업소득으로 과세된다.
⑤ 거주자의 각 과세기간 총수입금액의 귀속연도는 총수입금액이 확정된 날이 속하는 과세기간으로 한다.

28. 〈소득세법〉 비과세소득에 관한 설명으로 옳은 것을 모두 고른 것은?

> ㄱ. 국민건강보험법에 따라 사용자가 부담하는 보험료는 근로소득으로 비과세 소득이다.
> ㄴ. 1개의 국내주택(과세기간종료일 현재 기준시가 10억원인 아파트)을 소유하는 거주자의 국내주택 임대소득은 사업소득으로 비과세소득이다.
> ㄷ. 사내급식 등의 방법으로 식사 기타 음식물을 제공받는 근로자가 받는 월 10만원 이하의 식사대는 근로소득으로 비과세소득이다.
> ㄹ. 서화를 미술관에 양도함으로써 발생하는 소득은 기타소득으로 비과세소득이다.
> ㅁ. 병역의무 수행을 위해 복무중인 현역병인 병장이 받는 급여는 근로소득으로 비과세소득이다.

① ㄱ, ㄷ   ② ㄴ, ㅁ   ③ ㄷ, ㄹ
④ ㄱ, ㄴ, ㅁ   ⑤ ㄱ, ㄹ, ㅁ

29. 〈부가가치세법〉 재화의 공급에 관한 설명으로 옳지 않은 것은?

① 사업자가 폐업할 때 자기생산·취득재화(매입세액 공제받음) 중 남아 있는 재화는 자기에게 공급하는 것으로 본다.

② 사업자가 사업을 위하여 대가를 받지 아니하고 다른 사업자에게 인도하는 견본품은 재화의 공급으로 보지 아니한다.

③ 사업자가 자기의 과세사업과 관련하여 취득한 재화로서 매입세액이 공제된 재화를 자기의 면세사업을 위하여 직접 사용하는 것은 재화의 공급으로 본다.

④ 사업장이 둘인 사업자가 사업자단위 과세사업자로 적용을 받는 과세기간에 자기의 사업과 관련하여 취득한 재화를 판매할 목적으로 자기의 다른 사업장으로 반출하는 경우에는 재화의 공급으로 본다.

⑤ 운수업을 경영하는 사업자가 자기의 과세사업과 관련하여 취득한 재화(매입세액공제 받음) 중 배기량 2천CC를 초과하는 승용자동차를 운수업에 직접 영업으로 사용하지 않고 개인적으로 용도로 사용하는 경우에는 재화의 공급으로 본다.

30. 〈부가가치세법〉 전자제품 제조업을 영위하는 일반과세자 갑에 대한 2022년 제1기 과세
기간의 거래내용은 다음과 같다. 2022년 제1기분 부가가치세 과세표준은 얼마인가?
(단, 모든 금액은 부가가치세를 포함하지 않은 금액이고, 갑은 주사업장 총괄납부 사업
자 또는 사업자단위 과세사업자에 해당하지 않음)

> (1) 특수관계인인 乙에게 스스로 제조하는 과세대상 전자제품을 무상으로 제공하였다. 그 제품의
> 시가는 5,000,000원이고 제조원가는 3,400,000원이다.
> (2) 전자제품을 12,00,000원에 판매하고 그 판매대금을 2022. 2. 1.부터 24개월간 나누어 받되
> 매월 10일에 500,00원씩 받기로 하였다.
> (3) 거래처에 무상으로 제조원가 1,000,000원 상당의 견본품을 제공하였다.
> (4) 제조한 전자제품 원가 2,000,000원(시가 3,000,000원) 상당액을 직매장으로 반출하고 세금계
> 산서는 발급하지 않았다.

① 2,500,000원
② 4,500,000원
③ 7,500,000원
④ 9,500,000원
⑤ 10,500,000원

31. 〈부가가치세법〉 일반과세자인 (주)A는 과세사업만을 영위해오다가 2022.4.1.부터 사업
을 확장하여 면세사업을 겸영하기로 함에 따라, 과세사업에만 사용해오던 다음의 재화
를 과세사업과 면세사업에 함께 사용하게 되었다.(주)A의 각 과세기간별 공급가액 명세
가 다음과 같을 때, 면세사업에 일부 사용한 재화에 대한 부가가치세 과세표준을 계산
하면 얼마인가? (단, 주어진 자료이외의 다른 사항은 고려하지 않음)

> (1) 재화의 취득내역(단, 취득가액은 부가가치세가 포함되어 있지 아니한 금액이며 관련 매입세액
> 은 공제받음)

구 분	취득일	취득가액
공장 건물	2020.2.20.	300,000,000원
기계 장치	2021.4.30.	50,000,000원

> (2) 과세기간별 공급가액 명세

구 분	과세사업 공급가액	면세사업 공급가액	합 계
2021년 제2기	30,000,000원	-	300,000,000원
2022년 제1기	350,000,000원	50,000,000원	400,000,000원

① 27,812,500원
② 31,250,000원
③ 33,125,000원
④ 35,000,000원
⑤ 37,250,000원

32. 〈부가가치세법〉 다음 재화 또는 용역의 공급 중 면세가 적용되는 것은 모두 고른 것은?

> ㄱ. 은행법에 따른 은행업무 및 부수업무로서 전자상거래와 관련한 지급대행에 해당하는 금융용역
> ㄴ. 주무관청의 허가 또는 인가 등을 받은 수학학원에서 제공하는 교육용역
> ㄷ. 국가 또는 지방자치단체에 유상으로 공급하는 재화 및 용역
> ㄹ. 잡지 등 정기간행물의 진흥에 관한 법률에 따른 정기간행물(광고 제외)
> ㅁ. 철도건설법에 따른 고속철도에 의한 여객운송용역

① ㄱ, ㄴ, ㄷ   ② ㄱ, ㄴ, ㄹ   ③ ㄱ, ㄷ, ㅁ
④ ㄴ, ㄷ, ㅁ   ⑤ ㄴ, ㄹ, ㅁ

33. 〈부가가치세법〉 과세사업과 면세사업을 함께 영위하는 일반과세자 갑은 2021.12.26. 감가상각자산인 기계장치를 200,000,000원(부가가치세를 포함하지 아니함)에 취득하여 면세사업에만 사용하였다. 갑이 2022.4.20.부터 그 기계장치를 과세사업에 공통으로 사용한 경우, 2022년 제1기 과세기간에 매입세액으로 공제할 수 있는 금액은 얼마인가?(단, 기계장치의 취득시 매입세액공제 요건은 충족하였지만, 매입세액공제를 받지 못했으며, 주어진 자료 이외의 다른 사항은 고려하지 않음)

> (1) 2022년 제1기에 과세사업의 공급가액은 없음
> (2) 2022년 제1기 총매입가액은 2,000,000,000원이고 그 과세사업에 관련된 매입가액은 500,000,000원임
> (3) 2022년 제1기 총예정공급가액은 5,000,000,000원이고, 과세사업에 관련된 예정공급가액은 1,000,000,000원임
> (4) 2022년 제1기 총예정사용면적은 1,000이고 그 중 과세사업에 관련된 예정사용면적은 400임

① 2,500,000원   ② 3,000,000원   ③ 3,750,000원
④ 4,750,000원   ⑤ 7,600,000원

34. 〈부가가치세법〉 과세표준과 세액의 신고 및 납부, 환급에 관한 설명으로 옳지 않은 것은?

① 신규로 사업을 시작하는 자에 대한 최초의 예정신고기간은 사업개시일(사업개시일 전에 사업자등록을 신청한 경우 신청일)부터 그 날이 속하는 예정신고기간의 종료일까지로 한다.

② 재화를 수입하는 자가 재와의 수입에 대하여 관세법에 따라 관세를 세관장에게 신고·납부하는 경우 재화의 수입에 대한 부가가치세를 함께 신고·납부하여야 한다.

③ 주사업장 총괄납부에 있어 주된 사업장은 법인의 본점(주사무소를 포함) 또는 개인의 주사무소로 하는 것이 원칙이지만, 법인의 경우에는 지점(분사무소를 포함함)을 주된 사업장으로 할 수 있다.

④ 예정신고하는 사업자가 예정신고와 함께 매출·매입처별 세금계산서합계표를 제출하지 못하는 경우 해당 예정신고기간이 속하는 과세기간의 확정신고를 할 때 함께 제출할 수 있다.

⑤ 납세지 관할세무서장은 사업자가 감가상각자산인 사업설비를 취득하여 환급세액의 신고를 한 경우 체납된 국세 및 강제징수비의 충당을 고려하지 않고 그 신고한 날로부터 환급세액을 20일 이내에 환급하여야 한다.

35. 〈부가가치세법〉 사업자가 국내 다른 사업자에게 계속적으로 재화를 공급하는 경우에 구체적인 거래 형태에 따른 재화의 공급시기에 관한 설명으로 옳은 것은?

① 기한부 판매의 경우에는 그 기한이 지나 판매가 확정되는 때를 재화의 공급시기로 본다.

② 현금판매의 경우에는 대금이 지급된 때를 재화의 공급시기로 한다.

③ 완성도기준지급조건부로 재화를 공급하는 경우에는 재화의 공급에 관한 계약을 하는 때를 재화의 공급시기로 본다.

④ 무인판매기를 이용하여 재화를 공급하는 경우 공급받는 자가 무인판매기에 현금을 투입한 때를 재화의 공급시기로 본다.

⑤ 전력이나 그 밖에 공급단위를 구획할 수 없는 재화를 계속적으로 공급하는 경우에는 재화가 인도되거나 이용가능하게 되는 날을 재화의 공급시기로 본다.

36. 〈부가가치세법〉 영세율에 관한 설명으로 옳지 않은 것은?

① 사업자가 법령으로 정한 내국신용장 또는 구매확인서에 의하여 재화(금지금은 제외)를 공급하는 경우 영세율을 적용한다.

② 사업자가 법령으로 정한 중계무역 방식으로 수출하는 경우 국내 사업장에서 계약과 대가수령 등 거래가 이루어지는 것은 영세율을 적용한다.

③ 외국법인의 국내사업장이 있는 경우에 사업자가 국내에서 국외의 외국법인과 직접 계약하여 교육지원서비스업에 해당하는 용역을 공급하고 그 대금을 해당 외국법인으로부터 외국환은행에서 원화로 받는 경우에는 영세율을 적용한다.

④ 영세율을 적용할 때 사업자가 비거주자 또는 외국법인이면 그 해당 국가에서 대한민국의 소득세법상 거주자 또는 법인세법상 내국법인에 대하여 동일하게 면세하는 경우에만 영세율을 적용한다.

⑤ 영세율이 적용되는 재화나 용역을 공급하는 사업자는 사업자등록, 세금계산서 발급, 신고·납부 등의 의무사항을 이행하지 않아도 되고, 그 의무를 이행하지 않더라도 가산세 등 불이익처분을 받지 않는다.

37. 〈국제조세조정에 관한 법률〉 국외특수관계인과의 거래에 대한 과세조정에 관한 설명으로 옳지 않은 것은?

① 과세당국은 정상가격에 의한 과세조정을 적용할 때 신고된 거래가격과 정상가격의 차이에 대하여 납세의무자가 과실이 없다고 상호합의절차의 결과에 따라 확인되는 경우에는 국세기본법상 과소신고가산세를 부과하지 아니한다.

② 과세당국이 납세의무자에게 정상가격을 산출하기 위해 필요한 거래가격 산정방법 등의 관련 자료를 제출할 것을 요구하였으나, 그 납세의무자가 법령으로 정한 정당한 사유 없이 거짓의 자료를 제출하는 경우에는 1억원 이하의 과태료를 부과한다.

③ 체약상대국이 거주자와 국외특수관계인의 거래가격을 정상가격으로 조정하고, 이에 대한 상호합의절차가 종결된 경우에는 과세당국은 그 합의에 따라 거주자의 각 과세연도 소득금액 및 결정세액을 조정하여 계산할 수 있다.

④ 국세청장은 거주자인 신청인이 상호합의절차를 거치지 아니하고 정상가격 산출 방법을 사전승인(일방적 사전승인)을 신청하는 경우에는 신청일로부터 2년 이내에 사전승인 여부를 결정하여야 한다.

⑤ 과세당국이 정상가격에 의한 과세조정을 적용할 때 익금에 산입되는 금액이 국외특수관계인으로부터 내국법인에 반환된 것임이 확인되지 아니하는 경우에는 그 금액은 국외특수관계인에 대한 기타소득으로 처분한다.

38. 〈국제조세조정에 관한 법률〉 상호합의절차에 관한 설명으로 옳지 않은 것은?

① 우리나라와 체약상대국의 권한 있는 당국 간에 상호합의절차가 이루어지지 아니하여 상호합의절차를 계속 진행하기로 합의하는 경우 상호합의절차의 종료일은 개시일의 다음 날부터 8년을 초과할 수 없다.

② 체약상대국과 상호합의절차가 시작된 경우에 상호합의절차의 종료일의 다음날부터 1년의 기간과 국세기본법에서 규정하는 국세 부과의 제척기간 중 나중에 도래하는 기간의 만료일 후에는 국세를 부과할 수 없다.

③ 우리나라의 거주자 또는 내국법인이 과세사실을 안 날로부터 3년이 지나 상호합의절차 개시를 신청한 경우에는 기획재정부장관이나 국세청장은 체약상대국의 권한 있는 당국에 상호합의절차 개시를 요청하지 않아도 된다.

④ 기획재정부장관이나 국세청장은 상호합의절차의 개시를 신청한 납세자가 상호합의절차의 진행에 필요한 자료제출 요구에 성실하게 협조하지 아니하는 경우에는 상호합의절차를 직권으로 종료할 수 있다.

⑤ 상호합의절차가 종결된 후에 법원의 확정판결이 있는 경우로서 그 확정판결 내용이 그 상호합의 결과와 다를 때에는 그 상호합의는 처음부터 없었던 것으로 한다.

39. 〈조세범처벌법〉 조세범처벌법상 조세의 포탈 등과 관련하여 "사기나 그 밖의 부정한 행위"로 명시되지 않은 것은?

① 이중장부의 작성
② 거짓 증빙의 수취
③ 장부와 기록의 파기
④ 세법상의 신고를 하지 아니하는 행위
⑤ 고의적으로 장부를 비치하지 아니하는 행위

40. 〈조세범처벌법〉 조세범처벌법에 관한 설명으로 옳지 않은 것은?

① 조세의 원천징수의무자가 정당한 사유 없이 징수한 세금을 납부하지 아니하였을 때에는 2년 이하의 징역 또는 2천만원 이하의 벌금에 처한다.
② 조세범처벌법에 따른 범칙행위에 대해서는 국세청장, 지방국세청장 또는 세무서장의 고발이 없더라도 검사는 공소를 제기할 수 있다.
③ 양벌 규정에 따른 행위자가 특정범죄가중처벌 등에 관한 법률의 적용을 받는 경우에 법인에 대한 공소시효는 10년이 지나면 완료된다.
④ 조세의 회피 또는 강제집행의 면탈을 목적으로 자신의 성명을 사용하여 타인에게 사업자등록을 할 것을 허락한 자는 1년 이하의 징역 또는 1천만원 이하의 벌금에 처한다.
⑤ 납세의무자로 하여금 조세의 징수나 납부를 하지 않을 것을 선동하거나 교사한 자는 1년 이하의 징역 또는 1천만원 이하의 벌금에 처한다.

1	2	3	4	5	6	7	8	9	10
④	③	③	①	②	②	④	③	③	④
11	12	13	14	15	16	17	18	19	20
⑤	③	②	①	①	①	④	②	②	①
21	22	23	24	25	26	27	28	29	30
⑤	①	⑤	⑤	③	③	④	⑤	④	④
31	32	33	34	35	36	37	38	39	40
③	②	③	⑤	①	⑤	⑤	⑤	④	②

1. ④

부담부증여에 따라 증여세와 함께 소득세가 과세되는 경우 그 소득세는 증여세부과의 제척기간이 끝난 날 이후에는 부과할 수 없다.

참고 1 소멸시효

① 국세의 징수를 목적으로 하는 국가의 권리는 이를 행사할 수 있는 때부터 다음의 구분에 따른 기간 동안 행사하지 아니하면 소멸시효가 완성된다.

㉠ 5억원(가산세 제외) 이상의 국세: 10년
㉡ 위 ㉠ 이외의 국세: 5년

② 소멸시효는 납부고지, 독촉, 교부청구 및 압류의 사유로 중단된다.

③ 소멸시효는 다음의 어느 하나에 해당하는 기간에는 진행되지 아니한다.

1. 세법에 따른 분납기간
2. 세법에 따른 납부고지의 유예, 지정납부기한·독촉장에서 정하는 기한의 연장, 징수유예기간
3. 세법에 따른 압류·매각의 유예기간
4. 세법에 따른 연부연납기간
5. 세무공무원이 「국세징수법」에 따른 사해행위 취소소송이나 「민법」에 따른 채권자대위 소송을 제기하여 그 소송이 진행 중인 기간
6. 체납자가 국외에 6개월 이상 계속 체류하는 경우 해당 국외 체류기간

④ 사해행위 취소소송 또는 채권자대위 소송의 제기로 인한 시효정지의 효력은 소송이 각하·기각 또는 취하된 경우에는 효력이 없다.

참고 2 부담부증여시 증여자의 양도소득세 제척기간

구 분	내 용
적용사유	부담부증여에 따라 증여세와 함께 채무인수부분에 대하여 양도소득세가 증여자에게 과세되는 경우
대상세액	증여자의 양도소득세
제척기간	수증자에게 부과되는 증여세의 제척기간으로 함

2. ③

   ① 기획재정부장관, 국세청장(지방국세청장 포함) 및 세무서장은 → 기획재정부장관, 국세청장은

   ② 기획재정부장관이 수립한 중장기 조세정책운용계획은 국가재정법상의 국가재정운용계획과 연계되어
     야 하며, 관계 중앙행정기관의 장과 협의를 하여야 한다. 그리고 수립한 중장기조세정책운용계획을
     국회 소관 상임위원회에 보고하여야 한다.

   ④ 국세를 납부할 의무가 확정된 → 국세를 납부할 의무가 성립된

   ⑤ 세무공무원은 국세의 과세표준을 결정·경정할 때에 세법에 특별한 규정이 있는 경우에는 세법의 규정
     을 따라야 한다. 즉, 기업회계의 존중은 세법에 특별한 규정이 없는 경우에 납세의무자가 계속하여
     적용하고 있는 기업회계의 기준 또는 관행을 존중하는 것이다.

참고 1   세법해석의 기준 및 소급과세금지

> ① 세법을 해석·적용할 때에는 과세의 형평과 해당 조항의 합목적성에 비추어 납세자의 재산권이 부당
> 하게 침해되지 아니하도록 하여야 한다.
> ② 국세를 납부할 의무(세법에 징수의무자가 따로 규정되어 있는 국세의 경우에는 이를 징수하여 납부할
> 의무)가 성립한 소득, 수익, 재산, 행위 또는 거래에 대해서는 그 성립 후의 새로운 세법에 따라 소급
> 하여 과세하지 아니한다.
> ③ 세법 외의 법률 중 국세의 부과·징수·감면 또는 그 절차에 관하여 규정하고 있는 조항은 세법해석의
> 기준 및 소급과세금지의 규정을 적용할 때에는 세법으로 본다.

참고 2   법해석에 관한 질의회신의 절차와 방법

> ① 기획재정부장관 및 국세청장은 세법의 해석과 관련된 질의에 대하여 세법해석의 기준에 따라 해석하
> 여 회신하여야 한다.
> ② 국세청장은 회신한 문서의 사본을 해당 문서의 시행일이 속하는 달의 다음 달 말일까지 기획재정부장
> 관에게 송부하여야 한다.
> ③ 국세청장은 질의가 국세예규심사위원회의 심의사항에 해당하는 경우에는 기획재정부장관에게 의견을
> 첨부하여 해석을 요청하여야 한다.
> ④ 국세청장은 기획재정부장관의 해석에 이견이 있는 경우에는 그 이유를 붙여 재해석을 요청할 수 있다.

3. ③

   가산세는 관할 세무서장의 직권뿐만 아니라 납세자의 신청에 의해서도 감면된다.

4. ①

   국세기본법의 법인 아닌 단체에 관한 규정은 다른 세법의 특례를 허용하므로 다른 세법의 특례 규정을
   적용한다.

① 법인(「법인세법」에 따른 내국법인 및 외국법인을 말한다)이 아닌 사단, 재단, 그 밖의 단체(이하 "법인 아닌 단체") 중 다음의 어느 하나에 해당하는 것으로서 수익을 구성원에게 분배하지 아니하는 것은 법인 으로 보아 국세기본법과 세법을 적용한다.

> 1. 주무관청의 허가 또는 인가를 받아 설립되거나 법령에 따라 주무관청에 등록한 사단, 재단, 그 밖의 단체로서 등기되지 아니한 것
> 2. 공익을 목적으로 출연된 기본재산이 있는 재단으로서 등기되지 아니한 것

② 법인으로 보는 사단, 재단, 그 밖의 단체 외의 법인 아닌 단체 중 다음의 요건을 모두 갖춘 것으로서 대표자나 관리인이 관할 세무서장에게 신청하여 승인을 받은 것도 법인으로 보아 국세기본법과 세법을 적용한다. 이 경우 해당 사단, 재단, 그 밖의 단체의 계속성과 동질성이 유지되는 것으로 본다.

> 1. 사단, 재단, 그 밖의 단체의 조직과 운영에 관한 규정을 가지고 대표자나 관리인을 선임하고 있을 것
> 2. 사단, 재단, 그 밖의 단체 자신의 계산과 명의로 수익과 재산을 독립적으로 소유·관리할 것
> 3. 사단, 재단, 그 밖의 단체의 수익을 구성원에게 분배하지 아니할 것

③ 법인으로 보는 법인 아닌 단체는 그 신청에 대하여 관할 세무서장의 승인을 받은 날이 속하는 과세기 간과 그 과세기간이 끝난 날부터 3년이 되는 날이 속하는 과세기간까지는 「소득세법」에 따른 거주자 또는 비거주자로 변경할 수 없다. 다만, 제2항 각 호의 요건을 갖추지 못하게 되어 승인취소를 받는 경우에는 그러하지 아니하다.

④ 법인으로 보는 법인 아닌 단체("법인으로 보는 단체")의 국세에 관한 의무는 그 대표자나 관리인이 이 행하여야 한다.

5. ②

국세의 체납으로 강제징수를 받을 때는 납부기한 등의 연장취소 또는 납부고지의 유예 취소사유에 해당 하지 아니한다.

6. ②

① 신청한 금액의 한도 → 확정되리라고 추정되는 금액의 한도
③ 미리 문서로 통지 → 압류 후 문서로 통지
④ 체납발생 후 3개월이 지나고 체납액이 3천만원인 → 체납발생 후 1개월이 지나고 체납액이 5천만원 이상인
⑤ 직권으로 → 납세자의 신청이 있는 때

① 세무서장은 납세자에게 납부기한 전 징수 사유가 있어 국세가 확정된 후에는 그 국세를 징수할 수 없 다고 인정할 때에는 국세로 확정되리라고 추정되는 금액의 한도에서 납세자의 재산을 압류할 수 있다.
② 세무서장은 다음의 어느 하나에 해당할 때에는 재산의 압류를 즉시 해제하여야 한다.

> 1. 통지를 받은 자가 납세담보를 제공하고 압류 해제를 요구한 경우
> 2. 압류를 한 날부터 3개월이 지날 때까지 압류에 의해 징수하려는 국세를 확정하지 아니한 경우

③ 관할 세무서장은 압류를 한 후 압류에 따라 징수하려는 국세를 확정한 경우 압류한 재산이 다음 의 어느 하나에 해당하고 납세자의 신청이 있으면 압류한 재산의 한도에서 확정된 국세를 징수한 것으로 볼 수 있다.

> 1. 금전
> 2. 납부기한 내 추심 가능한 예금 또는 유가증권

7. ④

압류의 효력은 체납자가 압류재산의 사용 또는 수익을 하는 경우에는 그 재산으로부터 생기는 천연과실 (그 재산의 매각으로 인하여 권리를 이전할 때까지 수취되지 아니한 천연과실 제외)에 대하여는 미치지 아니한다.

> **참고** 압류의 효력
>
> ① 과실에 대한 압류의 효력 : 압류의 효력은 압류재산으로부터 생기는 천연과실 또는 법정과실에 미친다. 다만, 체납자 또는 제3자가 압류재산의 사용 또는 수익을 하는 경우에는 그 재산으로부터 생기는 천연과실(그 재산의 매각으로 인하여 권리를 이전할 때까지 수취되지 아니한 천연과실은 제외한다)에 대하여는 미치지 아니한다.
>
> ② 상속 또는 합병의 경우 강제징수의 효력 : 체납자의 재산에 대하여 강제집행을 한 후 체납자가 사망하였거나 체납자인 법인이 합병에 의하여 소멸되었을 때에도 그 재산에 대한 강제징수는 계속 진행하여야 한다. 이 경우 체납자가 사망한 후 체납자 명의의 재산에 대하여 한 압류는 그 재산을 상속한 상속인에 대하여 한 것으로 본다.`

8. ③

> **참고** 납세증명서 제출
>
> | 제출사유 | 제출면제 |
> |---|---|
> | ① 대금 지급시 : 계약체결시가 아님에 주의
② 외국인 : 외국인등록 또는 국내거소신고를 한 외국인이 체류기간 연장허가 등 체류 관련 허가를 법무부장관에게 신청하는 경우
③ 내국인 : 내국인이 해외이주 목적으로 외교부장관에게 해외이주신고를 하는 경우 | ① 수의계약으로 대금 수령시
② 국고·지방자치단체 금고에 귀속되는 경우
③ 세무공무원이 대금을 받는 경우
④ 계약대금 전액 또는 계약대금 일부로 체납세액 전액을 납부하는 경우 등 |

9. ③

법인세법상 사업연도 변경신고는 직전사업연도종료일로부터 3월 이내에 해야 적법하다. 사업연도 변경신고를 법정신고기한을 지나서 하였기 때문에 2023.7.1일부터 사업연도가 변경된다.

10. ④

법인이 특수관계가 있는 개인으로부터 유가증권을 저가로 양수한 경우에 익금산입(유보)으로 세무조정한다. 처분시 익금불산입 200,000(△유보)이란 것은 취득당시 익금산입한 금액이 200,000(유보)임을 알 수 있다. 따라서, 처분당시 장부가액이 600,000이므로 취득당시 유가증권의 시가는 800,000에 해당한다.

13기		14기	
시 가	800,000원	양도가	1,000,000원
취득가	600,000원	장부가	600,000원(유가증권처분익이 400,000이므로)

11. ⑤

구분	세무조정
(1)	[익금산입] 기타포괄손익인식금융자산 8,000,000원(유보) [손금산입] 금융자산평가손실 8,000,000원(기타) 세법은 원가법이므로 기타포괄손익인식금융자산의 평가를 인정하지 아니하나 당기순이익과 소득금액의 차이는 발생하지 않으므로 감소된 금융자산가액을 증가시키는 가산조정을 수행한 후 이를 상쇄하는 차감조정을 수행한다.
(2)	[익금불산입] 상각후원가측정 금융자산 2,000,000원(△유보) 세법은 원가법이므로 수익으로 계상하며 증가시킨 상각후원가측정 금융자산을 감소시키는 차감조정을 수행한다.
(3)	[익금산입] 관계기업투자주식(배당금) 3,000,000원(유보) [익금불산입] 관계기업투자주식(이익) 5,000,000원(△유보) 익금항목인 배당금수익을 수익으로 계상하지 아니하였으므로 익금산입하고, 수익으로 계상한 지분법이익은 원가법 위배이므로 익금불산입의 세무조정을 수행한다.

12 ③

1. 1주당 차액 = ① - ② = 500원
   ① 합병전 1주당 가치 : 2,000원
   ② 합병후 1주당 가치 : (50,000 x 2,000원 + 50,000 x 1,000원)/100,000주 = 1,500원
2. (주)P가 (주)Q에게 분여한 이익 = 500원(1주당 차액) x 50,000주 x 40%(P의 지분율) x 30%(Q의 지분율) = 3,000,000원
3. 세무조정
   ① (주)P : [익금산입] 분여한 이익 3,000,000원(기타사외유출)
   ② (주)Q : [익금산입] 분여받은 이익 3,000,000원(유보)

13. ②

단기소각주식(2020.3.2. 취득한 무상주)이 있는 경우

1. 주식수 구분

일자	주식수	금액	내역	비고
2019.2.1	200주	600,000원(200주 x 3,000)	유상취득	단기소각주식이외 주식
2020.3.2	100주	-	무상주(의제배당 X)	단기소각주식
2020.5.1	200주	400,000원(200주 x 2,000)	무상주(의제배당 O)	단기소각주식이외 주식
2020.7.15	200주		유상처분	
2022.1.30	200주		소각	

2. 2020.7.15. 처분 후 주식수 구분

구분	감소 주식수	처분후 주식수
단기소각주식 이외 주식	200주(처분주식) X 80% = 160주	400주-160주=240주
단기소각주식	200주(처분주식) X 20% = 40주	100주-40주=60주

3. 의제배당금액 = 보통주 소각대가 - 주식장부가액 = 350,000원
   ㉠ 보통주 소각대가 = 200주 x 3,500원 = 700,000원
   ㉡ 주식장부가액 = 60주(단기소각주식) x 0원 + 140주(단기소각주식이외 주식) x 2,500원 (=1,000,000원/400주 또는 600,000원/240주) = 350,000원

14. ①

미실현사유로 인한 감가상각대상 자산의 손상차손 계상액은 법인세법상 감가상각비 계상금액으로 간주되는데, 감가상각한도시부인 결과 상각범위액을 초과하는 금액은 손금불산입 세무조정이 수반된다.

참고 1 평가감으로 손금인정되는 실현사유

구 분	사 유
① 재고자산	파손, 부패 등 사유
② 유형자산	천재지변, 화재 등 사유
③ 주식	부도, 파산 등 사유

참고 2 기간경과분 원천징수대상 이자

구 분	내 용
미수이자	법인세법 불인정 → 법인이 기간경과분 원천징수대상이자를 수익계상시 익금불산입 세무조정
미지급이자	① 원칙 : 법인세법 인정 → 비용계상시 세무조정 없음 ② 예외 : 차입일부터 이자지급일이 1년을 초과하는 특수관계인과의 거래에 따른 이자 및 할인액은 법인세법 불인정

15. ①

구 분		한 도

200,000,000(당기순이익)
+20,000,000(법인세)
+ 5,000,000(감가상각비)
- 3,000,000(수입배당금)
+ 5,000,000(비지정기부금)
+ 2,000,000(미지급기부금)
=229,000,000(차가감소득금액)
	1. 법정기부금
	  : 10,000,000
	2. 지정기부금
	  : 30,000,000
	3. 기준소득금액
	  : 269,000,000
		1. 법정기부금 한도 : 269,000,000 × 50%
		  =134,500,000
		2. 지정기부금 한도 : (269,000,000 - 10,000,000) × 10% = 25,900,000
		3. 지정기부금한도초과액 = 4,100,000원

*) 특수관계가 없는 지정기부처에 현물로 기부한 경우에는 장부가액에 의한 금액을 지정기부금으로 한다.

16. ①

일부 양도된 부분의 상각부인액 300,000원에 대한 세무조정은 생략하므로 다음과 같이 세무조정한다.

구 분	금 액	비 고
1. 감가상각비 해당액	700,000원	= 1,000,000 - 300,000(일부 양도분)
2. 세법상 상각범위액	2,119,700원	(취득가액 - 전기말감가상각누계액 + 전기이전상각부인액) x 상각률 = (8,200,000* - 4,200,000* + 700,000*) x 0.451
3. 시인부족액	△1,419,700원	(손금산입) 전기이월상각부인액 700,000원(△유보)

* 일부 양도된 부분에 대한 금액을 제외하고 계산한다.

17. ④

① 특수관계인으로부터 자산을 고가로 양수(시가의 5%이상 요건 충족)한 경우에 해당하므로 부당행위계산부인 대상이다.

② 출자임원에 대한 주택매입자금 대여액은 특수관계인에 대한 가지급금으로 부당행위계산부인 대상으로 인정이자를 계산해야 한다.

③ 특수관계인이 사용하는 무수익자산에 대한 유지비를 지출한 경우에 해당하므로 부당행위계산부인 대상이다.

④ 시가와 거래금액과의 차이 1억원은 중요한 차이(3억원 이상 또는 시가의 30%이상)를 가　져오지 않는 금액이므로 부당행위계산부인 대상이 아니다.

⑤ 특수관계인에 대한 가지급금으로 부당행위계산부인 대상으로 인정이자를 계산해야 한다.

18. ②

취득일 또는 발생일 현재의 → 사업연도종료일 현재의

참고 은행 외화자산·부채의 평가

구 분	평가방법	적용환율	
화폐성 외화자산·부채	평가강제	사업연도종료일 매매기준율 등	
통화선도·통화스왑·환변동보험 등 파생금융상품	평가선택	평가방법 선택시	사업연도종료일의 매매기준율 등
		평가방법 미선택	계약체결일의 매매기준율 등

19. ②

비거주자에 대하여 과세하는 소득세는 해당 국내원천소득을 종합하여 과세하는 경우와 분류하여 과세하는 2가지 과세방법이 있으며, 국내원천소득을 분리하여 과세하는 방법도 일부 채택하고 있다.

20. ①

부당행위계산부인 중 증여 후 양도행위부인

1. 납세의무자 : 증여자(갑)
2. 양도소득세액 : 20,000,000원

참고 이월과세 VS 부당행위계산부인

구 분	이월과세	부당행위계산부인
적용대상자산	토지, 건물, 부동산을 취득할 수 있는 권리 및 특정시설물이용권	양도소득세 과세대상 자산
증여자와 수증자 관계	배우자, 직계존비속	특수관계인(단, 이월과세가 적용되는 경우는 제외)
양도소득세 납세의무자	수증자	증여자
연대납세의무	연대납세의무를 부담하지 않음	연대납세의무를 부담함
증여세 처리	양도소득세 계산시 필요경비 산입	증여세 부과처분을 취소함

21. ⑤

① 비영업대금의 이익에 대한 원천징수세율은 100분의 25(P2P 이자소득은 14%)를 적용한다.

② 국내에서 거주자에게 이자소득을 지급하는 자가 사업자가 아닌 경우에도 원천징수의무가 있다.

③ 12월 31일에 법인이 이익처분에 따른 배당을 결정하고 다음연도 2월 말일까지 배당소득을 지급하지 아니하는 경우 그 2월 말일에 배당소득을 지급한 것으로 보아 소득세를 원천징수한다.

④ 법인세 과세표준을 결정·경정하는 경우에 법인세법에 따라 처분되는 상여는 법인이 소득금액변동통지서를 받는 날에 지급한 것으로 보아 소득세를 원천징수한다.

참고 소득처분시 원천징수특례 : 지급시기의제일

구 분	내 용
신고처분시	법인의 과세표준 및 세액의 신고일 또는 수정신고일
정부처분(결정·경정)시	소득금액변동통지서 받은 날

22. ①

부가가치세법상 적법하게 신고한 과세사업자는 사업장현황 신고의무를 지지 아니한다.

> **참고** 사업장 현황신고 및 성실신고확인서 제출제도

구 분		내 용
사업장 현황신고	대상자	사업자(휴업 또는 폐업한 사업자 포함). 단, 부가가치세 예정신고 또는 확정신고를 한 경우는 제외
	제출기한	다음 해 2월 10일
성실신고확인서 제출	확정신고기간	다음 해 5월 1일부터 6월 30일까지
	미제출시	세액의 5% 및 수입금액의 0.02% 중 큰 금액 가산세 부과

23. ⑤

충당금을 가산하지 않는다. → 충당금을 가산한다.

24. ⑤

필요경비에 산입한다. → 필요경비에 산입하지 아니한다.

25. ③

양도소득세 산출세액이 0원이 되는 양도가액의 최대금액은 양도소득 과세표준이 0원이 되는 금액을 말하므로 양도소득금액과 양도소득기본공제 금액이 같은 금액에 해당하여야 한다. 따라서 양도가액은 다음과 같이 계산한다.

1. 과세표준 = 0 = 양도소득금액 − 2,500,000원(기본공제) → 양도소득금액 2,500,000원
2. 양도차익 = X(양도가액) − 5억원(취득가액)
3. 장기보유특별공제 = (X − 5억원) x 30%(15년 이상이므로 한도율 적용) = 0.3X − 1억 5천만원
4. 양도소득금액 = 양도차익 − 장기보유특별공제 = 2,500,000원
   = X(양도가액) − 5억원(취득가액) − 0.3X + 150,000,000 = 2,500,000원
   = 0.7X − 350,000,000원 = 2,500,000원
5. X(양도가액) = 503,571,428원

26. ③

1. 보험료세액공제 : MIN[2,000,000(납입액), 1,000,000(한도액)] x 12% = 120,000원
2. 교육비세액공제 : MIN[8,000,000(납입액), 9,000,000(한도액)] x 15% = 1,200,000원
3. 자녀세액공제 : 300,000원 + (4인 − 2인) x 300,000원 = 900,000원
4. 근로소득세액공제 : 660,000원
5. 세액공제 합계액 = 1. + 2. + 3. + 4. = 2,880,000원

> **참고** 세액공제율

구 분	내 용
보장성보험료 세액공제	12%(단, 장애인전용보장성보험료는 15%)
연금계좌 세액공제	15%[단, 종합소득금액 4,000만원(근로소득만 있는 경우는 총급여 5,500만원) 이하는 12%]
의료비 및 교육비 세액공제	15%(단, 의료비 중 난임시술비 30%, 미숙아 및 선천성이상아 의료비는 20%)
자녀세액공제	30만원 + 30만원(공제대상 자녀수 − 2인) x 30만원. 단, 공제대상 자녀 1인은 15만원

27. ④

작물재배업(농업) 중 곡물재배업에서 발생하는 소득은 사업소득으로 과세되지 아니한다.

| 참고 | 작물재배업 |

구　분	내　용	
곡물 기타 식량작물재배업	과세사업에서 제외	
곡물 기타 식량이외 작물재배업	총수입금액 10억원 이하	비과세
	총수입금액 10억원 초과	과세

28. ⑤

ㄴ. 1개의 국내주택(과세기간종료일 현재 기준시가 10억원인 아파트)을 소유하는 거주자의 국내주택 임대소득은 사업소득으로 비과세소득에 해당하지 아니한다. 즉, 고가주택(기준시가 9억원을 초과하는 주택)은 비과세 대상에서 제외된다.

ㄷ. 사내급식 등의 방법으로 식사 기타 음식물을 제공받는 근로자가 받는 월 10만원 이하의 식사대는 근로소득으로 과세대상 소득이다. 즉, 소득세법령상의 식사대가 비과세가 되려면 식사 기타 음식물을 제공받지 않아야 함에 주의해야 한다.

29. ④

재화의 공급으로 본다. → 재화의 공급으로 보지 아니한다.

30. ④

5,000,000원(부당행위계산부인 : 시가) + 2,500,000원(= 500,000 x 5개월(2.1.~6.30.), 장기할부판매 : 대가의 각 부분을 받기로 한 때) + 2,000,000(직매장 반출 : 원가) = 9,500,000원

* 주사업장 총괄납부사업자 또는 사업자단위 과세업자가 아니므로 간주공급에 해당한다. 이 경우 세금계산서 발급의무가 있으나 발급하지 않은 경우에는 간주공급으로 과세하면서 미발급가산세를 적용한다.

31. ③

1. 일부면세전용 = 취득가액 x (1-감가율 x 경과된 과세기간수) x 면세전용율
2. 면세전용율 = 5천만원(22년 제1기 면세공급가액) / 4억원(22년 제1기 총공급가액) = 12.5%
3. 과세표준 = ① + ② = 33,125,000원
   ① 공장건물 = 300,000,000(취득가액) x (1 - 5% x 4) x 12.5% = 30,000,000원
   ② 기계장치 = 50,000,000(취득가액) x (1 - 25% x 2) x 12.5% = 3,125,000원

32. ②

ㄷ. 국가 또는 지방자치단체에 무상으로 공급하는 재화 및 용역은 면세되나, 유상으로 공급하는 경우에는 과세된다.

ㅁ. 철도건설법에 따른 고속철도에 의한 여객운송용역은 과세대상에 해당한다.

33. ③

감가상각자산의 일부과세전용에 대한 매입세액공제액

= 200,000,000(기계장치 매입가액) x 10%(세율) x (1-25% x 1) x 25%($\frac{5억원(과세매입가액)}{20억원(총매입가액)}$)

= 3,750,000원

* 과세사업, 면세사업 모두 또는 어느 한 사업의 공급가액이 없는 경우에는 매입가액비율, 예정공급가액비율, 예정사용면적비율의 순서에 따라 안분계산한다. 본 문제는 과세사업의 공급가액이 없는 경우이므로 과세전용율로 과세매입비율을 사용하여 계산한다.

34. ⑤

신고한 날로부터 환급세액을 20일 이내에 → 신고기한으로부터 15일 이내에

35. ①

② 대금이 지급된 때를 → 재화가 인도되거나 이용가능하게 되는 때를

③ 재화의 공급에 관한 계약을 하는 때를 → 대가의 각 부분을 받기로 한 때를

④ 현금을 투입한 때를 → 현금을 꺼내는 때를

⑤ 재화가 인도되거나 이용가능하게 되는 날을 → 대가의 각 부분을 받기로 한 때를

36. ⑤

영세율이 적용되는 재화나 용역을 공급하는 사업자는 사업자등록, 세금계산서 발급, 신고·납부 등의 의무사항을 이행하여야 하며, 그 의무를 이행하지 않으면 가산세 등 제재를 받는다.

37. ⑤

과세당국이 정상가격에 의한 과세조정을 적용할 때 익금에 산입되는 금액이 국외특수관계인으로부터 내국법인에 반환된 것임이 확인되지 아니하는 경우에는 그 금액은 국외특수관계인에 대한 배당 또는 출자의 증가로 처분한다.

38. ⑤

상호합의절차가 종결된 후에 법원의 확정판결이 있는 경우로서 그 확정판결 내용이 그 상호합의 결과와 다를 때에는 그 상호합의는 처음부터 없었던 것으로 한다는 규정은 개정되어 2020.1.1.부터는 적용되지 아니한다.

39. ④

적극적 행위를 수반하지 않고 단순하게 세법상의 신고를 하지 아니하는 행위는 사기나 그 밖의 부정한 행위에 해당하지 아니한다.

40. ②

조세범처벌법에 따른 범칙행위에 대해서는 국세청장, 지방국세청장 또는 세무서장의 고발이 있는 경우에만 검사는 공소를 제기할 수 있다.

1. 〈국세기본법〉 국세기본법상 서류의 송달에 관한 설명으로 옳지 않은 것은?

① 소득세법에 따른 중간예납세액의 납부고지서는 금액에 관계 없이 일반우편으로 송달할 수 있다.

② 연대납세의무자에게 서류를 송달할 때 대표자가 없으면 납부의 고지와 독촉에 관한 서류를 제외하고는 연대납세의무자 중 국세를 징수하기에 유리한 자를 명의인으로 한다.

③ 상속이 개시된 경우 상속재산관리인이 있을 때에는 그 상속재산관리인의 주소 또는 영업소에 송달한다.

④ 서류를 교부하였을 때에는 송달서에 수령인이 서명 또는 날인하게 하여야 하고, 수령인이 서명 또는 날인을 거부하면 그 사실을 송달서에 적어야 한다.

⑤ 교부에 의한 서류 송달의 경우에 해당 행정기관의 소속 공무원은 송달을 받아야 할 자가 거부하지 않으면 송달할 장소 이외의 장소에서 서류를 교부할 수 있다.

2. 〈국세기본법〉 다음 상황에 따른 증액경정에 관한 설명으로 옳지 않은 것은?

> (1) (주)A는 2020년 귀속분 법인세를 법정신고기한까지 미신고
> (2) 2022.2.15. 관할 과세관청은 2020년 귀속분 법인세로 2억원을 결정고지하고 이후 이 세액은 (주)A의 불복청구 없이 확정되었음
> (3) 2022.7.20. 관할 과세관청은 증액경정에 의해 2020년 귀속분 법인세로 5천만원을 추가로 고지하고, 2022.7.22. (주)A는 이를 수령함

① 당초처분에 따라 확정된 세액 2억원에 대한 과세관청의 강제징수절차는 경정처분에 따라 영향을 받지 않는다.

② 당초처분을 근거로 하여 행한 징수 등 후속처분은 경정처분에 의해 영향을 받지 않는다.

③ 경정처분에 따라 증액된 5천만원의 법인세에 대하여 당초처분과 별개로 불복청구의 대상으로 할 수 있다.

④ 증액경정에 대한 경정청구를 받은 세무서장은 그 청구를 받은 날부터 2개월 이내에 과세표준 및 세액을 결정 또는 경정하거나 결정 또는 경정하여야 할 이유가 없다는 뜻을 그 청구자에게 통지하여야 한다.

⑤ 경정으로 증가된 세액 5천만원에 대하여 2022년 11월 15일 경정청구를 한 경우에 해당 경정청구는 유효하다.

3. 〈국세기본법〉 관할세무서는 사업자인 거주자 갑의 체납 소득세를 징수하기 위하여 갑의 소유 토지를 압류하여 공매하였다. 다음 자료에 따라 관할세무서가 토지 매각대금 중 소득세로 징수할 수 있는 금액은 얼마인가?

> (1) 토지 매각대금 : 150,000,000원
> (2) 토지 공매비용 : 5,000,000원
> (3) 소득세 등(신고일 : 2022.5.10.) : ㉠ 소득세 : 70,000,000원, ㉡ 강제징수비 : 5,000,000원
> (4) 당해 토지에 설정된 가등기(설정일: 2022.4.20.)에 의해 담보된 채권 : 40,000,000원
> (5) 당해 토지에 부과된 2021년분 종합부동산세 체납액 : 20,000,000원
> (6) 갑의 사업체에 종사하는 근로자들의 임금채권
>   ㉠ 최종 3월분 임금과 퇴직금 : 30,000,000원
>   ㉡ 기타의 임금채권 : 10,000,000원
> (7) 공과금 채권 : 20,000,000원

① 30,000,000원 ② 40,000,000원 ③ 45,000,000원
④ 50,000,000원 ⑤ 55,000,000원

4. 〈국세기본법〉 국세기본법상 국세환급금과 국세환급가산금에 관한 설명으로 옳은 것은?

① 세무서장이 국세환급금의 결정이 취소됨에 따라 이미 지급된 금액의 반환을 청구하는 경우에는 국세징수법의 납부고지·독촉 및 강제징수의 방법에 따른다.

② 세무서장이 국세환급금으로 결정한 금액을 체납된 국세 및 강제징수비에 충당한 경우 체납된 국세 및 강제징수비와 국세환급금은 체납된 국세의 법정납부기한과 국세환급금 발생일 중 이른 때로 하여 대등액에 관하여 소멸한 것으로 본다.

③ 납세자가 국세를 납부한 후 세무서장이 그 납부의 기초가 된 부과를 취소하는 경우 국세환급금에 관한 권리는 국세납부일부터 5년간 행사하지 아니하면 소멸시효가 완성된다.

④ 납세자가 상속세를 물납한 후 그 부과의 전부를 취소하는 경정 결정에 따라 환급하는 경우에는 해당 물납재산과 국세환급가산금을 가산하여 환급한다.

⑤ 납세자의 국세환급금에 관한 권리는 타인에게 양도할 수 없다.

5. 〈국세기본법·국세징수법〉 다음 거주자 갑의 자료에 따른 세법상 설명으로 옳지 않은 것은?

> (1) 국세 1억원을 법령에서 정하는 정당한 사유 없이 체납하고 있음
> (2) 2022.4.1. 현재 체납발생일부터 1년이 경과함
> (3) 체납국세와 관련하여 불복청구 중이거나 행정소송이 계속 중인 상태가 아님
> (4) 납부고지의 유예나 압류·매각의 유예를 받은 사실이 없음

① 국세청장은 비밀유지 규정에 불구하고 갑의 인적사항·체납액·국세추징명세 등을 공개할 수 있다.

② 국세청장은 갑의 은닉재산을 신고한 자에 대하여 30억원의 범위에서 법령에 따라 계산한 포상금을 지급할 수 있다.

③ 세무서장은 관허사업의 주무관서에 갑에 대하여 그 허가의 갱신을 하지 아니할 것을 요구할 수 있다.

④ 세무서장은 국세징수를 위하여 필요한 경우로서 신용정보업자·신용정보집중기관 등 일정한 자가 갑의 체납자료를 요구하는 경우에는 이를 제공할 수 있다.

⑤ 국세청장은 갑에 대하여 미화 5만달러 이상의 국외자산이 발견된 경우로서 관할 세무서장이 압류·공매, 담보제공, 보증인의 납세보증서 등으로 조세채권을 확보할 수 없고, 강제징수를 회피할 우려가 있다고 인정되면 법무부장관에게 출국금지를 요청하여야 한다.

6. 〈국세징수법〉 국세징수법상 압류·매각의 유예에 관한 설명으로 옳지 않은 것은?

① 관할 세무서장은 체납자가 국세청장이 성실납세자로 인정하는 기준에 해당하는 경우 체납자의 신청 또는 직권으로 그 체납액에 대하여 강제징수에 따른 재산의 압류 또는 압류재산의 매각을 유예할 수 있다.

② 관할 세무서장은 압류·매각의 유예를 하는 경우 필요하다고 인정하면 이미 압류한 재산의 압류를 해제할 수 있다.

③ 관할 세무서장은 재산의 압류를 유예하거나 압류를 해제하는 경우로서 성실납세자가 체납세액 납부계획서를 제출하고 국세체납정리위원회가 체납세액 납부계획의 타당성을 인정하는 경우에는 그에 상당하는 납세담보의 제공을 요구할 수 없다.

④ 압류 또는 매각의 유예기간은 그 유예한 날의 다음 날부터 1년 이내로 한다.

⑤ 관할 세무서장은 압류 또는 매각이 유예된 체납세액을 압류 또는 매각의 유예기간 동안 분할하여 징수할 수 없다.

7. 〈국세징수법〉 국세징수법상 국세의 확정전 보전압류에 관한 설명으로 옳지 않은 것은?

① 압류한 재산은 그 압류에 관계되는 국세의 납세의무가 확정되기 전에는 공매할 수 없다.

② 세무서장은 납부기한 전 징수 사유가 있는 경우에 미리 지방국세청장의 승인을 받아 국세로 확정되리라고 추정되는 금액의 한도에서 납세자의 재산을 압류할 수 있다.

③ 세무서장은 압류한 재산이 금전, 납부기한 내 추심할 수 있는 예금 또는 유가증권인 경우 납세자의 신청이 있을 때에는 확정된 국세를 징수한 것으로 볼 수 있다.

④ 세무서장은 압류를 한 날부터 3개월이 지날 때까지 압류에 의하여 징수하려는 국세를 확정하지 아니한 경우에는 압류재산의 전부 또는 일부에 대하여 압류를 해제할 수 있다.

⑤ 세무서장은 재산을 압류하였을 때에는 해당 납세자에게 문서로 통지하여야 한다.

8. 〈국세징수법〉 공매재산이 공유자의 지분인 경우에 체납하지 않은 공유자에 관한 설명으로 옳지 않은 것은?

① 세무서장은 공매를 하려면 공유자에게 우선매수권이 있다는 사실을 공고하여야 하며, 세무서장은 공매공고를 하였을 때에는 즉시 그 내용을 공매공고의 등기 또는 등록 전일 현재의 공유자에게도 통지하여야 한다.

② 공유자는 공매재산이 공유물의 지분인 경우 매각결정기일 전까지 공매보증을 제공하고 최고가 매수신청인이 있는 경우 최고가 매수신청가격으로 공매재산을 우선 매수하겠다는 신청을 할 수 있다.

③ 공유자는 공매재산이 공유물의 지분인 경우 매각결정기일 전까지 공매보증을 제공하고 최고가 매수신청인이 없는 경우 공매예정가격으로 공매재산을 우선 매수하겠다는 신청을 할 수 있다.

④ 관할 세무서장은 우선매수 신청이 있는 경우 그 최고가 매수신청인에게 매각결정을 하여야 한다.

⑤ 관할 세무서장은 여러 사람의 공유자가 우선매수 신청을 하고 매각결정의 절차를 마친 경우 공유자 간의 특별한 협의가 없으면 공유지분의 비율에 따라 공매재산을 매수하게 한다.

9. 〈법인세법〉 제조업을 영위하는 영리내국법인 (주)A의 제 7기 사업연도(2022.1.1.~12.31) 기계장치에 대한 감가상각자료는 다음과 같다. 제 6기와 제 7기 기계장치의 감가상각에 대한 세무조정 및 소득처분으로 옳은 것은? (단, 주어진 자료 이외의 다른 사항은 고려하지 않음)

---

(1) 기계장치 취득가액 : 100,000,000원
(2) 기계장치 취득일 : 2020년 1월 1일
(3) 감가상각방법 및 상각률 : 정률법(상각률 : 0.4)
(4) 감가상각비 장부상 계상금액
① 2020년 : 45,000,000원
② 2021년 : 30,000,000원
③ 2022년 : 13,000,000원

---

① 제 6기 : 〈손금불산입〉   6,000,000원 (유보)
   제 7기 : 〈손금산입〉   1,400,000원 (⊿유보)
② 제 6기 : 〈손금산입〉   6,000,000원 (⊿유보)
   제 7기 : 〈손금불산입〉   1,400,000원 (유보)
③ 제 6기 : 〈손금불산입〉   1,400,000원 (유보)
   제 7기 : 〈손금산입〉   6,000,000원 (⊿유보)
④ 제 6기 : 〈손금불산입〉   5,000,000원 (유보)
   제 7기 : 〈손금불산입〉   6,000,000원 (유보)
⑤ 제 6기 : 〈손금불산입〉   6,000,000원 (유보)
   제 7기 : 세무조정 없음

10. 〈법인세법〉 「자본시장과 금융투자업에 관한 법률」에 따른 투자회사(사모투자 전문회사 아님)(주)A의 제 5기 사업연도(2022.1.1.~12.31)의 결산 및 손익자료는 다음과 같다. 당해 투자회사가 40,000,000원을 배당할 경우 배당과 관련하여 해당 사업연도의 소득금액에서 공제할 금액은? (단, 주어진 자료 이외의 다른 사항은 고려하지 않음)

---

(1) 영업이익 : 100,000,000원
(2) 법인세비용차감 후 당기순이익 : 40,000,000원
(3) 이월이익잉여금 : 20,000,000원
(4) 상법상 적립한 이익준비금 : 10,000,000원
(5) 회사는 설립 이후 평가손익을 계상한 바 없음

---

① 0원   ② 10,000,000원   ③ 20,000,000원
④ 40,000,000원   ⑤ 45,000,000원

11. 〈법인세법〉 제조업을 영위하는 영리내국법인 (주)A의 제 10기 사업연도(2022.1.1.~12.31)에 발생한 거래로서 법인세법상 처리로 옳은 것을 모두 고른 것은?

> (㉠) 어음의 지급기일부터 6개월이 지난 부도어음(채무자의 재산에 대하여 저당권을 설정하고 있지 아니함) 1,000,000원을 전액 대손충당금과 상계하고 이에 대한 세무조정을 하지 아니하였다.
> (㉡) 파손·부패 등의 사유로 정상가격으로 판매할 수 없는 재고자산에 대한 평가손실 800,000원을 손익계산서에 계상하지 아니하고 소득금액조정합계표에서 손금에 산입하였다.(단, 재고자산평가방법은 원가법으로 신고함)
> (㉢) 부동산임대업자인 (주)B로부터 임차한 건물의 전세금에 대해 부담한 부가가치세 매입세액 500,000원을 세금과공과로 비용처리하고 이에 대한 세무조정을 하지 아니하였다.
> (㉣) 제조업을 영위하는 내국법인 거래처 (주)C의 매출채권에 대해 기업회계기준에 따른 채권의 재조정에 따라 매출채권의 장부가액과 현재가치의 차액 2,000,000원을 대손금으로 계상하였으나, 이에 대한 세무조정을 하지 아니하였다.

① ㉠, ㉢
② ㉡, ㉣
③ ㉢, ㉣
④ ㉠, ㉢, ㉣
⑤ ㉠, ㉡, ㉣

12. 〈법인세법〉 법인세법상 사업연도에 관한 설명으로 옳은 것은?

① 사업연도의 변경이 아닌 경우에 법인의 사업연도는 원칙적으로 1년을 넘지 못하나 정당한 사유가 있어 관할 세무서장의 승인을 받으면 초과도 가능하다.

② 정관상 사업연도에 관한 규정이 있다 하더라도 내국법인은 법인 설립신고 또는 사업자등록과 함께 납세지 관할 세무서장에게 그 내용을 신고하여야 한다.

③ 사업연도를 변경하려면 직전 사업연도 종료일 이전 3개월 이내 관할 세무서장에게 신고하여야 한다.

④ 국내사업장이 없는 외국법인이라도 국내에 소재한 건물 양도에 따른 소득이 있을 경우 사업연도를 신고하여야 한다.

⑤ 법령에 따라 사업연도가 정하여지는 법인의 경우 사업연도를 정하고 있는 법령이 개정되어 사업연도가 변경되었을 때 신고를 하지 아니하면 종전의 사업연도가 적용된다.

13. 〈법인세법〉 법인세법상 자산의 취득가액과 평가에 관한 설명으로 옳지 않은 것은?

① 유형자산의 취득과 함께 국공채를 매입하는 경우 기업회계기준에 따라 그 국공채의 매입가액과 현재가치의 차액을 당해 유형자산의 취득가액으로 계상한 금액은 취득가액에 포함한다.

② 적격 물적분할에 따라 분할법인이 취득하는 주식 등의 취득가액은 물적분할한 순자산의 장부가액으로 한다.

③ 법인의 업무와 관련 없는 자산을 특수관계인으로부터 시가보다 높은 가액으로 매입한 경우 그 시가초과액은 취득가액에 포함한다.

④ 「자본시장과 금융투자업에 관한 법률」에 따른 종합금융회사가 보유하는 화폐성 외화자산·부채를 평가함에 따라 발생하는 평가한 원화금액과 원화기장액의 차익 또는 차손은 해당 사업연도의 익금 또는 손금에 산입한다.

⑤ 재고자산의 평가방법을 신고한 법인으로서 그 평가방법을 변경하고자 하는 법인은 변경할 평가방법을 적용하고자 하는 사업연도의 종료일 이전 3월이 되는 날까지 납세지 관할세무서장에게 신고하여야 한다.

14. 〈법인세법〉 법인세법상 익금으로 산입하지 않는 것에 관한 설명으로 옳지 않은 것은?

① 각 사업연도의 소득으로 이미 과세된 것을 다시 당해 연도의 소득으로 계상한 것은 익금으로 산입하지 않는다.

② 지방세 과오납금의 환급금에 대한 이자는 익금으로 산입하지 않는다.

③ 부가가치세의 매출세액은 익금으로 산입하지 않는다.

④ 보험업법에 따라 유형자산을 평가하여 장부가액을 증액한 경우 평가이익은 익금으로 산입하지 않는다.

⑤ 무상으로 받은 자산의 중 세무상 공제되지 않은 이월결손금(합병분할로 인한 결손금 아님)을 보전하는데 충당한 금액은 익금으로 산입하지 않는다.

15. 〈법인세법〉 다음은 제조업을 영위하는 영리내국법인(중소기업)인 (주)A의 제 15기 사업연도(2022.1.1~6.30)자료로서 접대비는 전액 적격증빙을 수취하였으며, 문화접대비로 지출한 금액은 없다. 제 15기의 접대비에 대한 세무조정으로 옳은 것은? (단, 소득처분은 생략하며, 주어진 자료 이외의 다른 사항은 고려하지 않음)

> (1) 접대비의 내역
> ① 손익계산서상 판매비와 관리비로 계상된 금액 : 10,000,000원
> ② 제 15기말 현재 재무상태표상 건설 중인 공장에 계상된 금액 : 12,000,000원
> ③ 제 15기말 현재 재무상태표상 토지에 계상된 금액 : 50,000,000원
> (2) 기업회계기준에 따른 제 15기 매출액은 100억원 이며, 특수관계인과의 거래분은 없다.

① 손금산입   : 건설중인 공장   7,000,000원
   손금불산입 : 접대비 한도초과액   17,000,000원
② 손금산입   : 토지   7,000,000원
   손금불산입 : 접대비 한도초과액   17,000,000원
③ 손금산입   : 건설중인 공장   14,000,000원
                토지   3,000,000원
   손금불산입 : 접대비 한도초과액   17,000,000원
④ 손금산입   : 건설중인 공장   12,000,000원
                토지   2,000,000원
   손금불산입 : 접대비 한도초과액   24,000,000원
⑤ 손금산입   : 토지   16,000,000원
   손금불산입 : 접대비 한도초과액   26,000,000원

16. 〈법인세법〉 다음은 제조업을 영위하는 영리내국법인 (주)A의 제 12기 사업연도(2022.1.1.~12.31)거래내용이다. 한국채택국제회계기준을 적용하고 있는 (주)A가 제 12기에 익금산입으로 세무조정 할 금액은 얼마인가? (단, 법인세법상 수입배당금액의 익금불산입 규정은 고려하지 않으며, 주어진 자료 이외의 다른 사항은 고려하지 않음)

> (1) (주)A는 지분비율이 20%인 관계기업 (주)B로부터 주식발행초과금 10,000,000원(채무의 출자전환으로 법인세법상 시가를 초과하여 발행된 금액 5,000,000원 포함)의 자본전입으로 무상주를 수령하였다.
> (2) (주)A는 법인세법상 특수관계인인 (주)C로부터 시가 5,000,000원인 (주)D사 주식을 4,000,000원에 구입하였다.
> (3) (주)A는 제 12기에 특수관계인이 아닌 개인 갑으로부터 500,000원에 취득한 자기주식(시가 1,500,000원)을 2,500,000원에 처분하였다.

① 2,000,000원   ② 3,000,000원   ③ 4,000,000원
④ 5,000,000원   ⑤ 6,000,000원

17. 〈법인세법〉 한국채택 국제회계기준을 적용하고 있는 영리내국법인 (주)A는 제 11기 사업연도(2022.1.1~12.31)에 재평가모형을 채택하여 제 11기말 장부가액 10억원인 토지를 12억원으로 재평가하였다. 이에 따라 자산재평가차익 2억원을 기타포괄손익누계액으로 계상하였을 경우 토지재평가와 관련된 세무조정으로 옳은 것은?

① 세무조정 없음
② 익금산입 : 재평가잉여금(기타)   200,000,000원
   손금산입 : 토지(⊿유보)   200,000,000원
③ 익금산입 : 재평가잉여금(유보)   200,000,000원
   손금산입 : 토지(⊿유보)   200,000,000원
④ 익금산입 : 토지(유보)   200,000,000원
   손금산입 : 재평가잉여금(⊿유보)   200,000,000원
⑤ 익금산입 : 재평가잉여금(유보)   200,000,000원
   손금산입 : 토지(기타)   200,000,000원

18. 〈소득세법〉 다음 자료에 의하여 거주자 갑의 2022년 귀속 종합소득에 합산되는 기타소득금액을 계산하면 얼마인가?

(1) 갑의 2022년 귀속 소득내역은 다음과 같다.
   ㉠ 고용관계 없이 다수인에게 강연을 하고 받은 강연료 : 100,000원
   ㉡ 신문에 원고를 기고하고 받은 원고료 : 3,000,000원
   ㉢ 복권에 당첨되어 받은 금품 : 2,000,000원
   ㉣ 지역권을 대여하고 받은 대가 : 10,000,000원
   ㉤ 사업용 건물과 함께 영업권을 양도하고 받은 대가 : 20,000,000원
   ㉥ 산업재산권을 양도하고 받은 대가 : 5,000,000원(확인된 필요경비 4,500,000원)

(2) 갑의 소득은 모두 국내에서 일시적으로 발생한 것이며, 소득에 대한 필요경비는 자료에서 별도로 명시한 것을 제외하고는 확인되지 않는다.

(3) 갑의 소득에 대한 원천징수는 적법하게 이루어졌고, 위에 제시된 금액들은 원천징수세액을 차감하기 전의 금액이며, 갑은 기타소득에 대하여 종합과세를 선택한다고 가정한다.

① 2,600,000원   ② 5,700,000원   ③ 3,100,000원
④ 5,600,000원   ⑤ 4,500,000원

19. 〈소득세법〉 총수입금액의 수입시기로 옳지 않은 것은?

① 채권 또는 증권의 환매조건부 매매차익 : 약정에 의한 당해 채권 또는 증권의 환매수일 또는 환매도일. 다만, 기일전에 환매수 또는 환매도하는 경우에는 그 환매수일 또는 환매도일

② 법인세법에 의하여 처분된 배당 : 당해 법인의 당해 사업연도의 결산확정일

③ 한국표준산업분류상의 금융보험업에서 발생하는 이자 및 할인액 : 약정에 따른 이자지급개시일

④ 잉여금처분에 의한 상여 : 당해 법인의 잉여금처분결의일

⑤ 출자공동사업자의 배당 : 과세기간 종료일

20. 〈소득세법〉 다음 자료에 의하여 거주자 갑의 2022년 귀속 배당소득금액을 계산하면 얼마인가?

구 분	금 액
가. 이자소득금액	20,300,000원
나. 배당소득금액	55,700,000원
다. 부동산임대업의 사업소득금액	7,000,000원
라. 부동산임대업 이외의 사업소득금액	⊿ 25,000,000원
마. 근로소득금액	8,000,000원
바. 연금소득금액	3,000,000원
사. 기타소득금액	5,000,000원

(1) 갑의 2022년 귀속 소득금액 내역은 다음과 같다.(⊿ 결손금을 의미함)

(2) 갑의 2022년 귀속 소득은 모두 종합과세대상이다. 그리고 기본세율을 적용받는 이자소득금액과 배당소득금액에서도 결손금과 이월결손금을 제한 없이 공제하는 것으로 한다.

(3) 갑의 2021년 귀속 결손금은 부동산임대업으로부터 발생한 금액 9,000,000원과 부동산임대업 이외의 사업으로부터 발생한 13,000,000원이 있다. 이들은 모두 2022년으로 이월되었으며 이들 중에서 자산수증이익 등으로 충당된 것은 없다.

① 32,000,000원   ② 41,000,000원   ③ 49,000,000원
④ 54,000,000원   ⑤ 55,700,000원

21. 〈소득세법〉 소득세법상 공동사업의 과세에 관한 설명으로 옳지 않은 것은?

① 사업소득이 발생하는 사업을 공동으로 경영하고 그 손익을 분배하는 공동사업의 경우에는 공동사업장을 1거주자로 보아 공동사업장별로 그 소득금액을 계산한다.

② 공동사업에서 발생한 소득금액은 해당 공동사업을 경영하는 각 공동사업자 간에 약정된 손익분배비율(약정된 손익분배비율이 없는 경우에는 지분비율)에 의하여 분배되었거나 분배될 소득금액에 따라 각 공동사업자별로 분배한다.

③ 공동사업에 성명 또는 상호를 사용하게 한 자로서 당해 공동사업의 경영에 참여하지 아니하고 출자만 하는 자는 출자공동사업자에 해당한다.

④ 공동사업자에 출자공동사업자가 포함되어 있는 경우 공동사업에서 발생한 소득금액 중 출자공동사업자의 손익분배비율에 해당하는 금액은 배당소득이다.

⑤ 거주자 1인과 그와 생계를 같이 하는 특수관계인이 공동사업자에 포함되어 있는 경우로서 조세를 회피하기 위하여 공동으로 사업을 경영하는 것이 확인되는 경우에는 그 특수관계인의 소득금액은 주된 공동사업자의 소득금액으로 본다.

22. 〈소득세법〉 다음 자료에 의하여 거주자 갑의 2022년 귀속 종합소득금액을 계산하면 얼마인가?

```
(1) 갑의 2022년 귀속 소득내역은 다음과 같다.
    ㉠ 직장공제회 초과반환금 : 6,000,000원
    ㉡ 비영업대금의 이익(원천징수되지 않음) : 5,000,000원
    ㉢ 출자공동사업자의 배당소득 : 50,000,000원
    ㉣ 종업원으로 근무하던 직장을 퇴직함으로써 지급받은 퇴직소득 : 25,000,000원
    ㉤ 퇴직 전에 부여받은 주식매수선택권을 퇴직 후에 행사함으로써 얻은 이익 : 10,000,000원
    ㉥ 보유기간이 15년인 서화를 양도하고 받은 대가 : 20,000,000원
(2) 갑의 소득은 모두 국내에서 지급받았으며 소득에 대한 필요경비는 확인되지 않는다.
(3) 갑의 소득에 대한 원천징수는 별도로 명시한 것을 제외하고는 적법하게 이루어졌으며, 위에 제시된 금액은 모두 원천징수세액을 차감하기 전의 금액이다.
```

① 46,000,000원   ② 57,000,000원   ③ 65,000,000원
④ 67,000,000원   ⑤ 69,000,000원

23. 〈소득세법〉 종합소득세의 납세절차에 관한 설명으로 옳은 것은?

① 중간예납의무자는 중간예납세액을 중간예납기간 종료일부터 2개월 이내에 자진납부하여야 한다.

② 근로소득 및 공적연금소득만이 있는 자는 과세표준 확정신고를 하지 아니하여도 된다.

③ 부가가치세가 면제되는 재화 또는 용역을 공급하는 개인사업자에 대하여는 사업장현황신고의무가 면제된다.

④ 성실신고확인대상 사업자가 성실신고확인서를 제출하는 경우에는 종합소득 과세표준 확정신고를 그 과세기간의 다음 연도 5월 1일부터 6월 30일까지로 한다.

⑤ 이자소득에 대한 원천징수세액이 1,000원 미만인 때에는 해당 소득세를 징수하지 않는다.

24. 〈소득세법〉 소득세법상 거주자의 소득금액계산 특례에 관한 설명으로 옳지 않은 것은?

① 근로소득과 연금소득에 대하여는 부당행위계산 부인을 적용하지 아니한다.

② 피상속인의 소득금액에 대한 소득세로서 상속인에게 과세할 것과 상속인의 소득금액에 대한 소득세는 구분하여 계산하여야 한다.

③ 연금계좌의 가입자가 사망하였으나 그 배우자가 연금외수령 없이 해당 연금계좌를 상속으로 승계하는 경우에는 해당 연금계좌에 있는 피상속인의 소득금액은 상속인의 소득금액으로 보아 소득세를 계산한다.

④ 종합소득과세표준 확정신고 후 예금 또는 신탁계약의 중도 해지로 이미 지난 과세기간에 속하는 이자소득금액이 감액된 경우, 이와 관련하여 과세표준 및 세액의 경정을 청구하지 않았다면 그 중도해지일이 속하는 과세기간의 종합소득금액에 포함된 이자소득금액에서 그 감액된 이자소득금액을 뺄 수 있다.

⑤ 국세부과의 제척기간이 지난 후에 그 제척기간 이전 과세기간의 이월결손금이 확인된 경우 그 이월결손금은 경정청구를 통하여 공제받을 수 있다.

25. 〈소득세법〉 소득세법상 양도소득세의 과세대상이 될 수 있는 경우에 해당하지 않는 것은?

① 건물을 처남에게 부담부증여한 경우

② 공동사업을 경영할 것을 약정하는 계약에 따라 건물을 해당 공동사업체에 현물출자하는 경우

③ 부동산매매계약을 체결한 자가 계약금만 지급한 상태에서 권리를 양도한 경우

④ 손해배상에 있어서 당사자 간의 합의에 의하여 일정액의 위자료를 지급하기로 하고 동 위자료 지급에 갈음하여 당사자 일방이 소유하고 있던 부동산으로 대물변제한 경우

⑤ 소유자산을 경매·공매로 인하여 자기가 재취득하는 경우

26. 〈소득세법〉 다음 자료에 의하여 거주자 갑이 2022년 귀속 종합소득세 확정신고시 납부할 세액을 계산하면 얼마인가?

> (1) 갑의 2022년 종합소득에 관한 자료는 다음과 같다.
>   ① 근로소득금액 : 50,000,000원
>   ② 사업소득금액 : 30,000,000원
>   ③ 종합소득공제 : 5,000,000원
>   ④ 근로소득에 대한 원천징수세액 : 2,000,000원
> (2) 갑은 법인 A의 경리부장으로 근무하고 있다. 갑의 소득은 모두 국내원천소득이며, 갑은 간편장부대상자로서 과세표준 확정신고를 함에 있어 사업소득금액 전액을 복식부기에 따라 비치·기장한 장부에 의하여 계산하여 신고한다.
> (3) 종합소득과세표준이 4,600만원 초과 8,800만원 이하인 경우의 종합소득 산출세액 계산식은 다음과 같다. → 582만원 + (과세표준 - 4,600만원) x 24%
> (4) 근로소득 세액공제액은 660,000원으로 가정한다.

① 9,161,500원
② 10,280,000원
③ 10,321,500원
④ 11,280,000원
⑤ 11,321,000원

27. 〈부가가치세법〉 부가가치세 납세지 및 사업자등록에 관한 설명으로 옳은 것은?

> (㉠) 사업자단위과세사업자는 그 사업자의 본점 또는 주사무소에서 총괄하여 신고·납부할 수 있다.
> (㉡) 사업자단위과세사업자가 종된 사업장을 신설하는 때에는 종된 사업장에 대한 신규 사업자등록과 함께 사업자등록정정신고를 하여야 한다.
> (㉢) 계속사업자가 사업자단위로 등록하려면 사업자단위과세사업자로 적용받으려는 과세기간 개시 20일 전까지 등록하여야 한다.
> (㉣) 법인이 주사업장 총괄납부를 하려는 경우 지점(분사무소 포함)을 주된 사업장으로 할 수 있다.
> (㉤) 신규로 사업을 개시하는 자가 주된 사업장에서 총괄하여 납부하려는 경우에는 사업개시일부터 20일 이내에 주사업장총괄납부신청서를 제출하여야 한다.

① ㉠, ㉡, ㉤
② ㉠, ㉢, ㉣
③ ㉠, ㉢, ㉤
④ ㉡, ㉢, ㉣
⑤ ㉡, ㉣, ㉤

28. 〈부가가치세법〉 부가가치세법상 세금계산서에 관한 설명으로 옳지 않은 것은?

① 위탁매입의 경우에는 공급자가 위탁자를 공급받는 자로 하여 세금계산서를 발급하며, 이 경우에는 수탁자의 등록번호를 덧붙여 적어야 한다.

② 착오로 전자세금계산서를 이중으로 발급한 경우에는 당초에 발급한 세금계산서의 내용대로 부(負)의 표시를 하여 발급한다.

③ 직전 과세기간의 사업장별 재화 및 용역의 공급가액(면세공급가액 포함)의 합계액이 3억원(2022.7.1. 이후 2억원) 이상인 개인사업자는 전자세금계산서를 발급하여야 한다.

④ 대리인에 의한 판매의 경우에 대리인이 재화를 인도하는 때에는 대리인이 본인의 명의로 세금계산서를 발급하며, 본인이 직접 재화를 인도하는 때에는 본인이 세금계산서를 발급할 수 있다. 이 경우에 대리인의 등록번호를 덧붙여 적어야 한다.

⑤ 전자세금계산서를 발급하였을 때에는 전자세금계산서 발급일의 다음 날까지 세금계산서 발급명세를 국세청장에게 전송하여야 한다.

29. 〈부가가치세법〉 일반과세사업자 갑은 다음의 주택과 사무용빌딩(각각 별개의 건물임)을 임대하고 있다. 갑의 2022.1.1.부터 2022.6.30.까지의 부가가치세 과세표준은 얼마인가? (단, 주어진 자료의 금액은 부가가치세가 포함되지 아니한 금액임)

> (1) 주택
> ㉠ 용도 : 임차회사의 임원이 숙소로 사용하고 있음
> ㉡ 임대차기간 : 2021.7.1.부터 2022.6.30까지
> ㉢ 임대보증금 : 1억원, 월임대료 : 200만원
>
> (2) 사무용 빌딩
> ㉠ 용도 : 임차회사의 사무실로 사용(2022.1.1.부터 2022.3.31.까지는 임차인이 없어서 비워두었음)
> ㉡ 임대차기간 : 2022.4.1.부터 2023.3.31까지
> ㉢ 임대보증금 : 2억원, 월임대료 : 300만원
> ㉣ 임대보증금의 수령 : 2022.3.31
> ㉤ 사무용빌딩의 토지취득비 : 3억원, 건물건축비 : 1억원
> ※ 임대보증금에 적용하는 정기예금이자율은 4%로 하고, 이 기간 중 부가가치세 매입세액은 없으며, 계산시 1천원 미만은 절사할 것

① 9,997,000원　　② 10,994,000원　　③ 11,980,000원
④ 22,994,000원　　⑤ 23,991,000원

30. 〈부가가치세법〉 부가가치세 매입세액공제에 관한 설명으로 옳지 않은 것은?

① 면세재화를 제조·공급하는 사업자가 구입한 원재료 관련 부가가치세는 매입세액으로 공제받을 수 없다.

② 건축물이 있는 토지를 구입하여 건축물을 철거하고 토지만을 사용하는 경우 철거비용 관련 부가가치세는 매입세액으로 공제받을 수 없다.

③ 주무관청으로부터 허가·인가 또는 등록·신고하지 않은 학원의 경우 건물임차료에 대한 부가가치세는 매입세액으로 공제받을 수 없다.

④ 세무사사무소 직원이 업무용으로 사용하는 개별소비세 과세대상 승용자동차의 수리관련 부가가치세는 매입세액으로 공제받을 수 없다.

⑤ 골프장 토지 소유자가 골프코스를 조성하기 위해 지출한 정지비에 대한 부가가치세는 매입세액으로 공제받을 수 없다.

31. 〈부가가치세법〉 다음 자료를 이용하여 2022.1.1부터 일반과세자에서 간이과세자로 전환된 사업자 갑이 간이과세자 부가가치세 확정신고시 2022년 과세기간의 차감납부할 세액 또는 환급받을 세액(지방소비세 포함)을 계산하면 얼마인가? (단, 세법상 적법한 절차와 신고가 이루어졌다.)

(1) 제분업을 운영하고 있으며 공급대가 20,000,000원(공급대가 중 10,000,000원은 신용카드 결제분임)이다.

(2) 간이과세자로 변경되는 일 현재의 보유자산 현황은 다음과 같다.

구분	취득시기	취득가액	비고
재고품	2021.11.03	1,000,000원	
기 계	2021.03.01	20,000,000원	
건 물	2019.08.01	50,000,000원	토지가액 30,000,000원 포함

※ 재고품, 기계, 건물은 취득시 매입세액공제를 받음

(3) 매입은 모두 세금계산서를 수령하였으며 동 세금계산서의 공급대가는 520,000,000원(매입세액 불공제분은 없음)이다.

(4) 해당 업종의 부가가치율은 20%로 가정한다.

① 차감납부할 세액 : 0원
② 차감납부할 세액 : 120,000원
③ 차감납부할 세액 : 250,000원
④ 환급받을 세액 : 120,000원
⑤ 환급받을 세액 : 250,000원

32. 〈부가가치세법〉 다음 자료를 바탕으로 (주)A의 2022년 제1기 부가가치세 예정신고시 신고하여야 할 과세표준은 얼마인가? (단, 외화의 환산은 적법하게 이루어진 것으로 가정한다.)

> (1) 다음의 대금지급조건으로 중국에 있는 (주)B에게 내국생산품을 직수출하였으며, 그 공급가액은 1,000,000원이다.
>   ㉠ 선적일 : 2022.03.05
>   ㉡ 계약금(수령일 : 2022.3.4.) : 100,000원
>   ㉢ 중도금(수령일 : 2022.6.4.) : 500,000원
>   ㉣ 잔 금(수령일 : 2022.9.4.) : 400,000원
> (2) (주)C에게 내국생산품을 내국신용장에 의해 공급하였으며, 그 공급가액은 700,000원이다.
> (3) (주)A의 인도일은 2022.3.20.이며, (주)C의 수출선적일은 2022.4.10.이다.

① 0원
② 100,000원
③ 600,000원
④ 1,000,000원
⑤ 1,700,000원

33. 〈부가가치세법〉 부가가치세법상 면세에 관한 설명으로 옳지 않은 것은?

① 약사법에 규정하는 약사가 조제하지 않은 의약품을 판매하는 경우 면세되는 의료보건용역에 해당하지 않는다.
② 면세포기신고를 한 사업자는 신고한 날부터 3년간은 면세를 적용받지 못한다.
③ 발표회·연구회·경연대회 등 예술행사는 영리목적으로 하지 않는 경우에 면세대상이다.
④ 사업목적 이외의 상시주거용 주택 임대용역의 공급(주택의 부수토지는 부가가치세법 시행령 관련 규정 한도 내 면적임)에 대해서는 부가가치세가 면제된다.
⑤ 면세되는 교육용역 제공시 필요한 교재의 대가를 수강료에 포함하지 않고 별도로 받는 경우에는 주된 용역인 교육용역에 부수되는 재화로서 면세되지 않는다.

34. 〈부가가치세법〉 ㈜A은행은 2021.1.9. 건물을 신축 완료하여 일부는 지점으로 사용하고 나머지는 임대하기로 결정하였다. 2022년 제1기 확정신고시 납부환급세액을 재계산하여 납부세액에 가산(또는 공제)해야 할 금액은 얼마인가?

(1) 건물의 신축에 관련된 매입세액은 50,000,000원이다.

(2) 은행업과 임대업 관련 공급가액 및 사용면적에 관한 자료는 아래와 같다. (단, 주어진 자료의 금액은 부가가치세가 포함되지 아니한 금액이며, 세금계산서 등의 증명서류는 적법하게 발급수령하였다.

구분	공급가액		사용면적	
	은행업	임대업	은행업	임대업
신축시예정공급가액과 예정사용면적	70,000,000원	30,000,000원	720㎡	480㎡
2021년 제2기	85,000,000원	15,000,000원	756㎡	444㎡
2022년 제1기	90,000,000원	10,000,000원	840㎡	360㎡

※ 은행업의 공급가액은 전액 금융보험용역에 해당함

(3) 2022년 제1기 이전까지의 공통매입세액 안분과 정산은 적법하게 이루어졌다.

① 2,250,000원 가산   ② 2,250,000원 공제   ③ 4,500,000원 가산
④ 4,500,000원 공제   ⑤ 가산 또는 공제할 금액 없음

35. 〈부가가치세법〉 세금계산서상 공급가액의 100분의 1에 해당하는 금액을 납부세액에 더하거나 환급세액에서 빼는 경우에 해당하는 것을 모두 고른 것은?

(㉠) 사업자가 재화 또는 용역을 공급받고 실제로 재화 또는 용역을 공급하는 자가 아닌 자의 명의로 세금계산서를 발급받은 경우

(㉡) 사업자가 발급한 세금계산서의 필요적 기재사항의 전부 또는 일부가 착오 또는 과실로 적혀있지 아니하거나 사실과 다른 경우

(㉢) 재화 또는 용역을 공급받지 아니하고 세금계산서를 발급받은 경우

(㉣) 세금계산서의 발급시기를 경과한 후 해당 재화 또는 용역의 공급시기가 속하는 확정신고기한 이내에 발급하는 경우

① ㉠, ㉡   ② ㉠, ㉢   ③ ㉡, ㉢
④ ㉡, ㉣   ⑤ ㉢, ㉣

36. 〈국제조세조정에 관한 법률〉 국제조세조정에 관한 법률상 보유하고 있는 해외금융계좌를 신고하는 경우 이에 관한 설명으로 옳지 않은 것은?

① 해외금융계좌의 신고의무자가 금융회사에 해당하는 경우 신고의무를 면제한다.

② 해외금융계좌정보의 신고의무자가 신고기한 내에 신고하지 아니하거나 과소신고한 경우에는 해당 납세지 관할 세무서장은 그 신고의무자에게 신고기한 내에 신고하지 아니한 금액이나 과소신고한 금액의 출처에 대하여 소명을 요구할 수 있다.

③ 해외금융계좌 신고의무 불이행으로 조세범처벌법에 따라 처벌되는 경우에는 과태료를 부과하지 아니한다.

④ 해외금융계좌의 신고의무자란 해외금융회사에 개설된 해외금융계좌를 보유한 거주자 및 내국법인 중에서 해당 연도의 어느 하루의 보유계좌잔액이 5억원을 초과하는 자를 말한다.

⑤ 해외금융계좌 신고기한 내에 해외금융계좌정보를 신고한 자로서 과소신고한 자는 과세당국이 과태료를 부과하기 전까지 해외금융계좌정보를 수정신고 할 수 있다.

37. 〈국제조세조정에 관한 법률〉 국제조세조정에 관한 법률상 국외지배주주에게 지급하는 이자의 과세조정에 관한 설명으로 옳지 않은 것은?

① 국외지배주주에게 지급하는 이자에 대한 과세조정은 자본금 대신 과다한 차입금을 들여와 이익규모를 부당하게 줄이는 것을 방지하기 위한 것이다.

② 배당으로 간주된 이자의 손금불산입은 정상가격에 따른 과세조정 및 법인세법상의 지급이자 손금불산입에 우선하여 적용한다.

③ 배당으로 간주된 이자의 손금불산입을 적용할 때 서로 다른 이자율이 적용되는 이자나 할인료가 함께 있는 경우에는 높은 이자율이 적용되는 것부터 먼저 손금에 산입하지 아니한다.

④ 내국법인이 법령으로 정하는 바에 따라 차입금의 규모 및 차입조건이 특수관계가 없는 자 간의 통상적인 차입규모 및 차입조건과 같거나 유사한 것임을 증명하는 경우에는 그 차입금에 대한 지급이자 및 할인료에 대해서는 배당으로 간주된 이자의 손금불산입 규정을 적용하지 아니한다.

⑤ 국외지배주주의 지급보증에 의하여 제3자로부터 차입한 금액에 대한 이자 중 손금에 산입되지 아니한 금액은 배당으로 처분된 것으로 본다.

38. 〈국제조세조정에 관한 법률〉 다음의 자료를 이용하여 내국법인 A의 배당간주금액을 계산하면 얼마인가 ?

> (1) 내국법인 A는 내국법인 B의 주식을 100% 보유하고, B는 A와 특수관계에 있는 외국법인 Z의 주식을 30%보유하고 있다.
> (2) 내국법인 A는 내국법인 C의 주식을 100% 보유하고, C는 외국법인 Z의 주식을 20%보유하고 있다.
> (3) 외국법인 Z는 법인세 부담세액이 실제발생소득의 5%인 외국에 본점을 두고 있고, 그 배당가능 유보소득이 1,000,000달러이다.

① 50,000달러   ② 200,000달러   ③ 250,000달러
④ 300,000달러   ⑤ 500,000달러

39. 〈조세범처벌법〉 조세범처벌법에 관한 설명으로 옳은 것은?

① 개인사업자의 종업원이 개인사업자의 업무에 관하여 조세포탈죄를 범한 경우 종업원을 벌할 뿐만 아니라 종업원을 고용한 개인사업자에게도 징역형을 과한다.
② 소득세의 원천징수의무자가 정당한 사유 없이 그 세금을 징수하지 아니하였을 때에는 2년 이하의 징역에 처한다.
③ 소득세법에 따라 현금영수증을 발급해야 할 사업자가 현금영수증을 발급하지 않을 경우에 과태료와 가산세를 병과한다.
④ 법인의 종업원이 조세포탈죄를 범한 경우 법인이 그 위반행위를 방지하기 위하여 해당 업무에 관하여 상당한 주의와 감독을 게을리 하지 않은 경우 법인은 처벌을 면한다.
⑤ 국세기본법에 따라 법인으로 보는 단체에 대해서는 양벌규정이 적용되지 않는다.

40. 〈조세범처벌법〉 조세범처벌법상 조세범 처벌에 관한 설명으로 옳지 않은 것은?

① 조세포탈죄를 범한 자가 포탈세액 등에 대하여 국세기본법에 따라 법정신고기한이 지난 후 3년이 되는 날에 수정신고를 하였을 때에는 형을 감경하여야 한다.
② 조세포탈죄를 범한 자에 대해서는 정상에 따라 징역형과 벌금형을 병과할 수 있다.
③ 조세포탈죄를 상습적으로 범한 자는 형의 2분의 1을 가중한다.
④ 납세의무자를 대리하여 세무신고를 하는 자가 조세의 부과를 면하게 하기 위하여 타인의 조세에 관하여 거짓으로 신고하였을 때에도 처벌한다.
⑤ 소득세에 관한 조세포탈 범칙행위의 기수시기는 소득세의 신고·납부기한이 지난 때로 한다.

1	2	3	4	5	6	7	8	9	10
①	⑤	②	①	①	⑤	④	④	①	①
11	12	13	14	15	16	17	18	19	20
③	④	③	④	④	②	②	②	③	②
21	22	23	24	25	26	27	28	29	30
③	③	④	⑤	⑤	①	②	③	②	③
31	32	33	34	35	36	37	38	39	40
①	⑤	⑤	③	④	④	⑤	⑤	④	①

1. ①

소득세법에 따른 중간예납세액의 납부고지서는 50만원 미만인 경우에 한하여 일반우편으로 송달할 수 있다.

참고 서류송달의 방법

구분	내용
① 우편송달	납부의 고지·독촉·강제징수 또는 세법에 따른 정부의 명령에 관계되는 서류의 송달을 우편으로 할 때에는 등기우편으로 하여야 한다. 다만,「소득세법」에 따른 중간예납세액의 납부고지서,「부가가치세법」에 따라 징수하기 위한 예정고지세액의 납부고지서 및 신고납부방식의 국세에 대한 과세표준신고서를 법정신고기한까지 제출하였으나 과세표준신고액에 상당하는 세액의 전부 또는 일부를 납부하지 아니하여 발급하는 납부고지서로서 50만원 미만에 해당하는 납부고지서는 일반우편으로 송달할 수 있다.
② 교부송달	교부에 의한 서류 송달은 해당 행정기관의 소속 공무원이 서류를 송달할 장소에서 송달받아야 할 자에게 서류를 교부하는 방법으로 한다. 다만, 송달을 받아야 할 자가 송달받기를 거부하지 아니하면 다른 장소에서 교부할 수 있다.
③ 보충송달	송달할 장소에서 서류를 송달받아야 할 자를 만나지 못하였을 때에는 그 사용인이나 그 밖의 종업원 또는 동거인으로서 사리를 판별할 수 있는 사람에게 서류를 송달할 수 있으며, 서류를 송달받아야 할 자 또는 그 사용인이나 그 밖의 종업원 또는 동거인으로서 사리를 판별할 수 있는 사람이 정당한 사유 없이 서류 수령을 거부할 때에는 송달할 장소에 서류를 둘 수 있다.
④ 이전송달	서류를 송달하는 경우에 송달받아야 할 자가 주소 또는 영업소를 이전하였을 때에는 주민등록표 등으로 이를 확인하고 이전한 장소에 송달하여야 한다.
⑤ 전자송달 신청간주	전자송달은 서류를 송달받아야 할 자가 신청한 경우에만 한다. 다만, 납부고지서가 송달되기 전에 납세자가 국세기본법 또는 세법이 정하는 바에 따라 세액을 자진납부한 경우 납부한 세액에 대해서는 자진납부한 시점에 전자송달을 신청한 것으로 본다.
⑥ 병행송달	국세정보통신망의 장애로 전자송달을 할 수 없는 경우나 그 밖에 대통령령으로 정하는 사유가 있는 경우에는 교부 또는 우편의 방법으로 송달할 수 있다.

2. ⑤

증액경정 후 90일 이내에 경정청구를 제기해야 유효하다. 즉, 증액경정고지서 수령일인 2022.7.22.의 다음 날부터 90일(2022.10.20.)이내에 경정청구를 하여야 하나 2022.11.15.에 경정청구를 하였으므로 유효한 경정청구에 해당하지 아니한다.

3. ②

공매 매각대금 1억 5천만원 배분
1순위(강제징수비와 공매비용) : 10,000,000원
2순위(특정임금채권 : 최종 3월분 임금과 퇴직금) : 30,000,000원
3순위(종합부동산세 : 재산 자체에 부과된 당해세) : 20,000,000원
4순위(가등기채권 : 가등기설정일 2022.4.20.) : 40,000,000원
5순위(일반임금채권 : 기타의 임금채권) : 10,000,000원
6순위(소득세 법정기일인 신고일 : 2022.5.10.) : 40,000,000원

4. ①

② 이른 때로 하여 → 늦은 때로 하여
③ 국세납부일부터 5년간 → 이를 행사할 수 있는 날부터 5년간
④ 가산하여 환급한다. → 지급하지 아니한다.
⑤ 양도할 수 없다. → 양도할 수 있다.

5. ①

체납액이 1년이 지나고 2억원 이상이어야 명단공개 대상인데 본 문제는 체납액이 1억원이므로 명단공개 대상에 해당하지 아니한다.

6. ⑤

압류(필요하다고 인정하면 이미 압류한 재산의 압류해제도 가능) 또는 매각의 유예는 강제징수절차를 유예하는 제도이지 압류 또는 매각의 유예기간동안 국세를 징수하지 않는 제도는 아님에 주의한다. 즉, 관할 세무서장은 압류 또는 매각이 유예된 체납세액을 압류 또는 매각의 유예기간 동안 분할하여 징수할 수 있다.

7. ④

세무서장은 압류를 한 날부터 3개월(국세 확정을 위하여 실시한 세무조사가 중지된 경우에 그 중지기간은 빼고 계산한다.)이 지날 때까지 압류에 의하여 징수하려는 국세를 확정하지 아니한 경우에는 압류재산에 대하여 압류를 해제하여야 한다.

8. ④

관할 세무서장은 공유자의 우선매수 신청이 있는 경우 그 공유자에게 매각결정을 하여야 한다.

9. ①

* 정률법 상각범위액 = (취득가액-전기말 감가상각누계액+전기이전 상각부인액) x 상각률

구분	내용
제 5기 (2020년)	① 장부상 감가상각비 : 45,000,000원 ② 세법상 상각범위액 : 40,000,000원[= 100,000,000(취득가액) x 0.4] ③ 세무조정 : 상각부인액 5,000,000원(손금불산입, 유보)

구분	내용
제 6기 (2021년)	① 장부상 감가상각비 : 30,000,000원 ② 세법상 상각범위액 : 24,000,000원[=(100,000,000(취득가액) - 45,000,000(전기말 감가상각누계액) + 5,000,000(전기이전 상각부인누계액) x 0.4] ③ 세무조정 : 상각부인액 6,000,000원(손금불산입, 유보)
제 7기 (2022년)	① 장부상 감가상각비 : 13,000,000원 ② 세법상 상각범위액 : 14,400,000원[=(100,000,000(취득가액) - 75,000,000(전기말 감가상각누계액) + 11,000,000(전기이전 상각부인누계액) x 0.4] ③ 세무조정 : 시인부족액 1,400,000원(손금산입, ⊿유보)

10. ①

1. 배당가능이익 = 당기순이익 + 이월이익잉여금 - 이월결손금 - 이익준비금적립액

= 40,000,000(당기순이익) + 20,000,000(이월이익잉여금) -10,000,000(이익준비금적립액)

= 50,000,000원

2. 배당가능이익의 90%이상을 배당한 경우에 배당금을 소득금액에서 공제하는데 본 문제는 배당가능이익의 80%를 배당하는 경우이므로 소득공제 받을 금액은 없다.

11. ③

(㉠) 부도사유인 경우에는 비망금액으로 1,000원을 제외한 금액이 대손금으로 인정된다. 따라서, 손금불산입 1,000원(유보)의 세무조정을 하여야 한다.

(㉡) 파손·부패 등의 사유로 인한 재고자산평가손실은 결산조정사항에 해당하므로 장부에 비용으로 계상하지 않은 경우에는 손금산입 세무조정을 할 수 없다.

(㉢) 부가가치세 간주임대료는 임대인 또는 임차인 중 부담한 자의 손금으로 인정된다.

(㉣) 기업회계기준에 따른 채권자의 채권재조정 인정 → 세무조정이 없음

12. ④

① 관할 세무서장의 승인을 받아 사업연도가 1년을 초과하는 제도는 현행 법인세법상 존재하지 아니한다.

② 정관상 사업연도에 관한 규정이 있는 법인은 정관에서 정한 회계기간을 사업연도로 하며 별도로 사업연도 신고를 요하지 않는다.

③ 직전 사업연도 종료일 이전 3개월 이내 → 직전 사업연도 종료일부터 3개월 이내

⑤ 종전의 사업연도가 적용된다. → 법령의 개정 내용과 같이 사업연도가 변경된 것으로 본다.

> **참고** 외국법인의 사업연도신고
>
> 1. 국내사업장이 있는 외국법인 : 국내사업장 설치신고 또는 사업자등록과 함께 납세지 관할세무서장에게 신고
> 2. 국내사업장이 없는 외국법인으로서 부동산소득, 토지 등 양도소득이 있는 경우 : 소득이 최초로 발생한 날로부터 1월 이내에 납세지 관할세무서장에게 신고

13. ③

특수관계인으로부터 시가보다 높은 가액으로 매입한 경우 그 시가초과액은 법인세법상 자산의 취득가액에 포함하지 않는다. 이는 부당행위계산 부인으로 인한 사외유출에 해당하기 때문에 자산의 취득가액으로 인정하지 않기 때문이다.

14. ④

보험업법 등 타법률에 의한 강제평가증은 법인세법이 자산의 증가를 인정하므로 익금산입 항목에 해당한다.

15. ④

1. 접대비 한도초과액

① 접대비 해당액 = 10,000,000원(비용 계상분) + 12,000,000원(건설 중인 자산 계상분) + 50,000,000원(토지 계상분) = 72,000,000원

② 접대비 한도액 = 36,000,000 x $\frac{6}{12}$ *) + 100억원 x 0.3% = 48,000,000원

③ 접대비 한도초과액 = 72,000,000 - 48,000,000 = 24,000,000원(손금불산입)

*) (주)A는 사업연도가 6개월인 중소기업에 해당한다.

2. 접대비 한도초과액 배분 = 10,000,000(비용 계상분) + 12,000,000(건설 중인 공장 계상분) + 2,000,000(토지 계상분) = 24,000,000원

3. 세무조정

접대비 한도초과액은 비용 계상분, 건설 중인 자산 계상분, 유형·무형자산 계상분의 순으로 구성되므로 다음과 같이 세무조정을 한다.

① [손금불산입] 접대비한도초과액   24,000,000원(기타사외유출)

② [손금산입] 건설 중인 자산   12,000,000원(⊿유보)

③ [손금산입] 토지   2,000,000원(⊿유보)

16. ②

(1) 채무면제이익의 자본전입으로 인한 무상주 의제배당 : 5,000,000 x 20%(지분비율)

= 1,000,000원(익금산입, 유보)

(2) 일반저가양수 : 세무조정 없음

(3) 자기주식처분이익 : 2,500,000(양도가액) - 500,000(일반저가양수에 해당하여 세무조정이 없었으므로 시가가 아닌 장부가액 적용) = 2,000,000원(익금산입, 기타)

(4) 익금산입금액 : (1) + (3) = 3,000,000원

> **참고**
>
> 익금항목에 해당하는 특수저가양수는 법인이 특수관계에 있는 개인으로부터 유가증권을 저가로 양수한 경우에 한하는 것으로 (2)는 일반저가양수에 해당하여 세무조정이 없음에 주의해야 한다.

17. ②

타법률에 의한 강제평가증이 아닌 회계기준에 의한 임의평가는 법인세법이 익금으로 인정하지 않는다. 본 문제의 경우 임의평가증이나 당기순이익과 소득금액의 차이가 없으므로 자산가액을 감액하는 차감조정(⊿유보)을 하고 동시에 이를 상쇄하는 가산조정(기타)을 한다.

① 장부상 회계처리 : (차) 토지   200,000,000   (대) 재평가잉여금   200,000,000

② 세무조정 : 〈손금산입〉 토지   200,000,000원(△유보)

　　　　　　　〈익금산입〉 재평가잉여금(기타포괄손익누계액) 200,000,000원(기타)

18. ②

구분	총수입금액	필요경비	기타소득금액	비고
㉠ 강연료	100,000	100,000 x 60%	-	과세최저한
㉡ 신문원고료	3,000,000	3,000,000 x 60%	1,200,000원	
㉢ 복권당첨금품	20,000,000	0	-	무조건 분리과세
㉣ 지역권 대여대가	10,000,000	10,000,000 x 60%	4,000,000원	
㉤ 사업용 건물과 함께 양도하는 영업권			-	양도소득
㉥ 산업재산권 양도대가	5,000,000	Max[4,500,000, 5,000,000 x 60%]	500,000원	
종합소득에 합산되는 기타소득금액			5,700,000원	

* 강연료의 기타소득금액은 4만원으로 과세최저한(기타소득금액 5만원 이하)에 해당한다.

19. ③

금융보험업에서 발생하는 이자 및 할인액은 실제로 수입된 날을 수입시기로 한다.

20. ②

(이월)결손금	2022년(일반사업 결손금 → 일반사업 이월결손금)
1. 2021년 이월결손금 ① 부동산임대업 ⊿9,000,000원 ② 부동산임대업이외 ⊿13,000,000원 2. 2022년 부동산임대업 이외 결손금 ⊿25,000,000원	• 부동산임대사업소득 : 7,000,000 - 7,000,000(결손금) = 0 • 근로소득 : 8,000,000 - 8,000,000(결손금) = 0 • 연금소득 : 3,000,000 - 3,000,000(결손금) = 0 • 기타소득 : 5,000,000 - 5,000,000(결손금) = 0 • 이자소득 : 20,300,000 - 300,000(결손금) = 20,000,000원 • 배당소득 : 55,700,000 - 1,700,000(결손금) - 13,000,000 　　　　　　(이월결손금) = 41,000,000원

* 부동산임대업 이외의 사업 및 주거용 건물 임대업의 결손금은 그 과세기간의 부동산임대업의 소득금액에서 먼저 공제하고, 미공제분은 그 과세기간의 근로 → 연금 → 기타 → 이자 → 배당소득금액의 순서로 공제한다.

21. ③

공동사업에 성명 또는 상호를 사용하게 하지 아니하면서 공동사업에서 발생한 채무에 대하여 무한책임을 부담하기로 약정하지 아니한 자면서 당해 공동사업의 경영에 참여하지 아니하고 출자만 하는 자가 출자공동사업자에 해당한다.

22. ③

종합소득금액 = 5,000,000(비영업대금이익[*1]) + 50,000,000[출자공동사업자의 배당소득[*2]] + 10,000,000[주식매수선택권 행사 기타소득[*3]] = 65,000,000원

*1) 원천징수대상이나 원천징수되지 않은 경우이므로 무조건 종합과세한다.
*2) 무조건 종합과세 배당소득이며 G-U 배제대상에 해당한다.
*3) 주식매수선택권을 퇴직 후에 행사한 경우이므로 기타소득으로 과세한다. 참고로, 재직 중에 행사한 경우는 근로소득으로 과세한다.
*4) 직장공제회 초과반환금은 무조건 분리과세하는 이자소득이라 제외하며, 서화 양도소득은 양도가액이 6천만원 미만이면서 무조건 분리과세하는 기타소득이라 제외한다.

23. ④

① 소득세 중간예납의무자는 중간예납세액을 11월 30일까지 자진납부하여야 한다.

② 근로소득 및 공적연금소득만 있는 자는 과세표준 확정신고를 반드시 하여야 된다.

③ 부가가치세가 과세되는 재화 또는 용역을 공급하는 개인사업자에 대하여는 사업장현황 신고의무가 면제된다.

⑤ 이자소득에 대한 원천징수세액이 1,000원 미만인 때에도 해당 소득세를 징수한다. 이는 금융소득 종합과세 대상자에서 빠져나가는 것을 방지하기 위한 규정이다.

24. ⑤

국세부과의 제척기간이 지난 후에 그 제척기간 이전 과세기간의 이월결손금이 확인된 경우 그 이월결손금은 경정청구를 통하여 공제받을 수 없다. 이는 해당 국세의 납세의무가 소멸되었기 때문이다.

25. ⑤

① 수증자가 인수한 채무에 상당하는 금액은 양도에 해당한다.

② 현물출자일 또는 등기접수일 중 빠른 날에 해당 공동사업체에 양도된 것으로 본다.

③ 부동산을 취득할 수 있는 권리로 양도에 해당한다.

④ 대물변제는 사실상의 유상이전에 해당하는 양도에 해당한다.

⑤ 자기소유 자산을 제3자의 채무에 대한 담보로 제공하였다가 제3자인 채무자가 채무를 변제하지 아니하여 당해 담보자산이 경매·공매가 개시되어 당초 소유자가 자기 명의로 재취득하는 경우에는 이를 양도로 보지 아니한다.

26. ①

1. 종합소득금액 : 50,000,000(근로소득금액) + 30,000,000(사업소득금액) = 80,000,000원

2. 종합소득 과세표준 : 80,000,000(종합소득금액) − 5,000,000(종합소득공제) = 75,000,000원

3. 종합소득 산출세액 : 5,820,000 + (75,000,000 − 46,000,000) x 24% = 12,780,000원

4. 세액공제금액 : (1) + (2) = 1,618,500원

  (1) 근로소득세액공제 : 660,000원

  (2) 기장세액공제 : MIN[①, ②] = 958,500원

    ① $12,780,000 \times \frac{30,000,000(사업소득금액)}{80,000,000(종합소득금액)} \times 20\%$ = 958,500원

    ② 한도 : 1,000,000원

5. 종합소득 결정세액 = 12,780,000(산출세액) − 1,618,500(세액공제액) = 11,161,500원

6. 기납부세액(원천징수세액) = 2,000,000원

7. 자진납부세액 = 5 − 6 = 9,161,500원

27. ②

(ⓒ) X : 사업자단위과세사업자가 종된 사업장을 신설하는 경우에는 별도의 사업자등록을 하는 것이 아니라 사업자등록 정정사유에 해당한다.

(ⓜ) X : 신규로 사업을 개시하는 자가 총괄하여 납부하려는 경우에는 주된 사업장의 사업자 등록증을 받은 날로부터 20일 이내에 총괄납부를 신청하여야 한다.

28. ③

전자세금계산서 발급의무자는 법인사업자와 직전연도 사업장별 재화 및 용역의 공급가액의 합계액이 3억원(2022.7.1. 이후 2억원) 이상인 개인사업자이다. 즉, 직전과세기간을 직전연도로 수정하여야 한다.

구 분	내 용
전송기한	발급일의 다음 날까지 발급명세를 국세청장에게 전송
지연전송	전송기한을 지나 발급일이 속한 과세기간의 확정신고기한까지 전송시
미전송	전송기한을 지나 발급일이 속한 과세기간의 확정신고기한까지 미전송시
매출·매입처별세금계산서합계표 제출	발급·전송시 세금계산서합계표 제출의무 면제

29. ②

1. 주택 : 면세대상이므로 부가가치세 과세표준을 계산하지 않는다.
2. 상가 = ① + ② = 10,994,000원
   ① 임대료 : 3,000,000 x 3개월(4월~6월) = 9,000,000원
   ② 간주임대료 : 200,000,000 x 91일(4월~6월)x 4%/365 = 1,994,520원 → 1천원 미만을 절사하면 1,994,000원

30. ③

부가가치세가 면제되는 교육용역은 정부의 허가 또는 인가를 받은 학교, 학원, 강습소, 훈련원, 교습소, 과학관, 박물관, 미술관 기타 비영리 법인단체 및 청소년수련시설에서 학생, 수강생, 훈련생, 교습생에게 지식. 기술 등을 가르치는 것을 말하는 것이므로 허가인가 또는 등록·신고하지 않은 학원의 경우는 면세가 아니라 과세이므로 매입세액이 공제된다.

31. ①

1. 납부세액 : 0원(납부의무면제 대상자에 해당)
2. 재고납부세액 = ① + ② + ③ = 2,457,000원
   ① 재고품 : 1,000,000 x 10% x (1 - 5.5%) = 94,500
   ② 기 계 : 20,000,000 x 10% x (1 - 5.5%) x (1- 25% x 2) = 945,000
   ③ 건 물 : 20,000,000 x 10% x (1 - 5.5%) x (1-5% x 5) = 1,417,500
3. 공제세액 = ① + ② = 2,730,000원
   ① 수취세금계산서 세액공제 : 520,000,000(공급대가) x 0.5% = 2,600,000
   ② 신용카드매출전표 등 발행세액공제 : 10,000,000 x 1.3% = 130,000
4. 차감납부할세액 : 0 → 공제세액은 납부세액(재고납부세액 포함)을 한도로 함

32. ⑤

구분	내역	금액
1. ㈜B에게 직수출한 것	수출 재화의 공급시기는 장단기 할부조건을 불문하고 선적일(3월 5일)이므로 공급시기에 따라 선적일의 총 가액 1,000,000원을 제1기 예정신고기간분 과세표준에 포함한다.	1,000,000원
2. ㈜C에게 내국신용장에 의하여 공급한 것	내국신용장에 의한 공급에 대한 재화의 공급시기는 인도일(3월 20일)이므로 공급시기에 따라 인도일의 총가액 700,000원을 제1기 예정분 과세표준에 포함한다.	700,000원
3. 제1기 예정신고기간 과세표준	1,700,000[=1,000,000(직수출) + 700,000(내국신용장 수출)]원이다.	1,700,000원

33. ⑤

면세되는 교육용역 제공시 필요한 교재의 대가를 수강료에 포함하지 않고 별도로 받는 경우에도 주된 용역인 교육용역에 부수되는 재화로서 면세된다.

34. ③

1. (예정)면세사용면적비율*) : 60%(2021년 제1기), 63%(2021년 제2기), 70%(2022년 제1기)

   *) 건물신축의 경우로 과세와 면세사용면적의 구분이 가능하므로 면세사용면적비율을 적용함

2. 납부환급세액 재계산(22년 제1기) = 50,000,000(매입세액) x (1-5% x 2) x 10%*)

   = 4,500,000원 가산

   *) 2021년 제2기 면세증가비율은 3%이므로 2021년 제2기에는 재계산을 하지 않아 2022년 제1기 면세증가비율은 70%와 60%의 차이 10%를 적용한다.

35. ④

1. ㉡(세금계산서 부실기재분)과 ㉣(세금계산서 지연발급분)은 공급가액의 100분의 1에 해당하는 가산세율을 적용한다.

2. ㉠(위장세금계산서 수취분)은 공급가액의 100분의 2에 해당하는 가산세율을 적용한다.

3. ㉢(가공세금계산서 수취분)은 공급가액의 100분의 3에 해당하는 가산세율을 적용한다.

36. ④

해당연도의 어느 하루의 보유계좌잔액이 → 해당연도의 매월 말일 중 어느 하루의 보유계좌잔액이

37. ⑤

배당으로 처분된 것으로 → 기타사외유출로 처분된 것으로

38. ⑤

Z법인 소재국의 부담세액이 실제 발생소득의 법인세 최고세율인 25%의 70% 이하이며, 외국법인 Z에 대한 내국법인 A의 간접보유비율이 50%에 해당하므로 A법인의 배당간주금액은 500,000달러가 된다.

1. Z에 대한 A의 간접소유비율 = 30%(내국법인 B를 통한 간접소유) + 20%(내국법인 C를 통한 간접소유) = 50%

2. 배당간주금액 = 1,000,000달러 x 50% = 500,000달러

39. ④

① 개인사업자의 종업원이 개인사업자의 업무에 관하여 조세포탈죄를 범한 경우 종업원을 벌할 뿐만 아니라 종업원을 고용한 개인사업자에게는 벌금형을 과한다.

② 소득세의 원천징수의무자가 정당한 사유 없이 그 세금을 징수하지 아니하였을 때에는 1천만원 이하의 벌금형에 처한다.

③ 소득세법에 따라 현금영수증을 발급해야 할 사업자가 현금영수증을 발급하지 않을 경우에 과태료와 가산세를 병과하지 아니한다. 이 경우 과태료를 부과받은 자에 대해서는 가산세 규정을 적용하지 아니한다.

⑤ 국세기본법에 따라 법인으로 보는 단체에 대해서도 양벌규정이 적용된다.

40. ①

조세포탈죄를 범한 자가 포탈세액 등에 대하여 국세기본법에 따라 법정신고기한이 지난 후 2년 이내에 수정신고를 하였을 때에는 형을 감경할 수 있다.

1. 〈국세기본법〉 국세기본법상 공동사업에 따른 연대납세의무에 관한 설명으로 옳지 않은 것은?

① 연대납세의무자 1인에게 조세채무 전액에 대해 부과처분을 할 수 있다.

② 납부고지서는 연대납세의무자 모두에게 각각 송달하여야 한다.

③ 연대납세의무자 1인이 조세채무 전액을 납부한 경우 다른 연대납세의무자에게 그 부담부분에 대하여 구상권을 가지게 된다.

④ 공동사업에 따른 납세의무라 하더라도 세목에 따라 연대납세의무의 성립여부 등에 차이가 있을 수 있다.

⑤ 연대납세의무자 1인에 대한 부과처분의 무효 또는 취소의 사유는 다른 연대납세의무자에게 그 효력이 미친다.

2. 〈국세기본법〉 국세기본법상 소급과세에 관한 설명으로 옳지 않은 것은?

① 국세기본법은 입법에 의한 소급과세 이외에 해석에 의한 소급과세에 대해서도 규정하고 있다.

② 국세기본법은 새로운 입법에 의한 과세가 소급과세인지 여부를 판단하는 기준시점을 납세의무의 확정시점으로 규정하고 있다.

③ 부진정소급의 입법은 납세자에게 불리하더라도 통상의 경우에는 허용되지만, 납세자의 구법에 대한 신뢰가 보호할 가치가 있다고 할 특단의 사정이 있는 경우에는 허용되지 않을 수 있다.

④ 개별 납세자에게 유리한 소급입법이라고 하더라도 그것이 전체적으로 조세공평을 침해할 수 있는 경우에는 허용되지 않을 수 있다.

⑤ 국민의 기득권을 침해하지 않고 당사자의 법적안정성 또는 신뢰보호에 위배되지 않는 일정한 경우에는 소급과세 금지원칙의 예외가 인정될 수 있다.

3. 〈국세기본법〉 국세기본법상 사업양수인의 제2차 납세의무에 관한 설명으로 옳지 않은 것은?

① 사업양수인이 제2차 납세의무를 지게 되는 사업양도인의 납세의무는 사업양도일 이전에 납세의무가 확정된 그 사업에 관한 국세 및 강제징수비를 말한다.

② 사업의 양도·양수계약이 그 사업장 내의 시설물, 비품 등 대상목적에 따라 부분별, 시차별로 별도로 이루어졌다 하더라도 결과적으로 사회통념상 사업전부에 관하여 행하여진 것이라면 사업양수인의 제2차 납세의무 발생요건이 되는 사업의 양도·양수에 해당한다.

③ 사업양수인의 제2차 납세의무의 대상이 되는 그 사업에 관한 국세에는 사업의 양도·양수에 따른 사업용 부동산의 양도로 인하여 납부하여야 할 양도소득세는 포함하지 않는다.

④ 제2차 납세의무를 부담하는 사업양수인은 사업장별로 그 사업에 관한 모든 권리(미수금에 관한 것은 제외)와 의무(미지급금에 관한 것은 제외)를 포괄적으로 승계한 자로서 법령상의 요건을 갖춘 자를 말한다.

⑤ 사업양수인의 제2차 납세의무의 한도를 의미하는 양수한 재산의 가액은 거래금액과 시가의 차액의 규모와 관계없이, 사업양수인이 양도인에게 지급하였거나 지급하여야 할 금액으로 한다.

4. 〈국세기본법〉 국세기본법상 세무조사에 관한 설명으로 옳지 않은 것은?

① 정기선정방식에 의한 세무조사를 실시함에 있어서 세무공무원은 객관적 기준에 따라 공정하게 그 대상을 선정하여야 한다.

② 성실신고확인서를 제출하면 세무조사를 면제해 준다.

③ 세무조사의 사전통지를 받은 납세자가 화재로 사업상 심각한 어려움에 처해 있어 조사를 받기 곤란한 경우에는 법령에 따라 세무조사의 연기신청을 할 수 있다.

④ 조사대상 과세기간 중 연간 수입금액이 가장 큰 과세기간의 연간 수입금액이 100억원 미만인 납세자에 대해 명의위장의 방법으로 세금을 탈루한 혐의가 있어 세무조사를 하는 경우에는 법령에 따른 세무조사 연장기간의 제한을 받지 아니한다.

⑤ 세무공무원은 구체적인 세금탈루 혐의가 당해 과세기간 이외의 다른 과세기간에도 있어 그 다른 과세기간에 대한 조사가 필요한 경우에는 이미 진행 중인 세무조사의 범위를 확대할 수 있다.

5. 〈국세징수법〉 국세징수법상 압류금지 재산에 대한 다음 설명 중 옳지 않은 것은?

① 발명 또는 저작에 관한 것으로서 공표된 것
② 주로 자기의 노동력으로 농업을 하는 사람에게 없어서는 아니될 기구, 가축, 사료, 종자, 비료, 그 밖에 이에 준하는 물건
③ 체납자 또는 그 동거가족의 일상생활에 필요한 안경·보청기·의치·의수족·지팡이·장애보조용 바퀴의자, 그 밖에 이에 준하는 신체보조기구 및 「자동차관리법」에 따른 경형자동차
④ 재해의 방지 또는 보안을 위하여 법령에 따라 설치하여야 하는 소방설비, 경보기구, 피난시설, 그 밖에 이에 준하는 물건
⑤ 법령에 따라 지급되는 사망급여금 또는 상이급여금(傷痍給與金)

6. 〈국세징수법〉 국세징수법상 압류재산의 매각에 관한 설명으로 옳지 않은 것은?

① 세무서장은 압류재산이 「자본시장과 금융투자업에 관한 법률」에 따른 증권시장에 상장된 증권인 때에는 해당 시장에서 직접 매각할 수 있다.
② 납세의무의 확정 전에 그 징수확보를 위하여 법령에 따른 보전처분으로써 납세자의 재산을 압류한 경우, 그 압류에 관계되는 국세의 납세의무가 확정되기 전이라도 공매할 수 있다.
③ 세무서장은 법령이 정하는 일정한 경우에는 한국자산관리공사로 하여금 공매를 대행하게 할 수 있다.
④ 압류한 물건이 부패·변질 또는 감량되기 쉬운 재산으로서 속히 매각하지 아니하면 그 재산가액이 줄어들 우려가 있는 경우를 제외하고는, 국세기본법에 따른 이의신청 절차가 진행 중인 국세의 체납을 이유로 압류한 재산에 대해 그 신청에 대한 결정이 확정되기 전에는 공매할 수 없다.
⑤ 세무서장은 압류한 재산의 추산가액이 1천만원 미만인 경우에는 수의계약으로 매각할 수 있다.

7. 〈국세징수법〉 국세기본법상 납부지연가산세에 관한 설명으로 옳지 않은 것은? (단, 고지된 세액에 대한 지정납부기한 및 독촉장에서 정한 기한의 연장은 없는 것으로 함)

① 국세를 납부고지서에 따른 납부기한까지 완납하지 아니한 경우에 법정납부기한까지 납부하여야 할 세액(세법에 따라 가산하여 납부하여야 할 이자상당 가산액이 있는 경우에는 그 금액을 더한다) 중 납부고지서에 따른 납부기한까지 납부하지 아니한 세액 또는 과소납부분 세액에 100분의 3을 곱한 금액을 납부지연가산세로 부과한다.

② 체납된 국세의 납부고지서별·세목별 세액이 150만원 미만인 경우에는 일수에 따라 부과되는 납부지연가산세를 적용하지 아니한다.

③ 원천징수 등 납부지연가산세가 부과되는 부분에 대해서는 국세의 납부와 관련한 납부지연가산세를 부과한다.

④ 납부고지서에 따른 납부기한의 다음 날부터 납부일까지의 기간(「국세징수법」 제13조에 따라 지정납부기한과 독촉장에서 정하는 기한을 연장한 경우에는 그 연장기간은 제외한다)이 5년을 초과하는 경우에는 그 기간은 5년으로 한다.

⑤ 납부지연가산세는 소득세법상 사업소득금액을 계산할 때 필요경비로 산입하지 않는다.

8. 〈국세기본법·국세징수법〉 국세기본법·국세징수법상 사해행위취소제도에 관한 설명으로 옳지 않은 것은?

① 국세징수법은 세무공무원이 강제징수를 할 때 체납자가 국세의 징수를 면탈하려고 재산권을 목적으로 하는 법률행위를 하면 사해행위의 취소를 청구할 수 있도록 규정하고 있다.

② 사해행위의 취소는 법원에 소송을 제기하는 방법에 의하지 않아도 된다.

③ 체납자에게 압류를 면하고자 양도한 재산 이외에 다른 자력이 있어 국세를 완납할 수 있는 경우는 사행행위의 취소를 요구할 수 없다.

④ 국세기본법은 납세자가 제3자와 짜고 거짓으로 저당권 설정계약을 하고 그 등기를 함으로써 그 재산의 매각금액으로 국세를 징수하기 곤란하다고 인정할 때에는 세무서장으로 하여금 그 행위를 대상으로 사해행위의 취소를 요구할 수 있도록 규정하고 있다.

⑤ 제2차 납세의무자, 보증인 등으로부터 국세의 전액을 징수할 수 있는 경우에는 납세의무자의 무자력이 인정되지 않으므로 사해행위의 취소를 요구할 수 없다.

9. 〈법인세법〉 법인세법상 다음은 제조업을 영위하는 영리내국법인 (주)A(중소기업이 아님)의 제12기 사업연도(2022.1.1.~12.31)에 대한 자료이다. 제 12기 사업연도에 (주)A가 결산서에 계상한 건물 감가상각비 중에서 손금불산입 해야 하는 금액은 모두 얼마인가? (단, 주어진 자료 이외의 다른 세무조정 사항은 없는 것으로 가정함)

> (1) 결산서상 접대비 내역(적격증명서류를 수취하였으며, 문화접대비는 없음)
>   ㉠ 판매비와 관리비에 계상된 접대비: 5천만원(대표이사가 개인용도로 사용한 금액이 5백만원 포함되어 있음)
>   ㉡ 건물에 계상된 접대비 : 9천만원
> (2) 제 12기 사업연도의 수입금액 : 200억원(특수관계인과의 거래는 없음)
> (3) 건물은 2022.7.5.에 취득하여 즉시 업무에 직접 사용하고 있으며, (주)A가 소유하는 유일한 건물이다. 결산서상 건물의 취득가액은 5억원 이며, (주)A는 건물에 대해 내용년수와 감가상각방법을 신고한 바가 없다. 당해 건물의 기준내용연수는 20년이며, 정률법에 의한 상각률은 0.14 이다.
> (4) 결산서에 계상된 제 12기 사업연도의 건물 감가상각비는 3천만원 이다.
> (5) (주)A는 한국채택국제회계기준을 적용하지 않는 것으로 가정한다.

① 0원
② 14,230,000원
③ 18,200,000원
④ 19,180,000원
⑤ 22,600,000원

10. 〈법인세법〉 법인세법상 영리내국법인인 (주)A (중소기업이 아님)는 다음 자료의 모든 채권에 대하여 회수가 불가능하다고 판단하여 제 12기 사업연도(2022.1.1.~12.31)에 대손충당금과 상계하는 회계처리를 하였다. (주)A가 제 12기 사업연도에 다음의 채권들에 대하여 세무조정을 해야 하는 금액은 모두 얼마인가 ? (단, 11기 사업연도 이전의 세무조정은 모두 적정하였고, 주어진 자료 이외의 다른 세무조정사항은 없는 것으로 가정함)

> (1) (주)B에 대한 외상매출금 5,000,000원 : 제 11기 사업연도에 상법에 따른 소멸시효가 완성되었다.
> (2) (주)C에 대한 외상매출금 2,000,000원 : 당해 채권에는 저당권이 설정되어 있지 않다. (주)C는 2021년에 실종선고를 받았으나, (주)A는 제 11기 사업연도에 당해 채권에 대한 대손회계처리를 하지 않았다.
> (3) (주)D에 대한 어음상 채권 3,000,000원 : 제 12기 사업연도 말 현재 당해 어음은 부도발생일로부터 8개월이 지났으며, (주)A는 (주)D 소유의 토지에 대하여 10,000,000원의 저당권을 설정하고 있다.
> (4) (주)E에 대한 외상매출금 150,000원 : 제 12기 사업연도 말 현재 당해 외상매출금에 대한 회수기일로부터 10개월이 지났으며, 당해 외상매출금 외에 (주)E와의 다른 거래는 없다.
> (5) 특수관계인인 갑에게 업무와 무관하게 대여한 4,000,000원 : 갑은 2022년에 파산결정을 받아 채권회수가 불가능하다.

	익금산입 및 손금불산입	손금산입 및 익금불산입
①	0원	7,000,000원
②	1,000원	0원
③	5,150,000원	7,000,000원
④	9,151,000원	0원
⑤	12,000,000원	0원

11. 〈법인세법〉 법인세법상 제조업을 영위하는 영리내국법인인 (주)A (중소기업이 아님)는 제 12기 사업연도(2022.1.1~12.31)에 보조금 관리에 관한 법률에 따른 국고보조금 6,000,000원을 현금으로 지급받아 손익계산서상 영업외수익으로 계상하였다. (주)A가 지급받은 국고보조금 전액을 즉시 사업용 토지 취득에 사용하였을 때, 제12기 사업연도의 법인세 부담 최소화를 위한 세무조정으로 옳은 것은? (단, 법인세법상 결손금, 이월결손금 및 향후 법인세율 변동은 없는 것으로 가정함)

① 〈익금산입〉   국고보조금   6,000,000원 (유보)
② 〈손금산입〉   일시상각충당금   6,000,000원 (△유보)
③ 〈손금산입〉   압축기장충당금   6,000,000원 (△유보)
④ 〈익금산입〉   국고보조금   6,000,000원 (유보)
　　〈손금산입〉   일시상각충당금   6,000,000원 (△유보)
⑤ 〈익금산입〉   국고보조금   6,000,000원 (유보)
　　〈손금산입〉   압축기장충당금   6,000,000원 (△유보)

12. 〈법인세법〉 법인세법에 따른 부당행위계산부인에 관한 설명으로 옳은 것을 모두 고른 것은?

> ㉠ 부당행위계산의 부인은 원칙적으로 당해 사업연도 말을 기준으로 하여 당해 법인과 특수관계인 간의 거래에 대하여 적용한다.
> ㉡ 특수관계인으로부터 무수익 자산을 1억원에 매입한 경우에는 부당행위계산의 부인을 적용한다.
> ㉢ 부당행위계산의 부인을 적용하기 위한 시가가 불분명한 경우에는 감정평가업자가 감정한 가액과 상속세 및 증여세법에 따른 평가방법을 준용한 가액 중 높은 금액을 시가로 한다.
> ㉣ 특수관계인으로부터 금전을 시가보다 낮은 이율로 차용한 경우로서 시가와 거래가액의 차액이 시가의 100분의 5에 상당하는 금액 이상인 경우에는 부당행위계산의 부인을 적용한다.

① ㉡　　　　　　　　　　　② ㉣　　　　　　　　　　　③ ㉠, ㉡
④ ㉡, ㉣　　　　　　　　　⑤ ㉢, ㉣

13. 〈법인세법〉 법인세법상 영리내국법인 (주)A는 제 10기 사업연도에 특수관계인인 갑(개인)으로부터 당시 시가가 3,000,000원인 유가증권을 현금 1,000,000원에 취득하고, 이를 재무상태표에 취득가액으로 계상하였다. 이후 제 12기 사업연도(2022.1.1~12.31)에 당해 유가증권을 특수관계인 (주)B에게 시가인 4,000,000원의 현금을 받고 모두 처분하였으며, 처분이익 3,000,000원을 손익계산서에 영업외수익으로 계상하였다. 당해 유가증권 거래와 관련하여 (주)A의 제 12기 사업연도 세무조정에 관한 설명으로 옳은 것은? (단, 제 11기 사업연도 이전의 세무조정은 모두 적정하였고, 주어진 자료 이외의 다른 세무조정 사항은 없는 것으로 가정한다)

① 당해 유가증권 처분에 대하여 (주)A가 제 12기 사업연도에 세무조정 할 사항은 없다.

② 만일 (주)B가 (주)A의 특수관계인이 아니라면, 당해 유가증권 처분에 대하여 (주)A가 제 12기 사업연도에 세무조정 할 사항은 없다.

③ 당해 유가증권 처분으로 인해 (주)A의 제 12기 사업연도의 자본금과 적립금조정명세서(을)에 기재된 금액에 미치는 영향은 없다.

④ 제 12기 사업연도의 세무조정이 적정하게 이루어진다면, 당해 유가증권 처분으로 인한 결산상 처분이익 3,000,000원 전액 만큼 (주)A의 제12기 각사업연도 소득금액이 증가되지는 않는다.

⑤ 만일 당해 유가증권을 결산상 취득가액인 1,000,000원에 처분하여 결산상 처분이익이 발생되지 않았다면, 당해 유가증권 처분에 대하여 (주)A가 제12기 사업연도에 세무조정을 해야 할 사항은 없다.

14. 〈법인세법〉 법인세법상 영리내국법인 (주)A(중소기업 아님)의 다음 자료를 이용하여 제 12기 사업연도(2022.1.1~12.31)의 할부판매에 대한 세무조정을 하고자 한다. 세무조정을 통해 감소될 수 있는 제 12기 각사업연도의 소득금액은 얼마인가? (단, 주어진 자료 이외의 다른 세무조정 사항은 없음)

(1) 제 12기 사업연도 초에 원가 5,000,000원인 상품을 7,500,000원에 할부판매하고, 제12기 사업연도 말부터 매 사업연도 말에 1,500,000원씩 5년간 균등하게 회수하기로 하였다. 단, 제12기 사업연도에 실제 회수된 할부금은 없다.

(2) (주)A는 당해 할부매출에 대하여 제 12기 사업연도에 다음과 같이 기업회계기준에 따라 적정하게 회계처리 하였다.

〈상품인도시점〉

(차변) 장기매출채권	7,500,000	(대변) 할 부 매 출	5,686,180
		현재가치할인차금	1,813,820
(차변) 할부매출원가	5,000,000	(대변) 상 품	5,000,000

〈제 12기 사업연도 말〉

(차변) 현재가치할인차금	568,618	(대변) 이자수익	568,618

① 0원   ② 137,236원   ③ 568,618원
④ 754,798원   ⑤ 1,003,838원

15. 〈법인세법〉 법인세법상 자산의 취득가액 및 평가에 관한 설명으로 옳은 것은?

① 기업회계기준에 따라 단기매매항목으로 분류된 금융자산 및 파생상품의 취득가액은 매입가액에 부대비용을 가산한 금액으로 한다.

② 재고자산은 제품 및 상품, 반제품 및 재공품, 원재료 및 저장품으로 구분하여 평가할 수 있으나 영업장별로 다른 평가방법을 적용할 수는 없다.

③ 부패로 인해 정상가격으로 판매할 수 없는 재고자산에 대하여 장부가액을 사업연도 종료일 현재의 처분가능한 시가로 감액한 금액은 결산 내용에 관계없이 신고조정을 통해 손금산입이 가능하다.

④ 매매를 목적으로 소유하는 부동산의 평가방법을 법령에 따른 기한 내에 신고하지 아니한 경우, 납세지 관할 세무서장이 개별법에 의하여 평가한다.

⑤ 제조업을 영위하는 내국법인의 비화폐성 외화자산의 평가손실은 손금에 해당한다.

16. 〈법인세법〉 법인세법상 제조업을 주업으로 하는 영리내국법인 (주)A의 제12기 사업연도 (2022.1.1~12.31)의 세무조정으로 옳은 것은? (단, 각 세무조정은 상호 독립적이며, 소득처분은 고려하지 않음)

① (주)A는 건물을 임대하고 임대보증금 2,000,000원을 수령하였다. (주)A는 차입금 과다 법인에 해당하며 적정하게 장부를 기장하고 있다.
〈익금산입〉 임대보증금의 간주익금 50,000원

② 제11기 사업연도에 납부하고 적정하게 손금에 산입했던 재산세 중 과오납 환급금 300,000원을 제 12기 사업연도에 수령하고 이를 손익계산서에 잡이익으로 회계처리하였다.
〈익금불산입〉 재산세 환급금 300,000원

③ 제12기 사업연도에 직원에게 상여금 5,000,000원을 지급하고 손익계산서에 인건비로 계상했는데, 이사회 결의에 따라 사전에 결정된 급여지급기준에 의한 상여금액은 4,000,000원이다.
〈손금불산입〉 인건비 1,000,000원

④ 제12기 사업연도 초 이자수령시 관련 법인세가 원천징수되는 3년 만기 정기예금에 가입하고 기간경과분 미수이자 500,000원을 제12기 사업연도 손익계산서에 이자수익으로 계상했다.
〈익금불산입〉 이자수익 500,000원

⑤ 제12기 사업연도에 시가 5,000,000원인 토지를 정당한 사유 없이 특수관계인이 아닌 (주)B로부터 현금 10,000,000원에 취득하고 재무상태표에 취득가액으로 계상하였다(정상가액과 취득가액의 차액은 실질적으로 증여한 것으로 인정됨).
〈손금산입〉 토지 5,000,000원

17. ⟨법인세법⟩ ㈜A는 제12기 사업연도(2022.1.1.~12.31)중 ㈜B를 흡수합병하면서 ㈜B의 주주인 ㈜C에게 다음 자료와 같이 합병대가를 지급하였다. ㈜A와 ㈜B의 합병이 법인세법에 따른 적격합병 요건을 충족하는 경우, 당해 합병으로 인한 ㈜C의 의제배당금액은 얼마인가? (단, 주어진 자료 이외의 다른 세무조정 사항은 없는 것으로 가정하고, 법인세법상 수입배당금액의 익금불산입 규정은 적용하지 아니함)

> (1) ㈜C는 2020년에 ㈜B의 주식 1,000주를 취득하였으며, 동 주식에 대한 ㈜C의 장부가액은 9,000,000원이다.
> (2) ㈜C는 당해 합병으로 인해 ㈜A로부터 ㈜A의 주식 800주(1주당 액면가액은 10,000원, 합병당시 1주당 시가는 15,000원)와 현금 2,000,000원을 받았다(당해 합병을 통해 ㈜C가 특수관계인으로부터 분여받은 이익은 없음).

① 2,000,000원   ② 5,000,000원   ③ 6,000,000원
④ 7,000,000원   ⑤ 9,000,000원

18. ⟨법인세법⟩ 다음은 제조업을 영위하는 영리내국법인 ㈜A(중소기업이 아님)의 제 12기 사업연도(2022.1.1.~12.31)의 법인세 최저한세액을 고려하기 전의 자료이다. 이에 근거하여 법인세 최저한세액에 미달하는 세액에 대한 감면배제 금액을 구할 때, 에너지절약시설투자에 대한 세액공제 중에서 감면배제 해야 할 금액은 얼마인가? (단, 감면배제 되는 조세감면의 결정은 신고한 법인세액이 최저한세액에 미달하여 경정하는 경우에 적용하는 배제순서에 따르며, ㈜A는 사회적 기업이 아닌 것으로 가정한다.)

> (1) ㈜A의 조세감면 내역(단, 최저한세액 규정을 제외하고 다음의 조세감면을 적용받기 위한 각각의 법정 요건은 충족되었다고 가정함)
>   ㉠ 공장을 대도시 밖으로 이전함에 따라 발생된 양도차익을 과세표준 계산상 익금불산입으로 세무조정 한 금액 50,000,000원
>   ㉡ 에너지절약시설 투자에 대한 세액공제 35,000,000원
> (2) ㈜A는 공제한도 내의 외국법인세액 납부액 15,000,000이 있으며, 제 12기 사업연도의 법인세액에서 공제하는 방법을 선택한다.
> (3) ㈜A의 제 12기 각 사업연도소득에 대한 법인세 과세표준은 372,000,000원이다.

① 0원   ② 140,000원   ③ 6,520,000원
④ 12,800,000원   ⑤ 35,000,000원

19. 〈소득세법〉 소득세법에 관한 설명으로 옳지 않은 것은?

① 해당 과세기간 종료일 10년 전부터 국내에 주소나 거소를 둔 기간의 합계가 5년 이하인 외국인 거주자에게는 과세대상 소득 중 국외에서 발생한 소득의 경우 국내에서 지급되거나 국내로 송금된 소득에 대해서만 과세한다.

② 피상속인의 소득금액에 대해서 소득세를 과세하는 경우에는 그 상속인이 납세의무를 진다.

③ 선의의 제 3자가 수익자로 정해진 신탁재산에 귀속되는 소득은 그 신탁의 위탁자에게 귀속되는 것으로 본다.

④ 사업소득이 있는 거주자가 사업장 소재지를 소득세의 납세지로 신청한 경우에 관할 지방국세청장은 해당 사업장 소재지를 납세지로 지정할 수 있다.

⑤ 거주자가 사망한 경우의 과세기간은 1월 1일부터 사망한 날까지로 한다.

20. 〈소득세법〉 소득세법상 거주자 갑(개인사업자 아님)의 2022년 과세기간의 금융소득 명세가 다음과 같고, 갑은 동 과세기간에 제시된 금융소득 외에 58,360,000원의 근로소득금액이 있으며, 갑의 동 과세기간의 종합소득공제액이 8,000,000원인 경우, 갑의 당해 과세기간의 종합소득 산출세액은 얼마인가? [단, 외국법인 배당외의 금융소득은 모두 적법하게 소득세가 원천징수되었고, 종합소득산출세액은 (582만원 + 4,600만원을 초과하는 과세표준의 24%)임]

명 세	금 액
직장공제회 초과반환금	12,000,000원
거주자 을에게 자금을 대여하고 받은 이자	11,000,000원
저축성보험(계약유지기간 12년)의 보험차익	4,000,000원
세금우대종합저축에서 발생한 이자소득	2,000,000원
외국법인으로부터 지급받은 금전배당(원천징수되지 아니함)	12,000,000원
주권상장법인 (주)A로부터 지급받은 금전배당	24,000,000원

① 14,656,400원 ② 14,780,000원 ③ 14,980,000원
④ 15,105,200원 ⑤ 16,780,000원

21. 〈소득세법〉 소득세법상 거주자의 종합소득공제 및 세액공제에 관한 설명으로 옳지 않은 것은?

① 한부모 공제와 부녀자 공제가 중복되는 경우에는 한부모 공제를 적용한다.
② 성실신고확인대상 사업자로서 성실신고확인서를 제출한 자는 교육비공제를 받을 수 있다.
③ 분리과세 연금소득과 분리과세 기타소득만이 있는 자에 대해서는 인적공제 및 특별소득공제를 적용하지 아니한다.
④ 건강증진을 위한 의약품 구입비용은 의료비 공제의 대상에 포함하지 아니한다.
⑤ 의료비공제의 대상인 의료비 지출액은 신용카드 등 사용금액에 대한 소득공제의 대상에 포함하지 아니한다.

22. 〈소득세법〉 소득세법상 (주)A에 근무하는 거주자 갑의 2022년 과세기간의 소득 및 공제자료가 다음과 같은 경우 갑의 동 과세기간의 종합소득금액은 얼마인가? [단, 종합소득세 부담의 최소화를 가정하고, 총급여액이 4,500만원을 초과하는 경우의 근로소득공제액은 (1,275만원 + 4,500만원을 초과하는 총급여액의 5%)임]

(1) 소득 자료의 일부는 다음과 같고, 갑은 해당 소득들과 관련하여 장부를 비치·기장하지 않고 있다(아래 소득은 모두 사업소득이 아니며, 적법하게 원천징수됨).

명 세	금 액
(주)A의 사내연수 강연수당	3,000,000원
대학생을 대상으로 한 특별강연료	3,000,000원
국가 주최 우수기술대회의 상금	14,000,000원
복권당첨금액(해당 복권의 구입금액은 1,000원)	21,000,000원
본인이 보유하고 있던 산업재산권의 양도금액	4,000,000원

(2) 위 소득 외에 갑이 (주)A로부터 지급받은 급여와 상여의 합계는 62,000,000원 이고 제시된 자료 외의 다른 소득은 없다.
(3) 갑의 종합소득공제액은 4,000,000원이다.

① 50,250,000원   ② 51,250,000원   ③ 52,250,000원
④ 53,250,000원   ⑤ 54,250,000원

23. 〈소득세법〉 소득세법상 거주자의 종합소득에 관한 설명으로 옳지 않은 것은?

① 판공비의 명목으로 받는 것으로서 업무를 위하여 사용된 것이 분명하지 아니한 급여는 근로소득에 포함된다.

② 자신의 배우자 또는 부양가족에 대한 인적공제 및 특별공제를 적용받기 위해 해당 과세기간의 다음 연도 2월분의 근로소득을 받기 전에 근로소득자 소득·세액공제신고서를 제출하지 아니한 근로소득자에 대하여 근로소득세액의 연말정산을 할 때에는 기본공제 및 추가공제 중 그 근로소득자 본인에 대한 분만을 적용한다.

③ 연금저축 가입자(사망하지 않음)가 저축 납입계약기간 만료 전에 해지하는 경우에는 기타소득이 발생할 수 있다.

④ 거주자가 소유한 3주택(모두 기준시가 2억원을 초과)을 대여하고 각각 1억 2천만원의 보증금을 받은 경우에는 사업소득금액을 계산할 때 간주임대료를 총수입금액에 산입한다.

⑤ 알선수재에 의하여 받는 금품은 기타소득에 포함된다.

24. 〈소득세법〉 소득세법상 공동사업에 대한 거주자의 소득세 납세의무(동업기업에 대한 조세특례 포함)에 관한 설명으로 옳지 않은 것은?

① 출자공동사업자의 배당소득에 대한 원천징수세율은 100분의 25이다.

② 공동사업장에서 발생한 소득금액에 대하여 원천징수된 세액은 각 공동사업자의 손익분배비율에 따라 배분한다.

③ 공동사업에 관한 소득금액이 주된 공동사업자에게 합산과세되는 경우 그 합산과세되는 소득금액에 대해서는 주된 공동사업자의 특수관계인은 손익분배비율에 해당하는 그의 소득금액을 한도로 주된 공동사업자와 연대하여 납세의무를 진다.

④ 출자공동사업자에 대한 배당소득의 총수입금액이 2천만원을 초과하는 경우, 배당소득금액은 총수입금액에 그 배당소득의 100분의 11에 해당하는 금액을 더한 금액으로 한다.

⑤ 수동적동업자의 경우에는 동업기업으로부터 배분받은 소득금액을 배당소득으로 본다.

25. 〈소득세법〉 소득세법상 거주자 갑이 부동산임대업을 영위하기 위해 장기할부조건으로 취득한 후 (주)A에 양도한 국내 소재 건물(주택이 아님)과 관련한 자료가 다음과 같은 경우, 갑의 2022년 과세기간의 양도소득 과세표준은 얼마인가?

(1) 갑은 2015.5.9.에 해당 건물을 시가인 10억원에 취득하면서 현재가치할인차금 1억원을 제외한 9억원을 취득가액으로 계상하였다.
(2) 갑은 해당 건물의 보유기간 중에 부동산임대업에 대한 소득금액 계산시 6천만원의 현재가치할인차금 상각액과 9천만원의 건물 감가상각비를 필요경비에 산입하였다. 또한, 동 기간 중에 갑은 해당 건물에 대한 자본적 지출액으로 1억 5천만원을 계상하였다.
(3) 갑은 2022.4.8.에 해당 건물을 시가인 15억원에 양도하였다.
(4) 해당 건물은 미등기자산이 아니다.
(5) 2022년 과세기간에 해당 건물 외에 다른 양도자산은 없다.

① 305,500,000원 ② 384,700,000원 ③ 437,500,000원
④ 440,000,000원 ⑤ 472,700,000원

26. 〈소득세법〉 소득세법상 갑은 2017.1.15.에 15억원에 취득한 후 병에게 임차하던 국내 소재 건물(주택이 아님)을 2019.2.1.에 배우자 을에게 증여했고(증여 당시 해당 건물의 시가는 25억원 이고, 해당 건물에 대한 8억원의 임차보증금은 을이 승계함), 을은 해당 건물을 2022.5.1.에 정에게 시가인 30억원에 양도하였다(해당 건물에 대한 납세의무자, 장기보유특별공제액 계산시 적용하는 보유기간(1년 미만은 절사함) 및 2019.2.1.자 증여에 대하여 부담한 증여세의 처리방법을 순서대로 나열한 것으로 옳은 것은? (단, 갑, 을, 병, 정은 거주자이고 갑과 을을 제외하면 이들은 상호간에 특수관계인에 해당하지 않음)

① 갑, 5년, 양도차익 계산시 필요경비 산입
② 을, 5년, 수증자에게 환급
③ 을, 5년, 양도차익 계산시 필요경비 산입
④ 을, 3년, 양도차익 계산시 필요경비 산입
⑤ 갑, 3년, 수증자에게 환급

27. 〈소득세법〉 연말정산 대상 사업자인 거주자 갑(연말정산 사업소득 외의 다른 소득은 없다.)의 2022년 과세기간의 종합소득금액이 7천만원 이고, 갑, 을(갑의 배우자), 병(갑의 어머니)명의의 기부금 지출내역은 다음과 같으며, 정(갑의 아들)이 특별재난 지역에서 90시간의 자원봉사를 한 경우, 동 과세기간의 갑의 특별세액공제 중 기부금세액공제액은 얼마인가? (단, 을, 병, 정은 갑의 기본공제대상자임)

명 세	금 액
갑 명의 정치자금 기부금(갑이 당원인 정당에 기부함)	1,000,000원
갑 명의 종교단체 기부금(해당 종교단체는 민법에 따라 지방자치단체의 장의 허가를 받아 설립한 비영리법인에 해당함)	1,000,000원
을 명의 대한적십자사 기부금	7,000,000원
병 명의 장학단체(정부의 인·허가를 받음)기부금	4,000,000원

① 1,935,000원   ② 2,035,000원   ③ 2,135,000원
④ 2,235,000원   ⑤ 2.345,000원

28. 〈소득세법〉 소득세법상 (주)A의 대표이사인 거주자 갑(입사일 2020.1.1)이 2022.12.31. 자로 퇴직하면서 5억원의 퇴직금을 지급받고 관련 자료가 다음과 같은 경우, 갑의 2022년 과세기간의 퇴직소득금액은 얼마인가?

과세기간	총급여액
2020년	9천만원
2021년	1억 5천만원
2022년	1억 2천만원

① 72,000,000원   ② 90,000,000원   ③ 120,000,000원
④ 428,000,000원   ⑤ 500,000,000원

29. 〈부가가치세법〉 부가가치세법상 다음 설명 중 옳은 것은?

① 사업자가 부가가치세법에 따른 납부기한까지 자신의 A사업장에 대한 부가가치세를 자신의 다른 B사업장에 대한 부가가치세에 더하여 신고·납부한 경우 A사업장의 과소납부한 금액에 대해 납부지연가산세가 부과된다.

② 사업자단위과세사업자는 본점 또는 주사무소에서 부가가치세를 총괄하여 신고·납부할 수 있다.

③ 사업자단위과세를 적용받으려는 사업자는 본점 또는 주사무소 관할세무서장의 승인을 받아야 한다.

④ 법인이 주된 사업장에서 부가가치세를 총괄하여 납부하려는 경우, 지점을 주된 사업장으로 할 수 없다.

⑤ 사업자가 주된 사업장에서 총괄하여 납부하려는 경우, 주된 사업장 외의 다른 사업장의 부가가치세의 과세표준과 납부세액의 신고·납부는 주된 사업장에서 하여야 한다.

30. 〈부가가치세법〉 부가가치세법상 부가가치세 과세사업인 제조업 및 부동산임대업과 면세사업인 과일판매업을 겸영하는 (주)A의 2022년 제1기 예정신고가간(2022.1.1.~3.31)의 거래내용은 다음과 같다. 2022년 제1기 예정신고기간의 부가가치세 납부세액은 얼마인가? (단, 부가가치세 부담 최소화를 가정함)

(1) 제조업과 과일판매업의 공급가액은 다음과 같다.

구 분	2021년 제2기 과세기간	2022년 제1기 예정신고기간
제조업(국내 판매)	225,000,000원	105,000,000원
과일 판매업	75,000,000원	45,000,000원
합 계	300,000,000원	150,000,000원

(2) 제조업과 과일판매업의 2022년 제1기 예정신고기간에 발급받은 세금계산서상 매입세액은 다음과 같다(단, 공통매입세액은 실지 귀속이 불분명하며 면세관련 매입세액 외에는 모두 공제가능함)

제조업 매입세액	과일판매업 매입세액	공통매입세액	합 계
8,000,000원	3,500,000원	4,000,000원	15,500,000원

(3) 2021.3.10. 제조업에서 공급한 재화 7,700,000원(부가가치세 포함)에 대한 받을어음이 2021.9.10.에 부도가 발생하였다.

(4) (주)A는 특수관계인이 아닌 을에게 무상 임대하던 건물(부수토지 포함)을 2022.1.5.에 (주)B에게 1,701,000,000원(부가가치세 포함)에 양도하였는데 그 가액의 구분은 불분명하며, 공급계약일 현재 토지건물에 관한 자료는 다음과 같다(단, 건물은 주택이 아니며 임대 외의 다른 용도로 사용되지 아니함)

구 분	토 지	건 물	합 계
장부가액	500,000,000원	200,000,000원	700,000,000원
기준시가	760,000,000원	340,000,000원	1,100,000,000원

① 46,950,000원   ② 50,000,000원   ③ 50,500,000원
④ 50,700,000원   ⑤ 50,900,000원

31. 〈부가가치세법〉 부가가치세법상 음식점업을 하는 과세사업자(과세유흥장소의 경영자 아님) 갑(개인)의 2022년 제1기 자료이다. 만일 갑이 2022년 제1기부터 간이과세자라면 일반과세자인 경우에 비해 감소되는 2022년 제1기 부가가치세 차가감납부세액(지방소비세 포함)은 얼마인가? (단, 갑은 부가가치세법에 따른 각종 의무와 요건을 충족하며, 재고납부(매입)세액은 없는 것으로 가정함)

> (1) 공급대가 55,000,000원(영수증 발급금액 33,550,000원, 신용카드매출전표 발급금액 21,450,000원으로 구성되어 있음)
> (2) 공급대가 11,000,000원(세금계산서를 발급받아 매입처별세금계산서합계표를 제출한 금액으로 매입세액불공제분은 없음)
> (3) 미가공 농산물 구입액 1,350,000원(매입처별계산서합계표로 확인되는 매입가액이며, 다른 용도로 사용되지 아니함)
> (4) 음식점업의 부가가치율은 100분의 30이며 의제매입세액은 $\frac{9}{109}$로 가정한다.

① 1,680,000원　　　② 1,958,850원　　　③ 1,980,000원
④ 2,293,533원　　　⑤ 2,378,850원

32. 〈부가가치세법〉 부가가치세법상 영세율에 관한 설명으로 옳지 않은 것은? (단, 재화는 금지금이 아님)

① 외국으로 반출되지 아니하는 재화의 공급인 경우에도 주한미국군 군납계약서와 관련하여 개설된 내국신용장에 의한 재화의 공급은 영의 세율을 적용한다.
② 사업자가 재화(견본품 아님)를 국외로 무상으로 반출하는 경우에는 영의 세율을 적용한다.
③ 사업자가 국외에서 건설공사를 도급받은 사업자로부터 해당 건설공사를 재도급 받아 국외에서 건설용역을 제공하고 그 대가를 원도급자인 국내사업자로부터 받는 경우에는 영의 세율을 적용한다.
④ 사업자가 국가 및 지방자치단체에 직접 공급하는 도시철도건설용역은 영의 세율을 적용한다.
⑤ 수탁자가 자기명의로 내국신용장을 개설 받아 위탁자의 재화를 공급하는 경우에는 위탁자가 영의 세율을 적용받는다.

33. 〈부가가치세법〉 부가가치세법상 재화 및 용역의 공급에 관한 설명으로 옳지 않은 것은?

① 동일사업장 내에서 2이상의 사업을 겸영하는 사업자가 그 중 일부 사업을 폐지하는 경우, 폐지한 사업과 관련된 재고재화는 폐업시 재고재화로서 과세하지 아니한다.

② 사업자가 자기의 사업과 관련하여 생산하거나 취득한 재화를 자기사업의 광고선전 목적으로 불특정다수인에게 광고선전용 재화로서 무상으로 배포하는 경우에는 재화의 공급으로 보지 아니한다.

③ 사업자가 건물을 신축하여 국가에 기부채납하고 그 대가로 일정기간 해당 건물에 대한 무상사용·수익권을 얻는 거래는 부가가치세 과세거래이다.

④ 재화를 공급하는 사업의 구분은 통계청장이 고시하는 당해 과세기간 개시일 현재의 한국표준산업분류를 기준으로 한다.

⑤ 사업자가 자기의 사업과 관련하여 사업장 내에서 그 사용인에게 음식용역을 무상으로 제공하는 경우에는 용역의 공급으로 보아 부가가치세를 과세한다.

34. 〈부가가치세법〉 부가가치세법상 세금계산서에 관한 설명으로 옳지 않은 것은?

① 전자세금계산서 의무발급 개인사업자란 직전연도의 사업장별 재화 및 용역의 공급가액의 합계액이 3억원(2022.7.1 이후 2억원) 이상인 개인사업자를 말한다.

② 사업자가 수입원재료를 사용하여 제조 또는 가공한 재화를 내국신용장에 의하여 수출업자에게 공급하고 수출업자로부터 해당 수입원재료에 대한 관세환급금을 받는 경우, 해당 관세환급금에 대해 세금계산서 발급의무가 없다.

③ 일반과세자에서 간이과세자로 과세유형이 전환된 후 과세유형 전환 전에 공급한 재화 또는 용역에 수정세금계산서 발급사유가 발생한 경우에는 당초 세금계산서 작성일자를 수정세금계산서의 작성일자로 적고 수정세금계산서를 발급할 수 있다.

④ 재화 또는 용역을 공급한 후 공급시기가 속하는 과세기간 끝난 후 25일 이내에 내국신용장이 개설된 경우, 수정세금계산서의 작성일자는 당초 세금계산서 작성일자를 적는다.

⑤ 사업자가 아닌 자가 재화 또는 용역을 공급하지 아니하고 세금계산서를 발급한 경우에는 사업자로 보고 세금계산서에 적힌 공급가액의 100분의 3에 해당하는 금액을 그 세금계산서를 발급하거나 발급받은 장소를 관할하는 세무서장이 가산세로 징수한다.

35. 〈부가가치세법〉 부가가치세법상 부가가치세의 납세절차에 관한 설명으로 옳지 않은 것은?

① 사업자는 각 과세기간에 대한 과세표준과 납부세액 또는 환급세액을 그 과세기간이 끝난 후 25일(폐업하는 경우에는 폐업일이 속한 달의 다음 달 25일)이내에 각 사업장 관할세무서장에게 신고·납부하여야 한다.

② 법인의 합병으로 인한 소멸법인의 최종 과세기간분에 대한 확정신고는 합병후 존속하는 법인 또는 합병으로 인하여 설립된 법인이 소멸법인을 해당 과세기간의 납세의무자로 하여 소멸법인의 사업장 관할세무서장에게 신고하여야 한다.

③ 부가가치세를 추계결정·경정할 때, 재해 기타 불가항력으로 인하여 발급받은 세금계산서가 소멸됨으로써 이를 제출하지 못하는 때에는 납부세액에서 공제하는 매입세액은 당해 사업자에게 공급한 거래상대자가 제출한 세금계산서에 의하여 확인되는 것으로 한다.

④ 사업장 관할세무서장은 영세율 등 조기환급 신고내용의 오류 또는 탈루의 사유로 부가가치세를 포탈할 우려가 있는 경우, 그 과세기간에 대한 부가가치세의 과세표준과 납부세액 또는 환급세액을 조사하여 결정 또는 경정한다.

⑤ 사업자가 거래상대방의 사업자등록증을 확인하고 거래에 따른 세금계산서를 발급하거나 발급받은 경우, 거래상대방이 관계기관의 조사로 인하여 명의위장사업자로 판정되는 경우에는 해당 사업자를 선의의 거래당사자로 볼 수 있는 때에도 경정 또는 조세범처벌법에 따른 처벌 등 불이익한 처분을 받을 수 있다.

36. 〈부가가치세법〉 부가가치세법상 (주)A가 다음의 겸용주택을 을에게 임대한 경우, (주)A가 2022년 제1기 예정신고시 신고하여야 할 과세표준은 얼마인가?

(1) 과세되는 상가임대용역과 면세되는 주택임대용역에 대한 임대료의 구분이 불분명하다.
(2) 2022년 제1기 예정신고기간종료일 현재 계약기간 1년의 정기예금이자율은 4% 이다.
(3) 임대계약기간은 2022.1.1.~12.31
(4) 임대보증금은 365,000,000원이며, 월임대료는 3,000,000원이다.

구 분	건 물	토 지
상가(과세분)	80㎡	320㎡
주택(면세분)	20㎡	
2022년 제1기 예정신고기간종료일 현재 감정평가가액	4억원	4억원
2022년 제1기 예정신고기간종료일 현재 기준시가	3억원	1억원

① 8,820,000원
② 9,568,000원
③ 9,796,000원
④ 10,080,000원
⑤ 10,112,000원

37. 〈국제조세조정에 관한 법률〉 국제조세조정에 관한 법률상 상호합의절차에 관한 설명으로 옳지 않은 것은?

① 상호합의절차란 조세조약의 적용·해석이나 부당한 과세처분 또는 과세소득의 조정에 대하여 우리나라의 권한 있는 당국과 체약상대국의 권한 있는 당국 간에 협의를 통하여 해결하는 절차를 말한다.

② 내국법인이 체약상대국의 과세당국으로부터 조세조약의 규정에 부합하지 않는 과세처분을 받았거나 받을 우려가 있는 경우, 국세청장에게 상호합의절차의 개시를 신청할 수 있다.

③ 조세조약의 적용 및 해석에 관하여 체약상대국과 협의할 필요가 있는 경우, 신청인은 국세청장에게 상호합의절차의 개시를 신청할 수 있다.

④ 국세청장은 상호합의절차 개시 신청을 받은 이후에도 신청인이 동의하는 경우, 체약상대국에 상호합의절차 개시를 요청하지 아니할 수 있다.

⑤ 상호합의절차가 진행 중일 때에 법원의 확정판결이 있는 경우, 그 확정판결일을 상호합의절차의 종료일로 한다.

38. 〈국제조세조정에 관한 법률〉 국제조세조정에 관한 법률상 국외특수관계인과의 거래에 대한 과세조정에 관한 설명으로 옳지 않은 것은?

① 원가가산방법은 거주자와 국외특수관계인 간의 국제거래에서 자산의 제조·판매나 용역의 제공 과정에서 발생한 원가에 자산 판매자나 용역 제공자의 통상의 이윤으로 볼 수 있는 금액을 더한 가격을 정상가격으로 보는 방법이다.

② 국세청장은 신청인이 정상가격 산출방법의 일방적 사전승인을 신청하는 경우에 상호합의절차를 거치지 아니하고 일방적 사전승인을 할 수 있다.

③ 무형자산의 공동개발을 위한 정상원가분담액은 그에 대한 약정을 체결하고 원가 등을 분담한 경우에만 거주자의 과세소득금액 계산시 손금에 산입한다.

④ 이익분할방법을 적용할 경우, 거래순이익을 상대적 공헌도에 따라 배부할 때에는 거래 형태별로 거래 당사자들의 적절한 기본수입을 우선 배분하는 경우를 포함한다.

⑤ 국외특수관계인과의 국제거래에 있어서 그 거래의 정상가격에 의한 과세조정은 조세회피목적 또는 과세소득실현을 전제조건으로 한다.

39. ⟨조세범처벌법⟩ 조세범처벌법상 처벌내용에 관한 설명으로 옳지 않은 것은?

① 납세의무자를 대리하여 세무신고를 하는 자가 조세의 부과 또는 징수를 면하게 하기 위하여 타인의 조세에 관하여 거짓으로 신고를 하였을 때에는 2년 이하의 징역 또는 2천만원 이하의 벌금에 처한다.

② 조세를 포탈하기 위한 증거인멸의 목적으로 세법에서 비치하도록 하는 장부 또는 증빙서류를 해당 국세의 법정신고기한이 지난 날부터 5년 이내에 소각한 자는 2년 이하의 징역 또는 2천만원 이하의 벌금에 처한다.

③ 주세법 제44조에 따른 납세증명표지를 위조하거나 변조한 자에 대해서는 2년 이하의 징역 또는 2천만원 이하의 벌금에 처한다.

④ 조세의 원천징수의무자가 정당한 사유 없이 그 세금을 징수하지 아니하였을 때에는 1천만원 이하의 벌금에 처한다.

⑤ 조세의 회피 또는 강제집행의 면탈을 목적으로 자신의 성명을 사용하여 타인에게 사업자등록을 할 것을 허락한 자는 2년 이하의 징역 또는 2천만원 이하의 벌금에 처한다.

40. ⟨조세범처벌법⟩ 조세범처벌법에 관한 설명으로 옳지 않은 것은?

① 조세범처벌법상 조세는 관세를 제외한 국세를 말한다.

② 사기나 그 밖의 부정한 행위로써 조세를 포탈하는 죄를 상습적으로 범한 자에 대해서는 형의 2분의 1을 가중한다.

③ 포탈세액 등이 연간 5억원 미만이더라도 중대한 내국세 관련 범칙행위의 경우에는 국세청장 등의 고발이 없어도 검사가 공소제기를 할 수 있다.

④ 법인의 대표자나 종업원이 그 법인의 업무에 관하여 조세범처벌법에서 규정하는 범칙행위를 한 경우, 법인이 그 위반행위를 방지하기 위하여 해당 업무에 관하여 상당한 주의와 감독을 게을리하지 않았다면, 법인에게는 해당 조문에 따른 벌금형을 과할 수 없다.

⑤ 법인의 대표자나 종업원이 그 법인의 업무에 관하여 행한 범칙행위에 대하여 특정범죄가중처벌 등에 관한 법률 제8조(조세포탈의 가중처벌)의 적용을 받는 경우에 있어서 조세범처벌법상 양벌 규정에 따른 법인에 대한 공소시효는 10년이 지나면 완성된다.

1	2	3	4	5	6	7	8	9	10
⑤	②	⑤	②	①	②	③	②	③	⑤
11	12	13	14	15	16	17	18	19	20
③	①	④	①	④	④	①	④	③	⑤
21	22	23	24	25	26	27	28	29	30
⑤	②	②	④	③	③	①	④	②	④
31	32	33	34	35	36	37	38	39	40
④	①	⑤	②	⑤	④	③	⑤	⑤	③

1. ⑤

연대납세의무자 1인에 대한 부과처분의 무효 또는 취소의 사유는 다른 연대납세의무자의 국세의 납부의무 효력에는 영향을 미치지 않는다. 연대납세의무는 연대납세의무자가 각각 별개로 납부의무를 부담하는 것이기 때문이다.

2. ②

국세기본법상 소급과세여부의 판정은 납세의무 확정시점이 아닌 납세의무 성립시점을 기준으로 판단한다.

> **참고** 납세의무성립시점 기준
>
> ① 소급과세금지 기준시점
> ② 납세의무 성립과 동시에 확정되는 조세의 확정시기
> ③ 출자자의 제 2차 납세의무 요건으로서 과점주주의 판정기준 시기
> ④ 납세의무승계 적용요건

3. ⑤

사업양수인은 양수한 재산가액을 한도로 제2차 납세의무를 진다. 이 경우 양수한 재산가액이란 다음의 가액을 말한다.

> ① 사업양수인이 사업양도인에게 지급하였거나 지급하여야 할 금액
> ② 위 ①의 금액이 없거나 불분명한 경우에는 양수한 자산 및 부채를 상속세 및 증여세법 규정을 준용하여 평가한 후 그 자산총액에서 부채총액을 뺀 금액

만일, ①에 따른 거래금액과 시가와의 차액이 3억원 이상이거나 시가의 30%에 상당하는 금액 이상인 경우에는 거래금액과 상속세 및 증여세법상 평가액 중 큰 금액으로 한다.

4. ②

성실신고확인서 제출은 세무조사 면제사유에 해당하지 않는다. 만일 성실신고확인서를 제출하지 아니하면 정기선정에 의한 조사 외의 조사(수시조사)를 할 수 있다.

5. ①

공표된 것 → 공표되지 아니한 것

6. ②

　　국세의 납세의무가 확정되기 전에 법령에 따라 납세자의 재산을 압류한 경우에도 그 압류에 관계되는 국세의 납세의무가 확정되기 전에는 공매할 수 없다.

7. ③

　　부과한다. → 부과하지 아니한다.

8. ②

　　사해행위의 취소는 세무공무원이 직권으로 취소할 수 없으며, 법원에 소송을 제기하는 방법만 인정된다.

　　참고　　사해행위 취소제도

구 분	내 용
사 유	사해행위의 취소를 요구할 수 있는 경우는 압류를 면하고자 양도(또는 증여)한 재산 이외에 다른 자력이 없어 국세를 완납할 수 없는 경우로 한다. 따라서, 제 2차 납세의무자, 납세보증인 등으로부터 국세를 전액 징수할 수 있는 경우에는 납세의무자를 무자력으로 보지 아니한다.
소 송 제 기	세무공무원은 강제징수를 하는 경우 체납자가 국세의 징수를 면탈하려고 재산권을 목적으로 하는 법률행위(신탁법에 따른 사해신탁 포함)를 한 경우에는 민법의 규정을 준용하여 사해행위의 취소 및 원상회복을 법원에 청구(수익자를 상대로 소송)할 수 있다.
국가가 승소시	국가가 승소하였을 경우 그 법률행위는 취소되어 그 재산은 체납자의 재산으로 복귀되므로 세무공무원은 복귀된 재산에 대해서 강제징수를 할 수 있다.
잔여분 반 환	강제징수의 결과 국세에 충당한 후 잔여가 있는 경우 그 잔여분은 체납자에게 주지 않고 그 재산을 반환한 수익자 또는 전득자에게 반환한다.

9. ③

　1. 접대비 해당액 : 45,000,000[비용계상 : 50,000,000(판관비) - 5,000,000(개인적용도)]
　　　+ 90,000,000(건물 계상) = 135,000,000원

　2. 접대비 한도액 : 12,000,000 + 30,000,000(=100억원 x 0.3%) + 100억원 x 0.2%
　　　　　　　= 62,000,000원

　3. 접대비 한도초과액 = 1-2 = 73,000,000원(손금불산입, 기타사외유출)

　4. 접대비 한도초과액 구성순서 = 45,000,000(비용) → 28,000,000원(건물)

　5. 건물감액분 감가상각비 = $30,000,000 \times \dfrac{28,000,000(건물\ 감액분)}{500,000,000(건물\ 취득가액)}$ = 1,680,000원(손금불산입, 유보)

　6. 감가상각비 한도시부인
　　　① 회사 해당액 = 30,000,000(건물 감가상각비 계상액) - 1,680,000(건물감액분 감가상각비)
　　　　　= 28,320,000원
　　　② 세법 한도액 = [(500,000,000(건물 취득가액) - 28,000,000(건물 감액분)) x 5%[*] x 6/12]
　　　　　= 11,800,000원
　　　　　[*] 건물은 법인세법상 상각방법으로 정액법만 인정됨
　　　③ 한도초과액 = ① - ② = 16,520,000원(손금불산입, 유보)

　7. 건물 감가상각비 중 손금불산입액 = 1,680,000(건물감액분 감가상각비) + 16,520,000(상각부인액)
　　　= 18,200,000원

10. ⑤

구분	비고	세무조정
(1)	신고조정사항으로 전기인 11기의 손금	손금불산입 5,000,000원
(2)	결산조정사항으로 당기인 12기의 손금	세무조정 x
(3)	결산조정사항이나 저당권 설정시는 대손금 손금 불인정	손금불산입 3,000,000원
(4)	결산조정사항으로 당기인 12기의 손금	세무조정 x
(5)	결산조정사항이나 특수관계인에 대한 업무무관 가지급금은 대손금 손금불인정	손금불산입 4,000,000원

11. ③

(1) 국고보조금은 익금항목인데 수익으로 계상하였으므로 세무조정이 없음

(2) 토지는 비감가상각자산이므로 압축기장충당금을 설정함 → 〈손금산입〉 압축기장충당금 6,000,000원 (△유보)

12. ①

㉠ 당해 사업연도 말 → 행위당시

㉢ 감정평가업자의 감정가액과 상속세 및 증여세법상 평가액 중 높은 금액이 아니라 감정가액, 상속세 및 증여세법상 평가액을 순차로 적용함

㉣ 저가양수는 부당행위에 해당하지 않음

13. ④

1. 10기 세무조정 : 〈익금산입〉 특수 저가양수　　　2,000,000원 (유보)
2. 12기 세무조정 : 〈익금불산입〉 유가증권 처분익　2,000,000원 (△유보)

　① (주)B와 특수관계가 있는 경우 제12기 세무조정 : 제10기 유보발생분을 추인하는 차감조정 수행

　② (주)B와 특수관계가 없는 경우 제12기 세무조정 : 제10기 유보발생분 추인이므로 특수관계와 관계없이 차감조정 수행

　③ 유보잔액이 변동되므로 자본금과 적립금조정명세서(을)에 기재된 금액에 영향을 미침

　④ 처분이익이 없는 경우 제12기 세무조정 : 제10기 유보발생분 추인이므로 처분이익 발생여부와 관계없이 차감조정 수행

14. ①

중소기업이 아닌 법인이 장기할부판매손익을 현재가치 인도기준으로 회계처리한 경우 이를 수용하여 세무조정이 없으므로 세무조정을 통해 감소될 수 있는 각 사업연도의 소득금액은 없음

> **참고**　법인세법상 현재가치평가 인정여부
>
> 1. 장기연불매매(현재가치할인차금)는 현재가치평가 인정 → 장기금전대차거래는 현재가치평가 불인정
> 2. 사채발행자에게는 사채할인발행차금 인정　→ 사채투자자에 대해서는 현재가치평가 불인정

15. ④

① 매입가액에 부대비용을 가산한 → 매입가액에 부대비용을 제외한

② 영업장별로 다른 평가방법 적용 가능

③ 결산조정사항임

⑤ 화폐성 외화 자산·부채만 평가대상에 해당하며 비화폐성 외화 자산·부채는 평가대상에 해당하지 아니하므로 손금에 해당하지 아니함

16. ④

① 법인이 기장을 하는 경우 법인세법상 간주임대료는 부동산임대업을 주업으로 하는 경우에만 과세하는 데 ㈜A는 제조업을 주업으로 하므로 과세대상에 해당하지 않는다.

② 손금에 산입한 금액을 환급받은 경우에는 익금항목에 해당하므로 세무조정이 필요 없다.

③ 직원에게 지급한 상여금은 급여지급기준 준수 여부에 상관없이 손금 항목에 해당한다.

⑤ 법인이 특수관계인이 아닌 자로부터 토지를 정당한 사유 없이 정상가액(5,000,000 x 130% = 6,500,000)을 초과하여 취득한 금액 3,500,000원은 기부금으로 간주한다. 이 경우에 자산의 과대계상액 3,500,000원은 손금산입(△유보)하며 기부금 해당액은 관련 기부금 규정에 따라 세무조정을 한다.

17. ①

피합병법인의 주주에 대한 의제배당은 합병대가(합병교부주식가액과 합병교부금의 합계액)에서 소멸주식의 장부가액을 차감하여 계산한다. 이때 적격합병요건을 충족하는 경우 합병교부주식의 가액은 종전 주식의 장부가액으로 평가하나 합병교부금을 받는 경우에는 시가(12,000,000원)와 종전 주식의 장부가액(9,000,000원) 중 작은 금액으로 한다. 따라서, 의제배당 금액은 합병대가 11,000,000원(=9,000,000 + 2,000,000)에서 소멸주식의 장부가액 9,000,000원을 차감한 금액인 2,000,000원이 된다.

18. ④

1. 감면후세액

(1) 익금불산입액 적용후	
각사업연도소득(=과세표준)	372,000,000원
	x 세율(10%, 20%)
산출세액	54,400,000원
세액공제	(35,000,000)원
감면후세액	19,400,000원
(2) 익금불산입액 배제후	
각사업연도소득	372,000,000원
익금불산입 배제	+ 50,000,000원
익금불산입 배제후 과세표준	422,000,000원
	x 세율(10%, 20%)
산출세액	64,400,000원
세액공제가능액	(22,200,000원)
감면후세액	42,200,000원

2. 최저한세 = 감면전 과세표준 x 최저한세율
= (372,000,000 + 50,000,000) x 10% = 42,200,000원

3. 세액공제배제액 = 35,000,000 - 22,200,000 = 12,800,000원

19. ③

위탁자 → 수익자 : 선의의 제3자가 수익자로 정해진 신탁재산에 귀속되는 소득은 그 신탁의 수익자(수익자가 특별히 정해지지 않거나 존재하지 않는 경우에는 신탁의 위탁자 또는 그 상속인에게 귀속되는 것으로 본다.

20. ⑤

1. 종합소득금액 = ① + ② = 108,000,000원

   ① 금융소득금액 : 11,000,000원(비영업대금이익) + 12,000,000원(외국법인 x배당) + 24,000,000원(A사 o배당) x 1.11 = 49,640,000원

   ② 근로소득금액 : 58,360,000원

2. 종합소득공제 = 8,000,000원

3. 종합소득 과세표준 = 1-2 = 100,000,000원

4. 종합소득 산출세액 = MAX [①, ②] = 16,780,000원

   ① 일반(종합)산출세액 : 2,800,000 + [5,820,000 + (80,000,000 - 46,000,000) x 24%] = 16,780,000원

   ② 비교(분리)산출세액 : 11,000,000 x 25% + 36,000,000 x 14% + [5,820,000 + (50,360,000(타종합소득금액-종합소득공제)-46,000,000) x 24%] = 14,656,400원

21. ⑤

의료비공제의 대상인 의료비 지출액은 신용카드 등 사용금액에 대한 소득공제의 금액에 포함한다.

22. ②

1. 근로소득금액 = ① - ② = 51,250,000원

   ① 총급여 = 3,000,000(강연수당) + 62,000,000(A사 급여와 상여) = 65,000,000원

   ② 근로소득공제 = 12,750,000 + 20,000,000 x 5% = 13,750,000원

2. 기타소득금액 = ① - ② = 2,800,000원

   ① 총수입금액 = 3,000,000(특별강연료) + 4,000,000(산업재산권 양도소득) = 7,000,000원

   ② 필요경비 = 7,000,000 x 60% = 4,200,000원

   → 기타소득금액이 3,000,000원 이하이므로 세부담 최소화를 위해 분리과세를 선택한다.

3. 종합소득금액 = 51,250,000원

23. ②

근로자가 소득·세액공제신고서를 미제출한 경우에는 근로소득자 본인에 대한 기본공제와 표준공제만이 적용됨

24. ④

출자공동사업자의 배당소득은 G - U대상이 아니다.

> 참고   출자공동사업자의 배당

구 분	내 용
배당소득 성격	① 배당소득으로 소득구분 ② gross-up 대상에 해당하지 않음
이자소득 성격	원천징수세율 25%
사업소득 성격	① 무조건 종합과세(조건부 종합과세 금융소득의 종합과세여부 판정시 제외) ② 부당행위계산부인 적용 ③ 수입시기 : 과세기간종료일

25. ③

1. 양도차익 = 15억원(양도가액) - 8억 5천만원(취득가액)^{*)} - 1억 5천만원(자본적 지출) = 5억원

   *) 9억원 + 1억원(현재가치할인차금) - 6천만원(현재가치할인차금상각액) - 9천만원(감가상각비) = 8억 5천만원

2. 양도소득금액 = 양도차익 - 장기보유특별공제 = 5억원 - 60,000,000원(= 장기보유특별공제 : 5억원

　　　x 12%) = 440,000,000원

3. 양도소득과세표준 = 양도소득금액 - 양도소득기본공제액

　　　= 440,000,000 - 2,500,000 = 437,500,000원

26. ③

이월과세에 대한 문제로 양도소득세 납세의무자는 수증자인 배우자 을이며 을이 납부한 증여세는 양도소득 계산시 필요경비에 산입한다. 이 경우 보유기간은 수증시점이 아닌 증여자인 갑의 취득시점부터 을의 양도시점까지로 하여 계산한다.

27. ①

1. 기부금 구분

　① 법정기부금 : 900,000(정치자금) + 7,000,000(대한적십자사) = 7,900,000원

　② 지정기부금 : 1,000,000(종교단체) + 4,000,000(장학단체) = 5,000,000원

2. 기준소득금액(= 종합소득금액) = 70,000,000원

3. 법정기부금공제 대상액 = 7,900,000원

4. 지정기부금공제 대상액 : MIN[①, ②] = 5,000,000원

　① 지출액 : 5,000,000원

　② 한도 : (70,000,000-7,900,000) x 10% + MIN[62,100,000 x 20%, 4,000,000] = 10,210,000원

4. 기부금 세액공제액 : [7,900,000원(법정기부금) + 5,000,000원(지정기부금)] x 15% = 1,935,000원

> **참고**
>
> 자원봉사용역의 경우 개인사업자는 본인분에만 적용하며 정치자금은 10만원을 초과하는 금액만 기부금 세액공제 대상 기부금에 해당함에 주의해야 한다.

28. ①

1. 퇴직직전 3년간 총급여액의 연평균환산액 = (90,000,000 + 150,000,000 + 120,000,000) ÷ 3

　= 120,000,000원

2. 임원퇴직소득 한도 : 120,000,000 x 10% x 36/12 x 2 = 72,000,000원

3. 근로소득 간주액 : 500,000,000 - 72,000,000(임원퇴직소득한도) = 428,000,000원

4. 퇴직소득금액 = 500,000,000 - 428,000,000 = 72,000,000원

> **참고** 임원의 퇴직소득 한도액
>
> 법인세법상 임원의 퇴직급여(2011.12.31.에 퇴직하였다고 가정할 경우 지급받을 퇴직급여 제외)중 다음 금액을 초과하는 금액은 근로소득으로 본다.
>
> | 퇴직소득한도 = 퇴직직전 3년간 총급여의 연환산액 x 10% x 2012.1.1. 이후 근속연수 x 3배 (2020.1.1 이후는 2배) ① 퇴직직전 3년간 총급여액의 연환산액 : 근무기간이 3년 미만인 경우에는 개월 수로 계산한 해당 근무기간을 말하며, 1개월 미만의 기간이 있는 경우에는 이를 1개월로 본다. ② 근속연수 : 1년 미만의 기간은 개월 수로 계산하며, 1개월 미만의 기간은 1개월로 본다. |
> |---|

29. ②

① 납부지연가산세가 부과된다. → 납부지연가산세는 부과되지 아니한다.

③ 사업자단위과세는 관할세무서장의 승인사항에 해당하지 아니한다.

④ 지점을 주된 사업장으로 할 수 없다. → 지점을 주된 사업장으로 할 수 있다.

⑤ 신고·납부는 주된 사업장에서 하여야 한다. → 납부는 주된 사업장에서 신고는 각 사업장에서 하여야 한다.

30. ④

1. 매출세액 61,500,000원[(105,000,000(제조업 공급가액) + 1,701,000,000(부동산 공급가액) x

$$\frac{340,000,000(건물기준시가)}{760,000,000(토지기준시가)+340,000,000(건물기준시가)+34,000,000(건물 VAT)}) \times 10\%]$$

2. 매입세액 10,800,000원[(8,000,000(제조업) + 4,000,000(공통) x $\frac{105,000,000(과세공급가액)}{150,000,000(총공급가액)}$)]

3. 납부세액 = 1 - 2 = 50,700,000원

* 예정신고기간에 대손이 확정된 경우에도 예정신고시에는 대손세액공제를 적용하지 않고, 그 예정신고 기간이 속하는 과세기간의 확정신고시 공제한다.

31. ④

일반과세자와 간이과세자의 차이

구 분	일반과세자	간이과세자	차 이
차가감 납부세액	5,000,000(매출세액) - 1,000,000(매입세액) - 111,467(의제매입세액) = 3,888,533원	55,000,000원(공급대가) x 30%(업종별 부가가치율) x 10% -11,000,000(수취세금계산서 공급대가) x 0.5% =1,595,000원	2,293,533원

* 의제매입세액 = 1,350,000 × $\frac{9}{109}$ = 111,467원

** 신용카드 매출전표 등 발행세액공제는 일반과세자와 간이과세자 모두에게 동일한 공제율을 적용하므로 차이가 발생하지 아니한다.

32. ①

1. 수출이란 국내에서 외국으로 물품을 이동하는 것이며, 수출에는 내국신용장에 의한 재화의 공급을 포함하는 것이므로 당초부터 외국으로 반출되지 아니하는 재화의 공급과 관련하여 개설된 내국신용장에 의한 공급은 영세율을 배제한다.

2. 현행 주한미군 등에게 직접 공급하는 재화에 대하여는 영세율을 적용하고 있는 바, 미국군 등에게 직접 재화를 공급하는 사업자에게 내국신용장에 의해 납품하는 사업자에게도 영세율이 적용되는 모순이 발생하므로 영세율을 배제하는 것이다.

33. ⑤

음식용역을 무상으로 공급하는 경우에는 용역의 무상공급으로서 부가가치세를 과세하지 아니한다.

34. ②

사업자가 수입원재료를 사용하여 제조 또는 가공한 재화를 내국신용장에 의하여 수출업자에게 공급하고 수출업자로부터 그 대가의 일부로 받는 관세환급금은 과세대상이지만 영세율을 적용한다. 또한 관세환급금을 수출업자가 환급받아 내국신용장에 의해 납품업자에게 지급하는 경우의 세금계산서 발급시기는 원칙적으로 재화의 공급시기에 발급하여야 하는 것이나, 그 금액 중 일부가 확정되지 아니한 경우에는 세관으로부터 국세환급금이 통지되었을 때 발급할 수 있다.

35. ⑤

사업자가 거래상대방의 사업자등록증을 확인하고 거래에 따른 세금계산서를 발급하거나 발급받은 경우, 거래상대방이 관계기관의 조사로 인하여 명의위장사업자로 판정되었다 하더라도 당해 사업자를 선의의 거래당사자로 볼 수 있을 때에는 경정 등을 받지 아니한다.

36. ④

1. 건축물 면적구분
   ① 주택분(면세) : 80㎡
   ② 상가분(과세) : 20㎡

2. 부수토지 면적구분
   ① 주택부수토지(면세) : MIN[비례기준: 320 x 20%, 제한기준: max(20 x 5배, 20)] = 64㎡
   ② 상가부수토지(과세) : 320 - 64 = 256㎡

3. 총임대료 = ① + ② = 12,600,000원
   ① 임대료 : 3,000,000 x 3개월 = 9,000,000원
   ② 간주임대료 : 365,000,000 x 90일 x $\frac{4\%}{365}$ = 3,600,000원

4. 과세표준

구 분	1차 : 기준시가 기준 안분	2차 : 과세면적 기준 안분	과세표준
건물 중 상가분	12,600,000 x 75%(3억/4억)	x 80%(80/100) =	7,560,000원
토지 중 상가분	12,600,000 x 25%(1억/4억)	x 75%(256/320) =	2,520,000원
합 계			10,080,000원

참고 안분기준

1. 부동산임대시 : 기준시가 비율에 의해 건물 임대료와 토지 임대료 안분계산
2. 부동산공급(매매)시 : 감정평가업자의 감정가액에 비례하여 건물분과 토지분 안분계산. 만일 감정가액이 없는 경우에는 기준시가에 비례하여 안분계산

37. ③

국세청장이 아닌 기획재정부 장관에게 신청할 수 있다.

38. ⑤

정상가격에 의한 과세조정은 조세회피목적 또는 과세소득실현을 전제조건으로 하지 아니한다.

39. ⑤

1년 이하의 징역 또는 1천만원 이하의 벌금에 처한다.

40. ③

고발전치주의의 예외는 없으므로 국세청장 등의 고발이 없으면 검사는 공소를 제기할 수 없다.

세법학개론 2011년

1. 〈국세징수법〉 국세징수법상 납부기한의 연장에 관한 설명으로 옳지 않은 것은?

① 납세자가 경영하는 사업에 현저한 손실이 발생하거나 부도 또는 도산의 우려가 있는 경우에 처하여 납세자가 법정기한 내에 납부기한 연장을 신청한 경우 관할 세무서장은 납부기한을 연장할 수 있다.

② 납세자가 납부기한 등의 만료일 10일 전까지 연장신청을 하였으나 관할 세무서장이 그 신청일부터 10일 이내에 승인 여부를 통지하지 아니한 경우에는 신청일부터 10일이 되는 날에 연장신청을 승인한 것으로 본다.

③ 관할 세무서장은 최장 6개월을 넘지 않는 범위에서 납부와 관련된 기한연장을 할 수 있다.

④ 지방세의 체납으로 강제징수절차가 시작된 납세자의 경우 국세의 납부고지서가 단축된 기한이 지난 후에 도달한 경우 그 도달한 날이 해당 국세의 납부기한이 된다.

⑤ 독촉장을 송달한 경우에 도달한 날부터 14일 이내에 독촉장에서 정한 납부기한이 도래하는 경우 해당 국세 등의 독촉 납부기한은 독촉장이 도달한 날부터 14일이 지난 날로 한다.

2. 〈국세기본법〉 국세기본법에 관한 설명으로 옳지 않은 것은?

① 둘 이상의 거래를 거치는 방법으로 세법의 혜택을 부당하게 받기 위한 것으로 인정되는 경우에는 연속된 하나의 거래를 한 것으로 보아 세법을 적용한다.

② 신의성실의 원칙은 세무공무원뿐만 아니라 납세자에게도 적용되는 원칙이다.

③ 국세를 조사·결정할 때 납세의무자가 세법에 따라 장부를 갖추어 기록하고 있는 경우 장부의 기록 내용이 사실과 다르거나 누락된 것이 있을 때에는 그 부분에 대해서만 정부가 조사한 사실에 따라 결정할 수 있다.

④ 근거과세의 원칙에 의하면 납세자가 세법에 따른 장부를 비치·기장하고 있지 아니하여 그에 의하여 수입금액 혹은 소득금액을 계산할 수 없는 경우에는 수입금액 혹은 소득금액을 추정하여 과세할 수 없다.

⑤ 국세를 납부할 의무 혹은 징수하여 납부할 의무가 성립된 소득에 대해서는 그 성립한 후의 새로운 세법에 따라 소급하여 과세하지 아니한다.

3. 〈국세징수법〉 국세징수법에 관한 설명으로 옳지 않은 것은?

① 「자본시장과 금융투자업에 관한 법률」에 따른 유가증권시장에 상장된 유가증권 중 2개월 이상 매매사실이 있는 것에 대한 납세담보의 평가는 담보로 제공하는 날 이전 2개월 동안 공표된 매일의 한국거래소 최종시세가액의 평균액으로 한다.

② 보험에 든 건물을 납세담보로 제공하려는 자는 그 화재보험증권을 제출하여야 하는데, 이 경우 그 보험기간은 납세담보를 필요로 하는 기간에 30일 이상을 더한 것이어야 한다.

③ 납세의무자가 세법에 근거 없는 민사법상 보증계약에 의하여 과세관청에 제공한 납세보증은 과세관청에 대하여 그 효력이 없다.

④ 납세의무자가 보증인의 납세보증서를 담보로 제공하였다가 이에 갈음하여 다른 담보재산을 제공한 때에는 세무서장은 이를 승인하여야 한다.

⑤ 금전을 담보로 제공하려는 자는 이를 공탁하고 그 공탁수령증을 세무서장에게 제출하여야 한다.

4. 〈국세기본법〉 국세기본법상 국세 및 강제징수비의 납부의무 소멸에 관한 설명으로 옳은 것을 모두 고른 것은?

ㄱ. 결손처분은 납세의무의 소멸사유가 아니다.

ㄴ. 납세자가 단순히 법정신고기한까지 과세표준신고서를 제출하지 아니한 경우 국세부과의 제척기간은 5년간 이다.

ㄷ. 국세 불복청구시 납세자가 제척기간의 만료를 주장하지 않더라도 제척기간이 만료된 후의 부과처분은 당연히 무효이다.

ㄹ. 납세자가 납부할 세액이 있음에도 불구하고 2022년 귀속 소득세 신고를 하지 않았다고 가정하면 그 납세자에 대한 국세징수권의 소멸시효는 당연히 2023.6.1.부터 기산된다.

ㅁ. 국세징수권의 소멸시효가 완성되면 국세의 납부의무는 소멸하지만, 강제징수비는 최우선적으로 변제되어야 하기 때문에 강제징수비에는 국세징수권의 소멸시효 완성의 효력이 미치지 아니한다.

① ㄱ, ㄴ   ② ㄱ, ㄷ   ③ ㄴ, ㄹ

④ ㄱ, ㄷ, ㄹ   ⑤ ㄴ, ㄷ, ㅁ

5. 〈국세기본법〉 국세기본법에 관한 설명으로 옳지 않은 것은?

① 제2차 납세의무자로서 납부고지서를 받은 자는 본래의 납세의무자에게 부과된 종합소득세 부과처분의 취소를 구하는 심판청구를 할 수 있다.

② 납세보증인은 본래의 납세의무자에게 부과된 상속세 부과처분의 취소를 구하는 심판청구를 할 수 있다.

③ 국세청장의 과세표준 조사·결정에 따른 처분에 대해서는 심사청구를 할 수 없다.

④ 조세범처벌절차법에 따른 통고처분에 대해서는 심판청구를 할 수 없다.

⑤ 법인세법에 의한 소득처분으로 인하여 소득금액변동통지를 받은 자는 해당 소득처분의 취소를 구하는 심판청구를 할 수 있다.

6. 〈국세징수법〉 국세징수법상 압류재산의 매각과 청산에 관한 설명으로 옳은 것은?

① 압류한 재산의 추산가격이 2천만원 이면 수의계약에 의하여 이를 매각하여야 한다.

② 매수인이 매수대금을 지정된 기한까지 납부하지 아니하여 압류재산의 매각결정을 취소하는 경우 공매보증은 강제징수비, 압류와 관계되는 국세 순으로 충당하고 잔액은 국가에 귀속한다.

③ 공매를 집행하는 공무원은 압류와 관계되는 체납액의 전부가 납부 또는 충당된 경우라도 압류를 해제할 수 없다.

④ 세무서장이 공매절차를 통해 압류재산의 매수대금을 매수인으로부터 수령한 때에는 그 한도 안에서 그 매수인으로부터 체납액을 징수한 것으로 본다.

⑤ 압류재산에 관계되는 저당권에 의하여 담보된 채권은 압류재산 매각대금의 배분대상이 된다.

7. 〈국세징수법〉 국세징수법상 세무서장의 압류해제에 관한 설명으로 옳지 않은 것은?

① 압류 후 압류재산의 가격이 변동하여 징수할 체납액을 현저히 초과하는 때에는 즉시 압류를 해제하여야 한다.

② 압류에 관계되는 체납액 전부가 납부되어 압류가 필요 없게 된 때에는 즉시 압류를 해제하여야 한다.

③ 압류재산 매각 5일 전까지 소유자로 확인할 만한 증거서류를 세무서장에게 제출한 제3자의 소유권 주장이 상당한 이유가 있다고 인정하는 때에는 즉시 압류를 해제하여야 한다.

④ 제 3자가 체납자를 상대로 소유권에 관한 소송을 제기하여 승소판결을 받고 그 사실을 증명한 때에는 즉시 압류를 해제하여야 한다.

⑤ 총 재산의 추산가액이 우선채권 및 강제징수비를 징수하면 남을 여지가 없어 강제징수를 종료할 필요가 있는 경우에는 즉시 압류를 해제하여야 한다.

8. 〈국세징수법〉 국세징수법상 체납액 징수관련 사실행위의 위탁에 관한 다음 설명 중 옳은 것은?

① 관할 세무서장은 독촉에도 불구하고 납부되지 아니한 체납액을 징수하기 위하여 한국자산관리공사에 징수 관련 사실행위를 위탁할 수 있다. 이 경우 한국자산관리공사는 위탁받은 업무를 제3자에게 다시 위탁할 수 있다.

② 체납자별 체납액이 5천만원 이상인 경우는 세무서장이 체납액 징수관련 사실행위를 위탁할 수 있는 사유에 해당한다.

③ 세무서장은 체납액 징수관련 사실 행위를 위탁할 때에는 한국자산관리공사에 체납자가 체납한 국세의 과세기간·세목·세액과 납부기한 등을 적은 위탁의뢰서를 보내야 한다.

④ 세무서장은 체납액 징수관련 사실행위를 위탁한 때에 그 위탁사실을 체납자에게 통지할 필요는 없다.

⑤ 위탁수수료는 한국자산관리공사가 징수관련 사실행위를 위탁받은 체납액 중 법령상의 금액에 100분의 5를 초과하지 아니하는 범위에서 기획재정부령으로 정하는 비율을 곱한 금액으로 한다.

9. 〈국세징수법〉 국세징수법상 납세의무자가 납부고지서에서 정한 납부기한까지 국세를 전액 납부하지 아니하는 경우 관할 세무서장이 납세의무자에 대하여 취할 수 있는 절차의 순서로 옳은 것은?(단, 납세의무자의 압류대상은 재산은 「자본시장과 금융투자업에 관한 법률」에 의한 유가증권시장에 상장된 주식이며, 납부기한 전 징수 사유에 의한 납부고지가 아닌 것으로 가정한다)

① 최고 - 압류 - 공매   ② 최고 - 독촉 - 직접매각
③ 독촉 - 최고 - 압류 - 공매   ④ 최고 - 독촉 - 압류 - 공매
⑤ 독촉 - 압류 - 직접매각

10. 〈법인세법〉 법인세법상 감가상각에 관한 설명으로 옳은 것은?

① 취득 후에 사용하지 않고 보관 중인 자산과 일시적 조업중단에 따른 유휴설비는 감가상각을 하지 아니한다.

② 감가상각대상 자산을 시가보다 고가로 매입한 것이 부당행위계산의 부인에 해당하는 경우 그 시가초과액은 해당 자산의 취득가액에 포함하지 아니한다.

③ 일반적 유형자산(업무용승용차는 제외한다)의 감가상각은 결산조정사항이므로 감가상각비를 결산서에 반영한 경우에 한하여 손금으로 인정되지만, 무형자산 감가상각비는 신고조정사항이므로 과소계상은 세무조정시 손금산입하면 인정된다.

④ 개발비의 감가상각에 적용할 내용연수를 신고하지 아니한 경우에는 관련 제품을 판매 또는 사용하여 수익을 얻을 것으로 예상되는 기간 동안 균등안분액을 상각한다.

⑤ 신규로 취득한 자산이나 기중에 발생한 자본적 지출액은 취득 또는 발생시점부터 월할 계산하여 상각범위액을 계산하는데 이 경우 1월 미만의 일수는 1월로 한다.

11. 〈법인세법〉 법인세법상 접대비에 관한 설명으로 옳지 않은 것은?

① 현물접대비는 이를 제공한 때의 시가가 장부가액보다 낮은 경우에는 장부가액에 의하여 접대비를 계산한다.

② 법인이 그 종업원이 조직한 법인인 조합 또는 단체에 대하여 지출한 복리시설비는 접대비로 본다.

③ 내국법인이 국내에서 1회에 3만원(경조금 20만원)을 초과해 지출한 접대비로서 신용카드매출전표, 계산서, 세금계산서 등의 적격증빙을 갖추지 못한 것은 손금에 산입하지 아니한다.

④ 특수관계인과의 거래에서 발생한 수입금액에 대해서는 수입금액을 기준으로 하는 접대비 한도액을 일반수입금액에 비해 낮게 정하고 있다.

⑤ 접대비에 해당하는 사업상 증여에 대하여 법인이 부담한 부가가치세 매출세액 상당액은 접대비로 보지 아니한다.

12. 〈법인세법〉 다음은 제조업을 영위하는 내국법인 (주)A가 보유하고 있는 유가증권에 관한 자료이다. (주)A가 보유하고 있는 (주)B의 주식처분과 관련한 (주)A의 세무조정으로 옳은 것은?

---

(1) 2021년 11월 주권상장법인인 (주)B의 주식 100주를 주당 8,000원에 취득하고 다음과 같이 회계처리 하였다.
(차) 단기매매금융자산 800,000   (대) 현금   800,000

(2) 2021년 12월 말 (주)B 주식의 시가가 상승하여 다음과 같이 회계처리 하였다.
(차) 단기매매금융자산 200,000   (대) 단기매매금융자산평가이익 200,000

(3) 2022년 4월 (주)B가 주식배당으로 주주들에게 교부한 주식 중 20주(1주당 액면가액 5,000원, 1주당 발행금액 7,500원)을 수령하였으며, 이와 관련하여 (주)A는 아무런 회계처리도 하지 않았다.

(4) 2022년 6월 (주)B가 건물과 관련된 재평가적립금을 자본전입하면서 주주들에게 교부한 주식 중 5주(1주당 액면가액 5,000원, 1주당 시가 8,000원)를 수령하였으며, 이와 관련하여 (주)A는 아무런 회계처리도 하지 않았다.

(5) 2022년 말 (주)A는 보유하고 있는 (주)B의 주식 중 50주를 처분하였다.

(6) (주)A는 한국채택국제회계기준을 적용하지 않는 것으로 가정한다.

---

① 익금산입 10,000원(유보)   ② 익금산입 15,000원(유보)
③ 익금산입 17,500원(유보)   ④ 익금산입 20,000원(유보)
⑤ 익금산입 40,000원(유보)

13. 〈법인세법〉 법인세법상 수입배당금에 관한 설명으로 옳지 않은 것은?

① 고유목적사업준비금을 손금에 산입하는 비영리내국법인이 지분을 출자한 다른 내국법인 으로부터 받은 수입배당금에 대해서는 일반법인에 대한 수입배당금액 익금불산입액의 50%를 익금불산입한다.

② 「자본시장과 금융투자업에 관한 법률」에 따른 투자회사가 법령으로 정한 배당가능이익 의 90%이상을 배당하는 경우는 그 금액은 해당 사업연도의 소득금액에서 제공한다.

③ 내국법인 중 독점규제 및 공정거래에 관한 법률에 따른 지주회사가 주권상장법인인 자 회사(소득공제·비과세·감면 등 적용법인 아님) 출자총액의 40%를 보유하여 수취한 배당 금에 대하여 익금불산입을 적용받기 위해서는 그 주식을 배당기준일 현재 3개월 이상 계속하여 보유하고 있어야 한다.

④ 자산유동화에 관한 법률에 따른 유동화 전문회사가 법정요건을 갖춘 이익을 배당한 경 우 그 금액을 해당 사업연도에 소득공제를 받기 위해서는 법령이 정하는 바에 따라 소 득공제신청을 하여야 한다.

⑤ 내국법인 중 「독점규제 및 공정거래에 관한 법률」에 따른 지주회사가 벤처기업육성에 관한 특별조치법에 따른 벤처기업인 자회사의 배당금에 대해 익금불산입을 적용받기 위 해서는 자회사의 발행주식 총수 또는 출자총액의 20%이상을 배당기준일 현재 3개월 이상 계속하여 보유해야 한다.

14. 〈법인세법〉 다음은 내국법인 (주)A의 제10기 사업연도(2022.1.1. ~ 2022.12.31)에 관 한 자료이다. (주)A의 제10기 사업연도에 대한 확정급여형퇴직연금 관련 세무조정으로 옳은 것은?

> (1) 당기 말 퇴직급여추계액은 일시퇴직기준으로 90,000,000원이고, 보험수리기준으로 80,000,000 원이다.
>
> (2) 당기 말 퇴직급여충당부채 잔액은 30,000,000원이고, 이 중 세무상 부인액은 12,000,000원 이다.
>
> (3) 당기 중에 종업원의 퇴직으로 인하여 보험회사에서 15,000,000원을 지급하였으며, 다음과 같 이 회계처리 하였다.
> (차) 퇴직급여충당금 15,000,000   (대)   퇴직연금운용자산 15,0000,000
>
> (4) 당기 말 퇴직연금운용자산 계정내역은 다음과 같다.
>
> | 퇴직연금운용자산 | | (단위 : 원) | |
> |---|---|---|---|
> | 전기이월액 | 40,000,000 | 당기지급액 | 15,000,000 |
> | 당기증가액 | 20,000,000 | 차기이월액 | 45,000,000 |
> | 합   계 | 60,000,000 | 합   계 | 60,000,000 |
>
> (5) (주)A는 확정급여형퇴직연금과 관련하여 신고조정으로 손금산입하고 있으며, 전기 말까지 신고 조정으로 손금산입된 금액은 50,000,000원이다.
>
> (6) (주)A는 한국채택국제회계기준을 적용하지 않는 것으로 가정한다.

① 손금산입　　　10,000,000원
② 손금불산입　15,000,000원　　　손금산입　10,000,000원
③ 손금불산입　15,000,000원　　　손금산입　37,000,000원
④ 손금산입　　　37,000,000원
⑤ 손금불산입　15,000,000원

15. 〈법인세법〉 다음은 제조업을 영위하는 내국법인 (주)A의 대손충당금에 관한 자료이다. 제 10기(2022.1.1. ~12.31.)의 세무상 대손충당금 한도초과액은 얼마인가?

(1) 제 10기 대손충당금계정은 다음과 같다.

대손충당금　　　　　　　　　　　　　　(단위 : 원)

당기 상계액	2,000,000	전기이월액	4,000,000
차기 이월액	7,000,000	당기설정액	5,000,000
합　　계	9,000,000	합　　계	9,000,000

당기상계액 중 500,000원은 제 9기에 소멸시효가 완성된 매출채권에 관한 것이며, 나머지 금액은 법인세법상 대손요건을 충족한다.

(2) 다음은 제 9기 자본금과 적립금조정명세서(을)의 일부이다.

과 목	금 액	비 고
매출채권	△500,000원	제 9기 소멸시효 완성분 손금산입액
미수금(토지 매각 관련)	3,000,000원	대손금 부인액

대손금 부인액 3,000,000원은 제 10기 말까지 대손요건을 충족하지 못하였다.

(3) 제 9기말 재무상태표상 대손충당금 설정대상채권은 37,500,000원이고, 제 10기말 재무상태표상 대손충당금 설정가능채권은 60,000,000원(할인어음 2,000,000원 포함)이다.

(4) (주)A는 한국채택국제회계기준을 적용하지 않는 것으로 가정한다.

① 4,560,000원
② 4,637,500원
③ 4,712,500원
④ 4,825,000원
⑤ 6,390,000원

16. 〈법인세법〉 내국법인인 (주)A는 제11기 사업연도(2022.1.1. ~ 2022.12.31.)에 기계설비에 대한 감가상각방법을 세무상 적절한 절차를 거쳐 정액법에서 정률법(상각률 0.259)으로 변경하였다. 다음 자료에 의하여 감가상각비에 대한 제 11기 사업연도의 세무조정금액을 계산하면 얼마인가?

> (1) 재무상태표상 취득가액 : 600,000,000원
> (2) 재무상태표상 전기말 감가상각누계액 : 200,000,000원
> (3) 전기 말 상각부인누계액 : 30,000,000원
> (4) 당기 회사계상 감가상각비 : 180,000,000원
> (5) 정액법 적용 신고내용연수 : 10년
> (6) (주)A는 한국채택국제회계기준을 적용하지 않는 것으로 가정한다.

① 65,600,000원   ② 68,630,000원   ③ 73,600,000원
④ 76,400,000원   ⑤ 82,600,000원

17. 〈법인세법〉 법인세법상 세무조정에 관한 설명으로 옳지 않은 것은?

① 부도발생일로부터 6개월 이상 경과한 3,000,000원의 상거래 어음채권에 대하여 회수불능상태(채무자의 재산에 대하여 설정된 저당권은 없음)임을 확인하고 장부상 전액 대손처리한 경우에는 대손액에서 1,000원을 손금불산입(유보)으로 세무조정 한다.

② (주)A로부터 건물(명목가액 4억원, 현재가치 3억원)을 장기할부조건으로 매입하여 현재가치를 취득원가로 계상하고 명목가액과 현재가치의 차이를 현재가치할인차금으로 계상하였다면 별도의 세무조정이 필요 없다.

③ 세무조사 과정에서 현금매출 2,200,000원(부가가치세 포함)이 누락되어 회계처리도 이루어지지 않고 회사에 입금도 되지 않았다는 사실을 알게 됐다면 부가가치세를 제외한 2,000,000원을 익금산입(상여)으로 세무조정한다.

④ 대주주로부터 결손보전 목적으로 800,000,000원의 토지를 수증받아 수익으로 계산하고 이 중 600,000,000원을 발생연도로부터 8년이 경과한 세무상 이월결손금(합병·분할시 승계받은 결손금 아님)으로서 결손금 발생 후 각 사업연도 과세표준 계산시 제공되지 아니한 금액의 보전에 충당하였다면 600,000,000원을 익금불산입(기타)으로 세무조정 한다.

⑤ 특수관계인이 아닌 (주)B로부터 시가 100,000,000원인 토지를 200,000,000원에 매입하고 실제 매입가액을 취득가액으로 계상하였다면 토지가액 70,000,000원을 손금산입(△유보), 같은 금액을 손금불산입(기타사외유출)으로 세무조정 한다.

18. 〈법인세법〉 내국법인 (주)A는 제 10기(2022.1.1. ~ 2022.12.31.)에 소액주주가 아닌 출자임원에 대해 다음과 같이 사택을 제공하고 있다. (주)A의 사택 제공과 관련된 세무조정 시 익금에 산입할 금액은 얼마인가?

> (1) 사택 제공 내역 (2022.1.1. ~ 2022.12.31)
>
> | 구 분 | 임대보증금 | 월 임대료 | 사택의 시가 |
> |-------|-----------|----------|------------|
> | 사택 1 | 100,000,000원 | 200,000원 | 300,000,000원 |
> | 사택 2 | 150,000000원 | 300,000원 | 500,000,000원 |
>
> (2) (주)A는 당기 임대료수입을 손익계산서상 수익으로 계상하였다.
> (3) 사택의 적정임대료는 확인되지 않으며, 과세관청이 고시한 1년 만기 정기예금이자율은 연 5%로 가정한다.

① 1,400,000원   ② 1,500,000원   ③ 5,000,000원
④ 7,500,000원   ⑤ 12,500,000원

19. 〈법인세법〉 부동산임대업을 주업으로 하며 법인세법상 차입금 과다법인에 해당하는 내국법인 ㈜A의 제 7기 사업연도(2022.1.1.~12.31)임대사업에 관한 자료는 다음과 같다. ㈜A가 장부를 기장하여 정상적으로 신고하는 경우와 추계결정하는 경우의 간주임대료를 계산하면 각각 얼마인가?

> (1) 임대면적 : 주택부분 150㎡, 상가부분 600㎡
> (2) 임대보증금 : 주택부분 60,000,000원, 상가부분 600,000,000원
> (3) 주택임대사업부문의 수입금액 : 이자수입 2,400,000원
> (4) 상가임대사업부문의 수입금액 : 이자수입 3,800,000원,
>   배당금수입 6,400,000원, 유가증권처분손실 2,000,000원
> (5) 2020년 8월 해당 부동산을 500,000,000원(토지 300,000,000원 포함)에 취득하였다.
> (6) 임대기간은 2022.1.1.부터 3년간이고, 정기예금이자율은 연 5%로 가정한다.

	장부를 기장하는 경우	추계결정하는 경우
①	9,800,000원	33,000,000원
②	11,800,000원	20,400,000원
③	11,800,000원	33,000,000원
④	13,800,000원	30,000,000원
⑤	14,800,000원	30,000,000원

20. 〈소득세법〉 거주자 甲이 비치·기록한 장부에 의하여 당해 과세기간의 종합소득금액을 계산할 때 공제할 수 없는 결손금 또는 이월결손금으로 옳은 것을 모두 고른 것은?(단, 거주자 甲은 당해 과세기간에 근로소득과 아래의 사업에서 발생한 결손금 또는 이월결손금만 있으며, 다른 사업은 영위하고 있지 않는 것으로 가정한다.

> ㄱ. 공장재단을 대여하는 사업에서 발생한 결손금
> ㄴ. 지역권을 대여하는 사업에서 발생한 결손금
> ㄷ. 채굴에 관한 권리를 대여하는 사업으로서 광업권자가 자본적 지출이나 수익적 지출의 일부 또는 전부를 제공한다는 조건 없이 채굴시설과 함께 광산을 대여하는 사업에서 발생한 결손금
> ㄹ. 국세기본법의 규정에 따른 국세부과의 제척기간이 지난 후에 확인된 그 제척기간 이전 과세기간의 이월결손금

① ㄱ, ㄴ   ② ㄱ, ㄷ   ③ ㄴ, ㄹ
④ ㄱ, ㄷ, ㄹ   ⑤ ㄴ, ㄷ, ㄹ

21. 〈소득세법〉 국내에서 원천징수대상 사업소득을 지급할 때 소득세의 원천징수의무가 있는 자로 옳은 것을 모두 고른 것은?

> ㄱ. 사업자
> ㄴ. 법인세의 납세의무자
> ㄷ. 국가·지방자치단체 또는 지방자치단체조합
> ㄹ. 민법 기타 법률에 의하여 설립된 법인
> ㅁ. 국세기본법의 규정에 의하여 법인으로 보는 단체

① ㄱ, ㄴ, ㄷ   ② ㄴ, ㄹ, ㅁ   ③ ㄱ, ㄴ, ㄹ, ㅁ
④ ㄴ, ㄷ, ㄹ, ㅁ   ⑤ ㄱ, ㄴ, ㄷ, ㄹ, ㅁ

22. 〈소득세법〉 다음 내용 중 옳은 것은 모두 몇 개인가?

> ㄱ. 퇴직 전에 부여받은 주식매수선택권을 퇴직 후에 행사함으로써 얻은 이익은 기타소득으로 과세한다.
> ㄴ. 정신적 고통에 대한 대가로 지급받은 손해배상금은 기타소득으로 과세한다.
> ㄷ. 국내에서 지급되는 금융소득으로서 원천징수되지 않는 소득은 당해 금액이 금융소득 종합과세 기준금액 이하인 경우에도 무조건 종합과세한다.
> ㄹ. 공익사업과 관련한 지상권의 대여나 설정으로 인하여 받은 대가는 기타소득으로 과세한다.
> ㅁ. 주권상장법인의 소액주주임원이 주택과 그 부수토지의 구입에 소요되는 자금을 무상으로 대여받음으로써 얻은 이익은 근로소득에 해당한다.

① 없음   ② 1개   ③ 2개
④ 3개   ⑤ 4개

23. 〈소득세법 · 법인세법〉 소득세법과 법인세법상 과세소득의 범위 및 계산에 관한 설명으로 옳지 않은 것은?

① 소득세법은 직계존비속에게 주택을 무상으로 사용하게 하고 직계존비속이 그 주택에 실제 거주하는 경우 부당행위계산부인 대상에서 제외하지만, 법인세법은 소액주주가 아닌 출자임원에게 사택을 무상으로 제공하는 경우 부당행위계산부인 대상이 된다.

② 소득세법은 일시상각충당금의 신고조정을 허용하지만, 법인세법은 일시상각충당금의 신고조정을 허용하지 않는다.

③ 소득세법은 개인기업체의 사업주에 대한 급여를 필요경비에 산입하지 않으나, 법인세법은 법인의 대표자에 대한 급여를 원칙적으로 손금에 산입한다.

④ 소득세법은 개인의 사업소득금액 계산에서 유가증권처분손익을 총수입금액 또는 필요경비에 산입하지 않지만, 법인세법은 유가증권처분손익을 법인이 각 사업연도소득금액 계산에서 익금 또는 손금에 산입한다.

⑤ 소득세법은 개인의 과세대상 소득의 범위를 원칙적으로 소득원천설에 따라 정하지만, 법인세법은 영리법인의 과세대상 소득의 범위를 순자산증가설에 따라 정하고 있다.

24. 〈소득세법〉 다음은 거주자 甲의 금융소득 자료이다. 甲의 2022년 귀속 금융소득의 합계액은 얼마인가?

(1) 반제기한이 2018.12.31.인 대여금에 대하여 2022년 1월부터 2022년 4월까지 추가로 지급받은 지연이자 4,000,000원
(2) 이자지급약정일은 2021.9.25.인데 2022.3.2.에 실제로 수령한 비영업대금의 이익 5,000,000원
(3) 이자지급약정일이 2021.9.25.인데 2022.3.2.에 실제로 수령한 기명식 회사채이자 7,000,000원
(4) 2019년 초 거래처에 1억원을 연 6%이자율로 빌려준 뒤 2022년 3월까지 이자 1,350만원을 수령했으나, 거래처가 2022년 4월 파산함으로 인하여 이자와 원금을 회수할 수 없게 된 경우
(5) 비상장법인인 (주)A가 2021.1.1.부터 2021.12.31까지의 기간 중 甲에게 배당으로 처분한 8,000,000원(결산확정일은 2022.3.23임)

① 8,000,000원　　　　② 9,000,000원　　　　③ 12,000,000원
④ 16,000,000원　　　　⑤ 17,000,000원

25. 〈소득세법〉 거주자 甲, 乙, 丙, 丁 4인은 공동출자하여 음식점을 경영하고 있다. 甲, 乙, 丙 3인은 생계를 같이 하는 친족 간이고, 2022년에 동 음식점업에서 발생한 총수입금액은 5억원, 필요경비는 1억원 이다. 한편 2022년에 甲은 (주)A의 이사로 등재되어 있어 3,000만원의 근로소득금액이 있고, 丁은 국내 소재 B은행에 돈을 맡겨 받은 이자소득 500만원(원천징수 됨)이 있으며 그 이외의 소득은 없다. 甲, 乙, 丙, 丁의 당초 손익분배비율은 각각 70% : 10% : 10% : 10%인데, 이를 40% : 30% : 20% : 10%로 허위신고 하였음이 밝혀졌다면, 甲과 丁에게 2022년 귀속분으로 종합과세되는 소득금액은 각각 얼마인가?

	甲	丁
①	310,000,000원	40,000,000원
②	310,000,000원	45,000,000원
③	360,000,000원	40,000,000원
④	390,000,000원	40,000,000원
⑤	390,000,000원	45,000,000원

26. 〈소득세법〉 거주가 甲이 외국에 소재하는 시가 7억원 상당의 주택 1채를 2018.4.1.에 취득하여 보유하고 있다가 2022.4.23. 양도한 경우의 양도소득세에 관한 설명으로 옳지 않은 것은?

① 甲이 주택 양도일까지 계속 5년 이상 국내에 또는 거소를 둔 거주자인 경우 양도소득세 납세의무자에 해당한다.
② 양도소득세 계산에 있어서 양도가액 및 취득가액은 원칙적으로 해당 자산의 양도 또는 취득 당시의 실지거래가액에 의하여 계산한다.
③ 장기보유특별공제의 적용은 배제되지만 양도소득기본공제는 적용받을 수 있다.
④ 당해 주택이 양도당시 甲의 유일한 소유주택이라 하더라도 1세대 1주택 비과세 규정을 적용받을 수 없다.
⑤ 양도일 현재 외국환거래법에 의한 기준환율 또는 재정환율에 의하여 양도차익을 원화로 환산한다.

27. 〈소득세법〉 1세대 1주택 양도소득세 비과세에 관한 설명으로 옳은 것은? (단, 당해 주택은 등기된 것으로 고가주택이 아니다.)

① 상속받은 주택으로서 상속인과 피상속인이 상속개시 당시 동일세대인 경우에는 상속개시 전에 피상속인이 보유한 기간과 동일세대로서 상속인과 함께 보유한 기간을 통산하여 1세대 1주택 비과세 규정을 적용한다.

② 1세대 1주택 비과세 규정을 적용함에 있어서 2개 이상의 주택을 같은 날에 양도하는 경우에는 양도 주택 중 실지거래가액이 가장 큰 주택을 먼저 양도한 것으로 본다.

③ 1주택을 보유하고 1세대를 구성하는 자가 70세 아버지를 동거봉양하기 위하여 세대를 합침으로써 1세대가 2주택을 보유하게 되는 경우, 세대를 합친 날로부터 10년 이내에 양도하는 종전 아버지 소유였던 주택에 한하여 이를 1세대 1주택으로 보아 비과세 규정을 적용한다.

④ 하나의 건물이 주택과 주택 외의 부분으로 복합되어 있는 겸용주택의 경우 주택의 연면적으로 주택외의 부분의 연면적보다 클 때에는 그 전부를 주택으로 본다.

⑤ 법령이 정하는 다가구주택을 가구별로 분양하지 아니하고 그 다가구주택을 하나의 매매단위로 하여 1인에게 양도하는 경우에는 이를 각각 하나의 주택으로 보아 비과세 여부를 적용한다.

28. 〈소득세법〉 거주자의 양도자산에 대한 양도차익을 실지거래가액에 의하여 계산하는 경우 필요경비에 산입되는 취득가액에 관한 설명으로 옳지 않은 것은?

① 부동산임대업을 영위하는 갑은 특수관계 없는 제 3자로부터 건물을 취득하고 다음과 같이 회계처리 하였다.

| (차) 건물 | 100,000,000 | (대) 장기미지급금 | 110,000,000 |
| 현재가치할인차금 | 10,000,000 | | |

위 건물과 관련하여 20,000,000원의 감가상각비와 2,000,000원의 현재가치할인차금 상각액을 각 과세기간의 사업소득금액 계산시 필요경비로 인정받았다면, 갑의 건물양도에 따른 양도차익 계산시 취득가액은 88,000,000원 이다.

② 乙은 비상장법인인 (주)A의 주식을 양도하고자 한다. 취득당시 실지거래가액의 확인을 위한 필요 증빙서류가 없어 취득가액의 확인은 불가능하다. 다만, 취득일 2개월 전에 (주)A의 주식은 주당 15,000원에 특수관계 없는 제 3자와 거래된 적이 있으며, 취득일 1개월 전 2이상의 감정평가업자가 평가하여 신빙성이 있는 것으로 인정되는 감정가액의 평균액은 주당 17,000원이다. 이 경우 을의 (주)A의 주식양도로 인한 양도차익 계산시 취득가액은 주당 15,000원이다.

③ 丙은 회사로부터 100주의 주식매수선택권(행사가격 10,000원)을 부여받아 1주당 시가가 12,000원일 때 주식매수선택권을 행사하여 100주를 취득하였다. 병이 주식매수선택권 행사로 취득한 주식을 모두 양도하는 경우 취득가액은 1,000,000원이다.

④ 丁은 취득당시 실지거래가액이 80,000,000원인 건물(증여일 현재 상속세 및 증여세법에 따른 평가액은 500,000,000원이고, 금융기관으로부터의 차입금 100,000,000원에 대한 저당권이 설정되어 있음) 1채를 특수관계 없는 부담부 증여하였다. 이 경우 정의 양도차익 계산시 건물의 취득가액은 16,000,000원이 된다.

⑤ 400,000,000원에 취득한 토지를 배우자에게 600,000,000원(증여일 현재 상속세 및 증여세법에 따라 평가한 금액)에 증여하였으며 증여받은 후 4년이 되는 날 배우자가 당해 토지를 제3자에게 900,000,000원에 양도하였다면, 배우자의 양도차익 계산시 취득가액은 400,000,000원이 된다. (단, 양도당시 혼인관계는 소멸되지 않았다고 가정한다.)

29. 〈소득세법〉 과세표준의 확정신고와 납부 및 결정에 관한 설명으로 옳지 않은 것은?

① 소득금액을 추계조사 결정하는 경우 사업장현황신고불성실가산세의 적용대상자인 의료업을 영위하는 사업자는 직전 과세기간의 수입금액이 업종별로 법령에 정한 금액에 미달하더라도 기준경비율 적용 대상자에 해당한다.

② 종합소득·퇴직소득 및 양도소득에 대한 소득세의 물납은 인정되지 않는다.

③ 해당 과세기간에 신규로 세무사업을 개시한 사업자의 소득금액을 추계조사 결정하는 경우에는 단순경비율을 적용한다.

④ 과세표준 확정신고를 하여야 할 거주자가 국외이주를 위하여 출국하는 경우에는 출국일이 속하는 과세기간의 과세표준을 출국일 전날까지 신고하여야 한다.

⑤ 종합소득 과세표준 확정신고기한이 지난 후에 세무서장이 법인세 과세표준을 경정하여 익금에 산입한 금액이 배당 등으로 처분됨으로써 소득금액에 변동이 발생함에 따라 종합소득 과세표준 확정신고 의무가 없었던 자가 소득세를 추가 납부하여야 하는 경우, 해당 법인 등이 소득금액변통지서를 받은 날이 속하는 달의 다음 다음 달 말일까지 추가신고납부한 때에는 확정신고기한까지 신고납부한 것으로 본다.

30. 〈부가가치세법〉 계속사업자인 (주)A는 2022년 제 1기에 과세사업과 면세사업에 공통으로 사용할 건물을 취득하여 1억원의 공통매입세액이 발생하였다. 각 과세기간별 부가가치세 면세비율의 계산과 관련된 상황이 다음과 같을 때, 과세기간별 면세사업에 관련한 불공제 매입세액의 계산에 적용할 비율로 옳은 것은?

(1) 2022년 제1기: 당해 과세기간에 면세사업의 공급가액이 없으나, 예정공급가액과 예정사용면적은 구분할 수 있음.
(2) 2022년 제2기: 과세사업과 면세사업의 공급가액을 모두 알 수 있으나, 과세사업과 면세사업의 사용면적이 확정되지 아니함.
(3) 2023년 제1기: 과세사업과 면세사업의 공급가액을 모두 알 수 있고, 과세사업과 면세사업의 사용면적도 확정됨.
(4) 관련 비율은 다음과 같다.
   A = 면세공급가액/총공급가액
   B = 면세사업과 관련된 예정공급가액/총예정공급가액
   C = 면세사업과 관련된 예정사용면적/총예정사용면적
   D = 면세사업과 관련된 사용면적/총사용면적

	2022년 제1기	2022년 제2기	2023년 제1기
①	B	A	A
②	B	B	A
③	C	A	A
④	C	A	D
⑤	C	C	D

31. 〈부가가치세법〉 재화와 용역의 공급 및 그 면세 여부에 관한 설명으로 옳은 것은?

① 유연탄의 공급은 면세되지만, 무연탄의 공급은 과세된다.

② 약사가 제공하는 의약품 조제용역의 공급은 면세되지만, 수의사의 가축진료용역 공급은 과세된다.

③ 생수의 공급은 면세되지만, 수돗물의 공급은 과세된다.

④ 도서의 공급은 면세되지만, 도서대여용역의 공급은 과세된다.

⑤ 지하철에 의한 여객운송용역의 공급은 면세되지만, 철도건설법에 규정된 고속철도에 의한 여객운송용역의 공급은 과세된다.

32. 〈부가가치세법〉 (주)A는 생선통조림 제조업(중소기업이 아님)을 영위하고 있으며 2022.4.15.에 관할 세무서에 사업자등록을 신청하여 2022.4.18.에 사업자등록증을 교부받았다. 다음 자료를 이용하여 (주)A가 2022년 제1기 부가가치세 확정신고시 공제받을 수 있는 매입세액을 계산하면 얼마인가? (단, 거래 금액은 부가가치세가 포함되지 않은 것이며, 아래 사항 이외에 세금계산서 또는 관련 사항은 모두 적법하다. 또한 부가가치세법상의 한도는 고려하지 않는다.)

매입일자	세금계산서 또는 계산서 내역 거래금액 작성 및 발급일	내 역	거 래 금 액
2021.12.31	2022.3.20	생산설비	20,000,000원
2022.4.20	2022.4.20	생 선	30,600,000원
2022.6.21	2022.6.21	비 품	10,000,000원
2022.6.29	2022.7.26	소 모 품	500,000원

① 600,000원   ② 1,050,000원   ③ 1,600,000원

④ 1,650,000원   ⑤ 3,600,000원

33. 〈부가가치세법〉 (주)A는 과세사업에 사용하던 다음 자산을 2022.7.1.부터 과세사업과 면세사업에 공통으로 사용하기로 하였다. 다음 자료를 이용하여 (주)A의 2022년 제2기 부가가치세 확정신고시 자산의 면세사업 전용과 관련된 부가가치세 과세표준을 계산하면 얼마인가?

(1) 2022.7.1. 현재 자산보유 내역은 다음과 같다. 단 취득 시 매입세액은 모두 공제되었다.

종 류	취득일	취득가액	시 가
건 물	2020. 4.1	50,000,000원	80,000,000원
기계장치	2021.10.1	30,000,000원	20,000,000원

위 건물의 취득 시 다음과 같이 회계처리 하였다.

(차) 건 물 50,000,000 (대) 장기미지급금 60,000,000
현재가치할인차금 10,000,000

(2) (주)A의 공급가액 관련 자료는 다음과 같다.

과세기간	과세사업 공급가액	면세사업 공급가액	합 계
2022년 제1기	40,000,000원	10,000,000원	50,000,000원
2022년 제2기	48,000,000원	2,000,000원	50,000,000원

① 0원 ② 2,100,000원 ③ 2,400,000원
④ 2,800,000원 ⑤ 12,000,000원

34. 〈부가가치세법〉 과세사업자 甲과 乙간의 거래와 관련된 자료가 다음과 같을 때 옳은 것은?

(1) 甲은 2022.2.1. 부가가치세가 과세되는 재화를 乙에게 공급한 후 그 공급대가로 약속어음 55,000,000원을 받았으나, 지급기일인 2022.10.1. 乙의 부도(금융기관의 부도확인일 2022.9.20)로 해당 매출채권을 회수하지 못하게 되었다. 甲은 이와 관련하여 乙의 재산에 대하여 저당권을 설정하고 있지 않다.
(2) 乙은 2023.9.1. 위 약속어음 중 33,000,000원(부가가치세 포함)을 甲에게 변제하였다.
(3) 공급자와 공급받는 자의 대손세액 처리는 가장 빠른 시기에 적법하게 이루어진 것으로 가정한다.

① 甲은 2022년 제2기 부가가치세 확정신고시 5,000,000원의 대손세액공제를 받을 수 있다.
② 甲은 2023년 제2기 부가가치세 확정신고시 3,000,000원을 부가가치세 매출세액에 가산한다.
③ 乙은 2022년 제2기 부가가치세 확정신고시 5,000,000원을 부가가치세 매입세액에서 차감한다.
④ 乙은 2023년 제2기 부가가치세 확정신고시 3,000,000원을 부가가치세 매입세액에서 차감한다.
⑤ 乙은 2023년 제2기 부가가치세 확정신고시 3,000,000원을 부가가치세 매출세액에서 차감한다.

35. 〈부가가치세법〉 과세표준에 관한 설명으로 옳지 않은 것은?

① 재화의 공급에 대하여 부당하게 낮은 대가를 받거나 대가를 받지 않은 경우에는 자기가 공급한 재화의 시가를 공급가액으로 한다. 이 때 시가가 불분명한 경우에는 상속세 및 증여세법 규정에 따라 평가한 가액을 우선 적용하여야 한다.

② 사업자가 고객에게 매출액의 2%에 해당하는 마일리지를 적립해 주고 향후 고객이 재화를 공급받고 그 대가의 일부를 적립된 해당 마일리지로 결제하는 경우 해당 마일리지 상당액은 과세표준에 포함하지 아니한다.

③ 재화 또는 용역의 공급과 직접 관련되지 아니하는 국고보조금은 과세표준에 포함하지 아니한다.

④ 재화의 수입에 대한 과세표준은 관세의 과세가격과 관세 · 개별소비세· 주세· 교육세· 농어촌특별세 및 교통· 에너지· 환경세를 합한 금액으로 한다.

⑤ 재화의 공급에 대한 대가를 미국 달러화로 받고 부가가치세법상의 공급시기 도래 전에 전액 원화로 환가한 경우에는 그 환가한 금액을 공급가액으로 한다.

36. 〈부가가치세법〉 사업자등록에 관한 설명으로 옳지 않은 것은?

① 추가로 사업장을 개설하여 둘 이상의 사업장이 있는 사업자는 사업자 단위로 해당 사업자의 본점 또는 주사무소 관할 세무서장에게 등록하여야 한다.

② 관할 세무서장은 부가가치세 업무의 효율적인 처리를 위하여 필요하다고 인정하는 때에는 사업자등록증을 갱신 발급할 수 있다.

③ 사업자가 폐업하는 경우 사업장 관할 세무서장은 지체 없이 그 등록을 말소하여야 한다.

④ 사업자가 배우자의 명의로 사업자등록을 하고 실제 사업은 자신의 계산과 책임으로 영위하는 것으로 확인되는 경우에는 타인명의등록에 따른 가산세가 부과되지 아니한다.

⑤ 신규로 사업을 시작하려는 자는 사업개시일 전이라도 사업자등록을 할 수 있다.

37. 〈부가가치세법〉 신고 납세지에 관한 설명으로 옳은 것은 모두 몇 개인가?

> ㄱ. 국가·지방자치단체 또는 지방자치단체조합이 공급하는 부동산임대용역에 있어서 사업장은 그 부동산 등기부상의 소재지이다.
> ㄴ. 무인자동판매기를 통하여 재화·용역을 공급하는 사업에 있어서 사업장은 그 사업에 관한 업무를 총괄하는 장소이다. 다만, 그 이외의 장소도 사업자의 신청에 의하여 추가로 사업장으로 등록할 수 있다.
> ㄷ. 법인이 주사업장 총괄납부의 신청을 하는 경우 주된 사업장은 본점 또는 주사무소를 말하며, 지점 또는 분사무소는 주된 사업장으로 할 수 없다.
> ㄹ. 신규로 사업을 개시하는 자가 주된 사업장의 사업자등록증을 받은 날부터 20일 이내에 주사업장 총괄납부를 신청하였을 때에는 관할 세무서장의 승인 없이 해당 신청일이 속하는 과세기간부터 총괄하여 납부한다.
> ㅁ. 사업장은 원칙적으로 사업자 또는 그 사용인이 상시 주재하여 거래의 전부를 행하는 장소이므로 거래의 일부를 행하는 장소는 사업장이 아니다.

① 없음   ② 1개   ③ 2개
④ 3개   ⑤ 5개

38. 〈국제조세조정에 관한 법률〉 사례1과 사례2에서 어느 한쪽 법인 A와 다른 쪽 법인 B 간의 국외특수관계인 여부를 판정할 때, 어느 한쪽 법인 A의 다른 쪽 법인 B에 대한 직접소유비율과 간접소유비율의 합계는 각각 얼마인가?(단, 출자비율은 의결권 있는 주식소유비율을 말한다.)

[사례 1]

구분	출자자	피출자자	출자비율
직접소유	어느 한쪽 법인 A	다른 쪽 법인 B	30%
간접소유	어느 한쪽 법인 A	주주법인 C	50%
	주주법인 C	주주법인 D	50%
	주주법인 D	다른 쪽 법인 B	20%

[사례 2]

구분	출자자	피출자자	출자비율
직접소유	어느 한쪽 법인 A	다른 쪽 법인 B	30%
간접소유	어느 한쪽 법인 A	주주법인 C	20%
	주주법인 C	주주법인 D	50%
	주주법인 D	다른 쪽 법인 B	50%

	사례 1	사례 2
①	30%	30%
②	35%	35%
③	40%	40%
④	50%	35%
⑤	50%	50%

39. 〈국제조세조정에 관한 법률〉 해외금융계좌의 신고에 관한 설명으로 옳지 않은 것은?

① 해외금융회사에 개설된 해외금융계좌를 보유한 거주자로서 해당 연도의 매월 말일 중에 어느 하루라도 보유계좌 잔액이 5억원을 초과하는 자는 해외금융계좌정보에 대한 신고의무가 있다.

② 해외금융회사란 국외에 소재하는 금융업, 보험 및 연금업, 금융 및 보험 관련서비스업 및 이와 유사한 업종을 하는 금융회사(내국법인의 국외사업장은 포함하고 외국법인의 국내사업장은 제외한다)을 말한다.

③ 신고의무자 중 국가와 지방자치단체는 해외금융계좌의 신고의무를 면제한다.

④ 해외금융계좌 중 실지명의에 의하지 아니한 계좌 등 그 계좌의 명의자와 실질적 소유자가 다른 경우에는 실질적 소유자가 해당 계좌를 보유한 것으로 본다.

⑤ 신고의무자 중 해당 신고대상 연도 종료일 1년 전부터 국내에 거소를 둔 기간의 합계가 183일 이하인 재외국민에 해당하는 경우 해외금융 계좌의 신고의무를 면제한다.

40. 〈조세범처벌법〉 조세범처벌법상 조세포탈범에 관한 설명으로 옳지 않은 것은?

① 조세포탈범이 포탈세액을 법정신고기한이 지난 후 6개월 이내에 국세기본법에 따라 수정신고를 한 경우에는 형을 감경할 수 있지만, 기한후신고를 한 경우에는 형을 감경할 수 없다.

② 납세의무자의 신고에 의하여 납세의무가 확정되는 국세의 조세범칙행위의 기수시기는 그 법정신고납부기한이 지난 때이다.

③ 조세포탈범에 대해서는 징역형과 벌금형을 병과할 수 있다.

④ 조세포탈죄를 상습적으로 범한 자는 형의 2분의 1을 가중한다.

⑤ 소득금액 결정에 있어서 세무회계와 기업회계의 차이로 인하여 생긴 금액은 이를 사기나 그 밖의 부정한 행위로 인하여 생긴 소득금액으로 보지 아니한다.

1	2	3	4	5	6	7	8	9	10
③	④	①	②	③	⑤	①	③	⑤	②
11	12	13	14	15	16	17	18	19	20
⑤	④	①	②	③	②	③	①	③	④
21	22	23	24	25	26	27	28	29	30
⑤	⑤	②	③	④	⑤	④	①	③	⑤
31	32	33	34	35	36	37	38	39	40
⑤	③	①	②	①	①	②	④	④	①

1. ③

    관할 세무서장은 납부기한 등의 연장 또는 납부고지의 유예를 하는 경우 그 연장 또는 유예 기간을 연장 또는 유예한 날의 다음 날부터 9개월 이내로 정하며, 연장 또는 유예기간 중의 분납기한 및 분납금액을 정할 수 있다. 보기 ④의 지방세 체납으로 강제징수절차가 시작된 경우는 납부기한 전 징수 사유에 해당한다.

2. ④

    근거과세의 원칙에 의하면 납세자가 세법에 따른 장부를 비치 기장하고 있지 아니하여 그에 의하여 수입금액 혹은 소득금액을 계산할 수 없는 경우에는 수입금액 혹은 소득금액을 추정하여 과세할 수 있다.

3. ①

    상장된 유가증권은 평가기준일 이전 2개월 동안 공표된 최종시세가액의 평균액과 평가기준일 이전 최근일의 최종시세가액 중 큰 금액으로 평가한다.

4. ②

    ㄴ : 5년 → 7년 또는 15년
    ㄹ : 2023. 6.1 → 납부고지에 의한 납부기한의 다음 날
    ㅁ : 강제징수비에도 소멸시효 완성의 효력이 미친다.

5. ③

    국세청장의 과세표준 조사 결정에 따른 처분에 대해서는 이의신청을 할 수 없으나 심사청구는 할 수 있다.

6. ⑤

    ① 압류한 재산의 추산가격이 1천만원 미만이면 수의계약에 의하여 이를 매각할 수 있다.
    ② 매수인이 매수대금을 지정된 기한까지 납부하지 아니하여 압류재산의 매각결정을 취소하는 경우 공매보증은 강제징수비, 압류와 관계되는 국세 순으로 충당하고 잔액은 체납자에게 귀속한다.
    ③ 공매를 집행하는 공무원은 압류와 관계되는 체납액의 전부가 납부 또는 충당된 때에는 압류를 해제하여야 한다.
    ④ 세무서장이 공매절차를 통해 압류재산의 매수대금을 매수인으로부터 수령한 때에는 그 한도 안에서 그 체납자로부터 체납액을 징수한 것으로 본다.

7. ①

압류를 해제하여야 한다. → 압류를 해제할 수 있다.

> **참고 1** 압류해제(선택) : 압류를 해제할 수 있다.

구 분	내 용
일 부	체납액의 일부납부 또는 일부충당 및 부과의 일부취소
체 납	① 재산가격이 변동하여 체납액 전액을 현저히 초과시 ② 체납자가 다른 재산을 제공하여 그 재산을 압류한 경우

> **참고 2** 압류해제(강제) : 압류를 해제하여야 한다.

구 분	내 용
확정전 보전압류	① 압류일부터 3개월 내 세액을 미확정시 ② 압류통지를 받은 자가 납세담보를 제공시
제3자 소유권 주장	① 제3자의 소유권 주장이 상당한 이유가 있을 때 ② 제3자가 승소판결을 받고 증명시
기타의 경우	① 강제징수 종료시 ② 체납액 전액 : 납부·충당·공매중지 및 부과취소시

8. ③

① 다시 위탁할 수 있다. → 다시 위탁할 수 없다.

② 5천만원 이상인 → 1억원 이상인

④ 통지할 필요는 없다. → 통지하여야 한다.

⑤ 100분의 5를 → 100분의 25를

9. ⑤

납세의무자의 압류대상 재산이 「자본시장과 금융투자업에 관한 법률」에 의한 유가증권시장에 상장된 주식일 경우 해당 시장에 직접 매각이 가능하다. 최고는 제 2차 납세의무자 또는 납세보증인에게 적용되는 절차를 일컫는 용어였으나 독촉으로 통일하는 것으로 개정되어 없어진 용어에 해당한다.

10. ②

① 일시적 조업중단에 따른 유휴설비는 감가상각대상이다.

③ 일반적 무형자산의 감가상각비도 결산조정사항이다.

④ 개발비를 무신고한 경우에는 5년간 정액법을 사용한다.

⑤ 자본적 지출액은 자본적 지출 이후의 월수를 고려하지 않고 기초 자산에 가산하여 기초자산의 상각방법에 따라 연 상각한다.

> **참고** 감가상각대상

구 분	내 용
감가상각대상	① 유휴설비(운휴자산) ② 금융리스시 리스이용자가 사용하는 자산 ③ 장기할부시 자산 전체를 계상하고 사용하는 매수인 ④ 기업회계기준상 개발비 요건을 갖춘 개발비
감가상각제외	① 건설 중인 자산 및 철거한 자산 ② 취득 후 사용하지 않고 보관중인 자산

11. ⑤

접대와 관련한 부가가치세 부담액은 접대비에 해당한다.

| 참고 | 접대비 |

구 분		내 용
접대비 해 당 여 부	① 종업원 단체에 대한 복리시설비	㉠ 법인인 경우 : 접대비
		㉡ 법인이 아닌 경우 : 경리의 일부 → 자산 또는 손비로 계상
	② 약정에 따라 포기한 채권	㉠ 거래관계 개선목적인 경우 : 접대비
		㉡ 불가피한 채권일부 회수목적인 경우 : 대손금
	③ 접대목적 부가가치세	접대목적의 부가가치세 매입세액과 매출세액은 접대비로 간주
	④ 회의비	㉠ 통상회의비 : 회의비 → 전액 손금인정
		㉡ 통상회의비를 초과하는 금액과 유흥을 위한 지출액 : 접대비
	⑤ 광고선전물	㉠ 불특정다수인 경우 : 금액 제한 없이 광고선전비 → 전액 손금
		㉡ 특정인인 경우
		ⓐ 1인당 연간 5만원(3만원 이하 물품제외)이하인 경우 : 광고선전비
		ⓑ 1인당 연간 5만원(3만원 이하 물품제외)초과인 경우 : 접대비간주
현물접대비		제공한 때의 시가와 장부가액 중 큰 금액에 의하여 접대비를 계산한다.
손익귀속시기		발생주의 : 접대행위를 한 시점이 속하는 사업연도의 손금으로 한다.
접대비 한도액	일반접대비 세법상 한도	① 기본한도 = 12,000,000원(중소기업 36,000,000원) × $\frac{\text{사업연도월수}}{12}$
		② 수입금액한도 = 일반수입금액 × 적용률 + 특정수입금액 × 적용률 × 10%
	주의사항	① 특정수입금액이란 특수관계인과의 거래에서 발생하는 수입금액을 의미
		② 일반수입금액과 특정수입금액이 함께 있는 경우에는 일반수입금액부터 구간별 적용률을 적용한다.

12. ④

(2) 주식평가시 : 익금불산입 200,000원 (△유보)

(3) 주식배당시 : 익금산입 150,000원 (유보) ← 20주 x 7,500원(발행금액)

(4) 무상주 수령시 : 세무조정 없음 ← 의제배당이 아닌 무상주 수령

(5) 처분시 : 50,000 (△유보) x 50주/125주 = 20,000원 (익금산입, 유보)

13. ①

고유목적사업준비금을 손금에 산입하는 비영리내국법인이 지분을 출자한 다른 내국법인으로부터 받은 수입배당금에 대해서는 수입배당금 익금불산입 규정을 적용하지 않는다.

14. ②

1. 퇴직급여충당금 상계분 세무조정
　〈손금산입〉　퇴직급여충당금 15,000,000(△유보)
　〈손금불산입〉퇴직연금충당금 15,000,000(유보)

2. 퇴직연금충당금 설정한도액 : MIN [①, ②] = 10,000,000원
　① 퇴직금추계액 - 세무상 기말퇴직급여충당금(=결산상 기말 퇴직급여충당금 - 기말유보) - 기손금인
　　정 퇴직연금충당금 = 90,000,000 - 18,000,000 - 35,000,000 = 37,000,000원
　　* 기손금인정 퇴직연금충당금 = 50,000,000(기초 △유보) - 15,000,000(유보) = 35,000,000원
　② 기말예치금 잔액 - 기손금인정 퇴직연금충당금 = 45,000,000 - 35,000,000 = 10,000,000원

3. 퇴직연금충당금 세무조정
　① 손금불산입 15,000,000원 (유보) → 퇴직급여충당금 15,000,000원이 아니라 퇴직연금충당금
　　15,000,000원을 감소시켜야 하므로 세무조정
　② 손금산입 10,000,000원 (△유보) → 퇴직연금충당금은 강제신고조정사항이므로 한도액을 손금산
　　입 세무조정

15. ③
1. 대손금 부인 : 500,000원 (손금불산입, 유보)
2. 대손충당금 당기말 한도시부인
　① 회사의 기말금액 : 7,000,000원
　② 세법상 한도액 : 2,287,500원 (= 61,000,000원 x 3.75%)
　　㉠ 당기말 세무상 채권금액 = 60,000,000(재무상태표상 채권금액) - 2,000,000(할인어음)
　　　+3,000,000(대손금 부인 미수금) = 61,000,000원
　　㉡ 대손실적률 =
$$\frac{2,000,000(결산상\ 대손금) - 500,000(9기\ 대손금 : 소멸시효\ 완성분)}{40,000,000[37,500,000(9기말\ 결산상금액) - 500,000(매출채권) + 3,000,000(미수금)]}$$
　　　= 3.75%
　③ 대손충당금 한도초과액 = ① - ② = 4,712,500원 (손금불산입, 유보)

16. ②
1. 회사의 감가상각비 해당액 : 180,000,000원
2. 세법상 상각범위액 : [6억원(취득가액) - 2억원(전기말 감가상각누계액) + 3천만원(전기말상각부인누
　계액)] x 0.259 = 111,370,000원
3. 세무조정 = 1 - 2 = 68,630,000원(손금불산입, 유보)

17. ③
세무조사 과정에서 현금매출 2,200,000(부가가치세 포함)이 누락되어 회계처리도 이루어지지 않고 회사
에 입금도 되지 않았다는 사실을 알게 된 경우에는 부가가치세를 포함한 2,200,000원을 익금산입(상여)
로 세무조정한다.

18. ①
1. 사택 1
　① 임대료 = 200,000원 x 12개월 = 2,400,000원
　② 적정임대료(시가) = [300,000,000(사택시가) x 50% - 100,000,000(보증금)] x 5%
　　= 2,500,000원
　③ 세무조정 : 없음 (임대료와 시가와의 차액이 3억원 미만이면서 시가의 5%미만이므로 세무조정이 없음)
2. 사택 2
　① 임대료 = 300,000원 x 12개월 = 3,600,000원
　② 적정임대료(시가) = [500,000,000(사택시가) x 50% - 150,000,000(보증금)] x 5% = 5,000,000원
　③ 세무조정 : 1,400,000원 (익금산입, 상여)

19. ③

1. 장부기장을 하는 경우

   = (보증금 - 건설비상당액) x 정기예금이자율 - 금융수익

   = (6억원 - 2억원 x 600㎡/750㎡) x 5% - 10,200,000원 = 11,800,000원

   * 보증금에 주택보증금은 포함하지 아니하고 건설비상당액에 토지의 가액은 제외하며, 유가증권처분손익을 금융수익에서 차감시 유가증권 처분손실이 발생한 경우에는 0으로 한다.

2. 추계결정을 하는 경우

   = 보증금 x 정기예금이자율 = (6억원 + 6천만원) x 5% = 33,000,000원

   참고 간주임대료 비교

구 분	장부기장의 경우	추계의 경우
적용요건	부동산임대업을 주업으로 하면서 차입금이 과다한 영리내국법인	모든 법인
적용대상	주택 제외	주택 포함
차감대상	건설비상당액과 금융수익 차감함	건설비상당액과 금융수익 차감하지 아니함

20. ④

ㄱ.과 ㄷ.은 부동산임대업에 해당하므로 공제할 수 없으며, ㄴ.의 지역권, 지상권 설정 및 대여는 기타소득에 해당하며, ㄹ.은 국세기본법 규정에 따른 국세부과의 제척기간이 만료된 후에 확인된 그 제척기간 이전 과세기간의 이월결손금이라 공제하지 않는다.

21. ⑤

사업소득의 지급자가 국가·지방자치단체·지방자치단체조합·법인·법인으로 보는 법인 아닌 단체 또는 개인사업자인 경우에는 원천징수의무를 진다. 즉, 비사업자인 개인만 원천징수의무자가 아님에 주의한다.

22. ⑤

ㄴ.(x) : 정신적 고통에 대한 대가로 지급받는 손해배상금은 소득세법상 미열거 소득이기 때문에 기타소득으로 과세되지 않는다.

23. ②

법인세법은 일시상각충당금의 신고조정을 허용하지만, 개인은 외부감사 대상이 아니므로 소득세법은 일시상각충당금의 신고조정을 허용하지 않는다.

24. ③

구 분	비 고	2022년 귀속금액
(1) 비영업대금이익	2022년 귀속	4,000,000원
(2) 비영업대금이익	2021년 귀속(빠른날)	-
(3) 기명식 회사채이자	2021년 귀속(약정일)	-
(4) 비영업대금이익	이자·원금 회수 불가시 원금 먼저 차감해 계산	-
(5) 인정배당	2022년 귀속(법인의 결산확정일)	8,000,000원
(6) 합계		12,000,000원

참고

원금의 반제 및 이자지급의 기한경과 등의 사유로 지급받는 추가금액도 비영업대금의 이익에 포함한다. 이 경우 약정한 변제기일 이후의 기간에 대한 이자상당액의 수입시기는 실제로 이자를 지급받는 날이다.

25. ④

1. 음식점에서 발생한 사업소득금액 = 5억원(총수입금액) - 1억원(필요경비) = 4억원

2. 갑의 종합소득금액 = ① + ② = 3억 9천만원

   ① 사업소득금액 = 4억원 x 90%(갑, 을, 병의 지분율) = 3억 6천만원

   ② 근로소득금액 = 3천만원

3. 정의 종합소득금액 = 4억원 x 10%(정의 지분율) = 4천만원

> **참고**
>
> 공동사업에서 금융소득이 발생하는 경우 : 금융소득은 공동사업합산특례 적용대상에 해당하지 않음(예 : 공동사업장에서 비영업대금이익 10,000,000발생시 甲귀속 이자소득금액 : 10,000,000 x 40% = 4,000,000원)

26. ⑤

양도가액 및 필요경비를 수령하거나 지출한 날의 기준환율 또는 재정환율에 의하여 양도차익을 원화로 환산한다.

> **참고**　국외자산 양도

구　분	내　용
납세의무자	해당 자산 양도일까지 국내에서 계속해서 5년 이상 주소 또는 거소를 둔 거주자
각종공제	① 장기보유특별공제 : 적용배제 ② 양도소득기본공제 : 미등기 자산의 경우에도 연 250만원 공제 가능
외화환산	① 양도가액 : 수령한 날의 기준환율 또는 재정환율 ② 취득가액 : 지출한 날의 기준환율 또는 재정환율 ③ 외국납부세액 : 납부한 날의 기준환율 또는 재정환율로 환산한 금액
외국납부 세　　액	① 외국납부세액공제와 필요경비 산입 방법 중 택일 가능 ② 한도초과로 인한 금액은 이월공제 배제

27. ④

① 피상속인이 보유한 기간과 동일세대로서 상속인과 함께 보유한 기간 → 상속인과 피상속인이 동일세대로서 보유한 기간

② 실지거래가액이 가장 큰 주택을 → 거주자가 선택한 순서에 따라 주택을

③ 종전 아버지 소유였던 주택에 한하여 → 먼저 양도하는 주택에 대하여

⑤ 각각 하나의 주택으로 보아 → 그 전체를 하나의 주택으로 보아

28. ③

① (O) : 건물의 취득가액은 100,000,000 - 20,000,000(감가상각비) - 2,000,000(현재가치할인차금상각액) = 88,000,000원이다.

② (O) : 실지취득가액의 확인이 불가능한 경우 취득일 전후 각 3개월 이내 해당 자산의 매매사례가액(상장주식 제외), 감정가액의 평균액(주식 제외), 환산취득가액의 순으로 취득가액을 적용하므로 비상장주식의 주당 취득가액은 매매사례가액인 15,000원이다.

③ (X) : 丙은 회사로부터 100주의 주식매수선택권(행사가격 10,000원)을 부여받아 1주당 시가가 12,000원일 때 주식매수선택권을 행사하여 100주를 취득하였다. 丙이 주식매수선택권 행사로 취득한 주식을 양도하는 경우 취득가액은 주식매수선택권을 행사할 당시의 시가인 1,200,000원이다.

④ (O) : 부담부증여시 건물의 취득가액은 $80,000,000 \times \dfrac{1억원}{5억원}$ = 16,000,000원이다.

⑤ (O) : 이월과세를 적용받는 자산의 취득가액은 당초 증여자의 취득가액인 400,000,000원이다.

29. ③

해당 과세기간에 신규로 세무사업을 개시한 사업자의 소득금액을 추계조사 결정하는 경우에는 단순경비율 적용을 배제한다.

30. ⑤

건물의 과세사업 사용면적과 면세사업 사용면적이 확정되는 경우에는 실지귀속이 분명한 경우에 해당하므로 실제사용면적에 따라 매입세액을 정산하는 것이며 대용안분기준으로 예정사용면적을 사용한 경우에는 공급가액을 기준으로 공통매입세액을 정산하지 않는다.

31. ⑤

① 무연탄의 공급은 면세되지만 유연탄의 공급은 과세된다.
② 수의사의 가축진료용역의 공급은 면세된다.
③ 생수의 공급은 과세된다.
④ 도서대여용역의 공급도 면세된다.

32. ③

$6,000,000$[의제매입세액공제 $= 30,600,000$(생선 매입액) x $\frac{2}{102}$] $+ 1,000,000$(비품 매입세액)

$= 1,600,000$원

*) 2022년 제1기 전의 거래분인 생산설비 매입세액과 공급시기가 속하는 제1기의 확정신고기한(7월 25일)이후에 발급받는 소모품의 매입세액은 확정신고시 공제받을 수 없다. 다만, 세금계산서 발급일이 확정신고기한 다음날부터 1년 이내이며 사업자가 수정신고 또는 경정청구하는 경우나 거래사실이 확인되어 과세관청이 결정 또는 경정청구하는 경우에는 매입세액을 공제받을 수 있다.

33. ①

감가상각자산을 일부 면세전용한 경우로서 당해 면세사업에 의한 면세공급가액이 총공급가액 중 5%미만인 경우에는 과세표준이 없는 것이므로 과세표준은 0이 된다.

34. ②

대손 확정시 대손세액공제를 받은 채권에 대해서 추후 회수시 공급하는 사업자는 매출세액에 가산하고 공급받는 사업자는 공제대상 매입세액에 가산한다. 공급자 갑은 2023년 2기 부가가치세 확정신고를 하는 경우 매출세액에 가산한다.

> **참고** 대손세액

구 분	대손확정(2023년 1기)		대손회수(2023년 2기)	
공급자(갑)	매출세액	5,000,000원	+ 매출세액	3,000,000원
공급받는 자(을)	매입세액공제액	5,000,000원	+ 매입세액공제액	3,000,000원

* 부도발생일은 어음·수표의 지급기일과 금융회사의 부도확인일 중 빠른 날로 하므로 부도발생일은 2022년 9월 20일이다. 이 경우 대손확정은 부도발생일로부터 6개월 이상 지나야 하므로 2023년 제1기에 확정된다.

35. ①

재화의 공급에 대해서 특수관계인에게 부당하게 낮은 대가를 받거나 대가를 받지 않은 경우에는 자기가 공급한 재화의 시가를 공급가액으로 하나 그 시가가 불분명한 경우에는 공급받은 재화의 시가를 공급가액으로 한다.

36. ①

둘 이상의 사업장이 있는 사업자는 사업자단위로 해당 사업자의 본점 또는 주사무소 관할세무서장에게 등록할 수 있다.

37. ②

ㄱ. (X) : 국가·지방자치단체 또는 지방자치단체조합이 공급하는 부동산임대용역에 있어서 사업장은 그 사업에 관한 업무를 총괄하는 장소이다.

ㄴ. (X) : 무인자동판매기를 통하여 재화·용역을 공급하는 사업에 있어서 사업장은 그 사업에 관한 업무를 총괄하는 장소이다. 그 이외의 장소를 사업자의 신청에 의하여 추가로 사업장으로 등록할 수는 없다.

ㄷ. (X) : 법인이 주사업장 총괄납부의 신청을 하는 경우 주된 사업장은 본점(또는 주사무소) 또는 지점 (또는 분사무소)를 주된 사업장으로 할 수 있다.

ㅁ. (X) : 사업장은 사업자가 사업을 하기 위하여 거래의 전부 또는 일부를 하는 고정된 장소를 말한다.

38. ④

1. 사례 1 : 30%(직접소유) + 20%(간접소유 : 50% 출자비율이므로 20%) = 50%
2. 사례 2 : 30%(직접소유) + 20% x 50% x 50%(간접소유) = 35%

　참고　　간접소유비율

구 분	내 용
주주법인이 50%이상 소유하고 있는 경우	주주법인의 주식소유비율
주주법인이 50%미만 소유하고 있는 경우	소유비율 x 주주법인의 주식소유비율

39. ④

해외금융계좌 중 실지명의에 의하지 아니한 계좌 등 그 계좌의 명의자와 실질적 소유자가 다른 경우에는 명의자 및 실질적 소유자가 각각 해당 계좌를 보유한 것으로 본다.

40. ①

조세포탈범이 포탈세액을 법정신고기한이 지난 후 2년 이내에 국세기본법에 따라 수정신고를 하거나 6개월 이내에 기한후신고를 한 경우에는 형을 감경할 수 있다.

세법학개론 2010년

1. 〈국세기본법〉 국세기본법상 제2차 납세의무에 관한 설명으로 옳지 않은 것은?

① 법인의 제2차 납세의무의 한도를 계산하는 경우에 자산총액과 부채총액의 평가는 해당 법인의 사업연도종료일 현재의 시가로 한다.

② 자본시장과 금융투자업에 관한 법률에 따른 유가증권 시장에 주식을 상장한 법인의 출자자는 제2차 납세의무를 지지 아니한다.

③ 국세의 납부기간 만료일 현재 법인의 무한책임사원 또는 과점주주(이하 '출자자'라 함)의 재산(그 법인의 발행주식 또는 출자지분은 제외)으로 그 출자자가 납부할 국세 및 강제징수비에 충당하여도 부족하고 그 법인의 정관에 의하여 출자자의 소유주식 또는 출자지분의 양도가 제한된 경우에 법인은 그 부족한 금액에 대하여 제2차 납세의무를 진다.

④ 제2차 납세의무를 지는 사업양수인은 사업장별로 그 사업에 관한 모든 권리(미수금에 관한 것은 제외)와 모든 의무(미지급금에 관한 것은 제외)를 포괄적으로 승계한 자를 말한다.

⑤ 사업양수인은 사업양도인이 사업용 부동산을 양도함으로써 납부하여야 할 양도소득세에 대하여는 제2차 납세의무를 지지 아니한다.

2. 〈국세기본법〉 국세기본법상 국세의 납세의무 확정에 관한 설명으로 옳지 않은 것은?

① 원천징수하는 소득세 또는 법인세는 납세의무가 성립하는 때에 특별한 절차 없이 그 세액이 확정된다.

② 중간예납하는 법인세(세법에 따라 정부가 조사·결정하는 경우는 제외)는 납세의무가 성립하는 때에 특별한 절차 없이 그 세액이 확정된다.

③ 개별소비세, 주세, 증권거래세, 교육세 또는 교통·에너지·환경세의 과세표준과 세액을 정부가 결정하는 경우에는 그 결정하는 때에 그 세액이 확정된다.

④ 납세의무자가 종합부동산세의 과세표준과 세액을 신고하는 경우에도 정부가 과세표준과 세액을 결정하는 때에 그 세액이 확정된다.

⑤ 납세조합이 징수하는 소득세는 납세의무가 성립하는 때에 특별한 절차 없이 그 세액이 확정된다.

3. 〈국세기본법〉 국세부과의 제척기간과 국세징수권의 소멸시효에 관한 설명으로 옳지 않은 것은?

① 납부고지한 인지세액에 대해서는 그 고지에 따른 납부기한의 다음 날이 국세징수권 소멸시효의 기산일이 된다.

② 국세의 소멸시효가 완성되는 경우 국세의 강제징수비 및 이자상당액에도 그 효력이 미친다.

③ 사해행위취소 소송의 제기로 인한 소멸시효 정지의 효력은 소송이 각하·기각 또는 취하된 경우에는 효력이 없다.

④ 세무서장은 국세징수권 소멸시효가 완성된 경우에는 납세의무가 소멸되나 국세부과 제척기간이 만료된 경우에는 납세의무가 소멸되지 않는다.

⑤ 행정소송법에 따른 소송에 대한 판결에서 명의대여 사실이 확인되는 경우에는 그 판결이 확정된 날로부터 1년 이내에 명의대여자에 대한 부과처분을 취소하고 실제로 사업을 경영한 자에게 경정결정이나 그밖에 필요한 처분을 할 수 있다.

4. 〈국세기본법〉 국세기본법상 조세불복제도에 관한 설명으로 옳지 않은 것은?

① 이의신청인은 세무사를 대리인으로 선임할 수 있으며 선임된 세무사는 본인을 위하여 그 신청에 관한 모든 행위를 할 수 있으나, 신청의 취하는 특별한 위임을 받은 경우에만 가능하다.

② 물적납세의무를 지는 자로서 납부고지서를 받은 자는 위법·부당한 처분을 받은 자의 처분에 대하여 해당 처분의 상대방이 아니므로 그 처분의 취소 또는 변경을 청구할 수 없다.

③ 이의신청을 받은 재결청은 처분의 집행 또는 절차의 속행 때문에 이의신청인에게 중대한 손해가 생기는 것을 예방할 필요성이 긴급하다고 인정할 때에는 처분의 집행 또는 절차속행의 전부 또는 일부의 정지를 결정할 수 있다.

④ 이의신청에 따른 결정기간 내에 결정의 통지를 받은 자가 심사청구를 하려면 이의신청에 대한 결정의 통지를 받은 날부터 90일 이내에 제기하여야 한다.

⑤ 담당 조세심판관에게 공정한 심판을 기대하기 어려운 사정이 있다고 인정될 때에는 심판청구인은 그 조세심판관의 기피를 신청할 수 있다.

5. 〈국세징수법〉 다음은 국세징수법상 사업에 관한 허가 등의 제한에 대한 내용이다. 빈칸에 들어갈 내용으로 옳은 것은?

> (1) 세무서장(지방국세청장을 포함한다)은 납세자가 허가·인가·면허 및 등록(이하 "허가 등"이라 한다)을 받은 사업과 관련된 소득세, 법인세 및 부가가치세를 대통령령으로 정하는 사유 없이 체납하였을 때에는 해당 사업의 주무관서에 그 납세자에 대하여 허가 등의 갱신과 그 허가 등의 근거 법률에 따른 신규 허가 등을 하지 아니할 것을 요구할 수 있다.
>
> (2) 세무서장(지방국세청장을 포함한다)은 허가 등을 받아 사업을 경영하는 자가 해당 사업과 관련된 소득세, 법인세 및 부가가치세를 (㉠)회 이상 체납한 경우로서 그 체납액이 (㉡)만원 이상일 때에는 대통령령으로 정하는 경우를 제외하고 그 주무관서에 사업의 정지 또는 허가 등의 취소를 요구할 수 있다.

① ㉠ 3, ㉡ 500   ② ㉠ 3, ㉡ 5,000   ③ ㉠ 2, ㉡ 500
④ ㉠ 2, ㉡ 5,000   ⑤ ㉠ 1, ㉡ 500

6. 〈국세징수법〉 세무서장은 납세자가 법령이 정하는 사유 없이 법인세·소득세 및 부가가치세를 체납한 때에는 허가 등을 요하는 사업의 주무관서에 해당 납세자에 대하여 그 허가 등을 하지 않을 것을 요구할 수 있다. 법령이 정하는 사유가 아닌 것은?

① 공시송달의 방법으로 납부고지된 경우
② 민사집행법에 따른 강제집행을 받는 경우
③ 「부가가치세법」에 따라 물적납세의무를 부담하는 수탁자가 그 물적납세의무와 관련한 부가가치세 또는 강제징수비를 체납한 경우
④ 납세관리인을 정하지 아니한 경우
⑤ 납세자가 재난 또는 도난으로 재산에 심한 손실을 입은 경우

7. 〈국세징수법〉 국세공무원이 행한 압류에 관한 설명으로 옳지 않은 것은?

① 세무서장은 압류할 채권이 국세 및 강제징수비를 초과하는 경우에 필요하다고 인정하는 때에는 그 채권 전액을 압류할 수 있다.
② 세무서장은 채권을 압류할 때에는 그 뜻을 제 3채무자에게 통지하여야 하며, 그 압류를 한 때에는 그 뜻을 체납자인 채권자에게 통지하여야 한다.
③ 급료의 압류는 국세 및 강제징수비를 한도로 하여 압류 후에 수입할 금액에 미친다.
④ 세무서장은 제 3채무자에게 채권압류의 통지를 한 경우에 그 채무이행의 기한이 경과하여도 이행하지 아니한 때에는 독촉을 하여야 한다.
⑤ 부동산의 압류는 그 압류재산의 소유권이 이전되기 전에 국세기본법상의 법정기일이 도래한 국세에 대한 체납액에 대하여는 그 효력이 미치지 아니한다.

8. 〈국세징수법〉 국세징수법상 다음 설명 중 옳은 것은?

① 체납액은 강제징수비, 가산세, 국세(가산세 제외)의 순으로 징수한다.

② 국가 등과 계약에 의하여 대금을 지급받아야 할 자가 해당 채권을 타인에게 양도한 경우 해당 채권의 양수자가 국가 등으로부터 대금을 지급받는 경우에는 채권양수자 본인의 납세증명서만 제출하면 되고 당초 국가 등과 계약한 채권양도자의 납세증명서는 제출하지 아니한다.

③ 국가 등과 계약에 의하여 대금을 지급받아야 할 자가 법원의 전부명령에 따른 압류채권자인 경우에는 압류채권자 뿐만 아니라 국가 등과 계약한 자도 납세증명서를 제출하여야 한다.

④ 국가 등과 계약에 의하여 대금을 지급받아야 할 자가 법률에 따라 건설공사의 하도급대금을 직접 지급받는 수급사업자의 경우에는 수급사업자의 납세증명서를 제출하여야 한다.

⑤ 감치에 처하는 재판을 받은 체납자가 그 감치의 집행 중에 체납된 국세를 납부한 경우에도 감치집행을 종료하지 아니한다.

9. 〈법인세법〉 내국법인인 (주)A의 제 10기 사업연도(2022.1.1.~12.31)에 관한 자료이다. 법인세법상 익금항목 합계액과 익금불산입 항목 합계액의 차이는 얼마인가?

1. 부가가치세 신고시 잘못 납부한 금액의 환급금에 대한 이자 1,000,000원을 관할세무서장으로부터 지급받았다.
2. 감자차익 10,000,000원이 발생하였다.
3. 대표이사인 갑으로부터 시가 70,000,000원인 유가증권을 40,000,000원에 매입하였다.
4. 당기에 거래처로부터 발생한 채무면제익 10,000,000원 중 8,000,000원은 2009.1.1~12.31까지 발생한 법인세법상 결손금으로서 그 후의 적법하게 신고된 각 사업연도의 과세표준 계산시 공제되지 아니한 이월결손금의 보전에 충당하였다.
5. (주)A는 최초 사업연도부터 제 10기 사업연도까지 합병 또는 분할과 관련된 바 없으며, 관련 법률에 의한 회생계획인가의 결정 또는 경영정상화계획의 이행을 위한 약정이 체결된 법인에 해당하지 않는다.

① 13,000,000원　　　　② 19,000,000원　　　　③ 21,000,000원
④ 22,000,000원　　　　⑤ 29,000,000원

10. 〈법인세법〉 제조업을 영위하는 내국법인인 (주)A가 제 5기 사업연도(2022.1.1~12.31)에 계상한 비용이다. 법인세법상 각사업연도 소득금액 계산시 손금에 산입되지 아니하는 금액은 얼마인가?

> 1. 지배주주 갑에게 지급한 여비 3,000,000 [갑은 (주)A의 임원 또는 직원이 아님]
> 2. 대표이사 을에게 지급한 상여금 20,000,000원(주주총회에서 결의된 급여지급기준 내의 금액임)
> 3. 제 5기 사업연도에 납부할 지방소득세 소득분 10,000,000원
> 4. 제 4기 사업연도에 상법상 소멸시효가 완성된 외상매출금 15,000,000원
> 5. 판매한 제품의 판매장려금으로서 사전약정 없이 지급한 금액 5,000,000원

① 13,000,000원   ② 15,000,000원   ③ 28,000,000원
④ 48,000,000원   ⑤ 53,000,000원

11. 〈법인세법〉 내국법인의 손익의 귀속사업연도에 관한 설명으로 옳지 않은 것은?
① 법인이 매출할인을 하는 경우 그 매출할인 금액은 상대방과의 약정에 의한 지급기일(그 지급기일이 정하여 있지 아니한 경우에는 지급한 날)이 속하는 사업연도의 매출액에서 차감한다.
② 부동산매매업을 영위하는 법인이 재고자산인 부동산을 판매하는 경우에는 그 재고자산을 인도한 날이 속하는 사업연도로 한다.
③ 법인이 결산을 확정함에 있어서 특수관계가 없는 자로부터의 차입금에 대하여 이미 경과한 기간에 대응하는 이자 및 할인액을 당해 사업연도의 손금으로 계상한 경우에는 그 계상한 사업연도의 손금으로 한다.
④ 부가가치세법 제 32조의 3 제 4항의 규정을 적용받는 업종을 영위하는 법인이 금전등록기를 설치·사용하는 경우 그 수입하는 물품대금과 용역대가의 귀속사업연도는 그 금액이 실제로 수입된 사업연도로 할 수 있다.
⑤ 법인이 장기금전대차거래에 대하여 장부가액과 현재가치와의 차액을 현재가치할인차금으로 계상하고, 이를 기업회계기준의 상각 또는 환입방법에 따라 손금 또는 익금으로 계상하는 경우에는 그 계상한 사업연도의 손금 또는 익금에 산입하지 아니한다.

12. 〈법인세법〉 법인세에 관한 설명으로 옳은 것은?
① 비영리내국법인이 출자지분의 양도로 인하여 생기는 수입은 수익사업에서 생기는 소득에 해당하지 아니한다.
② 내국법인 중 지방자치단체조합에 대하여는 법인세를 부과한다.
③ 내국법인 및 외국법인과 소득세법에 의한 거주자 및 비거주자는 법인세법에 의하여 원천징수하는 법인세를 납부할 의무가 있다.
④ 내국법인의 각 사업연도의 소득금액계산에 있어서 주식의 포괄적 이전차익은 익금에 산입하지 아니하나 주식의 포괄적 교환차익은 익금에 산입한다.
⑤ 청산소득에 대한 법인세의 징수에 있어서는 납부지연가산세 규정이 적용된다.

13. 〈법인세법〉 중소기업으로서 제조업을 영위하는 내국법인인 (주)A가 제 11기에 환급받은 법인세와 제 11기 결손금 감소로 인하여 환급이 취소되는 세액(이자상당액은 무시함)은 각각 얼마인가?

> (1) 제 10기(2021.1.1~12.31)의 각 사업연도의 소득에 대한 법인세 과세표준은 320,000,000원, 산출세액은 56,000,000원(토지 등 양도소득에 대한 법인세 12,000,000포함), 공제·감면 법인세액은 15,000,000원이었다.
>
> (2) 제 11기(2022.1.1~12.31)에 결손금 120,000,000원이 발생해 이 중 100,000,000원을 소급 공제 신청하고 이에 대한 법인세를 환급받았다. 이후 제 11기에 대한 법인세의 과세표준과 세액이 경정됨으로써 당초의 결손금이 70,000,000원으로 감소하였다.
>
> (3) 법인세율은 다음과 같이 가정한다.
>
> | 과세표준 | 제 10기 (2021년) | 제 11기 (2022년) |
> |---|---|---|
> | 2억원 이하 | 10% | 10% |
> | 2억원 초과 | 20% | 20% |
>
> (4) (주)A는 법인세 과세표준 신고기한 내에 제 10기와 제 11기의 각 사업연도 소득에 대한 법인세 과세표준 및 세액을 각각 신고하였다.

	환급받은 법인세	환급 취소세액
①	22,000,000원	6,600,000원
②	22,000,000원	11,000,000원
③	29,000,000원	8,700,000원
④	34,000,000원	10,200,000원
⑤	34,000,000원	17,000,000원

14. 〈법인세법〉 내국법인인 (주)A의 제 11기 세무조정사항으로 옳은 것은?

> 1. 제 11기 사업연도(2022.1.1. ~ 12.31)초 대표이사로부터 비품 (시가 35,000,000원)을 구입하면서 현금 지급액 50,000,000원을 장부에 계상하였다.
> 2. 비품에 대해 상각범위액 상당액(신고내용연수 5년, 정액법)을 감가상각비로 계상하였다.

	익금산입 및 손금불산입		손금산입 및 익금불산입	
①	부당행위계산부인 감가상각비부인액	15,000,000원(상여) 3,000,000원(유보)	비품	15,000,000원(△유보)
②	부당행위계산부인 비품	15,000,000원(상여) 15,000,000원(유보)	감가상각비추인액	3,000,000원(△유보)
③	비지정기부금 감가상각비부인액	4,500,000원(상여) 900,000원(유보)	비품	4,500,000원(△유보)
④	비지정기부금	4,500,000원(기타사외유출)	비품	4,500,000원(△유보)
⑤	부당행위계산부인	15,000,000원(상여)	비품	15,000,000원(△유보)

15. 〈법인세법〉 내국법인인 (주)A의 제 10기 사업연도(2022.1.1~12.31) 접대비 관련 자료이다. (주)A가 제 10기에 행하여야 할 세무조정으로 옳은 것은?

1. (주)A는 해당 사업연도에 다음과 같이 접대비를 계상하였다.

    1. (주)A는 해당 사업연도에 다음과 같이 접대비를 계상하였다.
      ㉠ 판매비와관리비로 계상된 접대비   20,000,000원
      ㉡ 건물로 계상된 접대비   12,000,000원
      ㉢ 합 계   32,000,000원
    2. 판매비와관리비로 계상된 접대비 중에는 당사의 상품(장부가액 5,000,000원, 시가 8,000,000원)을 거래처에 증정한 것이 포함되어 있으며, 이에 대해 (주)A는 다음과 같이 회계처리하였다.
      (차) 접대비   5,800,000   (대) 상품   5,000,000
                                  부가치세예수금   800,000
    3. 건당 3만원을 초과하는 접대비는 모두 신용카드로 결제되었으며, 문화접대비 해당액은 없다.
    4. 제 10기 사업연도의 접대비 한도액은 11,000,000원이다.
    5. (주)A는 제 10기 초에 처음으로 건물을 취득하였으며, 건물의 취득가액은 200,000,000원(접대비 해당액 12,000,000포함)이고 제 10기에 20,000,000원의 감가상각비를 계상하였다. 건물의 신고내용년수는 10년이며 정액법을 사용한다.
    6. 현물로 제공한 상품의 시가와 장부가액과의 차액은 접대비 시부인계산시 고려하지만, 이에 대한 세무조정은 생략한다.

	익금산입 및 손금불산입	손금산입 및 익금불산입
①	접대비한도초과액 24,000,000원 (기타사외유출) 건물감액분 감가상각비 400,000원 (유보)	건물 4,000,000원(△유보)
②	접대비한도초과액 24,000,000원 (기타사외유출) 건물감액분 감가상각비 100,000원 (유보)	건물 1,000,000원(△유보)
③	접대비한도초과액 21,000,000원 (기타사외유출) 건물감액분 감가상각비 100,000원 (유보)	건물 1,000,000원(△유보)
④	접대비한도초과액 24,000,000원 (기타사외유출)	건물 4,000,000원(△유보)
⑤	접대비한도초과액 21,000,000원 (기타사외유출)	건물 1,000,000원(△유보)

16. 〈법인세법〉 제조업을 영위하고 있는 내국법인인 (주)A에 관한 자료이다. 세무조정이 필요한 경우는?

① (주)A의 특수관계인이 아닌 (주)B에게 토지(시가는 불분명, 상속세 및 증여세법에 의한 평가액 2억원, 감정평가업자에 의한 평가액 2억 5천만원, 장부가액 1억 8천만원)를 2억원에 매각하고 다음과 같이 회계처리하였다.

    (차) 현　금　　　　　　　　200,000,000　　　　(대) 토　　　　　　지　　　　180,000,000
    　　　　　　　　　　　　　　　　　　　　　　　　유형자산처분이익　　　　　20,000,000

② (주)A는 건물을 법령에서 규정하는 장기할부조건으로 300,000,000원(현재가치 250,000,000원)에 취득하면서 다음과 같이 회계처리하였다.

    (차) 건　　　　물　250,000,000　　　　(대) 장기미지급금　　　　300,000,000
    　　　현재가치할인차금　50,000,000

③ 전기 재무상태표에 26,000,000원으로 계상되어 있는 장기외화외상매출금($20,000)에 대하여 당해 사업연도에 (주)A는 아무런 회계처리를 하지 않았다. 전기 사업연도말 기준환율은 $1: 1,300원이고 당해 사업연도말의 기준환율은 $1 : 1,200원 이다.

④ 보유하고 있는 상품(장부가액 8,000,000원)이 파손되어 정상가격으로 판매할 수 없게 되어 (주)A는 다음과 같이 회계처리하였다. 동 상품의 당해 사업연도 종료일 현재의 처분가능한 시가는 1,500,000원이다.

    (차) 영업외비용　　　6,500,000　　　　(대) 상　　　품　　　　6,500,000

⑤ 주권상장법인인 (주)C가 파산하여 (주)A가 보유하고 있는 (주)C의 주식(장부가액 5,000,000원)의 사업연도 종료일 현재의 시가가 0원이 되어 다음과 같이 회계처리하였다.

    (차) 영업외비용　　　5,000,000　　　　(대) 단기매매금융자산　　　　5,000,000

17. 〈법인세법〉 내국법인 ㈜A의 청산소득금액은 얼마인가?

> (1) ㈜A는 제16기 사업연도(2022.1.1.~12.31.)말에 해산하기로 결의하고 청산절차에 착수하였다. 해산등기일(2022.12.31.)의 재무상태표는 다음과 같다.
>
> 재무상태표
>
> | 토지 | 20,0,00,000 | 부 채 | 30,000,000 |
> |---|---|---|---|
> | 건물 | 80,000,000 | 자 본 금 | 50,000,000 |
> | | | 이익잉여금 | 20,000,000 |
>
> (2) 제 16기말 현재 세무상 이월결손금 내역은 다음과 같다.
> ① 5,000,000원(제4기 발생분으로 이 중 4,000,000원은 제5기 과세표준 계산시 공제받았음)
> ② 3,000,000원(제13기 발생분)
> (3) 제16기말 현재 ㈜A의 세무조정 관련 자료는 다음과 같다.
> ① 토지의 취득세와 관련하여 손금불산입 1,000,000(유보)로 처분한 세무조정사항이 있다.
> ② 건물의 감가상각비와 관련하여 제14기에 시인부족액 800,000원이 발생하였고, 제16기초 전기이월된 상각부인누계액은 1,500,000원이다.
> (4) 청산기간 중 국세기본법에 따라 1,400,000원의 법인세를 환급받았다.
> (5) 토지와 건물은 각각 40,000,000원과 100,000,000원으로 환가되었으며, 부채는 30,000,000원으로 상환하였다.
> (6) ㈜A는 최초 사업연도부터 제16기 사업연도까지 합병 또는 분할과 관련된 바 없으며, 관련 법률에 의한 회생계획인가의 결정 또는 경영정상화계획의 이행을 위한 약정이 체결된 법인에 해당하지 않는다.

① 36,100,000원   ② 38,700,000원   ③ 39,300,000원
④ 40,100,000원   ⑤ 60,000,000원

18. 〈법인세법〉 연결납세제도에 관한 설명으로 옳지 않은 것은?

① 연결법인에 법령에 따른 수시부과 사유가 있는 경우에 지방국세청장은 연결납세방식의 적용 승인을 취소할 수 있다.
② 연결납세방식을 적용받는 각 연결법인의 사업연도는 연결사업연도와 일치하여야 하나 본래의 사업연도가 법령 등에 규정되어 연결사업연도와 일치시킬 수 없는 완전자법인으로서 법령에서 정한 요건을 갖춘 내국법인의 경우에는 연결사업연도를 해당 내국법인의 사업연도로 보아 연결납세방식을 적용할 수 있다.
③ 연결모법인의 완전지배를 받지 아니하게 되거나 해산한 연결자법인은 해당 사유가 발생한 날이 속하는 연결사업연도의 개시일부터 연결납세방식을 적용하지 아니한다.
④ 내국법인과 해당 내국법인의 완전자법인은 법령이 정하는 바에 따라 지방국세청장의 승인을 받아 연결납세방식을 적용하여야 하며, 이 경우 완전자법인이 2이상인 때에는 그 중 일부를 선택하여 연결납세방식을 적용할 수 있다.
⑤ 법인의 설립등기일부터 연결모법인이 완전지배하는 내국법인은 설립등기일이 속하는 사업연도부터 연결납세방식을 적용하여야 한다.

19. 〈소득세법〉 공동사업에 대한 소득금액계산의 특례에 관한 설명으로 옳지 않은 것은? (단, 공동사업소득 이외의 다른 소득은 없는 것으로 가정한다.)

① 사업소득이 발생하는 사업을 공동으로 경영하고 그 손익을 분배하는 공동사업의 경우에는 공동사업장을 1거주자로 보아 공동사업장별로 그 소득금액을 계산한다.

② 거주자 1인과 그와 법령으로 정하는 특수관계에 있는 자가 공동사업자에 포함되어 있는 경우로서 손익분배비율을 거짓으로 정하는 등 법령으로 정하는 사유가 있는 경우에는 그 특수관계인의 소득금액은 주된 공동사업자의 소득금액으로 본다.

③ 공동사업에서 발생한 소득금액은 해당 공동사업을 경영하는 각 거주자간에 특수관계가 없는 경우 약정된 손익분배비율에 의해 분배되었거나 분배된 소득금액에 따라 각 공동사업자별로 분배한다.

④ 공동사업에서 발생한 소득금액은 해당 공동사업을 경영하는 각 거주자 간에 특수관계가 없는 경우 약정된 손익분배율이 없는 때에는 지분비율에 의하여 분배되었거나 분배될 소득금액에 따라 각 공동사업자별로 분배한다.

⑤ 출자공동사업자에는 공동사업에 성명 또는 상호를 사용하게 한 자와 공동사업에서 발생한 채무에 대하여 무한책임을 부담하기로 약정한 자를 포함한다.

20. 〈소득세법〉 소득세법상 총수입금액 및 필요경비의 귀속연도 등에 관한 설명으로 옳지 않은 것은?

① 거주자의 각 과세기간 총수입금액 및 필요경비의 귀속연도는 총수입금액과 필요경비가 확정된 날이 속하는 과세기간으로 한다.

② 거주자가 보유하는 무형자산의 장부가액을 증액한 경우 그 평가일이 속하는 과세기간 및 그 후의 과세기간을 소득금액을 계산할 때 자산의 장부가액은 평가한 후의 가액으로 한다.

③ 거주자가 각과세기간의 소득금액을 계산할 때 총수입금액 및 필요경비의 귀속연도와 자산·부채의 취득 및 평가에 대하여 일반적으로 공정·타당하다고 인정되는 기업회계기준을 적용하거나 관행을 계속 적용하여 온 경우에는 소득세법 및 조세특례제한법에서 달리 규정하고 있는 경우 외에는 그 기업회계의 기준 또는 관행에 따른다.

④ 거주자가 매입· 제작 등으로 취득한 자산의 취득가액은 그 자산의 매입가액이나 제작원가에 부대비용을 더한 금액으로 한다.

⑤ 천재지변으로 파손 또는 멸실된 유형자산은 법령으로 정하는 방법에 따라 그 장부가액을 감액할 수 있다.

21. 〈소득세법〉 소득세법상 금융소득의 수입시기에 관한 설명으로 옳지 않은 것은?

① 잉여금의 처분에 의한 배당 - 당해 법인의 잉여금처분결의일

② 직장공제회 초과반환금 - 약정에 의한 공제회 반환금의 지급일

③ 법인세법에 의하여 처분된 배당 - 당해 법인의 당해 사업연도의 종료일

④ 통지예금의 이자 - 인출일

⑤ 내국법인이 발행한 무기명 채권의 이자와 할인액 - 그 지급을 받은 날

22. 〈소득세법〉 소득세법상 거주자 갑의 기타소득 내역 중 필요경비가 최소한 100분의 60에 해당하는 항목들의 합계액은 얼마인가?

> 1. 상훈법에 따른 훈장과 관련하여 받은 상금 3,000,000원
> 2. 지역권을 설정하고 받은 금품 5,000,000원
> 3. 산업재산권을 양도하고 받은 금품 20,000,000원
> 4. 공익법인설립·운영에 관한 법률의 적용을 받은 공익법인이 주무관청의 승인을 받아 시상하는 상금 6,000,000원
> 5. 사례금 7,000,000원

① 25,000,000원   ② 31,000,000원   ③ 32,000,000원
④ 34,000,000원   ⑤ 38,000,000원

23. 〈소득세법〉 거주자의 국외자산의 양도에 관한 설명으로 옳지 않은 것은? (단, 거주자는 국외자산의 양도일까지 계속 5년 이상 국내에 주소 또는 거소를 둔 자이다.)

① 국외자산 중 토지 또는 건물의 양도소득에 대한 소득세는 기본세율을 적용하여 계산한다.
② 국외자산 양도차익의 외화환산은 양도가액 및 필요경비를 수령하거나 지출한 날 현재 외국환거래법에 의한 기준환율 또는 재정환율에 의한다.
③ 국외자산의 양도에 대한 양도소득금액을 계산하는 때에는 장기보유특별공제액을 공제하지 아니한다.
④ 국외자산의 양도소득에 대하여 해당 외국에서 과세를 하는 경우 그 양도소득에 대하여 법령으로 정하는 국외자산 양도소득세액을 납부하였을 때에는 외국납부세액의 공제를 적용받을 수 있다.
⑤ 거주자의 국외에 있는 지상권과 전세권의 양도로 인하여 발생하는 소득은 국외자산의 양도소득 범위에 속하지 아니한다.

24. 〈소득세법〉 소득세법상 거주자 또는 비거주자가 되는 시기에 관한 설명으로 옳지 않은 것은?

① 비거주자는 국내에 주소를 둔 날에 거주자로 된다.
② 비거주자는 국내에 거소를 둔 기간이 183일이 되는 날에 거주자로 된다.
③ 거주자는 주소 또는 거소의 국외 이전을 위하여 출국하는 날에 비거주자로 된다.
④ 국내에 거주하는 개인이 계속하여 183일 이상 국내에 거주할 것을 통상 필요로 하는 직업을 가진 날에 비거주자가 거주자가 된다.
⑤ 국외에 거주하는 자가 계속하여 183일 이상 국외에 거주할 것을 통상 필요로 하는 직업을 가진 날의 다음 날에 거주자가 비거주자가 된다.

25. 〈소득세법〉 창호제조업을 영위하는 거주자인 사업자 갑의 제 5기(2022.1.1~12.31)의 손익계산서에 반영되어 있는 수익항목에 관한 자료이다. 제 5기 사업소득의 총수입금액은 얼마인가?

1. 총매출액	120,000,000원
2. 거래상대방인 (주)A로부터 받은 판매장려금	5,000,000원
3. 이자수익	7,500,000원
4. (주)B로부터 받은 배당금수익	1,500,000원
5. 창호제조 공장건물의 화재로 인한 보험차익	1,400,000원
6. 사업과 관련 없이 기증받은 컴퓨터	2,000,000원(시가)

① 125,000,000원 ② 126,400,000원 ③ 130,400,000원
④ 135,400,000원 ⑤ 142,400,000원

26. 〈소득세법〉 소득세법상 소득의 종류에 관한 설명으로 옳지 않은 것은?

① 종업원이 주택(주택에 부수된 토지 포함)의 구입에 소요되는 자금을 사용자로부터 무상으로 대여받음으로써 얻는 이익은 기타소득이다.
② 연예인 및 직업운동선수 등이 사업활동과 관련하여 받는 전속계약금은 사업소득으로 한다.
③ 건설업에서 발생하는 소득은 사업소득이다.
④ 계약의 위약 또는 해약으로 인하여 받는 위약금과 배상금은 기타소득이다.
⑤ 퇴직 전에 부여받은 주식매수선택권을 퇴직 후에 행사함으로써 얻는 이익은 기타소득이다.

27. 〈소득세법〉 소득세법상 거주자 갑이 소유하고 있는 다음의 국내 소재 토지를 양도한 경우 갑의 2022년 양도소득 과세표준은 얼마인가?

1. 토지의 양도가액 300,000,000원(실지거래가액), 취득가액 200,000,000원(실지거래가액)
2. 양도일자 2022.2.20, 취득일자 2009.1.5
3. 토지를 양도하기 위하여 직접 지출한 소개비 및 공증비용(세금계산서 수령) 2,000,000원, 갑의 취득세 납부액(납부영수증은 분실하였고, 지방세법 등에 의해 감면된 세액은 없음) 10,000,000원
4. 미등기된 것으로서 비사업용토지에 해당하며, 해당 토지 이외에 2022년도에 양도한 자산은 없다.

① 59,100,000원 ② 66,100,000원 ③ 88,000,000원
④ 95,500,000원 ⑤ 98,000,000원

28. 〈부가가치세법〉 부가가치세 과세거래에 관한 설명으로 옳지 않은 것은? (단, 사업자는 계속해서 사업을 영위한다고 가정한다)

① 사업자가 상속세 및 증여세법 제73조에 따라 사업용 자산으로 조세를 물납하는 것은 재화의 공급으로 보지 아니한다.

② 수출신고가 수리된 물품으로서 선적되지 아니한 물품을 보세구역에서 반입하는 경우는 재화의 수입에 해당한다.

③ 사업자가 상품권 등을 현금 또는 외상으로 판매하고 그 후 해당 상품권 등이 현물과 교환되는 경우에는 재화가 실제로 인도되는 때가 공급시기이다.

④ 사업자가 다른 사업자와 상표권 사용계약을 할 때 사용대가 전액을 일시불로 받고 상표권을 둘 이상의 과세기간에 걸쳐 계속적으로 사용하게 하는 경우 해당 용역의 공급시기는 예정신고기간 또는 과세기간의 종료일이다.

⑤ 헬스클럽장 등 스포츠센터를 운영하는 사업자가 연회비를 미리 받고 둘 이상의 과세기간에 걸쳐 계속적으로 회원들에게 시설을 이용하게 하는 경우 해당 용역의 공급시기는 예정신고기간 또는 과세기간의 종료일이다.

29. 〈부가가치세법〉 전자제품을 제조 및 판매하는 중소기업으로서 내국법인인 (주)A의 2022년 제 1기 과세기간의 부가가치세 신고와 관련된 자료이다. 확정신고와 함께 법령으로 정하는 바에 따라 대손금액이 발생한 사실을 증명하는 서류를 제출하는 경우 공제받을 수 있는 대손세액은 얼마인가? (단, 대손금액에는 부가가치세가 포함되어 있으며, (주)A는 채무자의 재산에 저당권을 일체 설정하지 않았다.)

구 분	대손사유 및 대손금액
매출처 갑	2020.3.5 제품을 외상매출하고, 2022.2.1 채무자회생 및 파산에 관한 법률에 따른 면책결정에 따라 회수불능으로 확정된 외상매출금 2,200,000원
매출처 을	2021.10.5 제품을 외상매출하고 공급대가로 받은 것으로서 2022.2.25 부도 발생한 어음상의 채권 5,500,000원
매출처 병	2021.8.1 제품을 외상매출하고 2022.4.7 채무자의 강제집행으로 회수할 수 없게 된 외상매출금 1,100,000원

① 100,000원   ② 300,000원   ③ 500,000원
④ 700,000원   ⑤ 800,000원

30. 〈부가가치세법〉 내국법인인 (주)A의 2022.4.1부터 2022.6.30까지의 부가가치세 과세표준을 계산하면 얼마인가? (단, (주)A는 주사업장총괄납부를 하고 있으며, 각 금액에는 부가가치세가 포함되어 있지 않다.)

일자	거래 내용
4.03	거래처 B에 전액 외상매출한 제품 50,000,000원
4.25	4월 3일 거래처 B에 매출한 제품 환입액 100,000원
5.02	지방자치단체에 무상기증한 제품(원가 3,000,000원, 시가 3,750,000원)
5.24	세금계산서 발급없이 직매장에 반출한 제품(원가 1,000,000원, 시가 1,250,000원)
6.05	대가를 받지 않고 거래처 C에 증여한 견본품(원가 400,000원, 시가 500,000원)
6.12	매입세액공제를 받은 후 대표자 개인용도로 사용한 제품(원가 2,000,000원, 시가 2,500,000원)
6.23	미국의 거래처 D에 제품을 직수출하기 위하여 6월 23일 선적함. 6월 1일 수출대금 $50,000 중 $10,000(6월 2일 10,000,000원에 환가함)을 수령하고 잔액은 전액 외상으로 함(기준환율 6월 23일 $1:1,100원, 6월 30일 $1: 1,120원)

① 103,000,000원   ② 105,000,000원   ③ 105,500,000원
④ 106,400,000원   ⑤ 107,200,000원

31. 〈부가가치세법〉 간이과세제도에 관한 설명으로 옳지 않은 것은?

① 과자점만을 영위하는 개인사업자로서 직전연도의 공급대가의 합계액이 8,000만원에 미달하는 경우에는 간이과세를 적용받을 수 있다.

② 광업 또는 부동산매매업을 영위하는 개인사업자의 경우에는 직전연도의 공급대가의 합계액에 관계없이 간이과세를 적용받을 수 없다.

③ 간이과세를 포기하고자 하는 경우에는 일반과세자에 관한 규정을 적용받으려는 달의 전달 마지막 날까지 법령이 정하는 바에 따라 사업장 관할세무서장에게 간이과세 포기 신고를 하여야 한다.

④ 간이과세자는 발급받은 세금계산서에 대한 매입처별세금계산서합계표를 해당 확정신고와 함께 제출해야 한다.

⑤ 간이과세자의 해당 과세기간에 대한 공급대가가 4,800만원 미만인 경우에는 그 과세기간의 공급대가에 해당 업종의 부가가치율을 곱한 금액의 100분의 10에 상당하는 납부세액과 납부세액에 더하여야 할 재고납부세액의 납부의무를 면제한다.

32. 〈부가가치세법〉 과세사업과 면세사업을 겸영하고 있는 내국법인인 (주)A에 관한 자료이다. 2022년 제 2기 부가가치세의 예정신고 및 확정신고시 매입세액으로 공제할 수 있는 금액은 각각 얼마인가?

1. (주)A는 다음의 재화를 취득하여 면세사업에만 이용하였다. 매입시에는 공급자로부터 적법한 세금계산서를 수령하였다.

구 분	취득일	취득가액(부가가치세 포함)
기계장치	2021.11.01	22,000,000원
공장건물	2020.06.05	88,000,000원
원재료	2021.10.10	33,000,000원

기 간		면세사업 수입금액	과세사업 공급가액	합 계
2022년 제 1기	1.1 ~ 3.31	4억원	6억원	10억원
	4.1 ~ 6.30	3억원	7억원	10억원
	합 계	7억원	13억원	20억원
2022년 제 2기	7.1 ~ 9.30	5억원	5억원	10억원
	10.1~12.31	4억원	6억원	10억원
	합 계	9억원	11억원	20억원

2. (주)A의 수입금액 및 공급가액 내역은 다음과 같다.

3. (주)A는 면세사업에만 사용하던 위 재화를 2022.7.1부터 면세사업과 과세사업에 공통으로 사용하게 되었다.

	예정신고	확정신고
①	0원	3,850,000원
②	3,500,000원	350,000원
③	0원	4,550,000원
④	4,200,000원	350,000원
⑤	0원	0원

33. 〈부가가치세법〉 부가가치세 과세표준에 대한 설명으로 옳지 않은 것은?

① 사업자가 재화 또는 용역을 공급하고 금전외의 대가를 받는 경우에는 자기가 공급한 재화 또는 용역의 시가를 과세표준으로 한다.

② 재화의 공급에 대하여 부당하게 낮은 대가를 받거나 대가를 받지 아니하는 경우에는 자기가 공급한 재화의 시가를 과세표준으로 한다.

③ 용역(부동산임대업 제외)의 공급에 대하여 부당하게 낮은 대가를 받거나 대가를 받지 아니하는 경우에는 자기가 공급한 용역의 시가를 과세표준으로 한다.

④ 사업자가 고객에게 매출액의 일정비율에 해당하는 마일리지를 적립해 주고 향후 고객이 재화를 공급받고 그 대가의 일부를 적립된 마일리지로 결제하는 경우 해당 마일리지 상당액은 과세표준에 포함하지 아니한다.

⑤ 사업자가 보세구역 내에 보관된 재화를 다른 사업자에게 공급하고 해당 재화를 공급받은 자가 그 재화를 보세구역으로부터 반입하는 경우로서 세관장이 재화의 수입에 대한 부가가치세를 관세징수의 예에 따라 징수하기 전에 같은 재화에 대한 선하증권이 양도되는 경우에 해당 재화를 공급하는 자의 과세표준은 선하증권의 공급가액으로 할 수 있다.

34. 〈부가가치세법〉 세금계산서에 관한 설명으로 옳은 것은?

① 법인사업자가 전자세금계산서를 발급하였을 때에는 그 발급일이 속하는 달의 다음 달 25일까지 세금계산서 발급명세를 국세청장에게 전송하여야 한다.

② 사업자가 거래처별로 1역월의 공급가액을 합계하여 해당 월의 말일자를 발행일자로 하여 세금계산서를 발급하는 경우에는 재화 또는 용역의 공급일 속하는 달의 말일까지 세금계산서를 발급하여야 한다.

③ 전자세금계산서를 발급한 사업자가 국세청장에게 세금계산서 발급명세를 전송한 경우에는 전자세금계산서를 보존할 의무가 면제된다.

④ 위탁판매의 경우에 수탁자가 재화를 인도하는 때에는 수탁자가 자기명의로 세금계산서를 발급하며, 위탁자가 직접 재화를 인도하는 때에 수탁자가 위탁자 명의로 세금계산서를 발급하고, 위탁자의 등록번호를 부기한다.

⑤ 공급받는 자의 등록번호와 공급연월일은 세금계산서의 필요적 기재사항이다.

35. 〈부가가치세법〉 의류제조업을 영위하는 내국법인인 (주)A의 2022.1.1부터 2022.3.31 까지의 다음 거래 중에서 2022년 제 1기 부가가치세 예정신고시 매출세액에서 공제하지 아니하는 매입세액은 얼마인가? (단, 세금계산서는 적법한 것으로 가정한다.)

> 1. 과세사업자인 갑으로부터 건축물이 있는 토지를 취득하여 해당 건축물을 즉시 철거한 후 토지만을 야적장으로 사용하였다. 이 부동산을 취득하면서 세금계산서(공급가액 500,000,000원, 부가가치세액 50,000,000원)를 발급받았고, 건축물 철거비용에 대하여도 세금계산서(공급가액 10,000,000원, 부가가치세액 1,000,000원)를 발급받았다.
> 2. 영업부 직원의 의류제품 판매활동을 지원하기 위하여 승용자동차를 구입하고 세금계산서 (공급가액 10,000,000원, 부가가치세액 1,000,000원)를 발급받았다.
> 3. 의류제조용 원재료를 2022.2.1 구입하여 인도 받았으나, 이에 대한 세금계산서(공급가액 20,000,000원, 부가가치세 2,000,000원)는 공급시기 이후인 2022.3.31 발급받았다.
> 4. 대표이사의 개인주택을 수리하고 수리비에 대해서 세금계산서(공급가액 30,000,000원, 부가가치세액 3,000,000원)를 (주)A가 발급받았다.

① 4,000,000원   ② 6,000,000원   ③ 54,000,000원
④ 55,000,000원   ⑤ 57,000,000원

36. 〈부가가치세법〉 대리납부에 관한 설명으로 옳은 것은?

① 국내사업장이 없는 비거주자로부터 용역의 공급을 받는 자는 공급받는 용역을 과세사업에의 제공여부에 관계 없이 부가가치세를 징수하여 납부하여야 한다.
② 국내사업장이 없는 외국법인으로부터 재화(무체물 제외)의 공급을 받는 자는 그 대가를 지급하는 때에 부가가치세를 징수하여야 한다.
③ 대리납부의무자는 사업자에 한한다.
④ 대리납부의무자가 부가가치세를 관할세무서장에게 납부하지 아니한 경우에는 관할 세무서장은 그 납부하지 아니한 세액에 그 세액의 100분의 20에 해당하는 금액을 더하여 징수한다.
⑤ 국내사업장이 없는 비거주자로부터 부가가치세 면세대상 용역을 공급받는 자는 부가가치세 대리납부의무가 없다.

37. 〈국제조세조정에 관한 법률〉 국외특수관계인과의 거래에 대한 과세조정의 설명으로 옳지 않은 것은? (단, 거주자에는 내국법인과 국내사업장을 포함한다)

① 과세당국은 국제거래 가격이 정상가격과 다른 경우에도 같은 국외특수관계인과의 같은 과세연도 내의 다른 국제거래를 통하여 그 차액을 상계하기로 사전에 합의하고 거주자가 그 거래내용과 사실을 증명할 때에는 그 상계되는 모든 국제거래를 하나의 국제거래로 본다.

② 과세당국은 거주자와 국외특수관계인 간의 국제거래에서 그 거래가격이 정상가격보다 낮거나 높은 경우에는 정상가격을 기준으로 거주자의 과세표준 및 세액을 결정하거나 경정할 수 있다.

③ 정상가격의 산출방법으로는 비교가능 제3자 가격방법, 재판매가격방법, 원가가산방법, 이익분할방법, 거래순이익률 방법 중 가장 합리적인 것을 선택하되, 이 방법으로 정상가격을 산출할 수 없는 경우에만 법령으로 정하는 그 밖에 합리적이라고 인정되는 방법에 의한다.

④ 체약상대국이 거주자와 국외특수관계인의 거래가격을 정상가격으로 조정하고, 이에 대한 상호합의절차가 종료되기 전에 과세당국은 거주자의 각 과세연도 소득금액 및 결정세액을 조정하여야 한다.

⑤ 거주자는 일정 기간의 과세연도에 대하여 정상가격 산출방법을 적용하려는 경우에는 법령으로 정하는 바에 따라 정상가격 산출방법을 적용하려는 일정 기간의 과세연도 중 최초의 과세연도 개시일의 전날까지 국세청장에게 승인 신청을 할 수 있다.

38. 〈국제조세조정에 관한 법률〉 기획재정부장관이나 국세청장이 조세조약에 관하여 상호합의절차 개시의 신청을 받은 때에는 법령에 정한 경우를 제외하고는 체약상대국의 권한 있는 당국에 상호합의절차 개시를 요청하여야 한다. 법령에 정한 경우에 해당하지 않는 것은?

① 국외에서 법원의 확정판결이 있는 경우
② 국내에서 기획재정부 및 국세청의 유권해석이 있는 경우
③ 조세조약상 신청 자격이 없는 자가 신청한 경우
④ 납세자가 조세회피를 목적으로 상호합의절차를 이용하려고 하는 사실이 인정되는 경우
⑤ 과세 사실을 안 날부터 3년이 지나 신청한 경우

39. 〈조세범처벌법〉 조세범칙행위의 처벌에 관한 설명으로 옳지 않은 것은?

① 사기나 그 밖의 부정한 행위로써 5억원 이상의 조세를 포탈한 자는 3년 이하의 징역 또는 포탈세액 등의 3배 이하에 상당하는 벌금에 처한다.

② 사기나 그 밖의 부정한 행위로써 조세를 포탈하거나 조세의 환급·공제를 받는 행위를 상습적으로 범한 자는 형의 2분의 1을 가중한다.

③ 주세법에 따른 면허를 받지 아니하고 주류, 밑술·술덧을 제조하거나 판매한 자는 2년 이하의 징역 또는 2천만원 이하의 벌금에 처한다.

④ 「석유 및 석유대체연료 사업법」에 따른 유사석유제품을 제조하여 조세를 포탈한 자는 5년 이하의 징역 또는 포탈한 세액의 5배 이하의 벌금에 처한다.

⑤ 납세의무자가 체납처분의 집행을 면탈할 목적으로 그 재산을 은닉·탈루하였을 때에는 3년 이하의 징역 또는 3천만원 이하의 벌금에 처한다.

40. 〈조세범처벌법〉 세금계산서의 발급의무에 관한 설명으로 옳은 것은?

① 부가가치세법에 따라 세금계산서(전자세금계산서 포함)를 작성하여 발급하여야 할 자가 세금계산서를 발급하지 아니한 경우에는 2년 이하의 징역에 처한다.

② 부가가치세법에 따라 매입처별세금계산서합계표를 정부에 제출하여야 할 자가 통정하여 거짓으로 기재한 매입처별세금계산서합계표를 제출한 경우에는 매입금액에 부가가치세의 세율을 적용하여 계산한 세액의 3배 이하에 상당하는 벌금에 처한다.

③ 재화 또는 용역을 공급하지 아니하거나 공급받지 아니하고 소득세법에 따른 계산서를 발급하거나 발급받은 행위를 한 자는 2년 이하의 징역에 처한다.

④ 재화 또는 용역을 공급하지 아니하거나 공급받지 아니하고 소득세법에 따른 계산서를 발급하거나 발급받은 행위를 알선하거나 중개한 자는 2년 이하의 징역에 처한다.

⑤ 세무를 대리하는 세무사가 재화 또는 용역을 공급하지 아니하거나 공급받지 아니하고 소득세법에 다른 계산서를 발급하거나 발급받은 행위를 알선하거나 중개한 때에는 해당 형의 2분의 1을 가중한다.

1	2	3	4	5	6	7	8	9	10
①	④	④	②	①	④	⑤	④	③	③
11	12	13	14	15	16	17	18	19	20
②	③	①	①	②	⑤	④	④	⑤	②
21	22	23	24	25	26	27	28	29	30
③	①	⑤	③	②	①	③	②	②	④
31	32	33	34	35	36	37	38	39	40
⑤	①	③	③	④	⑤	④	②	③	⑤

1. ①

해당 법인의 사업연도종료일 현재의 시가로 → 해당 국세의 납부기간만료일 현재의 시가로

> 참고　2차 납세의무 한도

구 분		내 용
청산인 등	청산인	분배·인도한 가액 한도
	분배받은 자	분배·인도받은 가액 한도
출자자	무한책임사원	한도 없음
	과점주주	세액 × 지분율(의결권 없는 주식 제외) 한도
법 인		납부기간만료일 현재 시가 x 지분율(의결권 없는 주식 포함) 한도
사 업 양수인		① 양수한 재산가액(지급액 → 지급액이 불분명한 경우 양수한 사업장의 순자산가액) 한도 ② 시가와 지급액의 차이가 3억원 이상이거나 시가의 30%이상 차이가 발생하는 경우의 한도 : MAX[지급액, 순자산가액]

2. ④

종합부동산세는 정부가 과세표준과 세액을 결정하는 때에 그 세액이 확정된다. 다만, 납세의무자가 법정 기한 내에 과세표준과 세액을 정부에 신고하는 경우에는 그 신고하는 때에 세액이 확정된다.

> 참고　납세의무의 성립·확정

구 분	성립	확정
원천징수하는 국세	지급시	성립과 동시에 확정
납세조합 소득세	그 달 말일	성립과 동시에 확정
예정신고 소득세	그 달 말일	신고납부세목 준용
중간예납 법인세	중간예납기간이 끝나는 때	성립과 동시에 확정
중간예납 소득세	중간예납기간이 끝나는 때	신고납부세목 준용
예정 부가가치세	예정신고(부과)기간이 끝나는 때	

3. ④

국세부과 제척기간이 만료된 경우에도 납세의무가 소멸한다.

참고 납세의무 소멸

구 분	내 용
실현 사유	납부, 충당
미실현 사유	① 부과취소 ② 국세부과 제척기간 만료와 국세징수권 소멸시효 완성

4. ②

권리나 이익의 침해를 당한 자에는 직접적인 당사자는 물론이고 권리 또는 이익의 침해를 받게 될 물적 납세의무자로서 납부고지서를 받은 이해관계인도 해당하므로 불복청구를 할 수 있다.

5. ①

6. ④

납세관리인을 정하지 아니한 경우는 체납의 정당한 사유에 해당하지 아니한다.

7. ⑤

부동산의 압류는 그 압류재산의 소유권이 이전되기 전에 법정기일이 도래한 국세에 대한 체납액에 대하여도 압류의 효력이 미친다.

8. ④

① 체납액은 강제징수비, 국세(가산세 제외), 가산세의 순으로 징수한다.

② 채권양도인과 채권양수자의 납세증명서를 제출하여야 한다.

③ 압류채권자의 납세증명서를 제출하여야 한다.

⑤ 감치집행을 종료하지 아니한다. → 감치집행을 종료하여야 한다.

9. ③

1. 익금 항목 : 30,000,000원(특수관계가 있는 개인으로부터의 유가증권 저가매입) + 10,000,000(채무면제익) = 40,000,000원

2. 익금불산입 항목 : 1,000,000(환급금이자)+10,000,000(감자차익)+8,000,000(채무면제익 중 이월결손금 보전분 → 발생시점 불문) = 19,000,000원

3. 차액 = 1 - 2 = 21,000,000원

10. ③

손금불산입 = 3,000,000(지배주주 여비) + 10,000,000(지방소득세) +15,000,000(전기 소멸시효완성 대손금 → 신고조정사항이므로 손금불산입) = 28,000,000원

11. ②

부동산판매의 손익의 귀속사업연도는 대금청산일, 소유권이전등기일, 인도일, 사용수익일 중 빠른 날이다. 또한 장부가액과 현재가치와의 차액은 장기금전대차거래가 아닌 장기매매거래에서만 법인이 현재가치를 이용하여 회계처리하였을 때 법인세법이 인정한다.

12. ③

① 출자지분의 양도는 수익사업에서 생기는 소득에 해당한다.

② 국가·지방자치단체 그리고 지방자치단체조합은 비과세법인에 해당한다.

④ 내국법인의 각 사업연도의 소득금액계산에 있어서 주식의 포괄적 이전차익은 익금에 산입하지 않으며 주식의 포괄적 교환차익도 익금에 산입하지 아니한다.

⑤ 청산소득에 대한 법인세의 징수에 있어서는 납부지연가산세 규정을 적용하지 않는다.

13. ①
1. 환급받은 법인세
= 직전연도 산출세액 – (직전연도 과세표준 – 소급공제결손금) x 직전연도 법인세율
= (56,000,000-12,000,000$^{*)}$) – (320,000,000 -100,000,000) x 10% = 22,000,000원
*) 토지 등 양도소득에 대한 법인세는 직전연도 산출세액에 포함하지 아니한다.

2. 환급취소세액 = 22,000,000 x $\frac{30,000,000}{100,000,000}$ = 6,600,000원

14. ①
1. [손금산입]　비품감액　　　　　15,000,000원 (△유보)
　　[익금산입]　부당행위계산부인　15,000,000원 (상여)
2. 비품감액분 감가상각비 △유보 추인 = 15,000,000 x 1/5 = 3,000,000원 (손금불산입, 유보)

15. ②
1. 접대비 해당액 = 32,000,000(접대비 계상액) + 3,000,000(현물접대비 시가와 원가차액)
　　　　　　　　= 35,000,000원
2. 접대비 한도초과액 = 35,000,000(접대비 해당액) – 11,000,000(접대비 한도액)
　　　　　　　　　= 24,000,000원(손금불산입, 기타사외유출)
3. 접대비 한도초과액 24,000,000원 손금불산입 구성순서
　　① 비용 : 20,000,000원 + 3,000,000(현물접대비 시가와 원가차액)원 = 23,000,000원
　　② 건물 : 1,000,000원
4. 건물 세무조정
　　① [손금산입]　건물감액　1,000,000원(△유보)
　　② [손금불산입] 건물감액분 감가상각비　20,000,000 x $\frac{1,000,000}{200,000,000}$
　　　　　　　　= 100,000원(손금불산입, 유보)

16. ⑤
파산사유로 인한 주식 평가손실의 시가 최저한은 1,000원이므로 손금불산입(유보) 세무조정을 해야 한다.

17. ④
1. 잔여재산가액 = 자산총액 – 부채총액 = [40,000,000(토지) + 100,000,000(건물)] – 30,000,000 = 110,000,000원
2. 자기자본총액 = 자본금 + 잉여금 – 이월결손금 + 법인세환급액 = 50,000,000(자본금) + 20,000,000(이익잉여금) + 1,000,000(토지 유보) + 1,500,000(건물 상각부인액) – 4,000,000[이월결손금 : 1,000,000(제4기분) + 3,000,000(제13기분)] + 1,400,000(법인세환급액) = 69,900,000원
3. 청산소득금액 = 1 – 2 = 110,000,000 – 69,900,000 = 40,100,000원

18. ④
내국법인과 해당 내국법인의 완전자법인은 법령이 정하는 바에 따라 관할 지방국세청장의 승인을 받아 연결납세방식을 적용하여야 하며, 이 경우 완전자법인이 2이상인 때에는 그 중 일부를 선택하여 연결납세방식을 적용할 수는 없다.

19. ⑤
출자공동사업자에는 공동사업에 성명 또는 상호를 사용하게 한 자와 공동사업에서 발생한 채무에 대하여 무한책임을 부담하기로 약정한 자는 제외한다.

20. ②

거주자가 보유하는 자산 및 부채의 장부가액을 증액 또는 감액한 경우 그 평가일이 속하는 과세기간 및 그 후의 과세기간의 소득금액을 계산할 때 해당 자산 및 부채의 장부가액은 평가하기 전의 가액으로 한다. 즉, 평가를 인정하지 않는다.

21. ③

인정배당의 수입시기는 해당 법인의 결산확정일이다.

22. ①

5,000,000(지역권 설정) + 20,000,000(산업재산권 양도) = 25,000,000원

> 참고

구분	금액	필요경비
1. 상훈법에 따른 훈장과 관련하여 받은 상금	3,000,000원	비과세 기타소득
2. 지역권을 설정하고 받은 금품	5,000,000원	60%추정 필요경비
3. 산업재산권을 양도하고 받은 금품	20,000,000원	60%추정 필요경비
4. 공익법인설립·운영에 관한 법률의 적용을 받은 공익법인이 주무관청의 승인을 받아 시상하는 상금	6,000,000원	80%추정 필요경비
5. 사례금	7,000,000원	실제입증 필요경비

23. ⑤

거주자의 국외에 있는 지상권과 전세권의 양도로 인하여 발생하는 소득도 국외 자산의 양도소득 범위에 해당한다.

24. ③

거주자는 주소 또는 거소의 국외 이전을 위하여 출국하는 날의 다음날에 비거주자가 된다.

25. ②

1. 총수입금액 포함 : 총매출액, 받은 판매장려금, 공장건물 보험차익
2. 총수입금액 불포함
   ① 이자수익은 이자소득에 해당하며, 배당금수익은 배당소득에 해당하므로 불포함
   ② 사업과 관련이 있는 자산수증익만 사업소득 총수입금액에 포함되므로 사업과 관련이 없는 자산수증이익은 불포함
3. 총수입금액 = 120,000,000(총매출액) + 5,000,000(판매장려금 수령액) +1,400,000(사업용 자산의 보험차익) = 126,400,000원

26. ①

중소기업이 아닌 기업의 임원이 얻은 주택자금대여 이익은 근로소득에 해당한다.

27. ③

1. 양도차익 = 300,000,000(양도가액) − 200,000,000(취득가액) −12,000,000(기타필요경비) = 88,000,000원
2. 양도소득 과세표준 = 88,000,000원 − 0원(장기보유특별공제) − 0원(양도소득기본공제) = 88,000,000원

> 참고 1 장기보유특별공제 배제대상

① 국외자산
② 조정대상 지역에 있는 법령상의 주택
③ 국내 미등기자산

참고 2 취득세는 납부영수증을 분실한 경우에도 필요경비로 인정한다.

28. ②

선적되지 아니한 물품을 보세구역에서 반입하는 경우는 재화의 수입에 해당하지 아니한다.

29. ②

1. 대손확정시기 판단

구분	대손확정시기	대손금액
매출처 갑	2022년 제1기	2,200,000원
매출처 을	2022년 제2기*	-
매출처 병	2022년 제1기	1,100,000원

* 2022.2.25에 부도가 발생한 어음상의 채권은 부도발생일로부터 6월 이상 지난 날이 속하는 과세기간인 2022년 2기분으로 대손세액공제가 적용된다.

2. 대손세액공제액 = 대손금액(VAT포함) x $\frac{10}{110}$

$$= (2,200,000 + 1,100,000) \times \frac{10}{110} = 300,000원$$

30. ④

50,000,000(외상매출금) - 100,000(매출환입) + 2,500,000(개인적공급) + 10,000,000(공급시기 도래 전에 환가액) + $40,000 x 1,100원 = 106,400,000원

31. ⑤

납부의무면제가 적용이 되어도 재고납부세액의 납부는 하여야 한다.

32. ①

일부 과세전용시 매입세액공제액 : 확정신고시에만 적용

> 매입세액 x (1 - 감가율 x 경과된 과세기간 수) x 과세전용율

1. 기계장치 : 2,000,000 x (1-25%x2) x $\frac{11억원}{(9억원 + 11억원)}$ = 550,000원

2. 공장건물 : 8,000,000 x (1-5%x5) x $\frac{11억원}{(9억원 + 11억원)}$ = 3,300,000원

3. 합 계 = 1+ 2 = 3,850,000원

33. ③

특수관계인에 대한 부동산임대용역을 제외한 용역의 무상공급은 과세대상이 아니다.

34. ③

① 전자세금계산서를 발급하였을 때에는 그 발급일의 다음날까지 세금계산서 발급명세를 국세청장에게 전송하여야 한다.

② 재화 또는 용역의 공급일이 속하는 달의 다음달 10일까지 세금계산서를 발급할 수 있다.

④ 위탁판매의 경우에 수탁자가 재화를 인도하는 때에는 수탁자가 위탁자의 명의로 세금계산서를 발급하며, 위탁자가 직접 재화를 인도하는 때에 위탁자가 세금계산서를 발급하고, 수탁자의 등록번호를 부기한다.

⑤ 공급받는 자의 등록번호와 작성연월일이 세금계산서의 필요적 기재사항이다.

35. ④

불공제 매입세액 = 51,000,000(토지관련 매입세액) +1,000,000(개별소비세 과세대상 자동차 관련 매입세액) + 3,000,000(업무무관 매입세액) = 55,000,000원

36. ⑤

① 과세사업에 제공하는 경우(매입세액불공제분 제외)에는 대리납부의무를 지지 않는다.

② 재화(법령상의 무체물 제외)를 공급받는 자는 대리납부의무를 지지 않는다.

③ 대리납부의무자는 사업자여부와 무관하다.

④ 대리납부불성실가산세 : MIN[㉠, ㉡]

㉠ 미납세액 x 3% + 미납세액 x 일수 x 법령상의 이자율(0.022%)

㉡ 한도 : 미납세액 x 50%

37. ④

체약상대국이 거주자와 국외특수관계인의 거래가격을 정상가격으로 조정하고, 이에 대한 상호합의절차가 종결된 경우에 과세당국은 그 합의에 따라 거주자의 각 과세연도 소득금액 및 결정세액을 조정하여 계산할 수 있다.

38. ②

국내에서 기획재정부 및 국세청의 유권해석이 있는 경우에는 상호합의개시를 요청할 수 있다.

> **참고** 상호합의

구 분		내 용
상호합의 신 청	1. 신청자격	① 우리나라 국민·거주자 또는 내국법인 ② 국내에 사업장을 둔 비거주자 또는 외국법인
	2. 신청사유	① 기획재정부장관 : 조세조약의 적용해석 ② 국세청장 : 과세처분·조세조정 필요시
	3. 직권요청	직권으로 상호합의절차의 개시요청 가능
	4. 상호합의 절차개시 신 청 을 받 은 경 우	①원칙 체약상대국에 상호합의개시를 요청해야 하며 신청인에게 통지해야 함. 국세청장이 상호합의 개시신청을 받은 경우에는 기획재정부장관에게 보고하여야 하며, 기획재정부장관은 상호합의절차와 관련된 지시를 할 수 있다.
		②배제 사유 ㉠ 국내 또는 국외에서 법원의 확정판결이 있는 경우 ㉡ 조세조약상 신청 자격이 없는 자가 신청한 경우 ㉢ 납세자가 조세회피를 목적으로 상호합의절차를 이용하려고 하는 사실이 인정되는 경우 ㉣ 과세사실을 안 날부터 3년을 지나 신청한 경우
개시일	1. 요청한 경우	수락통보를 받은 날
	2. 요청받은 경우	수락통보한 날
종료일	1. 원 칙	문서합의일(단, 납세자가 자료제출 의무를 이행하지 않아 직권으로 종료된 경우에는 신청인이 통지받은 날)
	2. 예 외	개시일의 다음날부터 5년 이내 종료 → 3년 연장가능(총 8년 초과 불가)
	3. 법원판결시	상호합의절차 진행 중에 법원의 확정판결이 있는 경우는 그 확정판결일. 단, 체약상대국의 대응조정이 필요한 경우는 제외

39. ③

주세법에 따른 면허를 받지 아니하고 주류, 밑술·술덧을 제조하거나 판매한 자는 3년 이하의 징역 또는 벌금(3천만원 이하, 세액의 3배의 금액이 3천만원을 초과할 때에는 세액의 3배의 금액 이하)에 처한다.

40. ⑤

① 1년 이하의 징역 또는 매출세액의 2배 이하의 벌금
② 1년 이하의 징역 또는 매입세액의 2배 이하의 벌금
③ 3년 이하의 징역 또는 매출세액·매입세액의 3배 이하의 벌금
④ 3년 이하의 징역 또는 매출세액·매입세액의 3배 이하의 벌금

노 희 양 세무사

AIFA 아이파 경영아카데미 강사

세법학개론 세무사 기출문제

2 판 발 행 : 2022년 1월 28일
저   자 : 노 희 양
발 행 인 : 허 병 관
발 행 처 : 도서출판 어울림
주   소 : 서울시 영등포구 양평동3가 14번지 이노플렉스 1301호
전   화 : 02) 2232 – 8607, 8602
팩   스 : 02) 2232 – 8608
등   록 : 제2 – 4071호
홈 페 이 지 : www.aubook.co.kr
I S B N : 978 – 89 – 6239 – 825 – 0   13320
정   가 : 22,000원

저자와의
협의하에
인지생략

모의고사 1교시 답안지

성명 :

연락처 :

구분 : □ 학생 □ 재직자 □ 전업수험생

채점란

문번	답					문번	답				
1	①	②	③	④	⑤	21	①	②	③	④	⑤
2	①	②	③	④	⑤	22	①	②	③	④	⑤
3	①	②	③	④	⑤	23	①	②	③	④	⑤
4	①	②	③	④	⑤	24	①	②	③	④	⑤
5	①	②	③	④	⑤	25	①	②	③	④	⑤
6	①	②	③	④	⑤	26	①	②	③	④	⑤
7	①	②	③	④	⑤	27	①	②	③	④	⑤
8	①	②	③	④	⑤	28	①	②	③	④	⑤
9	①	②	③	④	⑤	29	①	②	③	④	⑤
10	①	②	③	④	⑤	30	①	②	③	④	⑤
11	①	②	③	④	⑤	31	①	②	③	④	⑤
12	①	②	③	④	⑤	32	①	②	③	④	⑤
13	①	②	③	④	⑤	33	①	②	③	④	⑤
14	①	②	③	④	⑤	34	①	②	③	④	⑤
15	①	②	③	④	⑤	35	①	②	③	④	⑤
16	①	②	③	④	⑤	36	①	②	③	④	⑤
17	①	②	③	④	⑤	37	①	②	③	④	⑤
18	①	②	③	④	⑤	38	①	②	③	④	⑤
19	①	②	③	④	⑤	39	①	②	③	④	⑤
20	①	②	③	④	⑤	40	①	②	③	④	⑤

채점 :

평가 :

세법학 개론

문번	답					문번	답				
1	①	②	③	④	⑤	21	①	②	③	④	⑤
2	①	②	③	④	⑤	22	①	②	③	④	⑤
3	①	②	③	④	⑤	23	①	②	③	④	⑤
4	①	②	③	④	⑤	24	①	②	③	④	⑤
5	①	②	③	④	⑤	25	①	②	③	④	⑤
6	①	②	③	④	⑤	26	①	②	③	④	⑤
7	①	②	③	④	⑤	27	①	②	③	④	⑤
8	①	②	③	④	⑤	28	①	②	③	④	⑤
9	①	②	③	④	⑤	29	①	②	③	④	⑤
10	①	②	③	④	⑤	30	①	②	③	④	⑤
11	①	②	③	④	⑤	31	①	②	③	④	⑤
12	①	②	③	④	⑤	32	①	②	③	④	⑤
13	①	②	③	④	⑤	33	①	②	③	④	⑤
14	①	②	③	④	⑤	34	①	②	③	④	⑤
15	①	②	③	④	⑤	35	①	②	③	④	⑤
16	①	②	③	④	⑤	36	①	②	③	④	⑤
17	①	②	③	④	⑤	37	①	②	③	④	⑤
18	①	②	③	④	⑤	38	①	②	③	④	⑤
19	①	②	③	④	⑤	39	①	②	③	④	⑤
20	①	②	③	④	⑤	40	①	②	③	④	⑤

채점 :

평가 :

문번	답					문번	답				
1	①	②	③	④	⑤	21	①	②	③	④	⑤
2	①	②	③	④	⑤	22	①	②	③	④	⑤
3	①	②	③	④	⑤	23	①	②	③	④	⑤
4	①	②	③	④	⑤	24	①	②	③	④	⑤
5	①	②	③	④	⑤	25	①	②	③	④	⑤
6	①	②	③	④	⑤	26	①	②	③	④	⑤
7	①	②	③	④	⑤	27	①	②	③	④	⑤
8	①	②	③	④	⑤	28	①	②	③	④	⑤
9	①	②	③	④	⑤	29	①	②	③	④	⑤
10	①	②	③	④	⑤	30	①	②	③	④	⑤
11	①	②	③	④	⑤	31	①	②	③	④	⑤
12	①	②	③	④	⑤	32	①	②	③	④	⑤
13	①	②	③	④	⑤	33	①	②	③	④	⑤
14	①	②	③	④	⑤	34	①	②	③	④	⑤
15	①	②	③	④	⑤	35	①	②	③	④	⑤
16	①	②	③	④	⑤	36	①	②	③	④	⑤
17	①	②	③	④	⑤	37	①	②	③	④	⑤
18	①	②	③	④	⑤	38	①	②	③	④	⑤
19	①	②	③	④	⑤	39	①	②	③	④	⑤
20	①	②	③	④	⑤	40	①	②	③	④	⑤

채점 :

평가 :

AIFA ㈜아이파경영아카데미

수험자 유의사항

1. 시험 중에는 통신기기(휴대전화·소형무전기등) 및 전자기기(초소형카메라등)를 소지하거나 사용할 수 없습니다.
2. 부정행위 예방을 위해 시험문제지에도 수험번호와 성명을 반드시 기재하시기 바랍니다.
3. 시험시간이 종료되면 즉시 답안작성을 멈춰야하며, 종료시간 이후 계속 답안을 작성하거나 감독위원의 답안카드 제출지시에 불응할 때에는 당해 시험이 무효처리 됩니다.
4. 기타 감독위원의 정당한 지시에 불응하여 타수험자의 시험에 방해가 될 경우 퇴실조치 될 수 있습니다.

답안카드 작성 시 유의사항

1. 답안지는 반드시 "검정색 컴퓨터용 사인펜"(사인펜에 '컴퓨터용'으로 표기되어 있는 것에 한함)을 사용하여 작성하여야합니다.
2. 지정된 필기구를 사용하지 않거나 답안지에 기재된 올바른 표기방법을 따르지 않아 발생하는 판독결과상의 불이익은 응시자의 책임입니다.

부정행위 처리규정

시험 중 다음과 같은 행위를 하는 자는 당해 시험을 무효처리하고 자격별 관련 규정에 따라 일정기간 동안 시험에 응시할 수 있는 자격을 정지합니다.

1. 시험과 관련된 대화, 답안카드 교환, 다른 수험자의 답안·문제지를 보고 답안작성, 대리시험을 치르거나 치르게 하는 행위, 시험문제 내용과 관련된 물건을 휴대하거나 이를 주고받는 행위
2. 시험장 내외로부터 도움을 받아 답안을 작성하는 행위, 응시자격 서류를 허위기재하여 제출하는 행위
3. 통신기기(휴대전화·소형무전기등) 및 전자기기(초소형카메라등)를 휴대하거나 사용하는 행위
4. 다른 수험자와 성명 및 수험번호를 바꾸어 작성·제출하는 행위
5. 기타 부정 또는 불공정한 방법으로 시험을 치르는 행위

모의고사 1교시 답안지

성 명 :

연락처 :

구 분 : ☐ 학생 ☐ 재직자 ☐ 전업수험생

지 정 학

문번	①	②	③	④	⑤	문번	①	②	③	④	⑤
1	①	②	③	④	⑤	21	①	②	③	④	⑤
2	①	②	③	④	⑤	22	①	②	③	④	⑤
3	①	②	③	④	⑤	23	①	②	③	④	⑤
4	①	②	③	④	⑤	24	①	②	③	④	⑤
5	①	②	③	④	⑤	25	①	②	③	④	⑤
6	①	②	③	④	⑤	26	①	②	③	④	⑤
7	①	②	③	④	⑤	27	①	②	③	④	⑤
8	①	②	③	④	⑤	28	①	②	③	④	⑤
9	①	②	③	④	⑤	29	①	②	③	④	⑤
10	①	②	③	④	⑤	30	①	②	③	④	⑤
11	①	②	③	④	⑤	31	①	②	③	④	⑤
12	①	②	③	④	⑤	32	①	②	③	④	⑤
13	①	②	③	④	⑤	33	①	②	③	④	⑤
14	①	②	③	④	⑤	34	①	②	③	④	⑤
15	①	②	③	④	⑤	35	①	②	③	④	⑤
16	①	②	③	④	⑤	36	①	②	③	④	⑤
17	①	②	③	④	⑤	37	①	②	③	④	⑤
18	①	②	③	④	⑤	38	①	②	③	④	⑤
19	①	②	③	④	⑤	39	①	②	③	④	⑤
20	①	②	③	④	⑤	40	①	②	③	④	⑤

채점 :

평가 :

세법학개론

문번	①	②	③	④	⑤	문번	①	②	③	④	⑤
1	①	②	③	④	⑤	21	①	②	③	④	⑤
2	①	②	③	④	⑤	22	①	②	③	④	⑤
3	①	②	③	④	⑤	23	①	②	③	④	⑤
4	①	②	③	④	⑤	24	①	②	③	④	⑤
5	①	②	③	④	⑤	25	①	②	③	④	⑤
6	①	②	③	④	⑤	26	①	②	③	④	⑤
7	①	②	③	④	⑤	27	①	②	③	④	⑤
8	①	②	③	④	⑤	28	①	②	③	④	⑤
9	①	②	③	④	⑤	29	①	②	③	④	⑤
10	①	②	③	④	⑤	30	①	②	③	④	⑤
11	①	②	③	④	⑤	31	①	②	③	④	⑤
12	①	②	③	④	⑤	32	①	②	③	④	⑤
13	①	②	③	④	⑤	33	①	②	③	④	⑤
14	①	②	③	④	⑤	34	①	②	③	④	⑤
15	①	②	③	④	⑤	35	①	②	③	④	⑤
16	①	②	③	④	⑤	36	①	②	③	④	⑤
17	①	②	③	④	⑤	37	①	②	③	④	⑤
18	①	②	③	④	⑤	38	①	②	③	④	⑤
19	①	②	③	④	⑤	39	①	②	③	④	⑤
20	①	②	③	④	⑤	40	①	②	③	④	⑤

채점 :

평가 :

문번	①	②	③	④	⑤	문번	①	②	③	④	⑤
1	①	②	③	④	⑤	21	①	②	③	④	⑤
2	①	②	③	④	⑤	22	①	②	③	④	⑤
3	①	②	③	④	⑤	23	①	②	③	④	⑤
4	①	②	③	④	⑤	24	①	②	③	④	⑤
5	①	②	③	④	⑤	25	①	②	③	④	⑤
6	①	②	③	④	⑤	26	①	②	③	④	⑤
7	①	②	③	④	⑤	27	①	②	③	④	⑤
8	①	②	③	④	⑤	28	①	②	③	④	⑤
9	①	②	③	④	⑤	29	①	②	③	④	⑤
10	①	②	③	④	⑤	30	①	②	③	④	⑤
11	①	②	③	④	⑤	31	①	②	③	④	⑤
12	①	②	③	④	⑤	32	①	②	③	④	⑤
13	①	②	③	④	⑤	33	①	②	③	④	⑤
14	①	②	③	④	⑤	34	①	②	③	④	⑤
15	①	②	③	④	⑤	35	①	②	③	④	⑤
16	①	②	③	④	⑤	36	①	②	③	④	⑤
17	①	②	③	④	⑤	37	①	②	③	④	⑤
18	①	②	③	④	⑤	38	①	②	③	④	⑤
19	①	②	③	④	⑤	39	①	②	③	④	⑤
20	①	②	③	④	⑤	40	①	②	③	④	⑤

채점 :

평가 :

AIFA ㈜에이아이파경영아카데미

수험자 유의사항

1. 시험 중에는 통신기기(휴대전화·소형무전기등) 및 전자기기(초소형카메라등)를 소지하거나 사용할 수 없습니다.

2. 부정행위 예방을 위해 시험문제지에도 수험번호와 성명을 반드시 기재하시기 바랍니다.

3. 시험시간이 종료되면 즉시 답안작성을 멈춰야하며, 종료시간 이후 계속 답안을 작성하거나 감독위원의 답안카드 제출지시에 불응할 때에는 당해 시험이 무효처리 됩니다.

4. 기타 감독위원의 정당한 지시에 불응하여 타수험자의 시험에 방해가 될 경우 퇴실조치 될 수 있습니다.

답안카드 작성 시 유의사항

1. 답안지는 반드시 "검정색 컴퓨터용 사인펜"(사인펜에 '컴퓨터용'으로 표기되어 있는 것에 한함)을 사용하여 작성하여야합니다.

2. 지정된 필기구를 사용하지 않거나 답안지에 기재된 올바른 표기방법을 따르지 않아 발생하는 판독결과상의 불이익은 응시자의 책임입니다.

부정행위 처리규정

시험 중 다음과 같은 행위를 하는 자는 당해 시험을 무효처리하고 관련 규정에 따라 일정기간 동안 시험에 응시할 수 있는 자격을 정지합니다.

1. 시험과 관련된 대화, 답안카드 교환, 다른 수험자의 답안·문제지를 보고 답안작성, 대리시험을 치르거나 치르게 하는 행위, 시험문제 내용과 관련된 물건을 휴대하거나 이를 주고받는 행위

2. 시험장 내외로부터 도움을 받아 답안을 작성하는 행위, 응시자격 서류를 허위기재하여 제출하는 행위

3. 통신기기(휴대전화·소형무전기등) 및 전자기기(초소형카메라등)를 휴대하거나 사용하는 행위

4. 다른 수험자와 성명 및 수험번호를 바꾸어 작성·제출하는 행위

5. 기타 부정 또는 불공정한 방법으로 시험을 치르는 행위

모의고사 1교시 답안지

성 명 :

연락처 :

구분 : □ 학생   □ 재직자   □ 전업수험생

재정학

번호	①	②	③	④	⑤	번호	①	②	③	④	⑤
1	①	②	③	④	⑤	21	①	②	③	④	⑤
2	①	②	③	④	⑤	22	①	②	③	④	⑤
3	①	②	③	④	⑤	23	①	②	③	④	⑤
4	①	②	③	④	⑤	24	①	②	③	④	⑤
5	①	②	③	④	⑤	25	①	②	③	④	⑤
6	①	②	③	④	⑤	26	①	②	③	④	⑤
7	①	②	③	④	⑤	27	①	②	③	④	⑤
8	①	②	③	④	⑤	28	①	②	③	④	⑤
9	①	②	③	④	⑤	29	①	②	③	④	⑤
10	①	②	③	④	⑤	30	①	②	③	④	⑤
11	①	②	③	④	⑤	31	①	②	③	④	⑤
12	①	②	③	④	⑤	32	①	②	③	④	⑤
13	①	②	③	④	⑤	33	①	②	③	④	⑤
14	①	②	③	④	⑤	34	①	②	③	④	⑤
15	①	②	③	④	⑤	35	①	②	③	④	⑤
16	①	②	③	④	⑤	36	①	②	③	④	⑤
17	①	②	③	④	⑤	37	①	②	③	④	⑤
18	①	②	③	④	⑤	38	①	②	③	④	⑤
19	①	②	③	④	⑤	39	①	②	③	④	⑤
20	①	②	③	④	⑤	40	①	②	③	④	⑤

채점 :

평가 :

세법학개론

번호	①	②	③	④	⑤	번호	①	②	③	④	⑤
1	①	②	③	④	⑤	21	①	②	③	④	⑤
2	①	②	③	④	⑤	22	①	②	③	④	⑤
3	①	②	③	④	⑤	23	①	②	③	④	⑤
4	①	②	③	④	⑤	24	①	②	③	④	⑤
5	①	②	③	④	⑤	25	①	②	③	④	⑤
6	①	②	③	④	⑤	26	①	②	③	④	⑤
7	①	②	③	④	⑤	27	①	②	③	④	⑤
8	①	②	③	④	⑤	28	①	②	③	④	⑤
9	①	②	③	④	⑤	29	①	②	③	④	⑤
10	①	②	③	④	⑤	30	①	②	③	④	⑤
11	①	②	③	④	⑤	31	①	②	③	④	⑤
12	①	②	③	④	⑤	32	①	②	③	④	⑤
13	①	②	③	④	⑤	33	①	②	③	④	⑤
14	①	②	③	④	⑤	34	①	②	③	④	⑤
15	①	②	③	④	⑤	35	①	②	③	④	⑤
16	①	②	③	④	⑤	36	①	②	③	④	⑤
17	①	②	③	④	⑤	37	①	②	③	④	⑤
18	①	②	③	④	⑤	38	①	②	③	④	⑤
19	①	②	③	④	⑤	39	①	②	③	④	⑤
20	①	②	③	④	⑤	40	①	②	③	④	⑤

채점 :

평가 :

번호	①	②	③	④	⑤	번호	①	②	③	④	⑤
1	①	②	③	④	⑤	21	①	②	③	④	⑤
2	①	②	③	④	⑤	22	①	②	③	④	⑤
3	①	②	③	④	⑤	23	①	②	③	④	⑤
4	①	②	③	④	⑤	24	①	②	③	④	⑤
5	①	②	③	④	⑤	25	①	②	③	④	⑤
6	①	②	③	④	⑤	26	①	②	③	④	⑤
7	①	②	③	④	⑤	27	①	②	③	④	⑤
8	①	②	③	④	⑤	28	①	②	③	④	⑤
9	①	②	③	④	⑤	29	①	②	③	④	⑤
10	①	②	③	④	⑤	30	①	②	③	④	⑤
11	①	②	③	④	⑤	31	①	②	③	④	⑤
12	①	②	③	④	⑤	32	①	②	③	④	⑤
13	①	②	③	④	⑤	33	①	②	③	④	⑤
14	①	②	③	④	⑤	34	①	②	③	④	⑤
15	①	②	③	④	⑤	35	①	②	③	④	⑤
16	①	②	③	④	⑤	36	①	②	③	④	⑤
17	①	②	③	④	⑤	37	①	②	③	④	⑤
18	①	②	③	④	⑤	38	①	②	③	④	⑤
19	①	②	③	④	⑤	39	①	②	③	④	⑤
20	①	②	③	④	⑤	40	①	②	③	④	⑤

채점 :

평가 :

수험자 유의사항

1. 시험 중에는 통신기기(휴대전화·소형무전기능) 및 전자기기(초소형카메라등)를 소지하거나 사용할 수 없습니다.

2. 부정행위 예방을 위해 시험문제지에도 수험번호와 성명을 반드시 기재하시기 바랍니다.

3. 시험시간이 종료되면 즉시 답안작성을 멈춰야하며, 종료시간 이후 계속 답안을 작성하거나 감독위원의 답안카드 제출지시에 불응할 때에는 당해 시험이 무효처리 됩니다.

4. 기타 감독위원의 정당한 지시에 불응하여 타수험자의 시험에 방해가 될 경우 퇴실조치 될 수 있습니다.

답안카드 작성 시 유의사항

1. 답안지는 반드시 "검정색 컴퓨터용 사인펜"(사인펜에 '컴퓨터용'으로 표기되어 있는 것에 한함)을 사용하여 작성하여야합니다.

2. 지정된 필기구를 사용하지 않거나 답안지에 기재된 올바른 표기방법을 따르지 않아 발생하는 판독결과상의 불이익은 응시자의 책임입니다.

부정행위 처리규정

시험 중 다음과 같은 행위를 하는 자는 당해 시험을 무효처리하고 자격별 관련 규정에 따라 일정기간 동안 시험에 응시할 수 있는 자격을 정지합니다.

1. 시험과 관련된 대화, 답안카드 교환, 다른 수험자의 답안·문제지를 보고 답안작성, 대리시험을 치르거나 치르게 하는 행위, 시험문제 내용과 관련된 물건을 휴대하거나 이를 주고받는 행위

2. 시험장 내외로부터 도움을 받아 답안을 작성하는 행위, 응시자격 서류를 허위기재하여 제출하는 행위

3. 통신기기(휴대전화·소형무전기능) 및 전자기기(초소형카메라등)를 휴대하거나 사용하는 행위

4. 다른 수험자와 성명 및 수험번호를 바꾸어 작성·제출하는 행위

5. 기타 부정 또는 불공정한 방법으로 시험을 치르는 행위

모의고사 1교시 답안지

성명 :

연락처 :

구분 : □ 학생 □ 재직자 □ 전임수험생

제 정 학

번호	①	②	③	④	⑤	번호	①	②	③	④	⑤
1	①	②	③	④	⑤	21	①	②	③	④	⑤
2	①	②	③	④	⑤	22	①	②	③	④	⑤
3	①	②	③	④	⑤	23	①	②	③	④	⑤
4	①	②	③	④	⑤	24	①	②	③	④	⑤
5	①	②	③	④	⑤	25	①	②	③	④	⑤
6	①	②	③	④	⑤	26	①	②	③	④	⑤
7	①	②	③	④	⑤	27	①	②	③	④	⑤
8	①	②	③	④	⑤	28	①	②	③	④	⑤
9	①	②	③	④	⑤	29	①	②	③	④	⑤
10	①	②	③	④	⑤	30	①	②	③	④	⑤
11	①	②	③	④	⑤	31	①	②	③	④	⑤
12	①	②	③	④	⑤	32	①	②	③	④	⑤
13	①	②	③	④	⑤	33	①	②	③	④	⑤
14	①	②	③	④	⑤	34	①	②	③	④	⑤
15	①	②	③	④	⑤	35	①	②	③	④	⑤
16	①	②	③	④	⑤	36	①	②	③	④	⑤
17	①	②	③	④	⑤	37	①	②	③	④	⑤
18	①	②	③	④	⑤	38	①	②	③	④	⑤
19	①	②	③	④	⑤	39	①	②	③	④	⑤
20	①	②	③	④	⑤	40	①	②	③	④	⑤

채점 :

평가 :

세법학개론

번호	①	②	③	④	⑤	번호	①	②	③	④	⑤
1	①	②	③	④	⑤	21	①	②	③	④	⑤
2	①	②	③	④	⑤	22	①	②	③	④	⑤
3	①	②	③	④	⑤	23	①	②	③	④	⑤
4	①	②	③	④	⑤	24	①	②	③	④	⑤
5	①	②	③	④	⑤	25	①	②	③	④	⑤
6	①	②	③	④	⑤	26	①	②	③	④	⑤
7	①	②	③	④	⑤	27	①	②	③	④	⑤
8	①	②	③	④	⑤	28	①	②	③	④	⑤
9	①	②	③	④	⑤	29	①	②	③	④	⑤
10	①	②	③	④	⑤	30	①	②	③	④	⑤
11	①	②	③	④	⑤	31	①	②	③	④	⑤
12	①	②	③	④	⑤	32	①	②	③	④	⑤
13	①	②	③	④	⑤	33	①	②	③	④	⑤
14	①	②	③	④	⑤	34	①	②	③	④	⑤
15	①	②	③	④	⑤	35	①	②	③	④	⑤
16	①	②	③	④	⑤	36	①	②	③	④	⑤
17	①	②	③	④	⑤	37	①	②	③	④	⑤
18	①	②	③	④	⑤	38	①	②	③	④	⑤
19	①	②	③	④	⑤	39	①	②	③	④	⑤
20	①	②	③	④	⑤	40	①	②	③	④	⑤

채점 :

평가 :

번호	①	②	③	④	⑤	번호	①	②	③	④	⑤
1	①	②	③	④	⑤	21	①	②	③	④	⑤
2	①	②	③	④	⑤	22	①	②	③	④	⑤
3	①	②	③	④	⑤	23	①	②	③	④	⑤
4	①	②	③	④	⑤	24	①	②	③	④	⑤
5	①	②	③	④	⑤	25	①	②	③	④	⑤
6	①	②	③	④	⑤	26	①	②	③	④	⑤
7	①	②	③	④	⑤	27	①	②	③	④	⑤
8	①	②	③	④	⑤	28	①	②	③	④	⑤
9	①	②	③	④	⑤	29	①	②	③	④	⑤
10	①	②	③	④	⑤	30	①	②	③	④	⑤
11	①	②	③	④	⑤	31	①	②	③	④	⑤
12	①	②	③	④	⑤	32	①	②	③	④	⑤
13	①	②	③	④	⑤	33	①	②	③	④	⑤
14	①	②	③	④	⑤	34	①	②	③	④	⑤
15	①	②	③	④	⑤	35	①	②	③	④	⑤
16	①	②	③	④	⑤	36	①	②	③	④	⑤
17	①	②	③	④	⑤	37	①	②	③	④	⑤
18	①	②	③	④	⑤	38	①	②	③	④	⑤
19	①	②	③	④	⑤	39	①	②	③	④	⑤
20	①	②	③	④	⑤	40	①	②	③	④	⑤

채점 :

평가 :

AIFA ㈜아이파경영아카데미

수험자 유의사항

1. 시험 중에는 통신기기(휴대전화·소형무전기등) 및 전자기기(초소형카메라등)를 소지하거나 사용할 수 없습니다.
2. 부정행위 예방을 위해 시험문제지에도 수험번호와 성명을 반드시 기재하시기 바랍니다.
3. 시험시간이 종료되면 즉시 답안작성을 멈춰야하며, 종료시간 이후 계속 답안을 작성하거나 감독위원의 답안카드 제출지시에 불응할 때에는 당해 시험이 무효처리 됩니다.
4. 기타 감독위원의 정당한 지시에 불응하여 타수험자의 시험에 방해가 될 경우 퇴실조치 될 수 있습니다.

답안카드 작성 시 유의사항

1. 답안지는 반드시 "검정색 컴퓨터용 사인펜"(사인펜에 '컴퓨터용'으로 표기되어 있는 것에 한함)을 사용하여 작성하여야합니다.
2. 지정된 필기구를 사용하지 않거나 답안지에 기재된 올바른 표기방법을 따르지 않아 발생하는 판독결과상의 불이익은 응시자의 책임입니다.

부정행위 처리규정

시험 중 다음과 같은 행위를 하는 자는 당해 시험을 무효처리하고 자격별 관련 규정에 따라 일정기간 동안 시험에 응시할 수 있는 자격을 정지합니다.

1. 시험과 관련된 대화, 답안카드 교환, 다른 수험자의 답안·문제지를 보고 답안작성, 대리시험을 치르거나 치르게 하는 행위, 시험문제 내용과 관련된 물건을 휴대하거나 이를 주고받는 행위
2. 시험장 내외로부터 도움을 받아 답안을 작성하는 행위, 응시자격 서류를 허위기재하여 제출하는 행위
3. 통신기기(휴대전화·소형무전기등) 및 전자기기(초소형카메라등)를 휴대하거나 사용하는 행위
4. 다른 수험자와 성명 및 수험번호를 바꾸어 작성·제출하는 행위
5. 기타 부정 또는 불공정한 방법으로 시험을 치르는 행위

모의고사 1교시 답안지

성 명 :

연락처 :

구 분 : □ 학생   □ 재직자   □ 전업수험생

제정학

번호	답	번호	답
1	① ② ③ ④ ⑤	21	① ② ③ ④ ⑤
2	① ② ③ ④ ⑤	22	① ② ③ ④ ⑤
3	① ② ③ ④ ⑤	23	① ② ③ ④ ⑤
4	① ② ③ ④ ⑤	24	① ② ③ ④ ⑤
5	① ② ③ ④ ⑤	25	① ② ③ ④ ⑤
6	① ② ③ ④ ⑤	26	① ② ③ ④ ⑤
7	① ② ③ ④ ⑤	27	① ② ③ ④ ⑤
8	① ② ③ ④ ⑤	28	① ② ③ ④ ⑤
9	① ② ③ ④ ⑤	29	① ② ③ ④ ⑤
10	① ② ③ ④ ⑤	30	① ② ③ ④ ⑤
11	① ② ③ ④ ⑤	31	① ② ③ ④ ⑤
12	① ② ③ ④ ⑤	32	① ② ③ ④ ⑤
13	① ② ③ ④ ⑤	33	① ② ③ ④ ⑤
14	① ② ③ ④ ⑤	34	① ② ③ ④ ⑤
15	① ② ③ ④ ⑤	35	① ② ③ ④ ⑤
16	① ② ③ ④ ⑤	36	① ② ③ ④ ⑤
17	① ② ③ ④ ⑤	37	① ② ③ ④ ⑤
18	① ② ③ ④ ⑤	38	① ② ③ ④ ⑤
19	① ② ③ ④ ⑤	39	① ② ③ ④ ⑤
20	① ② ③ ④ ⑤	40	① ② ③ ④ ⑤

채점 :

평가 :

세법학개론

번호	답	번호	답
1	① ② ③ ④ ⑤	21	① ② ③ ④ ⑤
2	① ② ③ ④ ⑤	22	① ② ③ ④ ⑤
3	① ② ③ ④ ⑤	23	① ② ③ ④ ⑤
4	① ② ③ ④ ⑤	24	① ② ③ ④ ⑤
5	① ② ③ ④ ⑤	25	① ② ③ ④ ⑤
6	① ② ③ ④ ⑤	26	① ② ③ ④ ⑤
7	① ② ③ ④ ⑤	27	① ② ③ ④ ⑤
8	① ② ③ ④ ⑤	28	① ② ③ ④ ⑤
9	① ② ③ ④ ⑤	29	① ② ③ ④ ⑤
10	① ② ③ ④ ⑤	30	① ② ③ ④ ⑤
11	① ② ③ ④ ⑤	31	① ② ③ ④ ⑤
12	① ② ③ ④ ⑤	32	① ② ③ ④ ⑤
13	① ② ③ ④ ⑤	33	① ② ③ ④ ⑤
14	① ② ③ ④ ⑤	34	① ② ③ ④ ⑤
15	① ② ③ ④ ⑤	35	① ② ③ ④ ⑤
16	① ② ③ ④ ⑤	36	① ② ③ ④ ⑤
17	① ② ③ ④ ⑤	37	① ② ③ ④ ⑤
18	① ② ③ ④ ⑤	38	① ② ③ ④ ⑤
19	① ② ③ ④ ⑤	39	① ② ③ ④ ⑤
20	① ② ③ ④ ⑤	40	① ② ③ ④ ⑤

채점 :

평가 :

번호	답	번호	답
1	① ② ③ ④ ⑤	21	① ② ③ ④ ⑤
2	① ② ③ ④ ⑤	22	① ② ③ ④ ⑤
3	① ② ③ ④ ⑤	23	① ② ③ ④ ⑤
4	① ② ③ ④ ⑤	24	① ② ③ ④ ⑤
5	① ② ③ ④ ⑤	25	① ② ③ ④ ⑤
6	① ② ③ ④ ⑤	26	① ② ③ ④ ⑤
7	① ② ③ ④ ⑤	27	① ② ③ ④ ⑤
8	① ② ③ ④ ⑤	28	① ② ③ ④ ⑤
9	① ② ③ ④ ⑤	29	① ② ③ ④ ⑤
10	① ② ③ ④ ⑤	30	① ② ③ ④ ⑤
11	① ② ③ ④ ⑤	31	① ② ③ ④ ⑤
12	① ② ③ ④ ⑤	32	① ② ③ ④ ⑤
13	① ② ③ ④ ⑤	33	① ② ③ ④ ⑤
14	① ② ③ ④ ⑤	34	① ② ③ ④ ⑤
15	① ② ③ ④ ⑤	35	① ② ③ ④ ⑤
16	① ② ③ ④ ⑤	36	① ② ③ ④ ⑤
17	① ② ③ ④ ⑤	37	① ② ③ ④ ⑤
18	① ② ③ ④ ⑤	38	① ② ③ ④ ⑤
19	① ② ③ ④ ⑤	39	① ② ③ ④ ⑤
20	① ② ③ ④ ⑤	40	① ② ③ ④ ⑤

채점 :

평가 :

수험자 유의사항

1. 시험 중에는 통신기기(휴대전화·소형무전기등) 및 전자기기(초소형카메라등)를 소지하거나 사용할 수 없습니다.
2. 부정행위 예방을 위해 시험문제지에도 수험번호와 성명을 반드시 기재하시기 바랍니다.
3. 시험시간이 종료되면 즉시 답안작성을 멈춰야하며, 종료시간 이후 계속 답안을 작성하거나 감독위원의 답안카드 제출지시에 불응할 때에는 당해 시험이 무효처리 됩니다.
4. 기타 감독위원의 정당한 지시에 불응하여 타수험자의 시험에 방해가 될 경우 퇴실조치 될 수 있습니다.

답안카드 작성 시 유의사항

1. 답안지는 반드시 "검정색 컴퓨터용 사인펜"(사인펜에 '컴퓨터용'으로 표기되어 있는 것에 한함)을 사용하여 작성하여야합니다.
2. 지정된 필기구를 사용하지 않거나 답안지에 기재된 올바른 표기방법을 따르지 않아 발생하는 판독결과상의 불이익은 응시자의 책임입니다.

부정행위 처리규정

시험 중 다음과 같은 행위를 하는 자는 당해 시험을 무효처리하고 자격별 관련 규정에 따라 일정기간 동안 시험에 응시할 수 있는 자격을 정지합니다.

1. 시험과 관련된 대화, 답안카드 교환, 다른 수험자의 답안·문제지를 보고 답안작성, 대리시험을 치르거나 치르게 하는 행위, 시험문제 내용과 관련된 물건을 휴대하거나 이를 주고받는 행위
2. 시험장 내외로부터 도움을 받아 답안을 작성하는 행위, 응시자격 서류를 허위기재하여 제출하는 행위
3. 통신기기(휴대전화·소형무전기등) 및 전자기기(초소형카메라등)를 휴대하거나 사용하는 행위
4. 다른 수험자와 성명 및 수험번호를 바꾸어 작성·제출하는 행위
5. 기타 부정 또는 불공정한 방법으로 시험을 치르는 행위

모의고사 1교시 답안지

성 명 :

연락처 :

구 분 : □ 학생 □ 재직자 □ 전업수험생

지 정 학

	①	②	③	④	⑤		①	②	③	④	⑤
1	①	②	③	④	⑤	21	①	②	③	④	⑤
2	①	②	③	④	⑤	22	①	②	③	④	⑤
3	①	②	③	④	⑤	23	①	②	③	④	⑤
4	①	②	③	④	⑤	24	①	②	③	④	⑤
5	①	②	③	④	⑤	25	①	②	③	④	⑤
6	①	②	③	④	⑤	26	①	②	③	④	⑤
7	①	②	③	④	⑤	27	①	②	③	④	⑤
8	①	②	③	④	⑤	28	①	②	③	④	⑤
9	①	②	③	④	⑤	29	①	②	③	④	⑤
10	①	②	③	④	⑤	30	①	②	③	④	⑤
11	①	②	③	④	⑤	31	①	②	③	④	⑤
12	①	②	③	④	⑤	32	①	②	③	④	⑤
13	①	②	③	④	⑤	33	①	②	③	④	⑤
14	①	②	③	④	⑤	34	①	②	③	④	⑤
15	①	②	③	④	⑤	35	①	②	③	④	⑤
16	①	②	③	④	⑤	36	①	②	③	④	⑤
17	①	②	③	④	⑤	37	①	②	③	④	⑤
18	①	②	③	④	⑤	38	①	②	③	④	⑤
19	①	②	③	④	⑤	39	①	②	③	④	⑤
20	①	②	③	④	⑤	40	①	②	③	④	⑤

채점 :

평가 :

세법학개론

	①	②	③	④	⑤		①	②	③	④	⑤
1	①	②	③	④	⑤	21	①	②	③	④	⑤
2	①	②	③	④	⑤	22	①	②	③	④	⑤
3	①	②	③	④	⑤	23	①	②	③	④	⑤
4	①	②	③	④	⑤	24	①	②	③	④	⑤
5	①	②	③	④	⑤	25	①	②	③	④	⑤
6	①	②	③	④	⑤	26	①	②	③	④	⑤
7	①	②	③	④	⑤	27	①	②	③	④	⑤
8	①	②	③	④	⑤	28	①	②	③	④	⑤
9	①	②	③	④	⑤	29	①	②	③	④	⑤
10	①	②	③	④	⑤	30	①	②	③	④	⑤
11	①	②	③	④	⑤	31	①	②	③	④	⑤
12	①	②	③	④	⑤	32	①	②	③	④	⑤
13	①	②	③	④	⑤	33	①	②	③	④	⑤
14	①	②	③	④	⑤	34	①	②	③	④	⑤
15	①	②	③	④	⑤	35	①	②	③	④	⑤
16	①	②	③	④	⑤	36	①	②	③	④	⑤
17	①	②	③	④	⑤	37	①	②	③	④	⑤
18	①	②	③	④	⑤	38	①	②	③	④	⑤
19	①	②	③	④	⑤	39	①	②	③	④	⑤
20	①	②	③	④	⑤	40	①	②	③	④	⑤

채점 :

평가 :

	①	②	③	④	⑤		①	②	③	④	⑤
1	①	②	③	④	⑤	21	①	②	③	④	⑤
2	①	②	③	④	⑤	22	①	②	③	④	⑤
3	①	②	③	④	⑤	23	①	②	③	④	⑤
4	①	②	③	④	⑤	24	①	②	③	④	⑤
5	①	②	③	④	⑤	25	①	②	③	④	⑤
6	①	②	③	④	⑤	26	①	②	③	④	⑤
7	①	②	③	④	⑤	27	①	②	③	④	⑤
8	①	②	③	④	⑤	28	①	②	③	④	⑤
9	①	②	③	④	⑤	29	①	②	③	④	⑤
10	①	②	③	④	⑤	30	①	②	③	④	⑤
11	①	②	③	④	⑤	31	①	②	③	④	⑤
12	①	②	③	④	⑤	32	①	②	③	④	⑤
13	①	②	③	④	⑤	33	①	②	③	④	⑤
14	①	②	③	④	⑤	34	①	②	③	④	⑤
15	①	②	③	④	⑤	35	①	②	③	④	⑤
16	①	②	③	④	⑤	36	①	②	③	④	⑤
17	①	②	③	④	⑤	37	①	②	③	④	⑤
18	①	②	③	④	⑤	38	①	②	③	④	⑤
19	①	②	③	④	⑤	39	①	②	③	④	⑤
20	①	②	③	④	⑤	40	①	②	③	④	⑤

채점 :

평가 :

AIFA ㈜아이파경영아카데미

수험자 유의사항

1. 시험 중에는 통신기기(휴대전화·소형무전기 등) 및 전자기기(초소형카메라 등)를 소지하거나 사용할 수 없습니다.
2. 부정행위 예방을 위해 시험문제지에도 수험번호와 성명을 반드시 기재하시기 바랍니다.
3. 시험시간이 종료되면 즉시 답안작성을 멈춰야하며, 종료시간 이후 계속 답안을 작성하거나 감독위원의 답안카드 제출지시에 불응할 때에는 당해 시험이 무효처리 됩니다.
4. 기타 감독위원의 정당한 지시에 불응하여 타수험자의 시험에 방해가 될 경우 퇴실조치 될 수 있습니다.

답안카드 작성 시 유의사항

1. 답안지는 반드시 "검정색 컴퓨터용 사인펜"(사인펜에 '컴퓨터용'으로 표기되어 있는 것에 한함)을 사용하여 작성하여야합니다.
2. 지정된 필기구를 사용하지 않거나 답안지에 기재된 올바른 표기방법을 따르지 않아 발생하는 판독결과상의 불이익은 응시자의 책임입니다.

부정행위 처리규정

시험 중 다음과 같은 행위를 하는 자는 당해 시험을 무효처리하고 자격별 관련 규정에 따라 일정기간 동안 시험에 응시할 수 있는 자격을 정지합니다.

1. 시험과 관련된 대화, 답안카드 교환, 다른 수험자의 답안·문제지를 보고 답안작성, 대리시험을 치르거나 치르게 하는 행위, 시험문제 내용과 관련된 물건을 휴대하거나 이를 주고받는 행위
2. 시험장 내외로부터 도움을 받아 답안을 작성하는 행위, 응시자격 서류를 허위기재하여 제출하는 행위
3. 통신기기(휴대전화·소형무전기 등) 및 전자기기(초소형카메라 등)를 휴대하거나 사용하는 행위
4. 다른 수험자와 성명 및 수험번호를 바꾸어 작성·제출하는 행위
5. 기타 부정 또는 불공정한 방법으로 시험을 치르는 행위

모의고사 1교시 답안지

성명 :

연락처 :

구분 : □ 학생 □ 재직자 □ 전문수습생

제 정 학

문번	①	②	③	④	⑤
1	①	②	③	④	⑤
2	①	②	③	④	⑤
3	①	②	③	④	⑤
4	①	②	③	④	⑤
5	①	②	③	④	⑤
6	①	②	③	④	⑤
7	①	②	③	④	⑤
8	①	②	③	④	⑤
9	①	②	③	④	⑤
10	①	②	③	④	⑤
11	①	②	③	④	⑤
12	①	②	③	④	⑤
13	①	②	③	④	⑤
14	①	②	③	④	⑤
15	①	②	③	④	⑤
16	①	②	③	④	⑤
17	①	②	③	④	⑤
18	①	②	③	④	⑤
19	①	②	③	④	⑤
20	①	②	③	④	⑤
21	①	②	③	④	⑤
22	①	②	③	④	⑤
23	①	②	③	④	⑤
24	①	②	③	④	⑤
25	①	②	③	④	⑤
26	①	②	③	④	⑤
27	①	②	③	④	⑤
28	①	②	③	④	⑤
29	①	②	③	④	⑤
30	①	②	③	④	⑤
31	①	②	③	④	⑤
32	①	②	③	④	⑤
33	①	②	③	④	⑤
34	①	②	③	④	⑤
35	①	②	③	④	⑤
36	①	②	③	④	⑤
37	①	②	③	④	⑤
38	①	②	③	④	⑤
39	①	②	③	④	⑤
40	①	②	③	④	⑤

채점 :

평가 :

세법학 개론

문번	①	②	③	④	⑤
1	①	②	③	④	⑤
2	①	②	③	④	⑤
3	①	②	③	④	⑤
4	①	②	③	④	⑤
5	①	②	③	④	⑤
6	①	②	③	④	⑤
7	①	②	③	④	⑤
8	①	②	③	④	⑤
9	①	②	③	④	⑤
10	①	②	③	④	⑤
11	①	②	③	④	⑤
12	①	②	③	④	⑤
13	①	②	③	④	⑤
14	①	②	③	④	⑤
15	①	②	③	④	⑤
16	①	②	③	④	⑤
17	①	②	③	④	⑤
18	①	②	③	④	⑤
19	①	②	③	④	⑤
20	①	②	③	④	⑤
21	①	②	③	④	⑤
22	①	②	③	④	⑤
23	①	②	③	④	⑤
24	①	②	③	④	⑤
25	①	②	③	④	⑤
26	①	②	③	④	⑤
27	①	②	③	④	⑤
28	①	②	③	④	⑤
29	①	②	③	④	⑤
30	①	②	③	④	⑤
31	①	②	③	④	⑤
32	①	②	③	④	⑤
33	①	②	③	④	⑤
34	①	②	③	④	⑤
35	①	②	③	④	⑤
36	①	②	③	④	⑤
37	①	②	③	④	⑤
38	①	②	③	④	⑤
39	①	②	③	④	⑤
40	①	②	③	④	⑤

채점 :

평가 :

수험자 유의사항

1. 시험 중에는 통신기기(휴대전화·소형무전기 등) 및 전자기기(초소형카메라 등)를 소지하거나 사용할 수 없습니다.

2. 부정행위 예방을 위해 시험문제지에도 수험번호와 성명을 반드시 기재하시기 바랍니다.

3. 시험시간이 종료되면 즉시 답안작성을 멈춰야 하며, 종료시간 이후 계속 답안을 작성하거나 감독위원의 답안카드 제출지시에 불응할 때에는 당해 시험이 무효처리 됩니다.

4. 기타 감독위원의 정당한 지시에 불응하여 타수험자의 시험에 방해가 될 경우 퇴실조치 될 수 있습니다.

답안카드 작성 시 유의사항

1. 답안지는 반드시 "검정색 컴퓨터용 사인펜"(사인펜에 "컴퓨터용 으로 표기되어 있는 것에 한함)을 사용하여 작성하여야 합니다.

2. 지정된 필기구를 사용하지 않거나 답안지에 기재된 올바른 표기방법을 따르지 않아 발생하는 판독결과상의 불이익은 응시자의 책임입니다.

부정행위 처리규정

시험 중 다음과 같은 행위를 하는 자는 당해 시험을 무효처리하고 자격별 관련 규정에 따라 일정기간 동안 시험에 응시할 수 있는 자격을 정지합니다.

1. 시험과 관련된 대화, 답안카드 교환, 다른 수험자의 답안·문제지를 보고 답안작성, 대리시험을 치르거나 치르게 하는 행위, 시험문제 내용과 관련된 물건을 휴대하거나 이를 주고받는 행위

2. 시험장 내외로부터 도움을 받아 답안을 작성하는 행위, 응시자격 서류를 허위기재하여 제출하는 행위

3. 통신기기(휴대전화·소형무전기 등) 및 전자기기(초소형카메라 등)를 휴대하거나 사용하는 행위

4. 다른 수험자와 성명 및 수험번호를 바꾸어 작성·제출하는 행위

5. 기타 부정 또는 불공정한 방법으로 시험을 치르는 행위

모의고사 1교시 답안지

AIFA ㈜에이파경영아카데미

성명 :

연락처 :

구분 : □ 학생 □ 재직자 □ 전업수험생

재정학

세법학 개론

채점 :

평가 :

채점 :

평가 :

채점 :

평가 :

수험자 유의사항

1. 시험 중에는 통신기기(휴대전화·소형무전기등) 및 전자기기(초소형카메라등)를 소지하거나 사용할 수 없습니다.

2. 부정행위 예방을 위해 시험문제지에도 수험번호와 성명을 반드시 기재하시기 바랍니다.

3. 시험시간이 종료되면 즉시 답안작성을 멈춰야하며, 종료시간 이후 계속 답안을 작성하거나 감독위원의 답안카드 제출지시에 불응할 때에는 당해 시험이 무효처리 됩니다.

4. 기타 감독위원의 정당한 지시에 불응하여 타수험자의 시험에 방해가 될 경우 퇴실조치 될 수 있습니다.

답안카드 작성 시 유의사항

1. 답안지는 반드시 "검정색 컴퓨터용 사인펜"(사인펜에 '컴퓨터용'으로 표기되어 있는 것에 한함)을 사용하여 작성하여야합니다.

2. 지정된 필기구를 사용하지 않거나 답안지에 기재된 표기방법을 올바른 표기방법을 따르지 않아 발생하는 판독결과상의 불이익은 응시자의 책임입니다.

부정행위 처리규정

시험 중 다음과 같은 행위를 하는 자는 당해 시험을 무효처리하고 자격별 관련 규정에 따라 일정기간 동안 시험에 응시할 수 있는 자격을 정지합니다.

1. 시험과 관련된 대화, 답안카드 교환, 다른 수험자의 답안·문제지를 보고 답안작성, 대리시험을 치르거나 치르게 하는 행위, 시험문제 내용과 관련된 물건을 휴대하거나 이를 주고받는 행위

2. 시험장 내외로부터 도움을 받아 답안을 작성하는 행위, 응시자격 서류를 허위기재하여 제출하는 행위

3. 통신기기(휴대전화·소형무전기등) 및 전자기기(초소형카메라등)를 휴대하거나 사용하는 행위

4. 다른 수험자와 성명 및 수험번호를 바꾸어 작성·제출하는 행위

5. 기타 부정 또는 불공정한 방법으로 시험을 치르는 행위

모의고사 1교시 답안지

성 명 :

연락처 :

구 분 : □ 학생 □ 재직자 □ 전업수험생

재 정 학

문번	1	2	3	4	5	문번	1	2	3	4	5
1	①	②	③	④	⑤	21	①	②	③	④	⑤
2	①	②	③	④	⑤	22	①	②	③	④	⑤
3	①	②	③	④	⑤	23	①	②	③	④	⑤
4	①	②	③	④	⑤	24	①	②	③	④	⑤
5	①	②	③	④	⑤	25	①	②	③	④	⑤
6	①	②	③	④	⑤	26	①	②	③	④	⑤
7	①	②	③	④	⑤	27	①	②	③	④	⑤
8	①	②	③	④	⑤	28	①	②	③	④	⑤
9	①	②	③	④	⑤	29	①	②	③	④	⑤
10	①	②	③	④	⑤	30	①	②	③	④	⑤
11	①	②	③	④	⑤	31	①	②	③	④	⑤
12	①	②	③	④	⑤	32	①	②	③	④	⑤
13	①	②	③	④	⑤	33	①	②	③	④	⑤
14	①	②	③	④	⑤	34	①	②	③	④	⑤
15	①	②	③	④	⑤	35	①	②	③	④	⑤
16	①	②	③	④	⑤	36	①	②	③	④	⑤
17	①	②	③	④	⑤	37	①	②	③	④	⑤
18	①	②	③	④	⑤	38	①	②	③	④	⑤
19	①	②	③	④	⑤	39	①	②	③	④	⑤
20	①	②	③	④	⑤	40	①	②	③	④	⑤

채점 :

평가 :

세법학 개론

문번	1	2	3	4	5	문번	1	2	3	4	5
1	①	②	③	④	⑤	21	①	②	③	④	⑤
2	①	②	③	④	⑤	22	①	②	③	④	⑤
3	①	②	③	④	⑤	23	①	②	③	④	⑤
4	①	②	③	④	⑤	24	①	②	③	④	⑤
5	①	②	③	④	⑤	25	①	②	③	④	⑤
6	①	②	③	④	⑤	26	①	②	③	④	⑤
7	①	②	③	④	⑤	27	①	②	③	④	⑤
8	①	②	③	④	⑤	28	①	②	③	④	⑤
9	①	②	③	④	⑤	29	①	②	③	④	⑤
10	①	②	③	④	⑤	30	①	②	③	④	⑤
11	①	②	③	④	⑤	31	①	②	③	④	⑤
12	①	②	③	④	⑤	32	①	②	③	④	⑤
13	①	②	③	④	⑤	33	①	②	③	④	⑤
14	①	②	③	④	⑤	34	①	②	③	④	⑤
15	①	②	③	④	⑤	35	①	②	③	④	⑤
16	①	②	③	④	⑤	36	①	②	③	④	⑤
17	①	②	③	④	⑤	37	①	②	③	④	⑤
18	①	②	③	④	⑤	38	①	②	③	④	⑤
19	①	②	③	④	⑤	39	①	②	③	④	⑤
20	①	②	③	④	⑤	40	①	②	③	④	⑤

채점 :

평가 :

문번	1	2	3	4	5	문번	1	2	3	4	5
1	①	②	③	④	⑤	21	①	②	③	④	⑤
2	①	②	③	④	⑤	22	①	②	③	④	⑤
3	①	②	③	④	⑤	23	①	②	③	④	⑤
4	①	②	③	④	⑤	24	①	②	③	④	⑤
5	①	②	③	④	⑤	25	①	②	③	④	⑤
6	①	②	③	④	⑤	26	①	②	③	④	⑤
7	①	②	③	④	⑤	27	①	②	③	④	⑤
8	①	②	③	④	⑤	28	①	②	③	④	⑤
9	①	②	③	④	⑤	29	①	②	③	④	⑤
10	①	②	③	④	⑤	30	①	②	③	④	⑤
11	①	②	③	④	⑤	31	①	②	③	④	⑤
12	①	②	③	④	⑤	32	①	②	③	④	⑤
13	①	②	③	④	⑤	33	①	②	③	④	⑤
14	①	②	③	④	⑤	34	①	②	③	④	⑤
15	①	②	③	④	⑤	35	①	②	③	④	⑤
16	①	②	③	④	⑤	36	①	②	③	④	⑤
17	①	②	③	④	⑤	37	①	②	③	④	⑤
18	①	②	③	④	⑤	38	①	②	③	④	⑤
19	①	②	③	④	⑤	39	①	②	③	④	⑤
20	①	②	③	④	⑤	40	①	②	③	④	⑤

채점 :

평가 :

수험자 유의사항

1. 시험 중에는 통신기기(휴대전화·소형무전기등) 및 전자기기(초소형카메라등)를 소지하거나 사용할 수 없습니다.
2. 부정행위 예방을 위해 시험문제지에도 수험번호와 성명을 반드시 기재하시기 바랍니다.
3. 시험시간이 종료되면 즉시 답안작성을 멈춰야하며, 종료시간 이후 계속 답안을 작성하거나 감독위원의 답안카드 제출지시에 불응할 때에는 당해 시험이 무효처리 됩니다.
4. 기타 감독위원의 정당한 지시에 불응하여 타수험자의 시험에 방해가 될 경우 퇴실조치 될 수 있습니다.

답안카드 작성 시 유의사항

1. 답안지는 반드시 "검정색 컴퓨터용 사인펜"(사인펜에 '컴퓨터용'으로 표기되어 있는 것에 한함)을 사용하여 작성하여야합니다.
2. 지정된 필기구를 사용하지 않거나 답안지에 기재된 올바른 표기방법을 따르지 않아 발생하는 판독결과상의 불이익은 응시자의 책임입니다.

부정행위 처리규정

시험 중 다음과 같은 행위를 하는 자는 당해 시험을 무효처리하고 자격별 관련 규정에 따라 일정기간 동안 시험에 응시할 수 있는 자격을 정지합니다.

1. 시험과 관련된 대화, 답안카드 교환, 다른 수험자의 답안·문제지를 보고 답안작성, 대리시험을 치르거나 치르게 하는 행위, 시험문제 내용과 관련된 물건을 휴대하거나 이를 주고받는 행위
2. 시험장 내외로부터 도움을 받아 답안을 작성하는 행위, 응시자격 서류를 허위기재하여 제출하는 행위
3. 통신기기(휴대전화·소형무전기등) 및 전자기기(초소형카메라등)를 휴대하거나 사용하는 행위
4. 다른 수험자와 성명 및 수험번호를 바꾸어 작성·제출하는 행위
5. 기타 부정 또는 불공정한 방법으로 시험을 치르는 행위

모의고사 1교시 답안지

성명 :

연락처 :

구분 : ☐ 학생 ☐ 재직자 ☐ 전업수험생

재정학

번호	①	②	③	④	⑤	번호	①	②	③	④	⑤
1	①	②	③	④	⑤	21	①	②	③	④	⑤
2	①	②	③	④	⑤	22	①	②	③	④	⑤
3	①	②	③	④	⑤	23	①	②	③	④	⑤
4	①	②	③	④	⑤	24	①	②	③	④	⑤
5	①	②	③	④	⑤	25	①	②	③	④	⑤
6	①	②	③	④	⑤	26	①	②	③	④	⑤
7	①	②	③	④	⑤	27	①	②	③	④	⑤
8	①	②	③	④	⑤	28	①	②	③	④	⑤
9	①	②	③	④	⑤	29	①	②	③	④	⑤
10	①	②	③	④	⑤	30	①	②	③	④	⑤
11	①	②	③	④	⑤	31	①	②	③	④	⑤
12	①	②	③	④	⑤	32	①	②	③	④	⑤
13	①	②	③	④	⑤	33	①	②	③	④	⑤
14	①	②	③	④	⑤	34	①	②	③	④	⑤
15	①	②	③	④	⑤	35	①	②	③	④	⑤
16	①	②	③	④	⑤	36	①	②	③	④	⑤
17	①	②	③	④	⑤	37	①	②	③	④	⑤
18	①	②	③	④	⑤	38	①	②	③	④	⑤
19	①	②	③	④	⑤	39	①	②	③	④	⑤
20	①	②	③	④	⑤	40	①	②	③	④	⑤

채점 :

평가 :

세법학개론

번호	①	②	③	④	⑤	번호	①	②	③	④	⑤
1	①	②	③	④	⑤	21	①	②	③	④	⑤
2	①	②	③	④	⑤	22	①	②	③	④	⑤
3	①	②	③	④	⑤	23	①	②	③	④	⑤
4	①	②	③	④	⑤	24	①	②	③	④	⑤
5	①	②	③	④	⑤	25	①	②	③	④	⑤
6	①	②	③	④	⑤	26	①	②	③	④	⑤
7	①	②	③	④	⑤	27	①	②	③	④	⑤
8	①	②	③	④	⑤	28	①	②	③	④	⑤
9	①	②	③	④	⑤	29	①	②	③	④	⑤
10	①	②	③	④	⑤	30	①	②	③	④	⑤
11	①	②	③	④	⑤	31	①	②	③	④	⑤
12	①	②	③	④	⑤	32	①	②	③	④	⑤
13	①	②	③	④	⑤	33	①	②	③	④	⑤
14	①	②	③	④	⑤	34	①	②	③	④	⑤
15	①	②	③	④	⑤	35	①	②	③	④	⑤
16	①	②	③	④	⑤	36	①	②	③	④	⑤
17	①	②	③	④	⑤	37	①	②	③	④	⑤
18	①	②	③	④	⑤	38	①	②	③	④	⑤
19	①	②	③	④	⑤	39	①	②	③	④	⑤
20	①	②	③	④	⑤	40	①	②	③	④	⑤

채점 :

평가 :

번호	①	②	③	④	⑤	번호	①	②	③	④	⑤
1	①	②	③	④	⑤	21	①	②	③	④	⑤
2	①	②	③	④	⑤	22	①	②	③	④	⑤
3	①	②	③	④	⑤	23	①	②	③	④	⑤
4	①	②	③	④	⑤	24	①	②	③	④	⑤
5	①	②	③	④	⑤	25	①	②	③	④	⑤
6	①	②	③	④	⑤	26	①	②	③	④	⑤
7	①	②	③	④	⑤	27	①	②	③	④	⑤
8	①	②	③	④	⑤	28	①	②	③	④	⑤
9	①	②	③	④	⑤	29	①	②	③	④	⑤
10	①	②	③	④	⑤	30	①	②	③	④	⑤
11	①	②	③	④	⑤	31	①	②	③	④	⑤
12	①	②	③	④	⑤	32	①	②	③	④	⑤
13	①	②	③	④	⑤	33	①	②	③	④	⑤
14	①	②	③	④	⑤	34	①	②	③	④	⑤
15	①	②	③	④	⑤	35	①	②	③	④	⑤
16	①	②	③	④	⑤	36	①	②	③	④	⑤
17	①	②	③	④	⑤	37	①	②	③	④	⑤
18	①	②	③	④	⑤	38	①	②	③	④	⑤
19	①	②	③	④	⑤	39	①	②	③	④	⑤
20	①	②	③	④	⑤	40	①	②	③	④	⑤

채점 :

평가 :

수험자 유의사항

1. 시험 중에는 통신기기(휴대전화·소형무전기등) 및 전자기기(초소형카메라등)를 소지하거나 사용할 수 없습니다.

2. 부정행위 예방을 위해 시험문제지에도 수험번호와 성명을 반드시 기재하시기 바랍니다.

3. 시험시간이 종료되면 즉시 답안작성을 멈춰야하며, 종료시간 이후 계속 답안을 작성하거나 감독위원의 답안카드 제출지시에 불응할 때에는 당해 시험이 무효처리 됩니다.

4. 기타 감독위원의 정당한 지시에 불응하여 타수험자의 시험에 방해가 될 경우 퇴실조치 될 수 있습니다.

답안카드 작성 시 유의사항

1. 답안지는 반드시 "컴퓨터용 사인펜"(사인펜에 "컴퓨터용"으로 표기되어 있는 것에 한함)을 사용하여 작성하여야합니다.

2. 지정된 필기구를 사용하지 않거나 답안지에 기재된 올바른 표기방법을 따르지 않아 발생하는 판독결과상의 불이익은 응시자의 책임입니다.

부정행위 처리규정

시험 중 다음과 같은 행위를 하는 자는 당해 시험을 무효처리하고 자격별 관련 규정에 따라 일정기간 동안 시험에 응시할 수 있는 자격을 정지합니다.

1. 시험과 관련된 대화, 답안카드 교환, 다른 수험자의 답안·문제지를 보고 답안작성, 대리시험을 치르거나 치르게 하는 행위, 시험문제 내용과 관련된 물건을 휴대하거나 이를 주고받는 행위

2. 시험장 내외로부터 도움을 받아 답안을 작성하는 행위, 응시자격 서류를 허위기재하여 제출하는 행위

3. 통신기기(휴대전화·소형무전기등) 및 전자기기(초소형카메라등)를 휴대하거나 사용하는 행위

4. 다른 수험자와 성명 및 수험번호를 바꾸어 작성·제출하는 행위

5. 기타 부정 또는 불공정한 방법으로 시험을 치르는 행위

모의고사 1교시 답안지

성명 :

역락처 :

구분 : □ 학생 □ 재직자 □ 전업수험생

제정학

번호	답란					번호	답란				
1	①	②	③	④	⑤	21	①	②	③	④	⑤
2	①	②	③	④	⑤	22	①	②	③	④	⑤
3	①	②	③	④	⑤	23	①	②	③	④	⑤
4	①	②	③	④	⑤	24	①	②	③	④	⑤
5	①	②	③	④	⑤	25	①	②	③	④	⑤
6	①	②	③	④	⑤	26	①	②	③	④	⑤
7	①	②	③	④	⑤	27	①	②	③	④	⑤
8	①	②	③	④	⑤	28	①	②	③	④	⑤
9	①	②	③	④	⑤	29	①	②	③	④	⑤
10	①	②	③	④	⑤	30	①	②	③	④	⑤
11	①	②	③	④	⑤	31	①	②	③	④	⑤
12	①	②	③	④	⑤	32	①	②	③	④	⑤
13	①	②	③	④	⑤	33	①	②	③	④	⑤
14	①	②	③	④	⑤	34	①	②	③	④	⑤
15	①	②	③	④	⑤	35	①	②	③	④	⑤
16	①	②	③	④	⑤	36	①	②	③	④	⑤
17	①	②	③	④	⑤	37	①	②	③	④	⑤
18	①	②	③	④	⑤	38	①	②	③	④	⑤
19	①	②	③	④	⑤	39	①	②	③	④	⑤
20	①	②	③	④	⑤	40	①	②	③	④	⑤

채점 :

평가 :

세법학 개론

번호	답란					번호	답란				
1	①	②	③	④	⑤	21	①	②	③	④	⑤
2	①	②	③	④	⑤	22	①	②	③	④	⑤
3	①	②	③	④	⑤	23	①	②	③	④	⑤
4	①	②	③	④	⑤	24	①	②	③	④	⑤
5	①	②	③	④	⑤	25	①	②	③	④	⑤
6	①	②	③	④	⑤	26	①	②	③	④	⑤
7	①	②	③	④	⑤	27	①	②	③	④	⑤
8	①	②	③	④	⑤	28	①	②	③	④	⑤
9	①	②	③	④	⑤	29	①	②	③	④	⑤
10	①	②	③	④	⑤	30	①	②	③	④	⑤
11	①	②	③	④	⑤	31	①	②	③	④	⑤
12	①	②	③	④	⑤	32	①	②	③	④	⑤
13	①	②	③	④	⑤	33	①	②	③	④	⑤
14	①	②	③	④	⑤	34	①	②	③	④	⑤
15	①	②	③	④	⑤	35	①	②	③	④	⑤
16	①	②	③	④	⑤	36	①	②	③	④	⑤
17	①	②	③	④	⑤	37	①	②	③	④	⑤
18	①	②	③	④	⑤	38	①	②	③	④	⑤
19	①	②	③	④	⑤	39	①	②	③	④	⑤
20	①	②	③	④	⑤	40	①	②	③	④	⑤

채점 :

평가 :

번호	답란					번호	답란				
1	①	②	③	④	⑤	21	①	②	③	④	⑤
2	①	②	③	④	⑤	22	①	②	③	④	⑤
3	①	②	③	④	⑤	23	①	②	③	④	⑤
4	①	②	③	④	⑤	24	①	②	③	④	⑤
5	①	②	③	④	⑤	25	①	②	③	④	⑤
6	①	②	③	④	⑤	26	①	②	③	④	⑤
7	①	②	③	④	⑤	27	①	②	③	④	⑤
8	①	②	③	④	⑤	28	①	②	③	④	⑤
9	①	②	③	④	⑤	29	①	②	③	④	⑤
10	①	②	③	④	⑤	30	①	②	③	④	⑤
11	①	②	③	④	⑤	31	①	②	③	④	⑤
12	①	②	③	④	⑤	32	①	②	③	④	⑤
13	①	②	③	④	⑤	33	①	②	③	④	⑤
14	①	②	③	④	⑤	34	①	②	③	④	⑤
15	①	②	③	④	⑤	35	①	②	③	④	⑤
16	①	②	③	④	⑤	36	①	②	③	④	⑤
17	①	②	③	④	⑤	37	①	②	③	④	⑤
18	①	②	③	④	⑤	38	①	②	③	④	⑤
19	①	②	③	④	⑤	39	①	②	③	④	⑤
20	①	②	③	④	⑤	40	①	②	③	④	⑤

채점 :

평가 :

AIFA ㈜아이파경영아카데미

수험자 유의사항

1. 시험 중에는 통신기기(휴대전화·소형무전기등) 및 전자기기(초소형카메라등)를 소지하거나 사용할 수 없습니다.
2. 부정행위 예방을 위해 시험문제지에도 수험번호와 성명을 반드시 기재하시기 바랍니다.
3. 시험시간이 종료되면 즉시 답안작성을 멈춰야하며, 종료시간 이후 계속 답안을 작성하거나 감독위원의 답안카드 제출지시에 불응할 때에는 당해 시험이 무효처리 됩니다.
4. 기타 감독위원의 정당한 지시에 불응하여 타수험자의 시험에 방해가 될 경우 퇴실조치 될 수 있습니다.

답안카드 작성 시 유의사항

1. 답안지는 반드시 "검정색 컴퓨터용 사인펜"(사인펜에 "컴퓨터용"으로 표기되어 있는 것에 한함)을 사용하여 작성하여야합니다.
2. 지정된 필기구를 사용하지 않거나 답안지에 기재된 올바른 표기방법을 따르지 않아 발생하는 판독결과상의 불이익은 응시자의 책임입니다.

부정행위 처리규정

시험 중 다음과 같은 행위를 하는 자는 당해 시험을 무효처리하고 관련 규정에 따라 일정기간 동안 시험에 응시할 수 있는 자격을 정지합니다.

1. 시험과 관련된 대화, 답안카드 교환, 다른 수험자의 답안·문제지를 보고 답안작성, 대리시험을 치르거나 치르게 하는 행위, 시험문제 내용과 관련된 물건을 휴대하거나 이를 주고받는 행위
2. 시험장 내외로부터 도움을 받아 답안을 작성하는 행위, 응시자격 서류를 허위기재하여 제출하는 행위
3. 통신기기(휴대전화·소형무전기등) 및 전자기기(초소형카메라등)를 휴대하거나 사용하는 행위
4. 다른 수험자와 성명 및 수험번호를 바꾸어 작성·제출하는 행위
5. 기타 부정 또는 불공정한 방법으로 시험을 치르는 행위

모의고사 1교시 답안지

성 명 :

연락처 :

구분 : □ 학생　□ 재직자　□ 전업수험생

제 정 학

1	①	②	③	④	⑤	21	①	②	③	④	⑤
2	①	②	③	④	⑤	22	①	②	③	④	⑤
3	①	②	③	④	⑤	23	①	②	③	④	⑤
4	①	②	③	④	⑤	24	①	②	③	④	⑤
5	①	②	③	④	⑤	25	①	②	③	④	⑤
6	①	②	③	④	⑤	26	①	②	③	④	⑤
7	①	②	③	④	⑤	27	①	②	③	④	⑤
8	①	②	③	④	⑤	28	①	②	③	④	⑤
9	①	②	③	④	⑤	29	①	②	③	④	⑤
10	①	②	③	④	⑤	30	①	②	③	④	⑤
11	①	②	③	④	⑤	31	①	②	③	④	⑤
12	①	②	③	④	⑤	32	①	②	③	④	⑤
13	①	②	③	④	⑤	33	①	②	③	④	⑤
14	①	②	③	④	⑤	34	①	②	③	④	⑤
15	①	②	③	④	⑤	35	①	②	③	④	⑤
16	①	②	③	④	⑤	36	①	②	③	④	⑤
17	①	②	③	④	⑤	37	①	②	③	④	⑤
18	①	②	③	④	⑤	38	①	②	③	④	⑤
19	①	②	③	④	⑤	39	①	②	③	④	⑤
20	①	②	③	④	⑤	40	①	②	③	④	⑤

채점 :

평가 :

세법학 개론

1	①	②	③	④	⑤	21	①	②	③	④	⑤
2	①	②	③	④	⑤	22	①	②	③	④	⑤
3	①	②	③	④	⑤	23	①	②	③	④	⑤
4	①	②	③	④	⑤	24	①	②	③	④	⑤
5	①	②	③	④	⑤	25	①	②	③	④	⑤
6	①	②	③	④	⑤	26	①	②	③	④	⑤
7	①	②	③	④	⑤	27	①	②	③	④	⑤
8	①	②	③	④	⑤	28	①	②	③	④	⑤
9	①	②	③	④	⑤	29	①	②	③	④	⑤
10	①	②	③	④	⑤	30	①	②	③	④	⑤
11	①	②	③	④	⑤	31	①	②	③	④	⑤
12	①	②	③	④	⑤	32	①	②	③	④	⑤
13	①	②	③	④	⑤	33	①	②	③	④	⑤
14	①	②	③	④	⑤	34	①	②	③	④	⑤
15	①	②	③	④	⑤	35	①	②	③	④	⑤
16	①	②	③	④	⑤	36	①	②	③	④	⑤
17	①	②	③	④	⑤	37	①	②	③	④	⑤
18	①	②	③	④	⑤	38	①	②	③	④	⑤
19	①	②	③	④	⑤	39	①	②	③	④	⑤
20	①	②	③	④	⑤	40	①	②	③	④	⑤

채점 :

평가 :

1	①	②	③	④	⑤	21	①	②	③	④	⑤
2	①	②	③	④	⑤	22	①	②	③	④	⑤
3	①	②	③	④	⑤	23	①	②	③	④	⑤
4	①	②	③	④	⑤	24	①	②	③	④	⑤
5	①	②	③	④	⑤	25	①	②	③	④	⑤
6	①	②	③	④	⑤	26	①	②	③	④	⑤
7	①	②	③	④	⑤	27	①	②	③	④	⑤
8	①	②	③	④	⑤	28	①	②	③	④	⑤
9	①	②	③	④	⑤	29	①	②	③	④	⑤
10	①	②	③	④	⑤	30	①	②	③	④	⑤
11	①	②	③	④	⑤	31	①	②	③	④	⑤
12	①	②	③	④	⑤	32	①	②	③	④	⑤
13	①	②	③	④	⑤	33	①	②	③	④	⑤
14	①	②	③	④	⑤	34	①	②	③	④	⑤
15	①	②	③	④	⑤	35	①	②	③	④	⑤
16	①	②	③	④	⑤	36	①	②	③	④	⑤
17	①	②	③	④	⑤	37	①	②	③	④	⑤
18	①	②	③	④	⑤	38	①	②	③	④	⑤
19	①	②	③	④	⑤	39	①	②	③	④	⑤
20	①	②	③	④	⑤	40	①	②	③	④	⑤

채점 :

평가 :

AIFA ㈜아이파경영아카데미

수험자 유의사항

1. 시험 중에는 통신기기(휴대전화·소형무전기등) 및 전자기기(초소형카메라등)를 소지하거나 사용할 수 없습니다.

2. 부정행위 예방을 위해 시험문제지에도 수험번호와 성명을 반드시 기재하시기 바랍니다.

3. 시험시간이 종료되면 즉시 답안작성을 멈춰야하며, 종료시간 이후 계속 답안을 작성하거나 감독위원의 답안카드 제출지시에 불응할 때에는 당해 시험이 무효처리 됩니다.

4. 기타 감독위원의 정당한 지시에 불응하여 타수험자의 시험에 방해가 될 경우 퇴실조치 될 수 있습니다.

답안카드 작성 시 유의사항

1. 답안지는 반드시 "검정색 컴퓨터용 사인펜"(사인펜에 '컴퓨터용'으로 표기되어 있는 것에 한함)을 사용하여 작성하여야합니다.

2. 지정된 필기구를 사용하지 않거나 답안지에 기재된 올바른 표기방법을 따르지 않아 발생하는 판독결과상의 불이익은 응시자의 책임입니다.

부정행위 처리규정

시험 중 다음과 같은 행위를 하는 자는 당해 시험을 무효처리하고 자격별 관련 규정에 따라 일정기간 동안 시험에 응시할 수 있는 자격을 정지합니다.

1. 시험과 관련된 대화, 답안카드 교환, 다른 수험자의 답안·문제지를 보고 답안작성, 대리시험을 치르거나 치르게 하는 행위, 시험문제 내용과 관련된 물건을 휴대하거나 이를 주고받는 행위

2. 시험장 내외로부터 도움을 받아 답안을 작성하는 행위, 응시자격 서류를 허위기재하여 제출하는 행위

3. 통신기기(휴대전화·소형무전기등) 및 전자기기(초소형카메라등)를 휴대하거나 사용하는 행위

4. 다른 수험자와 성명 및 수험번호를 바꾸어 작성·제출하는 행위

5. 기타 부정 또는 불공정한 방법으로 시험을 치르는 행위